3ᵉ SÉRIE — 50 CENTIMES.

VICTOR HUGO

HAN D'ISLANDE

NOUVELLE ÉDITION ILLUSTRÉE

Dessins de G. ROCHEGROSSE

HAN D'ISLANDE

—

NOUVELLE ÉDITION

Illustrée par G. Rochegrosse

VICTOR HUGO

HAN D'ISLANDE

DESSINS DE G. ROCHEGROSSE

I

— L'avez-vous vu? Qui est-ce qui l'a vu? — Ce n'est pas moi. — Qui donc? — Je n'en sais rien.

STERNE, *Tristram Shandy.*

— Voilà où conduit l'amour, voisin Niels; cette pauvre Guth Stersen ne serait point là étendue sur cette grande pierre noire, comme une étoile de mer oubliée par la marée si elle n'avait jamais songé qu'à reclouer la barque ou à raccommoder les filets de son père, notre vieux camarade. Que saint Usuph le pêcheur le console dans son affliction!

— Et son fiancé, reprit une voix aiguë et tremblotante, Gill Stadt, ce beau jeune homme que vous voyez tout à côté d'elle, n'y serait point, si, au lieu de faire l'amour à Guth et de chercher fortune dans ces maudites mines de Rœraas, il avait passé sa jeunesse à balancer le berceau de son jeune frère aux poutres enfumées de sa chaumière.

Le voisin Niels, à qui s'adressait le premier interlocuteur, interrompit : — Votre mémoire vieillit avec vous, mère Olly; Gill n'a jamais eu de frère, et c'est en cela que la douleur de la pauvre veuve Stadt doit être plus amère, car sa cabane est maintenant tout à fait déserte; si elle veut regarder le ciel pour se consoler, elle trouvera entre ses yeux et le ciel son vieux toit, où pend encore le berceau vide de son enfant, devenu grand jeune homme, et mort.

— Pauvre mère! reprit la vieille Olly, car pour le jeune homme, c'est sa faute ; pourquoi se faire mineur à Rœraas?

— Je crois en effet, dit Niels, que ces infernales mines nous prennent un homme par ascalin de cuivre qu'elles nous donnent. Qu'en pensez-vous, compère Braal?

— Les mineurs sont des fous, repartit le pêcheur. Pour vivre, le poisson ne doit pas sortir de l'eau. L'homme ne doit pas entrer en terre.

— Mais, demanda un jeune homme dans la foule, si le travail des mines était nécessaire à Gill Stadt pour obtenir sa fiancée?...

— Il ne faut jamais exposer sa vie, interrompit Olly, pour des affections qui sont loin de la valoir et de la remplir. Le beau lit de noces en effet que Gill a gagné pour sa Guth!

— Cette jeune femme, demanda un autre curieux, s'est donc noyée en désespoir de la mort de ce jeune homme?

— Qui dit cela? s'écria d'une voix forte un soldat qui venait de fendre la presse. Cette jeune fille, que je connais bien, était en effet fiancée à un jeune mineur écrasé dernièrement par un éclat de rocher dans les galeries souterraines de Storwaadsgrube, près Rœraas ; mais elle était aussi la maîtresse d'un de mes camarades ; et comme avant-hier elle voulut s'introduire à Munckholm furtivement pour y célébrer avec son amant la mort de son fiancé, la barque qui la portait chavira sur un écueil, et elle s'est noyée.

Un bruit confus de voix s'éleva : — Impossible, seigneur soldat, criaient les vieilles femmes ; les jeunes se taisaient ; et le voisin Niels rappelait malignement au pêcheur Braal sa grave sentence : « Voilà où conduit l'amour! »

Le militaire allait se fâcher sérieusement contre ses contradicteurs femelles ; il les avait déjà appelées *vieilles sorcières de la grotte de Quiragoth*, et elles n'étaient pas disposées à endurer patiemment une si grave insulte, quand une voix aigre et impérieuse, criant *paix, paix, radoteuses!* vint mettre fin au débat. Tout se tut, comme lorsque le cri subit d'un coq s'élève parmi les glapissements des poules.

Avant de raconter le reste de la scène, il n'est peut-être pas inutile de décrire le lieu où elle se passait ; c'était — le lecteur l'a sans doute déjà deviné — dans un de ces édifices lugubres que la pitié publique et la prévoyance sociale consacrent aux cadavres inconnus, dernier asile de morts qui la plupart ont vécu malheureux ; où se pressent le curieux indifférent, l'observateur morose ou bienveillant, et souvent des amis, des parents éplorés, à qui une longue et insupportable inquiétude n'a plus laissé qu'une lamentable espérance. A l'époque déjà loin de nous, et dans le pays peu civilisé où j'ai transporté mon lecteur, on n'avait point encore imaginé, comme dans nos villes de boue et d'or, de faire de ces lieux de dépôt des monuments ingénieusement sinistres et élégamment funèbres. Le jour n'y descendait pas à travers une ouverture de forme tumulaire, le long d'une voûte artistement sculptée, sur des espèces de couches où l'on semble avoir voulu laisser aux morts quelques-unes des commodités de la vie, et où l'oreiller est marqué comme pour le sommeil. Si la porte du gardien s'entr'ouvrait, l'œil, fatigué par des cadavres nus et hideux, n'avait pas, comme aujourd'hui, le plaisir de se reposer sur des meubles élégants et des enfants joyeux. La mort était là dans toute sa laideur, dans toute son horreur ; et l'on n'avait point encore essayé de parer son squelette décharné de pompons et de rubans.

La salle où se trouvaient nos interlocuteurs était spacieuse et obscure, ce qui la faisait paraître plus spacieuse encore ; elle ne recevait de jour que par la porte carrée et basse qui s'ouvrait sur le port de Drontheim, et une ouverture grossièrement pratiquée dans le plafond, d'où une lumière blanche et terne tombait avec la pluie, la grêle ou la neige, selon le temps, sur les cadavres couchés directement au-dessous. Cette salle était divisée dans sa largeur par une balustrade de fer à hauteur d'appui. Le public pénétrait dans la première partie par la porte carrée ; on voyait dans la seconde six longues dalles de granit noir, disposées de front et parallèlement. Une petite porte latérale servait, dans chaque section, d'entrée au gardien et à son aide, dont le logement remplissait les derrières de l'édifice, adossé à la mer. Le mineur et sa fiancée occupaient deux des lits de granit ; la décomposition s'annonçait dans le corps de la jeune fille par les larges taches bleues et pourprées qui couraient le long de ses membres sur la place des vaisseaux sanguins. Les traits de Gill paraissaient durs et sombres ; mais son cadavre était si horriblement mutilé, qu'il était impossible de juger si sa beauté était aussi réelle que le disait la vieille Olly.

C'est devant ces restes défigurés qu'avait commencé, au milieu de la foule muette, la conversation dont nous avons été le fidèle interprète.

Un grand homme, sec et vieux, assis les bras croisés et la tête penchée sur un débris d'escabelle dans le coin le plus noir de la salle, n'avait paru y prêter aucune attention jusqu'au moment où il se leva subitement en criant : Paix, paix, radoteuses ! et vint saisir le bras du soldat.

Tout le monde se tut ; le soldat se retourna et partit d'un brusque éclat de rire à la vue de son singulier interrupteur, dont le visage hâve, les cheveux rares et sales, les longs doigts et le complet accoutrement de cuir de renne, justifiaient amplement un accueil aussi gai. Cependant un murmure s'élevait dans la foule des femmes, un moment interdites : — C'est le gardien du Spladgest*. — Cet infernal concierge des morts ! — Ce diabolique Spiagudry ! — Ce maudit sorcier...

— Paix, radoteuses, paix ! Si c'est aujourd'hui jour de sabbat, hâtez-vous d'aller retrouver vos balais ; autrement ils s'envoleront tout seuls. Laissez en paix ce respectable descendant du dieu Thor.

Puis Spiagudry, s'efforçant de faire une grimace gracieuse, adressa la parole au soldat :

— Vous disiez, mon brave, que cette misérable femme...

— Le vieux drôle ! murmura Olly ; oui, nous sommes pour lui de *misérables femmes*, parce que nos corps, s'ils tombent en ses griffes, ne lui rapportent à la taxe que trente ascalins, tandis qu'il en reçoit quarante pour la méchante carcasse d'un homme.

— Silence, vieilles ! répéta Spiagudry. En vérité, ces filles du diable sont comme leurs chaudières ; lorsqu'elles s'échauffent, il faut qu'elles chantent. Dites-moi, vous, mon vaillant roi de l'épée, votre camarade, dont cette Guth était la maîtresse, va sans doute se tuer du désespoir de l'avoir perdue ?...

Ici éclata l'explosion longtemps comprimée. — Entendez-vous le mécréant, le vieux païen ? crièrent vingt voix aigres et discordantes ; il voudrait voir un vivant de moins, à cause des quarante ascalins que lui rapporte un mort.

— Et quand cela serait ? reprit le concierge du Spladgest, notre gracieux roi et maître Christiern V, que saint Hospice bénisse, ne se déclare-t-il pas le protecteur né de tous les ouvriers des mines, afin, lorsqu'ils meurent, d'enrichir son trésor royal de leurs chétives dépouilles ?

* Nom de la morgue de Drontheim.

LA MORGUE

— C'est faire beaucoup d'honneur au roi, répliqua le pêcheur Braal, que de comparer le trésor royal au coffre-fort de votre charnier, et lui à vous, voisin Spiagudry.

— Voisin! dit le concierge, choqué de tant de familiarité; votre voisin! dites plutôt votre hôte, car il se pourrait bien faire que quelque jour, mon cher citoyen de la barque, je vous prêtasse pour une huitaine de jours un de mes six lits de pierre. Au reste, ajouta-t-il en riant, si je parlais de la mort de ce soldat, c'était simplement pour voir se perpétuer l'usage du suicide dans les grandes et tragiques passions que ces dames ont coutume d'inspirer.

— Eh bien! grand cadavre gardien de cadavres, dit le militaire, où en veux-tu donc venir avec ta grimace aimable qui ressemble si bien au dernier éclat de rire d'un pendu?

— A merveille, mon vaillant! répondit Spiagudry, j'ai toujours pensé qu'il y avait plus de facultés spirituelles sous le casque du gendarme Thurn, qui vainquit le diable avec le sabre et la langue, que sous la mitre de l'évêque Isleif, qui a fait l'histoire d'Islande, ou sous le bonnet carré du professeur Shœnning, qui a décrit notre cathédrale.

— En ce cas, si tu m'en crois, mon vieux sac de cuir, tu laisseras là les revenus du charnier, et tu iras te vendre au cabinet de curiosités du vice-roi, à Berghen. Je te jure, par saint Belphégor, qu'on y paye au poids de l'or les animaux rares; mais dis, que veux-tu de moi?

— Quand les corps qu'on nous apporte ont été trouvés dans l'eau, nous sommes obligés de céder la moitié de la taxe aux pêcheurs. Je voulais donc vous prier, illustre héritier du gendarme Thurn, d'engager votre infortuné camarade à ne point se noyer, et à choisir quelque autre genre de mort; la chose doit lui être indifférente, et il ne voudrait pas faire tort en mourant au malheureux chrétien qui donnera l'hospitalité à son cadavre, si toutefois la perte de Guth le pousse à cet acte de désespoir.

— C'est ce qui vous trompe, mon charitable et hospitalier concierge, mon camarade n'aura point la satisfaction d'être reçu dans votre appétissante auberge à six lits. Croyez-vous qu'il ne se soit pas déjà consolé, avec une autre valkyrie, de la mort de celle-là? Il y a, par ma barbe, bien longtemps qu'il était las de votre Guth.

A ces mots l'orage, que Spiagudry avait un moment détourné sur sa tête, revint fondre plus terrible que jamais sur le malheureux soldat.

— Comment, misérable drôle, criaient les vieilles, c'est ainsi que vous nous oubliez! mais aimez donc maintenant ces vauriens-là.

Les jeunes se taisaient encore; quelques-unes même trouvaient, bien malgré elles, que ce mauvais sujet avait bonne mine.

— Oh! oh! dit le soldat, est-ce donc une répétition du sabbat? le supplice de Belzébuth est bien effroyable s'il est condamné à entendre de pareils chœurs une fois par semaine!

On ne sait comment cette nouvelle bourrasque se serait passée, si en ce moment l'attention générale n'eût été entièrement absorbée par un bruit venu du dehors. La rumeur s'accrut progressivement, et bientôt un essaim de petits garçons demi-nus, criant et courant autour d'une civière voilée et portée par deux hommes, entra tumultueusement dans le Spladgest.

— D'où vient cela? demanda le concierge aux porteurs.

— Des grèves d'Urchtal.

— Oglypiglap! cria Spiagudry.

Une des portes latérales s'ouvrit, un petit homme de race lapone, vêtu de cuir, se présenta, fit signe aux porteurs de le suivre; Spiagudry les accompagna, et la porte se referma avant que la multitude curieuse eût eu le temps de deviner, à la longueur du corps posé sur la civière, si c'était un homme ou une femme.

Ce sujet occupait encore toutes les conjectures, quand Spiagudry et son aide reparurent dans la seconde salle, portant un cadavre d'homme, qu'ils déposèrent sur l'une des couches de granit.

— Il y a longtemps que je n'avais touché d'aussi beaux habits, dit Oglypiglap; puis, hochant la tête et se haussant sur la pointe des pieds, il accrocha au-dessus du mort un élégant uniforme de capitaine. La tête du cadavre était défigurée et les autres membres couverts de sang; le concierge l'arrosa plusieurs fois avec un vieux seau à demi brisé.

— Par saint Belzébuth! cria le soldat, c'est un officier de mon régiment. Voyons, serait-ce le capitaine Bollar... de douleur d'avoir perdu son oncle? Bah! il hérite. — Le baron Randmer? il a risqué hier sa terre au jeu, mais demain il la regagnera, avec le château de son adversaire. — Serait-ce le capitaine Lory, dont le chien s'est noyé? ou le trésorier Stunck, dont la femme est infidèle? — Mais, vraiment, je ne vois point dans tout cela de motif pour se faire sauter la cervelle.

La foule croissait à chaque instant. En ce moment un jeune homme qui passait sur le port, voyant cette affluence de peuple, descendit de cheval, remit la bride aux mains du domestique qui le suivait, et entra dans le Spladgest. Il était vêtu d'un simple habit de voyage, armé d'un sabre et enveloppé d'un large manteau vert; une plume noire, attachée à son chapeau par une boucle de diamants, retombait sur sa noble figure et se balançait sur son front élevé, ombragé de longs cheveux châtains; ses bottines et ses éperons, souillés de boue, annonçaient qu'il venait de loin.

Lorsqu'il entra, un homme petit et trapu, enveloppé comme lui d'un manteau, et cachant ses mains sous des gants énormes, répondait au soldat :

— Et qui vous dit qu'il s'est tué? Cet homme ne s'est pas plus suicidé, j'en réponds, que le toit de votre cathédrale ne s'est incendié de lui-même.

Comme la bisaiguë fait deux blessures, cette phrase fit naître deux réponses.

— Notre cathédrale! dit Niels, on la couvre maintenant en cuivre. C'est ce misérable Han qui, dit-on, y a mis le feu, pour faire travailler les mineurs, parmi lesquels se trouvait son protégé Gill Stadt, que vous voyez ici.

— Comment diable! s'écriait de son côté le soldat, m'oser soutenir à moi, second arquebusier de la garnison de Munckholm, que cet homme-là ne s'est pas brûlé la cervelle!

— Cet homme est mort assassiné, reprit froidement le petit homme.

— Mais écoutez donc l'oracle! Va, tes petits yeux gris ne voient pas plus clair que tes mains sous les gros gants dont tu les couvres au milieu de l'été.

Un éclair brilla dans les yeux du petit homme.

— Soldat! prie ton patron que ces mains-là ne laissent pas un jour leur empreinte sur ton visage.

— Oh!.. sortons! cria le soldat enflammé de colère. Puis, s'arrêtant tout à coup : Non, dit-il, car il ne faut point parler de duel devant des morts.

Le petit homme grommela quelques mots dans une langue étrangère et disparut.

Une voix s'éleva : — C'est aux grèves d'Urchtal qu'on l'a trouvé.

— Aux grèves d'Urchtal? dit le soldat; le capitaine Dispolsen a dû y débarquer ce matin, venant de Copenhague.

— Le capitaine Dispolsen n'est point encore arrivé à Munckholm, dit une autre voix.

— On dit que Han d'Islande erre actuellement sur ces plages, reprit un quatrième.

— En ce cas, il est possible que cet homme soit le capitaine, dit le soldat, si Han est le meurtrier; car chacun sait que l'islandais assassine d'une manière si diabolique, que ses victimes ont souvent l'apparence de suicidés.

— Quel homme est-ce donc que ce Han? demanda-t-on.

— C'est un géant, dit l'un.

— C'est un nain, dit l'autre.

— Personne ne l'a donc vu? reprit une voix.

— Ceux qui le voient pour la première fois le voient aussi pour la dernière.

— Chut! dit la vieille Olly; il n'y a, dit-on, que trois personnes qui aient jamais échangé des paroles humaines avec lui : ce réprouvé de Spiagudry, la veuve Stadt, et... — mais il a eu malheureuse vie et malheureuse mort — ce pauvre Gill, que vous voyez ici. Chut!

— Chut! répéta-t-on de toutes parts.

— Maintenant, s'écria tout à coup le soldat, je suis sûr que c'est en effet le capitaine Dispolsen; je reconnais la chaîne d'acier que notre prisonnier, le vieux Schumacker, lui donna en don à son départ.

Le jeune homme à la plume noire rompit vivement le silence :
— Vous êtes sûr que c'est le capitaine Dispolsen?

— Sûr, par les mérites de saint Belzébuth! dit le soldat.

Le jeune homme sortit brusquement.

— Fais avancer une barque pour Munckholm, dit-il à son domestique.

— Mais, seigneur, et le général?...

— Tu lui mèneras les chevaux. J'irai demain. Suis-je mon maître ou non? Allons, le jour baisse; et je suis pressé, une barque.

Le valet obéit et suivit quelque temps des yeux son jeune maître, qui s'éloignait du rivage.

II

> Je m'assiérai près de vous, tandis que vous
> raconterez quelque histoire agréable pour trom-
> per le temps.
>
> MATURIN, *Bertram.*

Le lecteur sait déjà que nous sommes à Drontheim, l'une des quatre principales villes de la Norvége, bien qu'elle ne fût pas la résidence du vice-roi. A l'époque où cette histoire se passe — en 1699 — le royaume de Norvége était encore uni au Danemark et gouverné par des vice-rois, dont le séjour était Berghen, cité plus grande, plus méridionale et plus belle que Drontheim, en dépit du surnom de mauvais goût que lui donnait le célèbre amiral Tromp.

Drontheim offre un aspect agréable lorsqu'on y arrive par le golfe auquel cette ville donne son nom; le port assez large, quoique les vaisseaux n'y entrent pas aisément en tout temps, ne présentait toutefois alors que l'apparence d'un long canal, bordé à droite de navires danois et norvégiens, à gauche de navires étrangers, division prescrite par les ordonnances. On voit dans le fond la ville assise sur une plaine bien cultivée, et surmontée par les hautes aiguilles de sa cathédrale. Cette église, un des plus beaux morceaux de l'architecture gothique, comme on peut en juger par le livre du professeur Shœnning — si savamment cité par Spiagudry — qui la décrivit avant que de fréquents incendies ne l'eussent ravagée, portait sur sa flèche principale la croix épiscopale, signe distinctif de la cathédrale de l'évêché luthérien de Drontheim. Au-dessus de la ville, on aperçoit dans un lointain bleuâtre les cimes blanches et grêles des monts de Kole, pareilles aux fleurons aigus d'une couronne antique.

Au milieu du port, à une portée de canon du rivage, s'élève, sur une masse de rochers battus des flots, la solitaire forteresse de Munckholm, sombre prison qui renfermait alors un captif célèbre par l'éclat de ses longues prospérités et de ses rapides disgrâces.

Schumacker, né dans un rang obscur, avait été comblé des faveurs de son maître, puis précipité du fauteuil de grand-chancelier de Danemark et de Norvége sur le banc des traîtres, puis traîné sur l'échafaud, et de là jeté par grâce dans un cachot isolé à l'extrémité des deux royaumes. Ses créatures l'avaient renversé, sans qu'il eût droit de crier à l'ingratitude. Pouvait-il se plaindre de voir se briser sous ses pieds des échelons qu'il n'avait placés si haut que pour s'élever lui-même?

Celui qui avait fondé la noblesse en Danemark voyait, du fond de son exil, les grands qu'il avait faits se partager ses propres dignités. Le comte d'Ahlefeld, son mortel ennemi, était son successeur comme grand-chancelier; le général Arensdorf disposait, comme grand-maréchal, des grades militaires, et l'évêque Spollyson exerçait la charge d'inspecteur des universités. Le seul de ses ennemis qui ne lui dût pas son élévation était le comte Ulric-Frédéric Guldenlew, fils naturel du roi Frédéric III, vice-roi de Norvége; c'était le plus généreux de tous.

C'est vers le triste rocher de Munckholm que s'avançait assez lentement la barque du jeune homme à la plume noire. Le soleil baissait rapidement derrière le château-fort isolé, dont la masse interceptait ses rayons, déjà si horizontaux que le paysan des collines lointaines et orientales de Larsynn pouvait voir se promener près de lui, sur les bruyères, l'ombre vague de la sentinelle placée sur le donjon le plus élevé de Munckholm.

III

> Ah ! mon cœur ne pouvait être plus sensiblement blessé !... Un jeune homme sans mœurs... Il a osé la regarder ! Ses regards souillaient sa pureté. Claudia ! cette seule pensée me met hors de moi.
>
> LESSING.

— Andrew, allez dire que dans une demi-heure on sonne le couvre-feu. Sorsyll relèvera Duckness à la grande herse, et Malvidius montera sur la plate-forme de la grosse tour. Qu'on veille attentivement du côté du donjon du Lion de Slesvig. Ne pas oublier à sept heures de tirer le canon pour qu'on lève la chaîne du port ; — mais non, on attend encore le capitaine Dispolsen ; il faut au contraire allumer le fanal et voir si celui de Walderhog est allumé, comme l'ordre en a été donné aujourd'hui. Surtout qu'on tienne des rafraîchissements prêts pour le capitaine. — Et, j'oubliais, — qu'on marque pour deux jours de cachot Toric-Belfast, second arquebusier du régiment ; il a été absent toute la journée.

Ainsi parlait le sergent d'armes sous la voûte noire et enfumée du corps de garde de Munckholm, situé dans la tour basse qui domine la première porte du château.

Les soldats auxquels il s'adressait quittèrent le jeu ou le lit pour exécuter ses ordres ; puis le silence se rétablit.

En ce moment, le bruit alternatif et mesuré des rames se fit entendre au dehors. — Voilà sans doute, enfin, le capitaine Dispolsen !

dit le sergent en ouvrant la petite fenêtre grillée qui donne sur le golfe.

Une barque abordait en effet au bas de la porte de fer.

— Qui va là? cria le sergent d'une voix rauque.

— Ouvrez! répondit-on; paix et sûreté.

— On n'entre pas; avez-vous droit de passe?

— Oui.

— C'est ce que je vais vérifier; si vous mentez, par les mérites du saint mon patron, je vous ferai goûter l'eau du golfe.

Puis, refermant le guichet et se retournant, il ajouta : — Ce n'est point encore le capitaine!

Une lumière brilla derrière la porte de fer; les verrous rouillés crièrent; les barres se levèrent, elle s'ouvrit, et le sergent examina un parchemin que lui présentait le nouveau venu.

— Passez, dit-il. Arrêtez cependant, reprit-il brusquement, laissez en dehors la boucle de votre chapeau. On n'entre pas dans les prisons d'état avec des bijoux. Le règlement porte que « le roi et les membres de la famille du roi, le vice-roi et les membres de la famille du vice-roi, l'évêque et les chefs de la garnison, sont seuls exceptés ». Vous n'avez, n'est-ce pas, aucune de ces qualités?

Le jeune homme détacha, sans répondre, la boucle proscrite, et la jeta pour payement au pêcheur qui l'avait amené; celui-ci, craignant qu'il ne revînt sur sa générosité, se hâta de mettre un large espace de mer entre le bienfaiteur et le bienfait.

Tandis que le sergent, murmurant de l'imprudence de la chancellerie qui prodiguait ainsi les droits de passe, replaçait les lourds barreaux, et que le bruit lent de ses bottes fortes retentissait sur les degrés de l'escalier tournant du corps de garde, le jeune homme, après avoir rejeté son manteau sur son épaule, traversait rapidement la voûte noire de la tour basse, puis la longue place d'armes, puis le hangar de l'artillerie où gisaient quelques vieilles couleuvrines démontées que l'on peut voir aujourd'hui dans le musée de Copenhague, et dont le cri impérieux d'une sentinelle l'avertit de s'éloigner. Il parvint à la grande herse, qui fut levée à l'inspection de son parchemin. Là, suivi d'un soldat, il franchit, suivant la diagonale, sans hésiter et comme un habitué de ces lieux, une de ces quatre cours carrées qui flanquent la grande cour circulaire, du milieu de laquelle sort le vaste rocher rond où s'élevait alors le donjon, dit château du Lion de

Slesvig, à cause de la détention que Rolf le Nain y fit jadis subir à son frère, Joatham le Lion, duc de Slesvig.

Notre intention n'est pas de donner ici une description du donjon de Munckholm, d'autant plus que le lecteur, enfermé dans une prison d'état, craindrait peut-être de ne pouvoir *se sauver au travers du jardin*. Ce serait à tort, car le château du Lion de Slesvig, destiné à des prisonniers de distinction, leur offrait, entre autres commodités, celle de se promener dans une espèce de jardin sauvage assez étendu, où des touffes de houx, quelques vieux ifs, quelques pins noirs, croissaient parmi les rochers autour de la haute prison, et dans un enclos de grands murs et d'énormes tours.

Arrivé au pied du rocher rond, le jeune homme gravit les degrés grossièrement taillés qui montent tortueusement jusqu'au pied de l'une des tours de l'enclos, laquelle, percée d'une poterne dans sa partie inférieure, servait d'entrée au donjon. Là, il sonna fortement d'un cor de cuivre que lui avait remis le gardien de la grande herse. — Ouvrez, ouvrez! cria vivement une voix de l'intérieur, c'est sans doute ce maudit capitaine!

La poterne qui s'ouvrit laissa voir au nouvel arrivant, dans l'intérieur d'une salle gothique faiblement éclairée, un jeune officier nonchalamment couché sur un amas de manteaux et de peaux de rennes, près d'une de ces lampes à trois becs que nos aïeux suspendaient aux rosaces de leurs plafonds, et qui, pour le moment, était posée à terre. La richesse élégante et même l'excessive recherche de ses vêtements contrastaient avec la nudité de la salle et la grossièreté des meubles ; il tenait un livre entre ses mains et se détourna à demi vers le nouveau venu.

— C'est le capitaine? salut, capitaine! Vous ne vous doutiez guère que vous faisiez attendre un homme qui n'a point la satisfaction de vous connaître ; mais notre connaissance sera bientôt faite, n'est-il pas vrai? Commencez par recevoir tous mes compliments de condoléance sur votre retour dans ce vénérable château. Pour peu que j'y séjourne encore, je vais devenir gai comme la chouette qu'on cloue à la porte des donjons pour servir d'épouvantail, et, quand je retournerai à Copenhague pour les fêtes du mariage de ma sœur, du diable si quatre dames sur cent me reconnaissent! Dites-moi, les nœuds de ruban rose au bas du justaucorps sont-ils toujours de mode? a-t-on traduit quelque nouveau roman de cette française, la demoiselle

Scudéry? Je tiens précisément la *Clélie*; je suppose qu'on la lit encore à Copenhague. C'est mon code de galanterie, maintenant que je soupire loin de tant de beaux yeux; — car, tout beaux qu'ils sont, les yeux de notre jeune prisonnière, vous savez de qui je veux parler, ne me disent jamais rien. Ah! sans les ordres de mon père!... Il faut vous dire en confidence, capitaine, que mon père, n'en parlez pas, m'a chargé de... vous m'entendez, auprès de la fille de Schumacker; mais je perds toutes mes peines, cette jolie statue n'est pas une femme; elle pleure toujours et ne me regarde jamais.

Le jeune homme, qui n'avait pu encore interrompre l'extrême volubilité de l'officier, poussa un cri de surprise : — Comment! que dites-vous? chargé de séduire la fille de ce malheureux Schumacker!...

— Séduire, eh bien soit! si c'est ainsi que cela s'appelle à présent à Copenhague; mais j'en défierais le diable. Avant-hier, étant de garde, je mis exprès pour elle une superbe fraise française qui m'était envoyée de Paris même. Croiriez-vous qu'elle n'a pas levé seulement les yeux sur moi, quoique j'aie traversé trois ou quatre fois son appartement en faisant sonner mes éperons neufs, dont la molette est plus large qu'un ducat de Lombardie? — C'est la forme la plus nouvelle, n'est-ce pas?

— Dieu! Dieu! dit le jeune homme en se frappant le front; mais cela me confond!

— N'est-ce pas? reprit l'officier, se méprenant sur le sens de cette exclamation. Pas la moindre attention à moi! c'est incroyable, mais c'est pourtant vrai.

Le jeune homme se promenait, violemment agité, de long en large et à grands pas.

— Voulez-vous vous rafraîchir, capitaine Dispolsen? lui cria l'officier.

Le jeune homme se réveilla.

— Je ne suis point le capitaine Dispolsen.

— Comment! dit l'officier d'un ton sévère, en se levant sur son séant; et qui donc êtes-vous pour oser vous introduire ici, et à cette heure?

Le jeune homme déploya sa pancarte.

— Je veux voir le comte Griffenfeld;... je veux dire votre prisonnier.

— Le comte! le comte! murmura l'officier d'un air mécontent.
— Mais en vérité cette pièce est en règle; voilà bien la signature du vice-chancelier Grummond de Knud : « Le porteur pourra visiter, à toute heure et en tout temps, toutes les prisons royales. » Grummond de Knud est frère du vieux général Levin de Knud, qui commande à Drontheim, et vous saurez que ce vieux général a élevé mon futur beau-frère.
— Merci de vos détails de famille, lieutenant. Ne pensez-vous pas que vous m'en avez déjà assez raconté?
— L'impertinent a raison, se dit le lieutenant en se mordant les lèvres. — Holà, huissier ! huissier de la tour! Conduisez cet étranger à Schumacker, et ne grondez pas si j'ai décroché votre luminaire à trois becs et à une mèche. Je n'étais pas fâché d'examiner une pièce qui date sans doute de Sciold le Païen ou de Havar le Pourfendu; et d'ailleurs on ne suspend plus aux plafonds que des lustres en cristal.

Il dit, et, pendant que le jeune homme et son conducteur traversaient le jardin désert du donjon, il reprit, martyr de la mode, le fil des aventures galantes de l'amazone Clélie et d'Horatius le Borgne.

IV

> BENVOLIO.
> Où diable ce Roméo peut-il être ? Il n'est pas rentré chez lui cette nuit.
> MERCUTIO.
> Il n'est pas rentré chez son père ; j'ai parlé à son domestique.
>
> SHAKESPEARE.

Cependant un homme et deux chevaux étaient entrés dans la cour du palais du gouverneur de Drontheim. Le cavalier avait quitté la selle en hochant la tête d'un air mécontent ; il se préparait à conduire les deux montures à l'écurie, lorsqu'il se sentit saisir brusquement le bras, et une voix lui cria :

— Comment ! vous voilà seul, Poël ! Et votre maître ? où est votre maître ?

C'était le vieux général Levin de Knud, qui, de sa fenêtre, ayant vu le domestique du jeune homme et la selle vide, était descendu précipitamment et fixait sur le valet un regard plus inquiet encore que sa question.

— Excellence, dit Poël en s'inclinant profondément, mon maître n'est plus à Drontheim.

— Quoi! il y était donc? il est reparti sans voir son général, sans embrasser son vieil ami! et depuis quand?

— Il est arrivé ce soir et reparti ce soir.

— Ce soir! ce soir! mais où donc s'est-il arrêté? où est-il allé?

— Il a descendu au Spladgest, et s'est embarqué pour Munckholm.

— Ah! je le croyais aux antipodes. Mais que va-t-il faire à ce château? qu'allait-il faire au Spladgest? Voilà bien mon chevalier errant! C'est aussi un peu ma faute, pourquoi l'ai-je élevé ainsi? J'ai voulu qu'il fût libre en dépit de son rang.

— Aussi n'est-il point esclave des étiquettes, dit Poël.

— Non, mais il l'est de ses caprices. Allons, il va sans doute revenir. Songez à vous rafraîchir, Poël. — Dites-moi, et le visage du général prit une expression de sollicitude, dites-moi, Poël, avez-vous beaucoup couru à droite et à gauche?

— Mon général, nous sommes venus en droite ligne de Berghen. Mon maître était triste.

— Triste? que s'est-il donc passé entre lui et son père? Ce mariage lui déplaît-il?

— Je l'ignore. Mais on dit que sa sérénité l'exige.

— L'exige! vous dites, Poël, que le vice-roi l'exige! Mais pour qu'il l'exige, il faut qu'Ordener s'y refuse.

— Je l'ignore, excellence. Il paraît triste.

— Triste! savez-vous comment son père l'a reçu?

— La première fois, c'était dans le camp, près Berghen. Sa sérénité a dit : Je ne vous vois pas souvent, mon fils. — Tant mieux pour moi, mon seigneur et père, a répondu mon maître, si vous vous en apercevez. Puis il a donné à sa sérénité des détails sur ses courses du Nord; et sa sérénité a dit : C'est bien. Le lendemain, mon maître est revenu du palais, et a dit : On veut me marier; mais il faut que je voie mon second père, le général Levin. — J'ai sellé les chevaux, et nous voilà.

— Vrai, mon bon Poël, dit le général d'une voix altérée, il m'a appelé son second père?

— Oui, votre excellence.

— Malheur à moi si ce mariage le contrarie, car j'encourrai

plutôt la disgrâce du roi que de m'y prêter. Mais cependant, la fille du grand-chancelier des deux royaumes!... A propos, Poël, Ordener sait-il que sa future belle-mère, la comtesse d'Ahlefeld, est ici incognito depuis hier, et que le comte y est attendu?

— Je l'ignore, mon général.

— Oh! se dit le vieux gouverneur, oui, il le sait, car pourquoi aurait-il battu en retraite dès son arrivée?

Ici le général, après avoir fait un signe de bienveillance à Poël, et salué la sentinelle qui lui présentait les armes, rentra inquiet dans l'hôtel d'où il venait de sortir inquiet.

V

> On eût dit que toutes les passions avaient agité son cœur, et que toutes l'avaient abandonné; il ne lui restait rien que le coup d'œil triste et perçant d'un homme consommé dans la connaissance des hommes, et qui voyait, d'un regard, où tendait chaque chose.
>
> SCHILLER, *les Visions*.

Quand, après avoir fait parcourir à l'étranger les escaliers en spirale et les hautes salles du donjon du Lion de Slesvig, l'huissier lui ouvrit enfin la porte de l'appartement où se trouvait celui qu'il cherchait, la première parole qui frappa les oreilles du jeune homme fut encore celle-ci : — Est-ce enfin le capitaine Dispolsen?

Celui qui faisait cette question était un vieillard assis le dos tourné à la porte, les coudes appuyés sur une table de travail et le front appuyé sur ses mains. Il était revêtu d'une simarre de laine noire, et l'on apercevait, au-dessus d'un lit placé à une extrémité de la chambre, un écusson brisé autour duquel étaient suspendus les colliers rompus des ordres de l'Éléphant et de Dannebrog; une couronne de comte renversée était fixée au-dessous de l'écusson, et les deux fragments d'une main de justice liés en croix complétaient l'ensemble de ces bizarres ornements. — Le vieillard était Schumacker.

— Non, seigneur, répondit l'huissier; puis il dit à l'étranger : Voici le prisonnier; et, les laissant ensemble, il referma la porte, avant d'avoir pu entendre la voix aigre du vieillard qui disait : Si ce n'est pas le capitaine, je ne veux voir personne.

L'étranger, à ces mots, resta debout près de la porte; et le prisonnier, se croyant seul, — car il s'était un moment détourné, — retomba dans sa silencieuse rêverie.

Tout à coup il s'écria : — Le capitaine m'a certainement abandonné et trahi ! Les hommes.... les hommes sont comme ce glaçon qu'un arabe prit pour un diamant; il le serra précieusement dans son havre-sac, et quand il le chercha, il ne trouva même plus un peu d'eau.

— Je ne suis pas de ces hommes, dit l'étranger.

Schumacker se leva brusquement. — Qui est ici? qui m'écoute? Est-ce quelque misérable suppôt de ce Guldenlew?

— Ne parlez point mal du vice-roi, seigneur comte.

— Seigneur comte! est-ce pour me flatter que vous m'appelez ainsi? Vous perdez vos peines; je ne suis plus puissant.

— Celui qui vous parle ne vous a jamais connu puissant, et n'en est pas moins votre ami.

— C'est qu'il espère encore quelque chose de moi; les souvenirs que l'on conserve aux malheureux se mesurent toujours aux espérances qui en restent.

— C'est moi qui devrais me plaindre, noble comte; car je me suis souvenu de vous, et vous m'avez oublié. Je suis Ordener.

Un éclair de joie passa dans les tristes yeux du vieillard, et un sourire qu'il ne put réprimer entr'ouvrit sa barbe blanche, comme le rayon qui perce un nuage.

— Ordener ! soyez le bienvenu, voyageur Ordener. Mille vœux de bonheur au voyageur qui se souvient du prisonnier.

— Mais, demanda Ordener, vous m'aviez donc oublié?

— Je vous avais oublié, dit Schumacker reprenant son air sombre, comme on oublie la brise qui nous rafraîchit et qui passe; heureux lorsqu'elle ne devient pas l'ouragan qui nous renverse.

— Comte de Griffenfeld, reprit le jeune homme, vous ne comptiez donc pas sur mon retour?

— Le vieux Schumacker n'y comptait pas; mais il y a ici une jeune fille qui me faisait remarquer aujourd'hui même qu'il y avait eu, le 8 mai dernier, un an que vous étiez absent.

Ordener tressaillit.

— Quoi, grand Dieu ! serait-ce votre Éthel, noble comte?

— Et qui donc?

— Votre fille, seigneur, a daigné compter les mois depuis mon départ! Oh! combien j'ai passé de tristes journées! j'ai visité toute la Norvége, depuis Christiania jusqu'à Wardhus; mais c'est vers Drontheim que mes courses me ramenaient toujours.

— Usez de votre liberté, jeune homme, tant que vous en jouissez.

— Mais dites-moi donc enfin qui vous êtes. Je voudrais, Ordener, vous connaître sous un autre nom. Le fils d'un de mes mortels ennemis s'appelle Ordener.

— Peut-être, seigneur comte, ce mortel ennemi a-t-il plus de bienveillance pour vous que vous n'en avez pour lui.

— Vous éludez ma question; mais gardez votre secret, j'apprendrais peut-être que le fruit qui désaltère est un poison qui me tuera.

— Comte! dit Ordener d'une voix irritée. — Comte! reprit-il d'un ton de reproche et de pitié.

— Suis-je contraint de me fier à vous, répondit Schumacker, à vous qui prenez toujours en ma présence le parti de l'implacable Guldenlew?

— Le vice-roi, interrompit gravement le jeune homme, vient d'ordonner que vous seriez à l'avenir libre et sans garde dans l'intérieur de tout le donjon du Lion de Slesvig. C'est une nouvelle que j'ai recueillie à Berghen, et que vous recevrez sans doute prochainement.

— C'est une faveur que je n'osais espérer, et je croyais n'avoir parlé de mon désir qu'à vous seul. Au surplus, on diminue le poids de mes fers à mesure que celui de mes années s'accroît, et, quand les infirmités m'auront rendu impotent, on me dira sans doute : Vous êtes libre.

A ces mots le vieillard sourit amèrement; il continua : — Et vous, jeune homme, avez-vous toujours vos folles idées d'indépendance?

— Si je n'avais point ces folles idées, je ne serais pas ici.

— Comment êtes-vous venu à Drontheim?

— Eh bien! à cheval.

— Comment êtes-vous venu à Munckholm?

— Sur une barque.

— Pauvre insensé! qui crois être libre, et qui passes d'un cheval dans une barque. Ce ne sont point tes membres qui exécutent tes volontés; c'est un animal, c'est la matière; et tu appelles cela des volontés!

— Je force des êtres à m'obéir.

— Prendre sur certains êtres le droit d'en être obéi, c'est donner à d'autres celui de vous commander. L'indépendance n'est que dans l'isolement.

— Vous n'aimez pas les hommes, noble comte?

Le vieillard se mit à rire tristement. — Je pleure d'être homme, et je ris de celui qui me console. — Vous le saurez, si vous l'ignorez encore, le malheur rend défiant comme la prospérité rend ingrat. Écoutez, puisque vous venez de Berghen, apprenez-moi quel vent favorable a soufflé sur le capitaine Dispolsen. Il faut qu'il lui soit arrivé quelque chose d'heureux, puisqu'il m'oublie.

Ordener devint sombre et embarrassé.

— Dispolsen, seigneur comte? C'est pour vous en parler que je suis venu dès aujourd'hui. — Je sais qu'il avait toute votre confiance.

— Vous le savez? interrompit le prisonnier avec inquiétude. Vous vous trompez. Nul être au monde n'a ma confiance. — Dispolsen tient, il est vrai, entre ses mains mes papiers, des papiers même très importants. C'est pour moi qu'il est allé à Copenhague, près du roi. J'avouerai même que je comptais plus sur lui que sur tout autre, car dans ma puissance je ne lui avais jamais rendu service.

— Eh bien! noble comte, je l'ai vu aujourd'hui....

— Votre trouble me dit le reste; il est traître.

— Il est mort.

— Mort!

Le prisonnier croisa ses bras et baissa la tête, puis relevant son œil vers le jeune homme :

— Quand je vous disais qu'il lui était arrivé quelque chose d'heureux!

Puis son regard se tourna vers la muraille où étaient suspendus les signes de ses grandeurs détruites, et il fit un geste de la main comme pour éloigner le témoin d'une douleur qu'il s'efforçait de vaincre.

— Ce n'est pas lui que je plains; ce n'est qu'un homme de moins. — Ce n'est pas moi; qu'ai-je à perdre? Mais ma fille, ma fille infortunée! je serai la victime de cette infâme machination; et que deviendra-t-elle si on lui enlève son père?

Il se retourna vivement vers Ordener.

— Comment est-il mort? où l'avez-vous vu?

— Je l'ai vu au Spladgest; on ne sait s'il est mort d'un suicide ou d'un assassinat.

— Voici maintenant l'important. S'il a été assassiné, je sais d'où le coup part; alors tout est perdu. Il m'apportait les preuves du complot qu'ils trament contre moi; ces preuves auraient pu me sauver et les perdre. Ils ont su les détruire! — Malheureuse Éthel!

— Seigneur comte, dit Ordener en saluant, je vous dirai demain s'il a été assassiné.

Schumacker, sans répondre, suivit Ordener qui sortait, d'un regard où se peignait le calme du désespoir, plus effrayant que le calme de la mort.

Ordener était dans l'antichambre solitaire du prisonnier, sans savoir de quel côté se diriger. La soirée était avancée et la salle obscure; il ouvrit une porte au hasard et se trouva dans un immense corridor, éclairé seulement par la lune, qui courait rapidement à travers de pâles nuées. Ses lueurs nébuleuses tombaient par intervalles sur les vitraux étroits et élevés, et dessinaient sur la muraille opposée comme une longue procession de fantômes, qui apparaissait et disparaissait simultanément dans les profondeurs de la galerie. Le jeune homme se signa lentement, et marcha vers une lumière rougeâtre qui brillait faiblement à l'extrémité du corridor.

Une porte était entr'ouverte; une jeune fille agenouillée dans un oratoire gothique, au pied d'un simple autel, récitait à demi-voix les litanies de la Vierge; oraison simple et sublime où l'âme qui s'élève vers la Mère des Sept-Douleurs ne la prie que de prier.

Cette jeune fille était vêtue de crêpe noir et de gaze blanche, comme pour faire deviner, en quelque sorte au premier aspect, que ses jours s'étaient enfuis jusqu'alors dans la tristesse et dans l'innocence. Même en cette attitude modeste, elle portait dans tout son être l'empreinte d'une nature singulière. Ses yeux et ses longs cheveux étaient noirs, beauté très rare dans le nord; son regard élevé vers la voûte paraissait plutôt enflammé par l'extase qu'éteint par le recueillement. Enfin, on eût dit une vierge des rives de Chypre ou des campagnes de Tibur, revêtue des voiles fantastiques d'Ossian, et prosternée devant la croix de bois et l'autel de pierre de Jésus.

Ordener tressaillit et fut prêt à défaillir, car il reconnut celle qui priait.

Elle pria pour son père, pour le puissant tombé, pour le vieux captif abandonné, et elle récita à haute voix le psaume de la délivrance.

Elle pria encore pour un autre, mais Ordener n'entendit pas le nom de celui pour qui elle priait; il ne l'entendit pas, car elle ne le prononça pas; seulement elle récita le cantique de la sulamite, l'épouse qui attend l'époux et le retour du bien-aimé.

Ordener s'éloigna dans la galerie; il respecta cette vierge qui s'entretenait avec le ciel; la prière est un grand mystère, et son cœur s'était rempli, malgré lui, d'un ravissement inconnu, mais profane.

La porte de l'oratoire se ferma doucement. Bientôt une lumière, et une femme blanche dans les ténèbres, vinrent de son côté. Il s'arrêta, car il éprouvait une des plus violentes émotions de la vie; il s'adossa à l'obscure muraille; son corps était faible, et les os de ses membres s'entre-choquaient dans leurs jointures, et, dans le silence de tout son être, les battements de son cœur retentissaient à son oreille.

Quand la jeune fille passa, elle entendit le froissement d'un manteau, et une haleine brusque et précipitée.

— Dieu! cria-t-elle.

Ordener s'élança; d'un bras il la soutint, de l'autre il chercha vainement à retenir la lampe, qu'elle avait laissée échapper, et qui s'éteignit.

— C'est moi, dit-il doucement.

— C'est Ordener! dit la jeune fille, car le dernier retentissement de cette voix, qu'elle n'avait pas entendue depuis un an, était encore dans son oreille.

Et la lune qui passait éclaira la joie de sa charmante figure; puis elle reprit, timide et confuse, et se dégageant des bras du jeune homme :

— C'est le seigneur Ordener.

— C'est lui, comtesse Éthel.

— Pourquoi m'appelez-vous comtesse?

— Pourquoi m'appelez-vous seigneur?

La jeune fille se tut et sourit; le jeune homme se tut et soupira. Elle rompit la première le silence :

— Comment donc êtes-vous ici?

— Faites-moi merci, si ma présence vous afflige. J'étais venu pour parler au comte votre père.

4

— Ainsi, dit Éthel d'une voix altérée, vous n'êtes venu que pour mon père.

Le jeune homme baissa la tête, car ces paroles lui semblaient bien injustes.

— Il y a sans doute déjà longtemps, continua la jeune fille d'un ton de reproche, il y a sans doute déjà longtemps que vous êtes à Drontheim? Votre absence de ce château n'a pu vous paraître longue, à vous.

Ordener, profondément blessé, ne répondit pas.

— Je vous approuve, dit la prisonnière d'une voix tremblante de douleur et de colère; mais, ajouta-t-elle d'un ton fier, j'espère, seigneur Ordener, que vous ne m'avez pas entendue prier?

— Comtesse, répondit enfin le jeune homme, je vous ai entendue.

— Ah! seigneur Ordener, il n'est point courtois d'écouter ainsi.

— Je ne vous ai pas écoutée, noble comtesse, dit faiblement Ordener; je vous ai entendue.

— J'ai prié pour mon père, reprit la jeune fille en le regardant fixement, et comme attendant une réponse à cette parole toute simple.

Ordener garda le silence.

— J'ai aussi prié, continua-t-elle, inquiète et paraissant attentive à l'effet que ces paroles allaient produire sur lui, j'ai aussi prié pour quelqu'un qui porte votre nom, pour le fils du vice-roi, du comte de Guldenlew. Car il faut prier pour tout le monde, même pour ses persécuteurs.

Et la jeune fille rougit, car elle pensait mentir; mais elle était piquée contre le jeune homme, et elle croyait l'avoir nommé pendant sa prière; elle ne l'avait nommé que dans son cœur.

— Ordener Guldenlew est bien malheureux, noble dame, si vous le comptez au nombre de vos persécuteurs; il est bien heureux cependant d'occuper une place dans vos prières.

— Oh! non, dit Éthel troublée et effrayée de l'air froid du jeune homme, non, je ne priais pas pour lui. J'ignore ce que j'ai fait, ce que je fais. Quant au fils du vice-roi, je le déteste, je ne le connais pas. Ne me regardez pas de cet œil sévère; vous ai-je offensé? ne pouvez-vous rien pardonner à une pauvre prisonnière, vous qui passez vos jours près de quelque belle et noble dame libre et heureuse comme vous!

— Moi, comtesse! s'écria Ordener.

Éthel versait des larmes; le jeune homme se précipita à ses pieds.

— Ne m'avez-vous pas dit, continua-t-elle souriant à travers ses pleurs, que votre absence vous avait semblé courte?

— Qui, moi, comtesse?

— Ne m'appelez pas ainsi, dit-elle doucement, je ne suis plus comtesse pour personne, et surtout pour vous.

Le jeune homme se leva violemment, et ne put s'empêcher de la presser sur son cœur dans un ravissement convulsif.

— Eh bien! mon Éthel adorée, nomme-moi ton Ordener. — Dis-moi, — et il attacha un regard brûlant sur ses yeux mouillés de larmes, — dis-moi, tu m'aimes donc?

Ce que dit la jeune fille ne fut pas entendu, car Ordener, hors de lui, avait ravi sur ses lèvres avec sa réponse cette première faveur, ce baiser sacré qui suffit aux yeux de Dieu pour changer deux amants en époux.

Tous deux restèrent sans paroles, parce qu'ils étaient dans un de ces moments solennels, si rares et si courts sur la terre, où l'âme semble éprouver quelque chose de la félicité des cieux. Ce sont des instants indéfinissables que ceux où deux âmes s'entretiennent ainsi dans un langage qui ne peut être compris que d'elles; alors tout ce qu'il y a d'humain se tait, et les deux êtres immatériels s'unissent mystérieusement pour la vie de ce monde et l'éternité de l'autre.

Éthel s'était lentement retirée des bras d'Ordener, et, aux lueurs de la lune, ils se regardaient avec ivresse; seulement, l'œil de flamme du jeune homme respirait un mâle orgueil et un courage de lion; tandis que le regard demi-voilé de la jeune fille était empreint de cette pudeur, honte angélique, qui, dans le cœur d'une vierge, se mêle à toutes les joies de l'amour.

— Tout à l'heure, dans ce corridor, dit-elle enfin, vous m'évitiez donc, mon Ordener?

— Je ne vous évitais pas, j'étais comme le malheureux aveugle que l'on rend à la lumière après de longues années, et qui se détourne un moment du jour.

— C'est à moi plutôt que s'applique votre comparaison; car, durant votre absence, je n'ai eu d'autre bonheur que la présence d'un infortuné, de mon père. Je passais mes longues journées à le consoler, et, ajouta-t-elle en baissant les yeux, à vous espérer. Je lisais à mon père les fables de l'Edda, et quand je l'entendais douter des hommes, je lui lisais l'évangile, pour qu'au moins il ne doutât pas du ciel; puis je lui parlais de vous, et il se taisait, ce qui prouve qu'il vous aime. Seulement, quand j'avais inutilement passé mes soirées à regarder de loin sur les routes les voyageurs qui arrivaient, et dans le port les vaisseaux qui abordaient, il secouait la tête avec un sourire amer, et je pleurais. Cette prison, où s'est jusqu'ici passée toute ma vie, m'était devenue odieuse, et pourtant mon père, qui, jusqu'à votre apparition, l'avait toujours remplie pour moi, y était encore; mais vous n'y étiez plus, et je désirais cette liberté que je ne connaissais pas.

Il y avait dans les yeux de la jeune fille, dans la naïveté de sa tendresse, dans la douce hésitation de ses épanchements, un charme que des paroles humaines n'exprimeraient pas. Ordener l'écoutait avec cette joie rêveuse d'un être qui serait enlevé au monde réel pour assister au monde idéal.

— Et moi, dit-il, maintenant je ne veux plus de cette liberté que vous ne partagez pas!

— Quoi, Ordener! reprit vivement Éthel, vous ne nous quitterez donc plus?

Cette expression rappela au jeune homme tout ce qu'il avait oublié.

— Mon Éthel, il faut que je vous quitte ce soir. Je vous reverrai demain, et demain je vous quitterai encore, jusqu'à ce que je revienne pour ne plus vous quitter.

— Hélas! interrompit douloureusement la jeune fille, absent encore!

— Je vous répète, ma bien-aimée Éthel, que je reviendrai bientôt vous arracher de cette prison ou m'y ensevelir avec vous.

— Prisonnière avec lui! dit-elle doucement. Ah! ne me trompez pas, faut-il que j'espère tant de bonheur?

— Quel serment te faut-il? que veux-tu de moi? s'écria Ordener; dis-moi, mon Éthel, n'es-tu pas mon épouse? — Et, transporté d'amour, il la serrait fortement contre sa poitrine.

— Je suis à toi, murmura-t-elle faiblement.

Ces deux cœurs nobles et purs battaient ainsi avec délices l'un contre l'autre, et n'en étaient que plus nobles et plus purs.

En ce moment un violent éclat de rire se fit entendre auprès

ÉTHEL ET ORDENER

d'eux. Un homme enveloppé d'un manteau découvrit une lanterne sourde qu'il y avait cachée, et dont la lumière éclaira subitement la figure effrayée et confuse d'Éthel et le visage étonné et fier d'Ordener.

— Courage! mon joli couple! courage! mais il me semble qu'après avoir cheminé si peu de temps dans le pays du Tendre, vous n'avez pas suivi tous les détours du ruisseau du Sentiment, et que vous avez dû prendre un chemin de traverse pour arriver si vite au hameau du Baiser.

Nos lecteurs ont sans doute reconnu le lieutenant admirateur de Mlle de Scudéry. Arraché de la lecture de la *Clélie* par le beffroi de minuit, que les deux amants n'avaient pas entendu, il était venu faire sa ronde nocturne dans le donjon. En passant à l'extrémité du corridor de l'orient, il avait recueilli quelques paroles et vu comme deux spectres se mouvoir dans la galerie à la clarté de la lune. Alors, naturellement curieux et hardi, il avait caché sa lanterne sous son manteau, et s'était avancé sur la pointe du pied près des deux fantômes, que son brusque éclat de rire venait d'arracher désagréablement à leur extase.

Éthel fit un mouvement pour fuir Ordener, puis, revenant à lui comme par instinct et pour lui demander protection, elle cacha sa tête brûlante dans le sein du jeune homme.

Celui-ci releva la sienne avec un orgueil de roi.

— Malheur, dit-il, malheur à celui qui vient de t'effrayer et de t'affliger, mon Éthel!

— Oui vraiment, dit le lieutenant, malheur à moi si j'avais eu la maladresse d'épouvanter la tendre Mandane!

— Seigneur lieutenant, dit Ordener d'un ton hautain, je vous engage à vous taire.

— Seigneur insolent, répliqua l'officier, je vous engage à vous taire.

— M'entendez-vous? reprit Ordener d'une voix tonnante; achetez votre pardon par le silence.

— *Tibi tua*, répondit le lieutenant, prenez vos avis pour vous, achetez votre pardon par le silence.

— Taisez-vous! s'écria Ordener avec une voix qui fit trembler les vitraux; et, déposant la tremblante jeune fille sur un des vieux fauteuils du corridor, il secoua énergiquement le bras de l'officier.

— Oh! paysan, dit le lieutenant, moitié riant, moitié irrité, vous ne remarquez pas que ce pourpoint que vous froissez si brutalement est du plus beau velours d'Abingdon.

Ordener le regarda fixement.

— Lieutenant, ma patience est plus courte que mon épée.

— Je vous entends, mon brave damoisel, dit le lieutenant avec un sourire ironique, vous voudriez bien que je vous fisse un tel honneur; mais savez-vous qui je suis? Non, non, s'il vous plaît! *prince contre prince, berger contre berger*, comme disait le beau Léandre.

— S'il faut dire aussi : lâche contre lâche! reprit Ordener, assurément je n'aurai point l'insigne honneur de me mesurer avec vous.

— Je me fâcherais, mon très honorable berger, si vous portiez seulement l'uniforme.

— Je n'en ai ni les galons ni les franges, lieutenant, mais j'en porte le sabre.

Le fier jeune homme, rejetant son manteau en arrière, avait mis sa toque sur sa tête et saisi la garde de son sabre, lorsque Éthel, réveillée par ce danger imminent, se précipita sur son bras et s'attacha à son cou avec un cri de terreur et de prière.

— Vous faites sagement, ma belle damoiselle, si vous ne voulez pas que le jouvencel soit puni de ses hardiesses, dit le lieutenant, qui, aux menaces d'Ordener, s'était mis en garde sans s'émouvoir; car Cyrus allait se brouiller avec Cambyse, pourvu toutefois que ce ne soit pas faire trop d'honneur à ce vassal que de le comparer à Cambyse.

— Au nom du ciel, seigneur Ordener, disait Éthel, que je ne sois pas la cause et le témoin d'un pareil malheur! — Puis, levant sur lui ses beaux yeux, elle ajouta : — Ordener, je t'en supplie!

Ordener repoussa lentement dans le fourreau la lame à demi tirée, et le lieutenant s'écria :

— Par ma foi, chevalier, — j'ignore si vous l'êtes, mais je vous en donne le titre parce que vous paraissez le mériter, — moi et vous agissons suivant les lois de la bravoure, mais non suivant celles de la galanterie. La damoiselle a raison, des engagements comme celui que je vous crois digne de nouer avec moi ne doivent pas avoir des dames pour témoins, quoique, n'en déplaise à la charmante damoiselle, ils puissent avoir des dames pour cause. Nous ne pouvons donc ici convenablement parler que du *duellum remotum*, et, comme l'offensé, si vous voulez en fixer l'époque, le lieu et les armes, ma fine lame de Tolède ou mon poignard de Mérida seront à la disposition de votre hachoir sorti des forges d'Ashkreuth, ou de votre couteau de chasse trempé dans le lac de Sparbo.

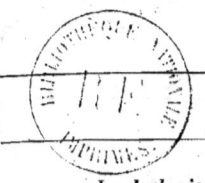

Le *duel ajourné* que l'officier proposait à Ordener était en usage dans le nord, d'où les savants prétendent que la coutume du duel est sortie.

Les plus vaillants gentilshommes proposaient et acceptaient le *duellum remotum*. On le remettait à plusieurs mois, quelquefois à plusieurs années, et, durant cet intervalle, les adversaires ne devaient s'occuper ni en paroles ni en actions de l'affaire qui avait amené le défi. Ainsi, en amour, les deux rivaux s'abstenaient de voir leur maîtresse, afin que les choses restassent dans le même état; on se reposait à cet égard sur la loyauté des chevaliers; comme dans les anciens tournois, si les juges du camp, croyant la loi courtoise violée, jetaient leur bâton dans l'arène, à l'instant tous les combattants s'arrêtaient; mais, jusqu'à l'éclaircissement du doute, la gorge du vaincu restait à la même distance de l'épée du vainqueur.

— Eh bien! chevalier, dit Ordener après un moment de réflexion, un messager vous instruira du lieu.

— Soit, répondit le lieutenant; d'autant mieux que cela me donnera le temps d'assister aux cérémonies du mariage de ma sœur, car vous saurez que vous aurez l'honneur de vous battre avec le futur beau-frère d'un haut seigneur, du fils du vice-roi de Norvège, du baron Ordener Guldenlew, lequel, à l'occasion de cet illustre hyménée, comme dit Artamène, va être créé comte de Daneskiold, colonel et chevalier de l'Éléphant; et moi-même, qui suis le fils du grand-chancelier des deux royaumes, je serai sans doute nommé capitaine.

— Fort bien, fort bien, lieutenant d'Ahlefeld, dit Ordener avec impatience, vous n'êtes point encore capitaine, ni le fils du vice-roi colonel; — et les sabres sont toujours des sabres.

— Et les rustres toujours des rustres, quoi qu'on fasse pour les élever jusqu'à soi, dit entre ses dents l'officier.

— Chevalier, continua Ordener, vous connaissez la loi courtoise. Vous n'entrerez plus dans ce donjon, et vous garderez le silence sur cette affaire.

— Pour le silence, rapportez-vous-en à moi, je serai aussi muet que Muce Scévole lorsqu'il eut le poing sur le brasier. Je n'entrerai non plus dans le donjon, ni moi, ni aucun argus de la garnison; car je viens de recevoir un ordre d'y laisser à l'avenir Schumacker sans gardes, ordre que j'étais chargé de lui communiquer ce soir; ce que j'aurais fait si je n'avais passé une partie de la soirée à essayer de

5

nouvelles bottines de Cracovie. — Cet ordre, entre nous, est bien imprudent. — Voulez-vous que je vous montre mes bottines?

Pendant cette conversation, Éthel, les voyant apaisés, et ne comprenant pas ce que c'était qu'un *duellum remotum*, avait disparu, après avoir dit doucement à l'oreille d'Ordener : A demain.

— Je voudrais, lieutenant d'Ahlefeld, que vous m'aidassiez à sortir du fort.

— Volontiers, dit l'officier, quoiqu'il soit un peu tard, ou plutôt de bien bonne heure. Mais comment trouverez-vous une barque?

— Cela me regarde, dit Ordener.

Alors, s'entretenant de bonne amitié, ils traversèrent le jardin, la cour circulaire, la cour carrée, sans qu'Ordener, conduit par l'officier de ronde, éprouvât d'obstacle ; ils franchirent la grande herse, le hangar de l'artillerie, la place d'armes, et arrivèrent à la tour basse, dont la porte de fer s'ouvrit à la voix du lieutenant.

— Au revoir, lieutenant d'Ahlefeld! dit Ordener.

— Au revoir, répondit l'officier. Je déclare que vous êtes un brave champion, quoique j'ignore qui vous êtes et si ceux de vos pairs que vous amènerez à notre rendez-vous auront qualité pour prendre le titre de parrains, et ne devront pas se borner au nom modeste d'assistants.

Ils se serrèrent la main; la porte de fer se referma, et le lieutenant retourna, en fredonnant un air de Lulli, admirer ses bottes polonaises et le roman français.

Ordener, resté seul sur le seuil, quitta ses vêtements, qu'il enveloppa de son manteau et attacha sur sa tête avec le ceinturon de son sabre; puis, mettant en pratique les principes d'indépendance de Schumacker, il s'élança dans l'eau froide et calme du golfe, et commença à nager au milieu de l'obscurité, vers le rivage, en se dirigeant du côté du Spladgest, destination où il était toujours à peu près sûr d'arriver, mort ou vif.

Les fatigues de la journée l'avaient épuisé; aussi n'aborda-t-il que très péniblement. Il se rhabilla à la hâte, et marcha vers le Spladgest qui se dessinait dans la place du port comme une masse noire; car depuis quelque temps la lune s'était entièrement voilée.

En approchant de cet édifice, il entendit comme un bruit de voix; une lumière faible sortait par l'ouverture supérieure. Étonné, il frappa violemment à la porte carrée; le bruit cessa, la lueur disparut. Il frappa de nouveau ; la lumière en reparaissant lui laissa voir quelque chose de noir sortir par l'orifice supérieur et se blottir sur le toit plat du bâtiment. Ordener frappa une troisième fois avec le pommeau de son sabre, et cria : — Ouvrez, de par sa majesté le roi! ouvrez, de par sa sérénité le vice-roi !

La porte s'ouvrit lentement, et Ordener se trouva face à face avec la longue figure pâle et maigre de Spiagudry, qui, les habits en désordre, l'œil hagard, les cheveux hérissés, les mains ensanglantées, portait une lampe sépulcrale, dont la flamme tremblait encore moins visiblement que son grand corps.

VI

PIRRO.
Jamais!

ANGELO.
Quoi! je crois que tu veux faire l'homme de bien. Misérable! si tu dis un seul mot...

PIRRO.
Mais, Angelo, je t'en conjure, pour l'amour de Dieu...

ANGELO.
Laisse faire ce que tu ne peux empêcher.

PIRRO.
Ah! quand le diable vous tient par un cheveu, il faut lui abandonner toute la tête. Malheureux que je suis!

(*Émilia Galotti.*)

Une heure environ après que le jeune voyageur à la plume noire était sorti du Spladgest, la nuit étant tout à fait tombée et la foule entièrement écoulée, Oglypiglap avait fermé la porte extérieure de l'édifice funèbre, tandis que son maître Spiagudry arrosait pour la dernière fois les corps qui y étaient déposés. Puis tous deux s'étaient retirés dans leur très peu somptueux appartement, et tandis qu'Oglypiglap dormait sur son petit grabat, comme l'un des cadavres confiés à sa garde, le vénérable Spiagudry, assis devant une table de pierre couverte de vieux livres, de plantes desséchées et d'ossements décharnés, s'était plongé dans les graves études qui, bien que réellement fort innocentes, n'avaient pas peu contribué à lui donner parmi le peuple une réputation de sorcellerie et de diablerie, fâcheux apanage de la science à cette époque.

Il y avait plusieurs heures qu'il était absorbé dans ses méditations; et, prêt enfin à quitter ses livres pour son lit, il s'était arrêté à ce passage lugubre de Thormodus Torfœus:

« Quand un homme allume sa lampe, la mort est chez lui avant qu'elle soit éteinte... »

— N'en déplaise au savant docteur, se dit-il à demi-voix, il n'en sera point ainsi chez moi ce soir.

Et il prit sa lampe pour la souffler.

— Spiagudry! cria une voix qui sortait de la salle des cadavres.

Le vieux concierge trembla de tous ses membres. Ce n'est pas qu'il crût, comme tout autre peut-être à sa place, que les tristes hôtes du Spladgest s'insurgeaient contre leur gardien. Il était assez savant pour ne pas éprouver de ces terreurs imaginaires ; et la sienne n'était si réelle que parce qu'il connaissait trop bien la voix qui l'appelait.

— Spiagudry ! répéta violemment la voix, faudra-t-il, pour te faire entendre, que j'aille t'arracher les oreilles ?

— Que saint Hospice ait pitié, non de mon âme, mais de mon corps ! dit l'effrayé vieillard ; et, d'un pas que la peur pressait et ralentissait à la fois, il se dirigea vers la seconde porte latérale, qu'il ouvrit. Nos lecteurs n'ont pas oublié que cette porte communiquait à la salle des morts.

La lampe qu'il portait éclaira alors un tableau bizarrement hideux. D'un côté, le corps maigre, long et légèrement voûté de Spiagudry ; de l'autre, un homme petit, épais et trapu, vêtu de la tête aux pieds de peaux de toutes sortes d'animaux encore teintes d'un sang desséché, et debout au pied du cadavre de Gill Stadt, qui, avec ceux de la jeune fille et du capitaine, occupait le fond de la scène. Ces trois muets témoins, ensevelis dans une sorte de pénombre, étaient les seuls qui pussent voir, sans fuir d'épouvante, les deux vivants dont l'entretien commençait.

Les traits du petit homme, que la lumière faisait vivement ressortir, avaient quelque chose d'extraordinairement sauvage. Sa barbe était rousse et touffue, et son front, caché sous un bonnet de peau d'élan, paraissait hérissé de cheveux de même couleur ; sa bouche était large, ses lèvres épaisses, ses dents blanches, aiguës et séparées ; son nez, recourbé comme le bec de l'aigle ; et son œil gris bleu, extrêmement mobile, lançait sur Spiagudry un regard oblique, où la férocité du tigre n'était tempérée que par la malice du singe. Ce personnage singulier était armé d'un large sabre, d'un poignard sans fourreau, et d'une hache à tranchant de pierre, sur le long manche de laquelle il était appuyé ; ses mains étaient couvertes de gros gants de peau de renard bleu.

— Ce vieux spectre m'a fait attendre bien longtemps, dit-il, se parlant à lui-même ; et il poussa une espèce de rugissement comme une bête des bois.

Spiagudry aurait certainement pâli d'effroi, s'il eût pu pâlir.

— Sais-tu bien, poursuivit le petit homme en s'adressant à lui directement, que je viens des grèves d'Urchtal? Avais-tu donc envie, en me retardant, d'échanger ta couche de paille contre une de ces couches de pierre?

Le tremblement de Spiagudry redoubla; les deux seules dents qui lui restaient s'entre-choquèrent avec violence.

— Pardonnez, maître, dit-il en courbant l'arc de son grand corps jusqu'au niveau du petit homme, je dormais d'un profond sommeil.

— Veux-tu que je te fasse connaître un sommeil plus profond encore?

Spiagudry fit une grimace de terreur, qui seule pouvait être plus plaisante que ses grimaces de gaîté.

— Eh bien! qu'est-ce? continua le petit homme. Qu'as-tu? Est-ce que ma présence ne t'est pas agréable?

— Oh! mon maître et seigneur, répondit le vieux concierge, il n'est certainement pas pour moi de bonheur plus grand que la vue de votre excellence.

Et l'effort qu'il faisait pour donner à sa physionomie effrayée une expression riante eût déridé toute autre que des morts.

— Vieux renard sans queue, mon excellence t'ordonne de me remettre les vêtements de Gill Stadt.

En prononçant ce nom, le visage farouche et railleur du petit homme devint sombre et triste.

— Oh! maître, pardonnez, je ne les ai plus, dit Spiagudry; votre grâce sait que nous sommes obligés de livrer au fisc royal les dépouilles des ouvriers des mines, dont le roi hérite en sa qualité de leur tuteur né.

Le petit homme se tourna vers le cadavre, croisa les bras, et dit d'une voix sourde : — Il a raison. Ces misérables mineurs sont comme l'eider*; on lui fait son nid, on lui prend son duvet.

Puis soulevant le cadavre entre ses bras et l'étreignant fortement, il se mit à pousser des cris sauvages d'amour et de douleur, pareils aux grondements d'un ours qui caresse son petit. A ces sons inarticulés, se mêlaient, par intervalles, quelques mots d'un jargon étrange que Spiagudry ne comprenait pas.

Il laissa retomber le cadavre sur la pierre, et se tourna vers le gardien.

* Oiseau qui donne l'édredon. Les paysans norvégiens lui construisent des nids, où ils le surprennent et le plument.

— Sais-tu, sorcier maudit, le nom du soldat né sous un mauvais astre qui a eu le malheur d'être préféré à Gill par cette fille ?

Et il poussa du pied les restes froids de Guth Stersen.

Spiagudry fit un signe négatif.

— Eh bien ! par la hache d'Ingolphe, le chef de ma race, j'exterminerai tous les porteurs de cet uniforme ; et il désignait les vêtements de l'officier. — Celui dont je veux la vengeance se trouvera dans le nombre. J'incendierai toute la forêt pour brûler l'arbuste vénéneux qu'elle renferme. Je l'ai juré du jour où Gill est mort ; et je lui ai donné déjà un compagnon qui doit réjouir son cadavre. — O Gill ! te voilà donc là sans force et sans vie, toi qui atteignais le phoque à la nage, le chamois à la course, toi qui étouffais l'ours des monts de Kole à la lutte ; te voilà immobile, toi qui parcourais le Drontheimhus depuis l'Orkel jusqu'au lac de Smiasen en un jour, toi qui gravissais les pics du Dofre-Field comme l'écureuil gravit le chêne ; te voilà muet, Gill, toi qui, debout sur les sommets orageux de Kongsberg, chantais plus haut que le tonnerre. O Gill ! c'est donc en vain que j'ai comblé pour toi les mines de Fa-roër ; c'est en vain que j'ai incendié l'église cathédrale de Drontheim ; toutes mes peines sont perdues, et je ne verrai pas se perpétuer en toi la race des enfants d'Islande, la descendance d'Ingolphe l'Exterminateur ; tu n'hériteras pas de ma hache de pierre ; et c'est toi au contraire qui me lègues ton crâne pour y boire désormais l'eau des mers et le sang des hommes.

A ces mots, saisissant la tête du cadavre : — Spiagudry, dit-il, aide-moi. Et arrachant ses gants, il découvrit ses larges mains, armées d'ongles longs, durs et retors comme ceux d'une bête fauve.

Spiagudry, qui le vit prêt à faire sauter avec son sabre le crâne du cadavre, s'écria avec un accent d'horreur qu'il ne put réprimer : — Juste Dieu ! maître ! un mort !

— Eh bien, répliqua tranquillement le petit homme, aimes-tu mieux que cette lame s'aiguise ici sur un vivant ?

— Oh ! permettez-moi de supplier votre courtoisie... Comment votre excellence peut-elle profaner ?... Votre grâce !... Seigneur, votre sérénité ne voudra pas...

— Finiras-tu ? ai-je besoin de tous ces titres, squelette vivant, pour croire à ton profond respect pour mon sabre ?

— Par saint Waldemar, par saint Usuph, au nom de saint Hospice, épargnez un mort !

— Aide-moi, et ne parle pas des saints au diable.

— Seigneur, poursuivit le suppliant Spiagudry, par votre illustre aïeul saint Ingolphe!...

— Ingolphe l'Exterminateur était un réprouvé comme moi.

— Au nom du ciel, dit le vieillard en se prosternant, c'est cette réprobation que je veux vous épargner.

L'impatience transporta le petit homme. Ses yeux gris et ternes brillèrent comme deux charbons ardents.

— Aide-moi ! répéta-t-il en agitant son sabre.

Ces deux mots furent prononcés de la voix dont les prononcerait un lion, s'il parlait. Le concierge, tremblant et à demi mort, s'assit sur la pierre noire, et soutint de ses mains la tête froide et humide de Gill, tandis que le petit homme, à l'aide de son poignard et de son sabre, enlevait le crâne avec une dextérité singulière.

Quand cette opération fut terminée, il considéra quelque temps le crâne sanglant, en proférant des paroles étranges; puis il le remit à Spiagudry pour qu'il le dépouillât et le lavât, et dit en poussant une espèce de hurlement :

— Et moi, je n'aurai pas en mourant la consolation de penser qu'un héritier de l'âme d'Ingolphe boira dans mon crâne le sang des hommes et l'eau des mers.

Après une sinistre rêverie, il continua :

— L'ouragan est suivi de l'ouragan, l'avalanche entraîne l'avalanche, et moi je serai le dernier de ma race. Pourquoi Gill n'a-t-il pas haï comme moi tout ce qui porte la face humaine? Quel démon ennemi du démon d'Ingolphe l'a poussé sous ces fatales mines à la recherche d'un peu d'or?

Spiagudry, qui lui rapportait le crâne de Gill, l'interrompit.

— L'excellence a raison ; l'or lui-même, dit Snorro Sturleson, s'achète souvent trop cher.

— Tu me rappelles, dit le petit homme, une commission dont il faut que je te charge; voici une boîte de fer que j'ai trouvée sur cet officier, dont tu n'as pas, comme tu le vois, toutes les dépouilles; elle est si solidement fermée, qu'elle doit renfermer de l'or, seule chose précieuse aux yeux des hommes; tu la remettras à la veuve Stadt, au hameau de Thoctree, pour lui payer son fils.

Il tira de son havresac de peau de renne un très petit coffre de fer. Spiagudry le reçut, et s'inclina.

— Remplis fidèlement mon ordre, dit le petit homme en lui lançant un regard perçant; songe que rien n'empêche deux démons de se revoir; je te crois encore plus lâche qu'avare, et tu me réponds de ce coffre.

— Oh! maître, sur mon âme!

— Non pas! sur tes os et sur ta chair.

En ce moment, la porte extérieure du Spladgest retentit d'un coup violent. Le petit homme s'étonna, Spiagudry chancela, et couvrit sa lampe de sa main.

— Qu'est-ce? s'écria le petit homme en grondant. — Et toi, vieux misérable, comment trembleras-tu donc quand tu entendras la trompette du jugement dernier?

Un second coup plus fort se fit entendre.

— C'est quelque mort pressé d'entrer, dit le petit homme.

— Non, maître, murmura Spiagudry, on n'amène point de morts passé minuit.

— Mort ou vivant, il me chasse. — Toi, Spiagudry, sois fidèle et muet. Je te jure, par l'esprit d'Ingolphe et le crâne de Gill, que tu passeras dans ton auberge de cadavres tout le régiment de Munckholm en revue.

Et le petit homme, attachant le crâne de Gill à sa ceinture et remettant ses gants, s'élança avec l'agilité d'un chamois, et à l'aide des épaules de Spiagudry, par l'ouverture supérieure, où il disparut.

Un troisième coup ébranla le Spladgest, et une voix du dehors ordonna d'ouvrir aux noms du roi et du vice-roi. Alors le vieux concierge, à la fois agité par deux terreurs différentes, dont on pourrait nommer l'une de *souvenir*, et l'autre d'*espérance*, s'achemina vers la porte carrée, et l'ouvrit.

VII

> Cette joie à laquelle se réduit la félicité temporelle, elle s'est fatiguée à la poursuivre par des sentiers âpres et douloureux, sans avoir jamais pu l'atteindre.
>
> (*Confessions de saint Augustin.*)

Rentré dans son cabinet après avoir quitté Poël, le gouverneur de Drontheim s'enfonça dans un large fauteuil, et ordonna, pour se distraire, à l'un de ses secrétaires de lui rendre compte des placets présentés au gouvernement.

Celui-ci, après s'être incliné, commença :

— « 1° Le révérend docteur Anglyvius demande qu'il soit pourvu au remplacement du révérend docteur Foxtipp, directeur de la bibliothèque épiscopale, pour cause d'incapacité. L'exposant ignore qui pourra remplacer ledit docteur incapable ; il fait seulement savoir que lui, docteur Anglyvius, a longtemps exercé les fonctions de bibliothéc.... »

— Renvoyez ce drôle à l'évêque, interrompit le général.

— « 2° Athanase Munder, prêtre, ministre des prisons, demande la grâce de douze condamnés pénitents, à l'occasion des glorieuses noces de sa courtoisie Ordener Guldenlew, baron de Thorvick, chevalier de Dannebrog, fils du vice-roi, avec noble dame Ulrique d'Ahlefed, fille de sa grâce le comte grand-chancelier des deux royaumes. »

— Ajournez, dit le général. Je plains les condamnés.

— « 3° Fauste-Prudens Destrombidès, sujet norvégien, poëte latin, demande à faire l'épithalame desdits nobles époux. »

— Ah! ah! le brave homme doit être vieux, car c'est le même qui en 1674 avait préparé un épithalame pour le mariage projeté entre Schumacker, alors comte de Griffenfeld, et la princesse Louise-Charlotte de Holstein-Augustenbourg, mariage qui n'eut pas lieu. — Je crains, ajouta le gouverneur entre ses dents, que Fauste-Prudens soit le poëte des mariages rompus. — Ajournez la demande et poursuivez. On s'informera, à l'occasion dudit poëte, s'il n'y aurait pas un lit vacant à l'hôpital de Drontheim.

« 4° Les mineurs de Guldbranshal, des îles Faroër, du Sund-Moër, de Hubfallo, de Rœraas et de Kongsberg, demandent à être affranchis des charges de la tutelle royale. »

— Ces mineurs sont remuants. On dit même qu'ils commencent déjà à murmurer du long silence gardé sur leur requête. Qu'elle soit réservée pour un mûr examen.

— « 5° Braal, pêcheur, déclare, en vertu de l'Odelsrecht*, qu'il persévère dans l'intention de racheter son patrimoine.

« 6° Les syndics de Nœs, Lœvig, Indal, Skongen, Stod, Sparbo et autres bourgs et villages du Drontheimhus septentrional, demandent que la tête du brigand, assassin et incendiaire Han, natif, dit-on, de Klipstadur en Islande, soit mise à prix. — S'oppose à la requête Nychol Orugix, bourreau du Drontheimhus, qui prétend que Han est sa propriété. — Appuie la requête Benignus Spiagudry, gardien du Spladgest, auquel doit revenir le cadavre. »

— Ce bandit est bien dangereux, dit le général, surtout lorsqu'on craint des troubles parmi les mineurs. Qu'on fasse proclamer sa tête au prix de mille écus royaux.

— « 7° Benignus Spiagudry, médecin, antiquaire, sculpteur, minéralogiste, naturaliste, botaniste, légiste, chimiste, mécanicien, physicien, astronome, théologien, grammairien... »

* *Odelsrecht*, loi singulière qui établissait parmi les paysans norvégiens des sortes de *majorats*. Tout homme qui était contraint de se défaire de son patrimoine pouvait empêcher l'acquéreur de l'aliéner, en déclarant tous les dix ans à l'autorité qu'il était dans l'intention de le racheter.

— Eh mais, interrompit le général, est-ce que ce n'est pas le même Spiagudry que le gardien du Spladgest?

— Si vraiment, votre excellence, répondit le secrétaire. — « ... concierge, pour sa majesté, de l'établissement dit *Spladgest*, dans la royale ville de Drontheim, expose — que c'est lui, Benignus Spiagudry, qui a découvert que les étoiles appelées fixes n'étaient pas éclairées par l'astre appelé soleil ; *item*, que le vrai nom d'Odin est *Frigge*, fils de *Fridulph; item*, que le lombric marin se nourrit de sable ; *item*, que le bruit de la population éloigne les poissons des côtes de Norvège, en sorte que les moyens de subsistance diminuent en proportion de l'accroissement du peuple ; *item*, que le golfe nommé Otte-Sund s'appelait autrefois *Limfiord* et n'a pris le nom d'*Otte-Sund* qu'après qu'Othon le Roux y eut jeté sa lance ; *item*, expose que c'est par ses conseils et sous sa direction qu'on a fait d'une vieille statue de Freya la statue de la Justice qui orne la grande place de Drontheim ; et qu'on a converti en diable, représentant le crime, le lion qui se trouvait sous les pieds de l'idole ; *item*...

— Ah ! faites-nous grâce de ses éminents services. Voyons, que demande-t-il ?

Le secrétaire tourna plusieurs feuillets, et poursuivit :

« .... Le très humble exposant croit pouvoir, en récompense de tant de travaux utiles aux sciences et aux belles-lettres, supplier son excellence d'augmenter la taxe de chaque cadavre mâle et femelle de dix ascalins, ce qui ne peut qu'être agréable aux morts en leur prouvant le cas qu'on fait de leurs personnes. »

Ici la porte du cabinet s'ouvrit, et l'huissier annonça à haute voix *la noble dame comtesse d'Ahlefeld*.

En même temps, une grande dame, portant sur sa tête une petite couronne de comtesse, richement vêtue d'une robe de satin écarlate, bordée d'hermine et de franges d'or, entra, et, acceptant la main que le général lui offrait, vint s'asseoir près de son fauteuil.

La comtesse pouvait avoir cinquante ans. L'âge n'avait, en quelque sorte, rien eu à ajouter aux rides dont les soucis de l'orgueil et de l'ambition avaient depuis si longtemps creusé son visage. Elle attacha sur le vieux gouverneur son regard hautain et son sourire faux.

— Eh bien, seigneur général, votre élève se fait attendre. Il devait être ici avant le coucher du soleil.

— Il y serait, dame comtesse, s'il n'était, en arrivant, allé à Munckholm.

— Comment, à Munckholm! j'espère que ce n'est pas Schumacker qu'il cherche?

— Mais cela se pourrait.

— La première visite du baron de Thorvick aura été pour Schumacker!

— Pourquoi non, comtesse? Schumacker est malheureux.

— Comment, général! le fils du vice-roi est lié avec ce prisonnier d'état!

— Frédéric Guldenlew, en me chargeant de son fils, me pria, noble dame, de l'élever comme j'eusse élevé le mien. J'ai pensé que la connaissance de Schumacker serait utile à Ordener, qui est destiné à être aussi puissant un jour. J'ai en conséquence, avec l'autorisation du vice-roi, demandé à mon frère Grummond de Knud un droit d'entrée pour toutes les prisons, que j'ai donné à Ordener. — Il en use.

— Et depuis quand, noble général, le baron Ordener a-t-il fait cette utile connaissance?

— Depuis un peu plus d'un an, dame comtesse; il paraît que la société de Schumacker lui plut, car elle le fixa assez longtemps à Drontheim; et ce n'est qu'à regret et sur mon invitation expresse qu'il en partit l'année dernière pour visiter la Norvège.

— Et Schumacker sait-il que son consolateur est le fils d'un de ses plus grands ennemis?

— Il sait que c'est un ami, et cela lui suffit, comme à nous.

— Mais vous, seigneur général, dit la comtesse avec un coup d'œil pénétrant, saviez-vous en tolérant, et même en formant cette liaison, que Schumacker avait une fille?

— Je le savais, noble comtesse.

— Et cette circonstance vous a semblé indifférente pour votre élève?

— L'élève de Levin de Knud, le fils de Frédéric Guldenlew est un homme loyal. Ordener connaît la barrière qui le sépare de la fille de Schumacker; il est incapable de séduire, sans but légitime, une fille, et surtout la fille d'un homme malheureux.

La noble comtesse d'Ahlefeld rougit et pâlit; elle tourna la tête, cherchant à éviter le regard calme du vieillard comme celui d'un accusateur.

— Enfin, balbutia-t-elle, cette liaison, général, me semble, souffrez que je le dise, singulière et imprudente. On dit que les mineurs et les peuplades du nord menacent de se révolter, et que le nom de Schumacker est compromis dans cette affaire.

— Noble dame, vous m'étonnez! s'écria le gouverneur. Schumacker a jusqu'ici supporté tranquillement son malheur. Ce bruit est sans doute peu fondé.

La porte s'ouvrit en ce moment, et l'huissier annonça qu'un messager de sa grâce le grand-chancelier demandait à parler à la noble comtesse.

La comtesse se leva précipitamment, salua le gouverneur, et, tandis qu'il continuait l'examen des placets, se rendit en toute hâte à ses appartements, situés dans une aile du palais, en ordonnant qu'on y envoyât le messager.

Elle était depuis quelques moments assise sur un riche sopha, au milieu de ses femmes, quand le messager entra. La comtesse en l'apercevant fit un mouvement de répugnance, qu'elle cacha soudain sous un sourire bienveillant.

L'extérieur du messager ne semblait pourtant pas repoussant au premier abord; c'était un homme plutôt petit que grand, et dont l'embonpoint annonçait tout autre chose qu'un messager. Cependant, quand on l'examinait, son visage paraissait ouvert jusqu'à l'impudence, et la gaîté de son regard avait quelque chose de diabolique et de sinistre. Il s'inclina profondément devant la comtesse, et lui présenta un paquet, scellé avec des fils de soie.

— Noble dame, dit-il, daignez me permettre d'oser déposer à vos pieds un précieux message de sa grâce, votre illustre époux, mon vénéré maître.

— Est-ce qu'il ne vient pas lui-même? et comment vous prend-il pour messager? demanda la comtesse.

— Des soins importants diffèrent l'arrivée de sa grâce, cette lettre est pour vous en informer, madame la comtesse; pour moi, je dois, d'après l'ordre de mon noble maître, jouir de l'insigne honneur d'un entretien particulier avec vous.

La comtesse pâlit; elle s'écria d'une voix tremblante:

— Moi! un entretien avec vous, Musdœmon?

— Si cela affligeait en rien la noble dame, son indigne serviteur serait au désespoir.

— M'affliger! non sans doute, reprit la comtesse s'efforçant de sourire; mais cet entretien est-il si nécessaire?

Le messager s'inclina jusqu'à terre.

— Absolument nécessaire! la lettre que l'illustre comtesse a daigné recevoir de mes mains doit en contenir l'injonction formelle.

C'était une chose singulière que de voir la fière comtesse d'Ahlefeld trembler et pâlir devant un serviteur qui lui rendait de si profonds respects. Elle ouvrit lentement le paquet et en lut le contenu. Après l'avoir relu:

— Allons, dit-elle à ses femmes d'une voix faible, qu'on nous laisse seuls.

— Daigne la noble dame, dit le messager fléchissant le genou, me pardonner la liberté que j'ose prendre et la peine que je parais lui causer.

— Croyez au contraire, repartit la comtesse avec un sourire forcé, que j'ai beaucoup de plaisir à vous voir.

Les femmes se retirèrent.

— Elphège, tu as donc oublié qu'il fut un temps où nos tête-à-tête ne te répugnaient pas?

C'était le messager qui parlait à la noble comtesse, et ces paroles étaient accompagnées d'un rire pareil à celui du diable lorsqu'au moment où le pacte expire il saisit l'âme qui s'est donnée à lui.

La puissante dame baissa sa tête humiliée.

— Que ne l'ai-je en effet oublié! murmura-t-elle.

— Pauvre folle! comment peux-tu rougir de choses que nul œil humain n'a vues?

— Ce que les hommes ne voient pas, Dieu le voit.

— Dieu, faible femme! tu n'es pas digne d'avoir trompé ton mari, car il est moins crédule que toi.

— Vous insultez peu généreusement à mes remords, Musdœmon.

— Eh bien! si tu en as, Elphège, pourquoi leur insultes-tu toi-même chaque jour par des crimes nouveaux?

La comtesse d'Ahlefeld cacha sa tête dans ses mains; le messager poursuivit :

— Elphège, il faut choisir : ou le remords et plus de crimes, ou le crime et plus de remords. Fais comme moi, choisis le second parti; c'est le meilleur, le plus gai du moins.

— Puissiez-vous, dit la comtesse à voix basse, ne pas retrouver ces paroles dans l'éternité!

— Allons, ma chère, quittons la plaisanterie.

Alors Musdœmon, s'asseyant près de la comtesse, et passant ses bras autour de son cou :

— Elphège, dit-il, tâche de rester, par l'esprit du moins, ce que tu étais il y a vingt ans.

L'infortunée comtesse, esclave de son complice, tâcha de répondre à sa repoussante caresse. Il y avait dans cet embrassement adultère de deux êtres qui se méprisaient et s'exécraient mutuellement quelque chose de trop révoltant, même pour ces âmes dégradées. Les caresses illégitimes qui avaient fait leur joie, et que je ne sais quelle horrible convenance les forçait de se prodiguer encore, faisaient maintenant leur torture. Étrange et juste changement des affections coupables! 'eur crime était devenu leur supplice.

La comtesse, pour abréger ce tourment adultère, demanda enfin à son odieux amant, en s'arrachant de ses bras, de quel message verbal son époux l'avait chargé.

— D'Ahlefeld, dit Musdœmon, au moment de voir son pouvoir s'affermir par le mariage d'Ordener Guldenlew avec notre fille...

— Notre fille! s'écria la hautaine comtesse, et son regard fixé sur Musdœmon reprit une expression d'orgueil et de dédain.

— Eh bien, dit froidement le messager, je crois qu'Ulrique peut m'appartenir au moins autant qu'à lui. Je disais donc que ce mariage ne satisfaisait pas entièrement ton mari, si Schumacker n'était en même temps tout à fait renversé. Du fond de sa prison, ce vieux favori est encore presque aussi redoutable que dans son palais. Il a à la cour des amis obscurs, mais puissants, peut-être parce qu'ils sont obscurs; et le roi, apprenant il y a un mois que les négociations du grand-chancelier avec le duc de Hostein-Plœn ne marchaient pas, s'est écrié avec impatience : — Griffenfeld à lui seul en savait plus qu'eux tous. — Un intrigant nommé Dispolsen, venu de Munckholm à Copenhague, a obtenu de lui plusieurs audiences secrètes, après lesquelles le roi a fait demander à la chancellerie, où ils sont déposés, les titres de noblesse et de propriété de Schumacker. On ignore à quoi Schumacker aspire; mais ne désirerait-il que la liberté, pour un prisonnier d'état c'est désirer le pouvoir. — Il faut donc qu'il meure, et qu'il meure judiciairement; c'est à lui forger un crime que nous travaillons. — Ton mari, Elphège, sous prétexte d'inspecter *incognito* les provinces du nord, va s'assurer par lui-même du résultat qu'ont eu nos menées parmi les mineurs, dont nous voulons provoquer, au nom de Schumacker, une insurrection qu'il sera facile ensuite d'étouffer. Ce qui nous inquiète, c'est la perte de plusieurs papiers importants relatifs à ce plan, et que nous avons tout lieu de croire au pouvoir de Dispolsen. Sachant donc qu'il était reparti de Copenhague pour Munckholm, rapportant à Schumacker ses parchemins, ses diplômes, et peut-être ces documents qui peuvent nous perdre ou au moins nous compromettre, nous avons aposté dans les gorges de Kole quelques fidèles, chargés de se défaire de lui, après l'avoir dépouillé de ses papiers. Mais si, comme on l'assure, Dispolsen est venu de Berghen par mer, nos peines seront perdues de ce côté-là. — Pourtant j'ai recueilli en arrivant je ne sais quels bruits d'un assassinat d'un capitaine nommé Dispolsen. — Nous verrons. — Nous sommes en attendant à la recherche d'un brigand fameux, Han, dit d'Islande, que nous voudrions mettre à la tête de la révolte des mines. Et toi, ma chère, quelles nouvelles d'ici me donneras-tu? Le joli oiseau de Munckholm a-t-il été pris dans sa cage? La fille du vieux ministre a-t-elle enfin été la proie de notre *falcofulvus*, de notre fils Frédéric?

La comtesse, retrouvant sa fierté, se récria encore :

— Notre fils!

— Ma foi, quel âge peut-il avoir? Vingt-quatre ans. Il y en a vingt-six que nous nous connaissons, Elphège.

— Dieu le sait, s'écria la comtesse, mon Frédéric est l'héritier légitime du grand-chancelier.

— Si Dieu le sait, répondit le messager en riant, le diable peut l'ignorer. Au reste, ton Frédéric n'est qu'un étourneau indigne de moi, et ce n'est pas la peine de nous quereller pour si peu de chose. Il n'est bon qu'à séduire une fille. Y est-il parvenu au moins?

— Pas encore, que je sache.

— Mais, Elphège, tâche donc de jouer un rôle moins passif dans nos affaires. Celui du comte et le mien sont, tu le vois, assez actifs. Je retourne dès demain vers ton mari. Pour toi, ne te borne pas, de grâce, à prier pour nos péchés, comme la madone que les italiens invoquent en assassinant. — Il faut aussi qu'Ahlefeld songe à me récompenser un peu plus magnifiquement qu'il ne l'a fait jusqu'ici. Ma fortune est liée à la vôtre; mais je me lasse d'être le serviteur de l'époux, quand je suis l'amant de la femme, et de n'être que le gouverneur, le précepteur, le pédagogue, quand je suis presque le père.

En ce moment minuit sonna, et une des femmes entra, rappelant à la comtesse que, d'après la règle du palais, toutes les lumières devaient être éteintes à cette heure.

La comtesse, heureuse de terminer un entretien pénible, rappela ses suivantes.

— Me permette la gracieuse comtesse, dit Musdœmon en se retirant, de conserver l'espérance de la revoir demain, et de déposer à ses pieds l'hommage de mon profond respect.

VIII

*Il faut absolument que tu l'aies massacré;
tu as le regard d'un meurtrier, un air sinistre
et farouche.*

SHAKESPEARE, *le Songe d'été.*

— En honneur, vieillard, dit Ordener à Spiagudry, je commençais à croire que c'étaient les cadavres logés dans cet édifice qui étaient chargés d'en ouvrir la porte.

— Pardonnez, seigneur, répondit le concierge ayant encore dans l'oreille les noms du roi et du vice-roi et répétant son excuse banale, je... je dormais profondément.

— En ce cas, il paraît que vos morts ne dorment pas, car c'étaient eux sans doute que j'entendais tout à l'heure causer distinctement.

Spiagudry se troubla.

— Vous avez,... seigneur étranger, vous avez entendu?...

— Eh! mon Dieu, oui; mais qu'importe? je ne suis pas venu ici pour m'occuper de vos affaires, mais pour vous occuper des miennes. Entrons.

Spiagudry ne se souciait guère d'introduire le nouveau venu près du corps de Gill; mais ces dernières paroles le rassurèrent un peu, et d'ailleurs, pouvait-il résister?

Il laissa donc passer le jeune homme, et, refermant la porte :

— Benignus Spiagudry, dit-il, est à votre service pour tout ce qui concerne les sciences humaines. Cependant, si, comme votre visite nocturne semble l'annoncer, vous croyez parler à un sorcier, vous avez tort; *ne famam credas*; je ne suis qu'un savant. — Entrons, seigneur étranger, dans mon laboratoire.

— Non pas, dit Ordener, c'est à ces cadavres qu'il faut nous arrêter.

— A ces cadavres! s'écria Spiagudry, recommençant à trembler. Mais, seigneur, vous ne pouvez les voir.

— Comment, je ne puis voir des corps qui ne sont déposés là que pour être vus! Je vous répète que j'ai des renseignements à vous demander sur l'un d'eux; votre devoir est de me les donner. Obéissez de gré, vieillard, ou vous obéirez de force.

Spiagudry avait un profond respect pour les sabres, et il en voyait briller un au côté d'Ordener.

— *Nihil non arrogat armis*, murmura-t-il; et, fouillant dans le trousseau de ses clefs, il ouvrit la grille à hauteur d'appui, et introduisit l'étranger dans la seconde section de la salle.

— Montrez-moi les vêtements du capitaine, dit celui-ci.

En ce moment, un rayon de la lampe tomba sur la tête sanglante de Gill Stadt.

— Juste Dieu! s'écria Ordener, quelle abominable profanation!

— Grand saint Hospice, ayez pitié de moi! dit à voix basse le vieux concierge.

— Vieillard, poursuivit Ordener d'une voix menaçante, êtes-vous si loin de la tombe, pour violer le respect qu'on lui voue, et ne craignez-vous pas, malheureux, que les vivants ne vous apprennent ce que l'on doit aux morts?

— Oh! s'écria le pauvre concierge, grâce! ce n'est pas moi! Si vous saviez!... Et il s'arrêta, car il se rappela les mots du petit homme : Sois fidèle et muet. — Avez-vous vu quelqu'un sortir par cette ouverture? demanda-t-il d'une voix éteinte.

— Oui. Est-ce ton complice?

— Non, c'est le coupable, le seul coupable! j'en jure par toutes les réprobations infernales, par toutes les bénédictions célestes, par ce corps même si indignement profané! — Et il s'était prosterné sur la pierre devant Ordener.

Tout hideux qu'était Spiagudry, il avait cependant dans son désespoir, dans ses protestations, un accent de vérité qui persuada le jeune homme.

— Vieillard, dit-il, relève-toi, et si tu n'as point outragé la mort, n'avilis point la vieillesse.

Le concierge se releva. Ordener continua :

— Quel est le coupable?

— Oh! silence, noble jeune seigneur, vous ignorez de qui vous parlez. Silence!

Et Spiagudry se répétait intérieurement : Sois fidèle et muet.

Ordener reprit froidement :

— Quel est le coupable? Je veux le connaître.

— Au nom du ciel, seigneur! ne parlez pas ainsi, taisez-vous, de peur...
— La peur ne me fera point taire et te fera parler.
— Excusez-moi, pardon, mon jeune maître! dit le désolé Spiagudry, je ne puis.
— Tu le peux, car je le veux. Tu nommeras le profanateur!
Spiagudry chercha encore à tergiverser.
— Eh bien! noble maître, le profanateur de ce cadavre est l'assassin de cet officier.
— Cet officier est donc mort assassiné? demanda Ordener, ramené par cette transition au but de sa recherche.
— Oui, sans doute, seigneur.
— Et par qui? par qui?
— Au nom de la sainte que votre mère invoquait en vous donnant le jour, ne cherchez pas à savoir ce nom, mon jeune maître, ne me forcez pas à le révéler.

— Si l'intérêt que j'ai à le savoir avait besoin d'être accru, vous y ajouteriez, vieillard, l'intérêt de la curiosité. Je vous commande de me nommer ce meurtrier.

— Eh bien, dit Spiagudry, remarquez ces profondes déchirures produites par des ongles longs et tranchants sur le corps de ce malheureux. Elles vous nomment l'assassin.

Et le vieillard montrait à Ordener de longues et fortes égratignures sur le cadavre nu et lavé.

— Comment ? dit Ordener, est-ce quelque bête fauve ?

— Non, mon jeune seigneur.

— Mais, à moins que ce ne soit le diable...

— Chut ! prenez garde de trop bien deviner. N'avez-vous jamais entendu parler, poursuivit le concierge à voix basse, d'un homme ou d'un monstre à face humaine, dont les ongles sont aussi longs que ceux d'Astaroth qui nous a perdus, ou de l'Antechrist qui nous perdra ?

— Parlez plus clairement.

— Malheur ! dit l'Apocalypse...

— C'est le nom de l'assassin que je vous demande.

— L'assassin... le nom ?... Seigneur, ayez pitié de moi, ayez pitié de vous.

— La seconde de ces prières détruirait la première, quand bien même des motifs graves ne me forceraient pas à t'arracher ce nom. N'abuse pas plus longtemps...

— Eh bien, vous le voulez, jeune homme, dit Spiagudry se redressant et d'une voix haute, ce meurtrier, ce profanateur est Han d'Islande.

Ce nom redoutable n'était pas ignoré d'Ordener.

— Comment ! reprit-il, Han ! cet exécrable bandit !

— Ne l'appelez pas bandit, car il vit toujours seul.

— Alors, misérable, comment le connaissez-vous ? Quels crimes communs vous ont donc rapprochés ?

— Oh ! noble maître, daignez ne pas croire aux apparences. Le tronc de chêne est-il vénéneux parce que le serpent s'y abrite ?

— Point de vaines paroles ! un scélérat ne peut avoir d'ami qu'un complice.

— Je ne suis point son ami, et moins encore son complice ; et si mes serments ne vous ont pas persuadé, seigneur, veuillez de grâce remarquer que cette profanation détestable m'expose, dans vingt-quatre heures, quand on viendra relever le corps de Gill Stadt, au supplice des sacriléges, et me jette ainsi dans la plus effroyable inquiétude où innocent se soit jamais trouvé.

Ces considérations d'intérêt personnel firent encore plus sur Ordener que la voix suppliante du pauvre gardien, auquel elles avaient probablement inspiré en bonne partie sa pathétique, quoique inutile résistance au sacrilége du petit homme. Ordener parut méditer un moment, pendant lequel Spiagudry cherchait à lire sur son visage si ce repos déciderait la paix ou ramènerait la tempête.

Enfin il dit d'un ton sévère, mais calme :

— Vieillard, soyez véridique. Avez-vous trouvé des papiers sur cet officier?

— Aucun, sur mon honneur.

— Savez-vous si Han d'Islande en a trouvé?

— Je vous jure par saint Hospice que je l'ignore.

— Vous l'ignorez? savez-vous où se cache ce Han d'Islande?

— Il ne se cache jamais, il erre toujours.

— Soit; mais enfin quelles sont ses retraites?

— Ce païen, répondit le vieillard à voix basse, a autant de retraites que l'île de Hitteren a de récifs, que l'étoile Sirius a de rayons.

— Je vous engage de nouveau, interrompit Ordener, à parler en termes positifs. Je vais vous donner l'exemple; écoutez. Vous êtes mystérieusement lié avec un brigand dont vous soutenez ne pas être le complice. Si vous le connaissez, vous devez savoir où il s'est maintenant retiré. — Ne m'interrompez pas. — Si vous n'êtes pas son complice, vous n'hésiterez pas à me conduire à sa recherche.

Spiagudry ne put contenir son effroi.

— Vous, noble seigneur, vous, grand Dieu! plein de jeunesse et de vie, provoquer, rechercher ce démoniaque! Quand Ingiald aux quatre bras combattit le géant Nyctolm, du moins avait-il quatre bras.

— Eh bien, dit Ordener en souriant, s'il faut quatre bras, ne serez-vous pas mon guide?

— Moi! votre guide! Comment pouvez-vous railler ainsi un pauvre vieillard qui a déjà presque besoin d'un guide lui-même?

— Écoutez, reprit Ordener, n'essayez pas vous-même de vous jouer de moi. Si cette profanation, dont je veux bien vous croire innocent, vous expose au châtiment des sacriléges, vous ne pouvez rester ici. Il vous faut donc fuir. Je vous offre ma sauvegarde, mais à condition que vous me conduirez à la retraite du brigand. Soyez mon guide, je serai votre protecteur. Je dis plus; si j'atteins Han d'Islande, je l'amènerai ici mort ou vif. Vous pourrez prouver votre innocence, et je vous promets de vous faire rentrer dans votre emploi. Voilà, en attendant, plus d'écus royaux qu'il ne vous rapporte par an.

Ordener, en gardant la bourse pour la fin, avait observé dans ses arguments la gradation voulue par les saines lois de la logique. Cependant ils étaient par eux-mêmes assez forts pour faire rêver Spiagudry. Il commença par prendre l'argent.

— Noble maître, vous avez raison, dit-il ensuite, et son œil, jusqu'alors indécis, se releva sur Ordener. Si je vous suis, je m'expose quelque jour à la vengeance du formidable Han. Si je reste, je tombe demain entre les mains du bourreau Orugix. — Quel est donc déjà le supplice des sacriléges? N'importe. — Dans les deux cas, ma pauvre vie est en péril ; mais comme, d'après la juste observation de Sæmond-Sigfusson, autrement dit le Sage, *inter duo pericula æqualia, minus imminens eligendum est*, je vous suis. — Oui, seigneur, je serai votre guide. Veuillez ne pas oublier toutefois que j'ai fait tout ce que j'ai pu pour vous détourner de votre aventureux dessein.

— Soit, dit Ordener. Vous serez donc mon guide. Vieillard, ajouta-t-il avec un regard expressif, je compte sur votre loyauté.

— Ah ! maître, répondit le concierge, la foi de Spiagudry est aussi pure que l'or que vous venez de me donner si gracieusement.

— Qu'il n'en soit pas autrement, car je vous prouverais que le fer que je porte n'est pas de moins bon aloi que mon or. — Où pensez-vous que soit Han d'Islande?

— Mais, comme le midi du Drontheimhus est plein de troupes qu'on y a envoyées sur je ne sais quelle réquisition du grand-chancelier, Han doit s'être dirigé vers la grotte de Walderlong ou vers le lac de Smiasen. Notre route est par Skongen.

— Quand pouvez-vous me suivre?

— Après la journée qui commence, quand la nuit sera close et le Spladgest fermé, votre pauvre serviteur commencera près de vous les fonctions de guide, pour lesquelles il privera les morts de ses soins. Nous chercherons un moyen de cacher pendant tout le jour, aux yeux du peuple, la mutilation du mineur.

— Où vous trouverai-je ce soir?

— Sur la grande place de Drontheim, s'il convient au maître, près la statue de la Justice, qui fut jadis Freya, et qui me protégera sans doute de son ombre en reconnaissance du beau diable que j'ai fait sculpter sous ses pieds.

Spiagudry allait peut-être répéter verbalement à Ordener les considérants de son placet au gouverneur, si Ordener ne l'eût interrompu.

— Il suffit, vieillard, le traité est conclu.

— Conclu, répéta le concierge.

Il achevait ce mot, lorsqu'une espèce de grondement se fit entendre comme au-dessus d'eux. Le concierge tressaillit.

— Qu'est cela? dit-il.

— N'y a-t-il ici, dit Ordener également surpris, d'autre habitant vivant que vous?

— Vous me rappelez mon vicaire Oglypiglap, reprit Spiagudry rassuré par cette idée; c'est lui sans doute qui dort bruyamment. Un lapon qui dort, selon l'évêque Arngrim, fait autant de bruit qu'une femme qui veille.

En parlant ainsi, ils s'étaient rapprochés de la porte du Spladgest. Spiagudry l'ouvrit doucement.

— Adieu, mon jeune seigneur, dit-il à Ordener, le ciel vous mette en joie. A ce soir. Si votre chemin vous conduit devant la croix de saint Hospice, daignez prier pour votre misérable serviteur Benignus Spiagudry.

Alors refermant en hâte la porte, autant de crainte d'être aperçu que pour garantir sa lampe des premières brises du matin, il revint près du cadavre de Gill, et s'occupa d'en tourner la tête de manière à en cacher la blessure.

Il avait fallu bien des raisons pour décider le timide concierge à accepter l'offre aventureuse de l'étranger. Dans les motifs de sa téméraire détermination entraient : 1º la crainte d'Ordener présent ; 2º celle du bourreau Orugix ; 3º une vieille haine pour Han d'Islande, haine qu'il osait à peine s'avouer à lui-même, tant la terreur la comprimait ; 4º l'amour pour les sciences, auxquelles son voyage serait si utile ; 5º la confiance en son esprit rusé, pour se dérober aux regards de Han ; 6º un attrait tout spéculatif pour certain métal que renfermait la bourse du jeune aventurier, et dont paraissait aussi remplie la boîte de fer volée au capitaine et destinée à la veuve Stadt, message qui maintenant courait grand risque de ne jamais quitter le messager.

Une dernière raison enfin, c'était l'espérance bien ou mal fondée de rentrer tôt ou tard dans la place qu'il allait abandonner. Que lui importait d'ailleurs que le brigand tuât le voyageur ou le voyageur le brigand? A ce point de sa rêverie, il ne put s'empêcher de dire à haute voix :

— Cela me fera toujours un cadavre.

Un nouveau grondement se fit encore entendre, et le malheureux concierge frissonna.

— Ce ne sont vraiment point là les ronflements d'Oglypiglap, se dit-il ; ce bruit vient du dehors.

Puis, après un moment de réflexion :

— Je suis bien simple de m'effrayer ainsi, c'est sans doute le dogue du port qui se réveille et qui aboie.

Alors il acheva de disposer les membres défigurés de Gill ; puis, refermant toutes les portes, vint se délasser sur son grabat des fatigues de la nuit qui s'achevait, et prendre des forces pour celle qui se préparait.

IX

> JULIETTE.
> Ah! crois-tu que nous nous revoyions jamais?
> ROMÉO.
> Je n'en doute point; et toutes ces peines deviendront le doux entretien de nos jours à venir.
> SHAKESPEARE.

Le fanal du château de Munckholm venait de s'éteindre, et, à sa place, le matelot entrant dans le golfe de Drontheim voyait le casque du soldat de garde briller de loin, comme une étoile mobile, aux rayons du soleil levant, quand Schumacker, appuyé sur le bras de sa fille, descendit comme de coutume dans le jardin circulaire qui environnait sa prison. Tous deux avaient eu une nuit agitée, le vieillard par l'insomnie, la jeune fille par des rêves délicieux. Ils se promenaient depuis quelque temps en silence, quand le vieux prisonnier attacha sur la belle jeune fille un regard triste et grave :

— Vous rougissez et souriez toute seule, Éthel; vous êtes heureuse, car vous ne rougissez pas du passé, et vous souriez à l'avenir.

Éthel rougit plus fort, et cessa de sourire.

— Mon seigneur et père, dit-elle, embarrassée et confuse, j'ai apporté le livre de l'Edda.

— Eh bien, lisez, ma fille, dit Schumacker; et il retomba dans sa rêverie.

Alors le sombre captif, assis sur un rocher noirâtre ombragé d'un sapin noir, écouta la douce voix de sa fille, sans entendre sa lecture, comme un voyageur altéré se plaît au murmure de la source où il puise la vie.

Éthel lui lut l'histoire de la bergère Allanga, qui refusa un roi jusqu'à ce qu'il eût prouvé qu'il était un guerrier. Le prince Regner Lodbrog n'obtint la bergère qu'en revenant vainqueur du brigand de Klipstadur, Ingolphe l'Exterminateur.

Soudain un bruit de pas et de feuillage froissé vint interrompre sa lecture et arracher Schumacker à sa méditation. Le lieutenant d'Ahlefeld sortit de derrière le rocher où ils étaient assis. Éthel baissa la tête en reconnaissant l'interrupteur éternel, et l'officier s'écria :

— Sur ma foi, ma belle damoiselle, le nom d'Ingolphe l'Exterminateur vient d'être prononcé par votre charmante bouche. Je l'ai entendu, et je présume que c'est en parlant de son petit-fils, Han d'Islande, que vous êtes remontée jusqu'à lui. Les damoiselles aiment beaucoup à parler des brigands. Sous ce rapport, on conte d'Ingolphe et de sa descendance des choses singulièrement agréables et effrayantes à entendre. L'exterminateur Ingolphe n'eut qu'un fils, né de la sorcière Thoarka; ce fils n'eut également qu'un fils, né de même d'une sorcière. Depuis quatre siècles, cette race s'est ainsi perpétuée pour la désolation de l'Islande, toujours par un seul rejeton, qui ne produit jamais qu'un rameau. C'est par cette série d'héritiers uniques que l'esprit infernal d'Ingolphe est arrivé de nos jours sain et entier au fameux Han d'Islande, qui avait sans doute tout à l'heure le bonheur d'occuper les virginales pensées de la damoiselle.

L'officier s'arrêta un moment. Éthel gardait le silence de l'embarras; Schumacker, celui de l'ennui. Enchanté de les trouver disposés sinon à répondre, du moins à écouter, il continua :

— Le brigand de Klipstadur n'a d'autre passion que la haine des hommes, d'autre soin que celui de leur nuire.

— Il est sage, interrompit brusquement le vieillard.

— Il vit toujours seul, reprit le lieutenant.

— Il est heureux, dit Schumacker.

Le lieutenant fut ravi de cette double interruption, qui semblait sceller un pacte de conversation.

— Nous préserve le dieu Mithra, s'écria-t-il, de ces sages et de ces heureux ! Maudit soit le zéphyr malintentionné qui a apporté en Norvége le dernier des démons d'Islande. J'ai tort de dire malintentionné, car c'est, assure-t-on, à un évêque que nous devons le bonheur de posséder Han de Klipstadur. Si l'on en croit la tradition, quelques paysans islandais ayant pris sur les montagnes de Bessestedt le petit Han encore enfant, voulurent le tuer, comme Astyage tua le lionceau de Bactriane ; mais l'évêque de Scalholt s'y opposa, et prit l'oursin sous sa protection, espérant faire un chrétien du diable. Le bon évêque employa mille moyens pour développer cette intelligence infernale,

oubliant que la ciguë ne s'était point changée en lys dans les serres chaudes de Babylone. Aussi le démoniaque adolescent le paya-t-il de ses soins en s'enfuyant une belle nuit sur un tronc d'arbre, à travers les mers, et en éclairant sa fuite de l'incendie du manoir épiscopal. Voilà, selon les vieilles fileuses du pays, comment s'est transporté en Norvége cet islandais, qui, grâce à son éducation, offre aujourd'hui toute la perfection du monstre. Depuis ce temps, les mines de Fa-roër comblées et trois cents ouvriers écrasés sous les décombres ; le rocher pendant de Golyn précipité pendant la nuit sur le village qu'il dominait ; le pont de Half-Broën croulant du haut des roches sous le passage des voyageurs ; la cathédrale de Drontheim incendiée ; les fanaux côtiers éteints durant les nuits orageuses, et une foule de crimes et de meurtres ensevelis dans les lacs de Sparbo ou de Smiasen, ou cachés sous les grottes de Walderhog et de Rylass, et dans les gorges du Dofre-Field, ont attesté la présence de cet Arimane incarné dans le Drontheimhus. Les vieilles prétendent qu'il lui pousse un poil de la barbe à chaque crime ; en ce cas sa barbe doit être aussi touffue que celle du plus vénérable mage assyrien. La belle damoiselle saura cependant que le gouverneur a plus d'une fois essayé d'arrêter la crue extraordinaire de cette barbe.

Schumacker rompit encore le silence.

— Et tous les efforts pour s'emparer de cet homme, dit-il avec un regard de triomphe et un sourire ironique, ont été vains ? J'en félicite la grande-chancellerie.

L'officier ne comprit pas le sarcasme de l'ex-grand-chancelier.

— Han a jusqu'ici été aussi imprenable qu'Horatius surnommé Coclès. Vieux soldats, jeunes miliciens, campagnards, montagnards, tout meurt ou tout fuit devant lui. C'est un démon qu'on ne saurait éviter ni atteindre ; ce qui peut arriver de plus heureux à ceux qui le cherchent, c'est de ne pas le trouver.

— La gracieuse damoiselle est peut-être surprise, continua-t-il en s'asseyant familièrement près d'Éthel, qui se rapprocha de son père, de tout ce que je sais de curieux touchant cet être surnaturel. Ce n'est pas sans intention que j'ai recueilli ces singulières traditions. Il me semble, et je serais heureux que ma charmante damoiselle partageât mon avis, que les aventures de Han pourraient fournir un roman délicieux, dans le genre des sublimes écrits de la damoiselle Scudéry, l'*Artamène* ou la *Clélie*, dont je n'ai encore lu que six volumes, mais qui n'en est pas moins un chef-d'œuvre à mes yeux. Il faudrait, par exemple, adoucir notre climat, orner nos traditions, modifier nos noms barbares. Ainsi Drontheim, qui deviendrait *Durtinianum*, verrait ses forêts se changer, sous ma baguette magique, en des bosquets délicieux, arrosés de mille petits ruisseaux, bien autrement poétiques que nos vilains torrents. Nos cavernes noires et profondes feraient place à des grottes charmantes, tapissées de rocailles dorées et de coquillages d'azur. Dans l'une de ces grottes habiterait un célèbre enchanteur, Hannus de Thulé... — Car vous conviendrez que le nom de *Han d'Islande* ne flatte pas l'oreille. — Ce géant... — vous sentez qu'il serait absurde que le héros d'un tel ouvrage ne fût pas un géant — ce géant descendrait en droite ligne du dieu Mars... — Ingolphe l'Exterminateur ne présente rien à l'imagination — et de la magicienne Théonne... — ne trouvez-vous pas le nom de *Thoarka* heureusement altéré? — fille de la sibylle de Cumes. Hannus, après avoir été élevé par le grand-mage de Thulé, se serait enfin échappé du palais du pontife, sur un char attelé de deux dragons... — Il faudrait être un pauvre esprit pour conserver la mesquine tradition du tronc d'arbre. — Arrivé sous le ciel de Durtinianum, et séduit par ce pays charmant, il en aurait fait le lieu de sa résidence et le théâtre de ses crimes. Ce ne serait pas chose aisée que de faire une peinture agréable des brigandages de Han. On pourrait en adoucir l'horreur par quelque amour ingénieusement imaginé. La bergère Alcippe, en promenant un jour son agneau dans un bois de myrtes et d'oliviers, serait aperçue par le géant, qui céderait soudain au pouvoir de ses yeux. Mais Alcippe aimerait le beau Lycidas, officier des milices, en garnison dans son hameau. Le géant s'irriterait du bonheur du centurion, et le centurion des assiduités du géant. Vous concevez, aimable damoiselle, tout ce qu'une pareille imagination pourrait semer de charme dans les aventures de Hannus. Je parierais mes bottes de Cracovie contre une paire de patins qu'un tel sujet, traité par la damoiselle Scudéry, ferait raffoler toutes les dames de Copenhague.

Ce mot arracha Schumacker de la sombre rêverie où il était resté enseveli pendant la dépense inutile de bel esprit que venait de faire le lieutenant.

— Copenhague? dit-il brusquement; seigneur officier, que s'est-il passé de nouveau à Copenhague?

— Rien, sur ma foi, que je sache, répondit le lieutenant, sinon le consentement donné par le roi au mariage important qui occupe en ce moment les deux royaumes.

— Comment ! reprit Schumacker ; quel mariage ?

L'apparition d'un quatrième interlocuteur arrêta la réponse sur les lèvres du lieutenant.

Tous trois levèrent les yeux. Le visage sombre du prisonnier s'éclaircit, la physionomie frivole du lieutenant prit une expression de gravité, et la douce figure d'Éthel, pâle et confuse pendant le long soliloque de l'officier, se ranima de vie et de joie. Elle soupira profondément, comme si son cœur eût été allégé d'un poids insupportable, et son sourire triste et furtif s'élança au-devant du nouveau venu. — C'était Ordener.

Le vieillard, la jeune fille et l'officier étaient devant Ordener dans une position singulière, ils avaient chacun un secret commun avec lui ; aussi se gênaient-ils réciproquement. Le retour d'Ordener au donjon ne surprit ni Schumacker ni Éthel, qui l'attendaient ; mais il étonna le lieutenant, autant que la présence du lieutenant surprit Ordener, qui aurait pu craindre quelque indiscrétion de l'officier sur la scène de la veille, si le silence prescrit par la loi courtoise ne l'eût rassuré. Il ne pouvait donc que s'étonner de le voir paisiblement assis près des deux prisonniers.

Ces quatre personnages ne pouvaient rien se dire réunis, précisément parce qu'ils auraient eu beaucoup à se dire isolément. Aussi, hormis les regards d'intelligence et d'embarras, l'accueil que reçut Ordener fut-il absolument muet.

Le lieutenant partit d'un éclat de rire.

— Par la queue du manteau royal, mon cher nouveau venu, voilà un silence qui ne ressemble pas mal à celui des sénateurs gaulois, quand le romain Brennus... Je ne sais, en honneur, déjà plus qui était romain ou gaulois, des sénateurs ou du général. N'importe ! puisque vous voilà, aidez-moi à instruire cet honorable vieillard de ce qui se passe de nouveau. J'allais, sans votre subite entrée en scène, l'entretenir du mariage illustre qui occupe en ce moment mèdes et persans.

— Quel mariage ? dirent en même temps Ordener et Schumacker.

— A la coupe de vos vêtements, seigneur étranger, s'écria le lieutenant en frappant des mains, j'avais déjà pressenti que vous veniez de quelque autre monde. Voici une question qui change en certitude mon soupçon. Vous êtes sans doute débarqué hier sur les bords de la Nidder, dans un char-fée attelé de deux griffons ailés ; car vous n'auriez pu parcourir la Norvége sans entendre parler du fameux mariage du fils du vice-roi avec la fille du grand chancelier.

Schumacker se tourna vers le lieutenant.

— Quoi ! Ordener Guldenlew épouse Ulrique d'Ahlefeld?

— Comme vous dites, répondit l'officier, et cela sera conclu avant que la mode des vertugadins à la française soit passée à Copenhague.

— Le fils de Frédéric doit avoir environ vingt-deux ans ; car j'étais depuis une année dans la forteresse de Copenhague quand le bruit de sa naissance parvint jusqu'à moi. Qu'il se marie jeune, continua Schumacker avec un sourire amer ; au moment de la disgrâce on ne lui reprochera pas du moins d'avoir ambitionné le chapeau de cardinal.

Le vieux favori faisait à ses propres malheurs une allusion que le lieutenant ne comprit pas.

— Non certes, dit-il en éclatant de rire. Le baron Ordener va recevoir le titre de comte, le collier de l'Éléphant et les aiguillettes de colonel, qui ne se concilient guère vraiment avec la barrette de cardinal.

— Tant mieux, répondit Schumacker. Puis, après une pause, il ajouta, secouant la tête comme s'il eût vu sa vengeance devant lui :
— Quelque jour peut-être on lui fera un carcan du noble collier, on lui brisera sur le front sa couronne de comte, on lui battra les joues de ses aiguillettes de colonel.

Ordener saisit la main du vieillard.

— Dans l'intérêt de votre haine, seigneur, ne maudissez pas le bonheur d'un ennemi avant de savoir si ce bonheur en est un pour lui.

— Eh ! mais, dit le lieutenant, qu'importent au baron de Thorvick les anathèmes du bonhomme ?

— Lieutenant! s'écria Ordener, ils lui importent plus que vous ne pensez... — peut-être. — Et, poursuivit-il après un moment de silence, votre fameux mariage est moins certain que vous ne le croyez.

— *Fiat quod vis*, repartit le lieutenant avec une salutation ironique ; le roi, le vice-roi et le grand-chancelier ont, il est vrai, tout disposé pour cette union ; ils la désirent, ils la veulent ; mais puisqu'elle déplaît au seigneur étranger, qu'importe le grand-chancelier, le vice-roi et le roi !

— Vous avez peut-être raison, dit Ordener d'un air sérieux.

— Oh! sur ma foi ! — et le lieutenant se renversa sur le dos en éclatant de rire, — cela est trop plaisant. Je voudrais pour beaucoup que le baron de Thorvick fût ici pour entendre un devin aussi bien instruit des choses de ce monde décider de sa destinée. Mon docte prophète, croyez-moi, vous n'avez pas encore assez de barbe pour être bon sorcier.

— Seigneur lieutenant, répondit froidement Ordener, je ne pense pas qu'Ordener Guldenlew épouse une femme sans l'aimer.

— Eh! eh! voilà le livre des maximes. Et qui vous dit, seigneur du manteau vert, que le baron n'aime pas Ulrique d'Ahlefeld?

— Et, s'il vous plaît, à votre tour, qui vous dit qu'il l'aime?

Ici le lieutenant fut entraîné, comme il arrive souvent, par la chaleur de la conversation, à affirmer un fait dont il n'était pas sûr.

— Qui me dit qu'il l'aime? la question est amusante! J'en suis fâché pour votre divination; mais tout le monde sait que ce mariage n'est pas moins un mariage de passion que de convenance.

— Excepté moi, du moins, dit Ordener d'un ton grave.

— Excepté vous, soit; mais qu'importe! vous n'empêcherez pas que le fils du vice-roi ne soit amoureux de la fille du chancelier.

— Amoureux?

— Amoureux fou!

— Il faudrait en effet qu'il fût fou pour en être amoureux.

— Holà! n'oubliez pas de qui et à qui vous parlez. Ne dirait-on pas que le fils du comte vice-roi n'a pu s'éprendre d'une dame sans consulter ce rustaud?

En parlant ainsi, l'officier s'était levé. Éthel, qui vit le regard d'Ordener s'enflammer, se précipita devant lui.

— Oh! dit-elle, de grâce, calmez-vous; n'écoutez pas ces injures; que nous importe que le fils du vice-roi aime la fille du chancelier.

Cette douce main posée sur le cœur du jeune homme en apaisa la tempête; il abaissa sur son Éthel un regard enivré, et n'entendit plus le lieutenant qui, reprenant sa gaîté, s'écriait : — La damoiselle remplit avec une grâce infinie le rôle des dames sabines entre leurs pères et leurs maris. Mes paroles étaient peu mesurées; j'oubliais, poursuivit-il en s'adressant à Ordener, qu'il existait entre nous un lien de fraternité, et que nous ne pouvions plus nous provoquer. — Chevalier, donnez-moi la main. Convenez-en, vous aviez aussi oublié que vous parliez du fils du vice-roi à son futur beau-frère, le lieutenant d'Ahlefeld.

A ce nom, Schumacker, qui avait tout observé jusque-là d'un

œil d'indifférence ou d'impatience, s'élança de son siége de pierre en poussant un cri terrible.

— D'Ahlefeld! un d'Ahlefeld devant moi! Serpent! comment n'ai-je pas reconnu dans le fils son exécrable père! Laissez-moi paisible dans mon cachot, je n'ai point été condamné au supplice de vous voir. Il ne me manque plus, comme il l'osait souhaiter tout à l'heure, que de voir le fils de Guldenlew près du fils d'Ahlefeld! — Traîtres! lâches! que ne viennent-ils eux-mêmes jouir de mes larmes de démence et de rage? Race! race abhorrée! fils d'Ahlefeld, laisse-moi!

L'officier, d'abord étourdi de la vivacité de ces imprécations, retrouva bientôt la colère et la parole.

— Silence! vieil insensé! auras-tu bientôt fini de me chanter les litanies des démons?

— Laisse, laisse-moi! poursuivit le vieillard, et emporte ma malédiction, pour toi et la misérable race de Guldenlew qui va s'allier à la tienne.

— Pardieu, s'écria l'officier furieux, tu me fais un double outrage!

Ordener arrêta le lieutenant, qui ne se connaissait plus.

— Respectez un vieillard dans votre ennemi, lieutenant; nous avons déjà des satisfactions à nous rendre, je vous ferai raison des offenses du prisonnier.

— Soit, dit le lieutenant, vous contractez une double dette; le combat sera à outrance, car j'aurai mon beau-frère et moi à venger. Songez qu'avec mon gant vous ramassez celui d'Ordener Guldenlew.

— Lieutenant d'Ahlefeld, répondit Ordener, vous embrassez le parti des absents avec une chaleur qui prouve de la générosité. N'y en aurait-il pas autant à prendre pitié d'un malheureux vieillard à qui l'adversité donne quelque droit d'être injuste?

D'Ahlefeld était de ces âmes chez qui on éveille une vertu avec une louange. Il serra la main d'Ordener, et s'approcha de Schumacker, qui, épuisé par son emportement même, était retombé sur le rocher dans les bras d'Éthel éplorée.

— Seigneur Schumacker, dit l'officier, vous avez abusé de votre vieillesse, et j'allais peut-être abuser de ma jeunesse, si vous n'aviez trouvé un champion. J'étais entré ce matin pour la dernière fois dans votre prison, car c'était pour vous dire que désormais vous pourriez rester, d'après l'ordre spécial du vice-roi, libre et sans gardes dans le donjon. Recevez cette bonne nouvelle de la bouche d'un ennemi.

— Retirez-vous, dit le vieux captif d'une voix sourde.

Le lieutenant s'inclina, et obéit, intérieurement satisfait d'avoir conquis le regard approbateur d'Ordener.

Schumacker resta quelque temps les bras croisés et la tête courbée, enseveli dans ses rêveries; tout à coup il releva son regard sur Ordener, debout et en silence devant lui.

— Eh bien? dit-il.

— Seigneur comte, Dispolsen est mort assassiné.

La tête du vieillard retomba sur sa poitrine. Ordener poursuivit :

— Son assassin est un brigand fameux, Han d'Islande.

— Han d'Islande! dit Schumacker.

— Han d'Islande! répéta Éthel.

— Il a dépouillé le capitaine, continua Ordener.

— Ainsi, dit le vieillard, vous n'avez point entendu parler d'un coffret de fer, scellé des armes de Griffenfeld?

— Non, seigneur.

Schumacker laissa tomber son front sur ses mains.

— Je vous le rapporterai, seigneur comte, fiez-vous à moi. Le meurtre a été commis hier matin. Han a fui vers le nord. J'ai un guide qui connaît ses retraites, j'ai souvent parcouru les monts du Drontheimhus. J'atteindrai le brigand.

Éthel pâlit. Schumacker se leva; son regard avait quelque chose de joyeux, comme s'il comprenait encore la vertu chez les hommes.

— Noble Ordener, dit-il, adieu. — Et levant une main vers le ciel, il disparut derrière les broussailles.

Quand Ordener se retourna, il vit, sur le roc bruni par la mousse, Éthel pâle, comme une statue d'albâtre sur un piédestal noir.

— Juste Dieu, mon Éthel! dit-il en se précipitant près d'elle et la soutenant dans ses bras, qu'avez-vous?

— Oh! répondit la tremblante jeune fille d'une voix qu'on entendait à peine, oh! si vous avez, non quelque amour, mais quelque pitié pour moi, seigneur, si vous ne me parliez pas hier tout à fait pour m'abuser, si ce n'est pas pour causer ma mort que vous avez daigné venir dans cette prison; seigneur Ordener, mon Ordener, renoncez, au nom du ciel, au nom des anges, renoncez à votre projet insensé! Ordener, mon bien-aimé Ordener! poursuivit-elle, — et ses larmes s'échappaient avec abondance, et sa tête s'était penchée sur le sein du jeune homme, — fais-moi ce sacrifice. Ne poursuis pas ce brigand, cet affreux démon, que tu veux combattre. Dans quel intérêt y vas-tu, Ordener? Dis-moi, quel intérêt peut t'être plus cher que celui de la malheureuse que tu nommais hier ta bien-aimée épouse?

Elle s'arrêta suffoquée par les sanglots. Ses deux bras étaient attachés par ses mains jointes au cou d'Ordener, sur les yeux duquel elle fixait ses yeux suppliants.

— Mon Éthel adorée, vous vous alarmez à tort. Dieu soutient les bonnes intentions, et l'intérêt pour lequel je m'expose n'est autre que le vôtre. Ce coffret de fer renferme...

Éthel l'interrompit. — Mon intérêt! ai-je un autre intérêt que ta vie? Et si tu meurs, Ordener, que veux-tu que je devienne?

— Pourquoi penses-tu que je mourrai, Éthel?

— Ah! tu ne connais donc pas ce Han, ce brigand infernal? Sais-tu à quel monstre tu cours? Sais-tu qu'il commande à toutes les puissances des ténèbres? qu'il renverse des montagnes sur des villes? que son pas fait crouler les cavernes souterraines? que son souffle éteint les fanaux sur les rochers? Et crois-tu, Ordener, résister à ce géant aidé du démon, avec tes bras blancs et ta frêle épée?

— Et vos prières, Éthel, et l'idée que je combats pour vous? Sois-en sûre, mon Éthel, on t'a beaucoup exagéré la force et le pouvoir de ce brigand. C'est un homme comme nous, qui donne la mort jusqu'à ce qu'il la reçoive.

— Tu ne veux donc pas m'écouter? mes paroles ne sont donc rien pour toi? Que veux-tu, dis-moi, que je devienne si tu pars, si tu vas errer de périls en périls, exposant, pour je ne sais quel intérêt de la terre, tes jours qui sont à moi, les livrant à un monstre?

Ici les récits du lieutenant apparurent de nouveau à l'imagination d'Éthel, accrus de tout son amour et de toute sa terreur. Elle poursuivit, d'une voix entrecoupée par les sanglots : — Je te l'assure, mon bien-aimé Ordener, ils t'ont trompé, ceux qui t'ont dit que ce n'était qu'un homme. Tu dois me croire plus qu'eux, Ordener, tu sais que je ne voudrais pas te tromper. On a mille fois essayé de le combattre, il a détruit des bataillons entiers. Je voudrais seulement que d'autres te le dissent, tu les croirais et tu n'irais pas.

Les prières de la pauvre Éthel auraient sans doute ébranlé l'aventureuse résolution d'Ordener, s'il n'eût été aussi avancé. Les paroles échappées la veille au désespoir de Schumacker revinrent à sa mémoire, et le raffermirent.

— Je pourrais, ma chère Éthel, vous dire que je n'irai pas, et n'en pas moins exécuter mon projet; mais je ne vous tromperai jamais, même pour vous rassurer. Je ne dois pas, je le répète, balancer entre vos larmes et vos intérêts. Il s'agit de votre fortune, de votre bonheur, de votre vie peut-être, de ta vie, mon Éthel.

Et il la pressait doucement dans ses bras.

— Et que me fait tout cela? reprit-elle éplorée. Mon ami, mon Ordener, ma joie, tu sais que tu es toute ma joie, ne me donne pas un malheur affreux et certain pour des malheurs légers et douteux. Que me font ma fortune, ma vie?

— Il s'agit aussi, Éthel, de la vie de votre père.

Elle s'arracha de ses bras.

— De mon père? répéta-t-elle à voix basse et en pâlissant.

— Oui, Éthel. Ce brigand, soudoyé sans doute par les ennemis du comte Griffenfeld, a en son pouvoir des papiers dont la perte compromet les jours, déjà si détestés, de votre père. Je veux lui reprendre ces papiers avec la vie.

Éthel resta quelques instants pâle et muette; ses larmes s'étaient taries, son sein gonflé respirait péniblement, elle regardait la terre d'un œil terne et indifférent, de l'œil dont le condamné la regarde au moment où la hache se lève derrière lui sur sa tête.

— De mon père! murmura-t-elle.

Puis elle tourna lentement les yeux sur Ordener.

— Ce que tu fais est inutile; mais fais-le.

Ordener l'attira sur son sein. — Oh! noble fille, laisse ton cœur battre sur le mien. Généreuse amie! je reviendrai bientôt. Va, tu seras à moi; je veux être le sauveur de ton père, pour mériter de devenir son fils. Mon Éthel, ma bien-aimée Éthel!

Qui pourrait dire ce qui se passe dans un noble cœur qui se sent compris d'un noble cœur? Et si l'amour unit ces deux âmes pareilles d'un lien indestructible, qui pourrait peindre ces inexprimables délices? Il semble alors que l'on éprouve, réunis dans un court moment, tout le bonheur et toute la gloire de la vie, embellie du charme des généreux sacrifices.

— O mon Ordener, va, et, si tu ne reviens pas, la douleur tue. J'aurai cette lente consolation.

Ils se levèrent tous deux, et Ordener plaça sur son bras le bras d'Éthel, et dans sa main cette main adorée; ils traversèrent en silence les allées tortueuses du sombre jardin, et arrivèrent à regret à la porte de la tour qui servait d'issue. Là, Éthel, tirant de son sein de petits ciseaux d'or, coupa une boucle de ses beaux cheveux noirs.

— Reçois-la, Ordener; qu'elle t'accompagne, qu'elle soit plus heureuse que moi.

Ordener pressa religieusement sur ses lèvres ce présent de sa bien-aimée.

Elle poursuivit : — Ordener, pense à moi, je prierai pour toi. Ma prière sera peut-être aussi puissante auprès de Dieu que tes armes devant le démon.

Ordener s'inclina devant cet ange. Son âme sentait trop pour que sa bouche pût parler. Ils restèrent quelque temps sur le cœur l'un de l'autre. Au moment de la quitter, peut-être pour jamais, Ordener jouissait, avec un triste ravissement, du bonheur de tenir une fois encore toute son Éthel entre ses bras. Enfin, déposant un chaste et long baiser sur le front décoloré de la douce jeune fille, il s'élança violemment sous la voûte obscure de l'escalier en spirale, qui lui apporta un moment après le mot si lugubre et si doux : Adieu!

X

> Tu ne la croirais pas malheureuse, tout ce qui l'entoure annonce le bonheur. Elle porte des colliers d'or et des robes de pourpre. Lorsqu'elle sort, la foule de ses vassaux se prosterne sur son passage, et des pages obéissants étendent des tapis sous ses pieds. Mais on ne la voit point dans la retraite qui lui est chère; car alors elle pleure, et son mari ne l'entend pas. — Je suis cette malheureuse, l'épouse d'un homme honoré, d'un noble comte, la mère d'un enfant dont les sourires me poignardent.
>
> <div align="right">Maturin, <i>Bertram</i>.</div>

La comtesse d'Ahlefeld venait de quitter l'insomnie de la nuit pour celle du jour. A demi couchée sur un sopha, elle rêvait aux arrière-goûts amers des jouissances impures, au crime qui use la vie par des joies sans bonheur et des douleurs sans consolation. Elle songeait à ce Musdœmon, que de coupables illusions lui avaient jadis peint si séduisant, si affreux maintenant qu'elle l'avait pénétré et qu'elle avait vu l'âme à travers le corps. La misérable pleurait, non d'avoir été trompée, mais de ne pouvoir plus l'être; de regret, non de repentir; aussi ses pleurs ne la soulageaient-ils pas. En ce moment sa porte s'ouvrit; elle essuya en hâte ses yeux, et se retourna irritée d'être surprise, car elle avait ordonné qu'on la laissât seule. Sa colère se changea à l'aspect de Musdœmon en un effroi qu'elle apaisa pourtant en le voyant accompagné de son fils Frédéric.

— Ma mère! s'écria le lieutenant, comment donc êtes-vous ici? Je vous croyais à Berghen. Est-ce que nos belles dames ont repris la mode de courir les champs?

La comtesse accueillit Frédéric avec des embrassements auxquels, comme tous les enfants gâtés, il répondit assez froidement. C'était peut-être la plus sensible des punitions pour cette malheureuse. Frédéric était son fils chéri, le seul être au monde pour lequel elle conservât une affection désintéressée; car souvent, dans une femme dégradée, même quand l'épouse a disparu, il reste encore quelque chose de la mère.

— Je vois, mon fils, qu'en apprenant ma présence à Drontheim, vous êtes accouru sur-le-champ pour me voir.

— Oh! mon Dieu non. Je m'ennuyais au fort, je suis venu dans la ville où j'ai rencontré Musdœmon, qui m'a conduit ici.

La pauvre mère soupira profondément.

— A propos, ma mère, continua Frédéric, je suis bien content de vous voir. Vous me direz si les nœuds de ruban rose au bas du justaucorps sont toujours de mode à Copenhague. Avez-vous songé à m'apporter une fiole de cette huile de Jouvence, qui blanchit la peau? Vous n'avez pas oublié, n'est-ce pas, le dernier roman traduit, ni les galons d'or vierge que je vous ai demandés pour ma casaque couleur de feu, ni ces petits peignes que l'on place maintenant sous la frisure pour soutenir les boucles, ni...

La malheureuse femme n'avait rien apporté à son fils, que le seul amour qu'elle eût au monde. — Mon cher fils, j'ai été malade, et mes souffrances m'ont empêchée de songer à vos plaisirs.

— Vous avez été malade, ma mère? Eh bien, maintenant vous sentez-vous mieux? — A propos, comment va ma meute de chiens normands? Je parie qu'on aura négligé de baigner tous les soirs ma guenon dans l'eau de rose. Vous verrez que je trouverai mon perroquet de Bilbao mort à mon retour. — Quand je suis absent, personne ne songe à mes bêtes.

— Votre mère du moins songe à vous, mon fils, dit la mère d'une voix altérée.

Ç'aurait été l'heure inexorable où l'ange exterminateur lancera les âmes pécheresses dans les châtiments éternels, qu'il aurait eu pitié des douleurs auxquelles était en ce moment livré le cœur de l'infortunée comtesse. — Musdœmon riait dans un coin de l'appartement.

— Seigneur Frédéric, dit-il, je vois que l'épée d'acier ne veut pas se rouiller dans le fourreau de fer. Vous ne vous souciez pas de perdre dans les tours de Munckholm les saines traditions des salons de Copenhague. Mais pourtant, daignez me le dire, à quoi bon cette huile de Jouvence, ces rubans roses et ces petits peignes; à quoi bon ces apprêts de siége, si la seule forteresse féminine que renferment les tours de Munckholm est imprenable?

— En honneur! elle l'est, répondit Frédéric en riant. Certes, si j'ai échoué, le général Schack y échouerait. Mais comment surprendre un fort où rien n'est à découvert, où tout est gardé sans relâche? Que faire contre des guimpes qui ne laissent voir que le cou, contre des manches qui cachent tout le bras, en sorte qu'il n'y a que le visage et les mains pour prouver que la jeune damoiselle n'est pas noire comme l'empereur de Mauritanie? Mon cher précepteur, vous seriez un écolier. Croyez-moi, le fort est inexpugnable quand la Pudeur y tient garnison.

— En vérité! dit Musdœmon. Mais ne forcerait-on pas la Pudeur à capituler, en lui faisant donner l'assaut par l'Amour, au lieu de se borner au blocus des Petits Soins?

— Peine perdue, mon cher; l'Amour s'est bien introduit dans la place, mais il y sert de renfort à la Pudeur.

— Ah! seigneur Frédéric, voilà du nouveau. Avec l'Amour pour vous.

— Et qui vous dit, Musdœmon, qu'il est pour moi?

— Et pour qui donc? s'écrièrent à la fois Musdœmon et la comtesse, qui jusqu'alors avait écouté en silence, mais à qui les paroles du lieutenant venaient de rappeler Ordener.

Frédéric allait répondre et préparait déjà un récit piquant de la scène nocturne de la veille, quand le silence prescrit par la loi courtoise lui revint à l'esprit et changea sa gaîté en embarras.

— Ma foi, dit-il, je ne sais pour qui... mais... quelque rustaud, peut-être... quelque vassal...

— Quelque soldat de la garnison? dit Musdœmon en éclatant de rire.

— Quoi, mon fils! s'écriait de son côté la comtesse, vous êtes sûr qu'elle aime un paysan, un vassal? — Quel bonheur si vous en étiez sûr!

— Eh! sans doute, j'en suis sûr. Ce n'est point un soldat de la garnison, ajouta le lieutenant d'un air piqué. Mais je suis assez sûr de ce que je dis pour vous prier, ma mère, d'abréger mon très inutile exil dans ce maudit château.

Le visage de la comtesse s'était éclairci en apprenant la chute de la jeune fille. L'empressement d'Ordener Guldenlew à se rendre à Munckholm se présenta alors à son esprit sous des couleurs toutes différentes. Elle en fit les honneurs à son fils.

— Vous nous donnerez tout à l'heure, Frédéric, des détails sur les amours d'Éthel Schumacker. Ils ne m'étonnent pas; fille de rustre ne peut aimer qu'un rustre. En attendant, ne maudissez pas ce château qui vous a procuré hier l'honneur de voir certain personnage faire les premières démarches pour vous connaître.

— Comment! ma mère, dit le lieutenant ouvrant les yeux, — quel personnage?

— Trêve de plaisanteries, mon fils. Personne ne vous a-t-il rendu visite hier? Vous voyez que je suis instruite.

— Ma foi, mieux que moi, ma mère. Du diable si j'ai vu hier autre visage que les mascarons placés sous les corniches de ces vieilles tours!
— Comment, Frédéric, vous n'avez vu personne?
— Personne, ma mère, en vérité!

Frédéric, en omettant son antagoniste du donjon, obéissait à la loi du silence; et d'ailleurs ce manant pouvait-il compter pour quelqu'un?

— Quoi! dit la mère, le fils du vice-roi n'est pas allé hier soir à Munckholm?

Le lieutenant éclata de rire. — Le fils du vice-roi! En vérité, ma mère, vous rêvez ou vous raillez.

— Ni l'un ni l'autre, mon fils. Qui donc était hier de garde?
— Moi-même, ma mère.
— Et vous n'avez point vu le baron Ordener?
— Eh non, répéta le lieutenant.
— Mais songez, mon fils, qu'il a pu entrer incognito, que vous ne l'avez jamais vu, ayant été élevé à Copenhague tandis qu'on l'élevait à Drontheim; songez à ce qu'on dit de ses caprices, du vagabondage de ses idées. Êtes-vous sûr, mon fils, de n'avoir vu personne?

Frédéric hésita un instant.

— Non, s'écria-t-il, personne! je ne puis dire autre chose.
— En ce cas, reprit la comtesse, le baron n'est sans doute pas allé à Munckholm.

Musdœmon, d'abord surpris comme Frédéric, avait tout écouté attentivement. Il interrompit la comtesse.

— Noble dame, permettez. — Seigneur Frédéric, quel est, de grâce, le nom du vassal aimé de la fille de Schumacker?

Il répéta sa question; car Frédéric, qui depuis quelques moments était devenu pensif, ne l'avait pas entendue.

— Je l'ignore.... ou plutôt.... Oui, je l'ignore.
— Et comment, seigneur, savez-vous qu'elle aime un vassal?
— L'ai-je dit? un vassal? Eh bien! oui, un vassal.

L'embarras de la position du lieutenant s'accroissait. Cet interrogatoire, les idées qu'il faisait naître en lui, l'obligation de se taire, le jetaient dans un trouble dont il craignait de n'être plus maître.

— Par ma foi, sire Musdœmon, et vous, ma noble mère, si la manie d'interroger est à la mode, amusez-vous à vous interroger tous deux. Pour moi, je n'ai rien de plus à vous dire.

Et, ouvrant brusquement la porte, il disparut, les laissant plongés dans un abîme de conjectures. Il descendit précipitamment dans la cour, car il entendait la voix de Musdœmon qui le rappelait.

Il remonta à cheval, et se dirigea vers le port, d'où il voulait se rembarquer pour Munckholm, pensant y trouver peut-être encore l'étranger qui jetait dans de profondes réflexions l'un des plus frivoles cerveaux d'une des plus frivoles capitales.

— Si c'était Ordener Guldenlew ! se disait-il ; en ce cas ma pauvre Ulrique.... Mais non ; il est impossible qu'on soit assez fou pour préférer la fille indigente d'un prisonnier d'état à la fille opulente d'un ministre tout-puissant. En tout cas, la fille de Schumacker pourrait n'être qu'une fantaisie, et rien n'empêche, quand on a une femme, d'avoir en même temps une maîtresse ; cela même est de bon ton. Mais non, ce n'est pas Ordener. Le fils du vice-roi ne se vêtirait pas d'un justaucorps usé ; et cette vieille plume noire sans boucle, battue du vent et de la pluie ! et ce grand manteau dont on pourrait faire une tente ! et ces cheveux en désordre, sans peignes et sans frisure ! et ces bottines à éperons de fer, souillées de boue et de poussière ! Vraiment ce ne peut être lui. Le baron de Thorvick est chevalier de Dannebrog ; cet étranger ne porte aucune décoration d'honneur. Si j'étais chevalier de Dannebrog, il me semble que je coucherais avec le collier de l'ordre. Oh non ! il ne connaît seulement pas la *Clélie*. Non, ce n'est pas le fils du vice-roi.

XI

> Si l'homme pouvait conserver encore la chaleur de l'âme quand l'expérience l'éclaire; s'il héritait du temps sans se courber sous son poids, il n'insulterait jamais aux vertus exaltées, dont le premier conseil est toujours le sacrifice de soi-même.
>
> Mme DE STAËL. *De l'Allemagne.*

— Eh bien! qu'est-ce? Vous, Poël! qui vous a fait monter?

— Son excellence oublie qu'elle vient de m'en donner l'ordre.

— Oui? dit le général. — Ah! c'était pour que vous me donnassiez ce carton.

Poël remit au gouverneur le carton, que celui-ci aurait pu prendre lui-même, en étendant un peu le bras.

Son excellence replaça machinalement le carton sans l'ouvrir, puis elle feuilleta quelques papiers avec distraction.

— Poël, je voulais aussi vous demander... Quelle heure est-il?

— Six heures du matin, répondit le valet au général, qui avait une horloge sous les yeux.

— Je voulais vous dire, Poël... Qu'y a-t-il de nouveau dans le palais?

Le général continua sa revue des papiers, écrivant d'un air préoccupé quelques mots sur chacun d'eux.

— Rien, votre excellence, sinon que l'on attend encore mon noble maître, dont je vois que le général est inquiet.

Le général se leva de son grand bureau, et regarda Poël d'un air d'humeur.

— Vous avez de mauvais yeux, Poël. Moi, inquiet d'Ordener! Je sais le motif de son absence; je ne l'attends pas encore.

Le général Levin de Knud était tellement jaloux de son autorité, qu'elle lui eût semblé compromise, si un subalterne eût pu deviner une de ses secrètes pensées, et croire qu'Ordener avait agi sans son ordre.

— Poël, poursuivit-il, retirez-vous.

Le valet sortit.

— En vérité, s'écria le gouverneur resté seul, Ordener use et abuse. A force de plier la lame, on la brise. Me faire passer une nuit d'insomnie et d'impatience! exposer le général Levin aux sarcasmes d'une chancelière et aux conjectures d'un valet! et tout cela pour qu'un vieil ennemi ait les premiers embrassements qu'il doit à un vieil ami. Ordener! Ordener! les caprices tuent la liberté. Qu'il vienne, qu'il arrive maintenant, du diable si je ne l'accueille pas comme la poudre accueille le feu! Exposer le gouverneur de Drontheim aux conjectures d'un valet, aux sarcasmes d'une chancelière! Qu'il vienne!

Le général continuait d'apostiller les papiers sans les lire, tant sa mauvaise humeur le préoccupait.

— Mon général! mon noble père! s'écria une voix connue.

Ordener serrait dans ses bras le vieillard, qui ne songea pas même à réprimer un cri de joie.

— Ordener, mon brave Ordener! Pardieu! que je suis aise!...
— La réflexion arriva au milieu de cette phrase. — Je suis aise, seigneur baron, que vous sachiez maîtriser vos sentiments. Vous paraissez avoir du plaisir à me revoir; c'est sans doute pour vous mortifier

que vous vous en êtes imposé la privation depuis vingt-quatre heures que vous êtes ici.

— Mon père, vous m'avez souvent dit qu'un ennemi malheureux devait passer avant un ami heureux. Je viens de Munckholm.

— Sans doute, dit le général, quand le malheur de l'ennemi est imminent. Mais l'avenir de Schumacker...

— Est plus menaçant que jamais. Noble général, une trame odieuse est ourdie contre cet infortuné. Des hommes nés ses amis veulent le perdre. Un homme né son ennemi saura le servir.

Le général, dont le visage s'était par degrés entièrement adouci, interrompit Ordener.

— Bien, mon cher Ordener. Mais que dis-tu là? Schumacker est sous ma sauvegarde. Quels hommes? quelles trames?

Ordener aurait été bien empêché de répondre clairement à cette question. Il n'avait que des lueurs très vagues, que des présomptions très incertaines sur la position de l'homme pour lequel il allait exposer sa vie. Bien des gens trouveront qu'il agissait follement, mais les âmes jeunes font ce qu'elles croient juste par instinct et non par calcul; et d'ailleurs, dans ce monde où la prudence est si aride et la sagesse si ironique, qui nie que la générosité soit folie? Tout est relatif sur la terre, où tout est borné; et la vertu serait une grande démence, si derrière les hommes il n'y avait Dieu. Ordener était dans l'âge où l'on croit et où l'on est cru. Il risquait ses jours de confiance. Le général accueillit de même des raisons qui n'auraient pas résisté à une discussion froide.

— Quelles trames? quels hommes? mon bon père. — Dans quelques jours j'aurai tout éclairci; alors vous saurez tout ce que je saurai. Je vais repartir ce soir.

— Comment! s'écria le vieillard, tu ne me donneras encore que quelques heures! Mais où vas-tu? pourquoi pars-tu, mon cher fils?

— Vous m'avez quelquefois permis, mon noble père, de faire une action louable en secret.

— Oui, mon brave Ordener; mais tu pars sans trop savoir pourquoi, et tu sais quelle grande affaire te demande.

— Mon père m'a laissé un mois de réflexion, je le consacre aux intérêts d'un autre. Bonne action donne bon conseil. D'ailleurs à mon retour nous verrons.

— Quoi! reprit le général d'un ton de sollicitude, ce mariage te

déplairait-il? on dit Ulrique d'Ahlefeld si belle! dis-moi, l'as-tu vue?

— Je crois qu'oui, dit Ordener; il me semble qu'elle est belle, en effet.

— Eh bien? reprit le gouverneur.

— Eh bien, dit Ordener, elle ne sera pas ma femme.

Ce mot froid et décisif frappa le général comme un coup violent. Les soupçons de l'orgueilleuse comtesse lui revinrent à l'esprit.

— Ordener, dit-il en hochant la tête, je devrais être sage, car j'ai été pécheur. Eh bien, je suis un vieux fou! Ordener! le prisonnier a une fille...

— Oh! s'écria le jeune homme, général, je voulais vous en parler. Je vous demande, mon père, votre protection pour cette faible et opprimée jeune fille.

— En vérité, dit gravement le gouverneur, tes instances sont vives.

Ordener revint un peu à lui.

— Et comment ne le seraient-elles pas pour une pauvre prisonnière à laquelle on veut arracher la vie, et, ce qui est bien plus précieux, l'honneur?

— La vie! l'honneur! mais c'est moi pourtant qui gouverne ici, et j'ignore toutes ces horreurs! Explique-toi.

— Mon noble père, la vie du prisonnier et de sa fille sans défense est menacée par un infernal complot.

— Mais ce que tu avances est grave; quelle preuve en as-tu?

— Le fils aîné d'une puissante famille est en ce moment à Munckholm; il y est pour séduire la comtesse Éthel. Il me l'a dit lui-même.

Le général recula de trois pas.

— Dieu, Dieu! la pauvre abandonnée! Ordener, Ordener! Éthel et Schumacker sont sous ma protection. Quel est le misérable? quelle est la famille?

Ordener s'approcha du général et lui serra la main.

— La famille d'Ahlefeld.

— D'Ahlefeld! dit le vieux gouverneur; oui, la chose est claire, le lieutenant Frédéric est encore en ce moment à Munckholm. Mon noble Ordener, on veut t'allier à cette race. Je conçois ta répugnance, Ordener!

Le vieillard, croisant les bras, resta quelques moments rêveur, puis il vint à Ordener et le serra sur sa poitrine.

— Ordener, tu peux partir; ta protection ne sera pas absente pour tes protégés; je leur reste. Oui, pars; tu fais bien de toute manière. Cette infernale comtesse d'Ahlefeld est ici, tu le sais peut-être?

— La noble dame comtesse d'Ahlefeld, dit la voix de l'huissier qui ouvrait la porte.

A ce nom Ordener recula machinalement vers le fond de la chambre; et la comtesse, entrant sans l'apercevoir, s'écria :

— Seigneur général, votre élève se joue de vous; il n'est point allé à Munckholm.

— En vérité? dit le général.

— Eh mon Dieu! mon fils Frédéric, qui sort du palais, était hier de garde au donjon, et n'a vu personne.

— Vraiment, noble dame? répéta le général.

— Ainsi, continua la comtesse en souriant d'un air de triomphe, général, n'attendez plus votre Ordener.

Le gouverneur resta grave et froid.

— Je ne l'attends plus en effet, dame comtesse.

— Général, dit la comtesse en se détournant, je croyais que nous étions seuls. Quel est?...

La comtesse attacha son regard scrutateur sur Ordener, qui s'inclina.

— Vraiment, poursuivit-elle, — je ne l'ai vu qu'une fois... — mais... sans ce costume, ce serait... — Seigneur général, c'est le fils du vice-roi?

— Lui-même, noble dame, dit Ordener, s'inclinant de nouveau.

La comtesse sourit.

— En ce cas permettez-vous à une dame, qui doit bientôt être plus encore pour vous, de vous demander où vous êtes allé hier, seigneur comte?

— Seigneur comte! Je ne crois pas avoir eu le malheur de perdre déjà mon noble père, dame comtesse.

— Ce n'est certes point là ma pensée. Mieux vaut devenir comte en prenant une épouse qu'en perdant un père.

— L'un ne vaut guère mieux que l'autre, noble dame.

La comtesse, un peu interdite, prit cependant le parti d'éclater de rire.

— Allons, on m'avait dit vrai; sa courtoisie est un peu sauvage.

Elle se familiarisera pourtant avec les présents des dames, quand Ulrique d'Ahlefeld lui passera au cou la chaîne de l'ordre de l'Éléphant.

— Véritable chaîne en effet! dit Ordener.

— Vous verrez, général Levin, reprit la comtesse, dont le rire devenait embarrassé, que votre intraitable élève ne voudra pas non plus tenir d'une dame son rang de colonel.

— Vous avez raison, dame comtesse, répliqua Ordener, un homme qui porte l'épée ne doit pas devoir ses aiguillettes à un jupon.

La physionomie de la grande dame se rembrunit tout à fait.

— Ho! ho! d'où vient donc le seigneur baron? Est-il bien vrai que sa courtoisie ne soit pas allée hier à Munckholm?

— Noble dame, je ne satisfais pas toujours à toutes les questions. — Mais, général, nous nous reverrons...

Puis, serrant la main du vieillard et saluant la comtesse, il sortit, laissant la dame, stupéfaite de tout ce qu'elle ignorait, seule avec le gouverneur, indigné de tout ce qu'il savait.

XII

> .... L'homme qui est en ce moment assis près de lui, qui rompt avec lui son pain et boit à sa santé la coupe qu'ils ont partagée ensemble, sera le premier à l'assassiner.
>
> SHAKESPEARE, *Timon d'Athènes.*

Que le lecteur se transporte maintenant sur la route de Drontheim à Skongen, route étroite et pierreuse qui côtoie le golfe de Drontheim jusqu'au hameau de Vygla, il ne tardera pas à entendre les pas de deux voyageurs qui sont sortis de la porte dite de Skongen à la chute du jour, et montent assez rapidement les collines étagées sur lesquelles serpente le chemin de Vygla. Tous deux sont enveloppés de manteaux. L'un marche d'un pas jeune et ferme, le corps droit et la tête levée; l'extrémité d'un sabre dépasse le bord de son manteau, et, malgré l'obscurité de la nuit, on peut voir une plume se balancer au souffle du vent sur sa toque. L'autre est un peu plus grand que son compagnon, mais légèrement voûté; on voit sur son dos une bosse, formée sans doute par une besace que cache un grand manteau noir dont les bords profondément dentelés annoncent les bons et loyaux services. Il n'a d'autre arme qu'un long bâton dont il aide sa marche inégale et précipitée.

Si la nuit empêche le lecteur de distinguer les traits des deux voyageurs, il les reconnaîtra peut-être à la conversation que l'un d'eux entame après une heure de route silencieuse, et par conséquent ennuyeuse.

— Maître! mon jeune maître! nous sommes au point d'où l'on aperçoit à la fois la tour de Vygla et les clochers de Drontheim. Devant nous, à l'horizon, cette masse noire, c'est la tour; derrière nous, voici la cathédrale, dont les arcs-boutants, plus sombres encore que le ciel, se dessinent comme les côtes de la carcasse d'un mammouth.

— Vygla est-il loin de Skongen? demanda l'autre piéton.

— Nous avons l'Ordals à traverser, seigneur; nous ne serons pas à Skongen avant trois heures du matin.

— Quelle est l'heure qui sonne en ce moment?

— Juste Dieu, maître! vous me faites trembler. Oui, c'est la cloche de Drontheim, dont le vent nous apporte les sons. Cela annonce l'orage. Le souffle du nord-ouest amène les nuages.

— Les étoiles, en effet, ont toutes disparu derrière nous.

— Doublons le pas, mon noble seigneur, de grâce. L'orage arrive, et peut-être s'est-on déjà aperçu à la ville de la mutilation du cadavre de Gill et de ma fuite. Doublons le pas.

— Volontiers. Vieillard, votre fardeau paraît lourd; cédez-le-moi, je suis jeune et plus vigoureux que vous.

— Non, en vérité, noble maître; ce n'est point à l'aigle à porter l'écaille de la tortue. Je suis trop indigne pour que vous vous chargiez de ma besace.

— Mais, vieillard, si elle vous fatigue? Elle paraît pesante. Que contient-elle donc? Tout à l'heure vous avez bronché, cela a résonné comme du fer.

Le vieillard s'écarta brusquement du jeune homme.

— Cela a résonné, maître? oh non! vous vous êtes trompé. Elle ne contient rien... que des vivres, des habits. Non, elle ne me fatigue pas, seigneur.

La proposition bienveillante du jeune homme paraissait avoir causé à son vieux compagnon un effroi qu'il s'efforçait de dissimuler.

— Eh bien, répondit le jeune homme sans s'en apercevoir, si ce fardeau ne vous fatigue pas, gardez-le.

Le vieillard, tranquillisé, se hâta néanmoins de changer la conversation.

— Il est triste de suivre, la nuit, en fugitifs, une route qu'il serait si agréable, seigneur, de parcourir le jour en observateurs. On trouve sur les bords du golfe, à notre gauche, une profusion de pierres runiques, sur lesquelles on peut étudier des caractères tracés, suivant les traditions, par les dieux et les géants. A notre droite, derrière les rochers qui bordent le chemin, s'étend le marais salé de Sciold, qui communique sans doute avec la mer par quelque canal souterrain, puisque l'on y pêche le lombric marin, ce poisson singulier qui, d'après les découvertes de votre serviteur et guide, mange du sable. C'est dans la tour de Vygla, dont nous approchons, que le roi païen Vermond fit rôtir les mamelles de sainte Etheldera, cette glorieuse martyre, avec du bois de la vraie croix, apporté à Copenhague par Olaüs III, et conquis par le roi de Norvége. On dit que depuis on a essayé inutilement de faire une chapelle de cette tour maudite ; toutes les croix qu'on y a placées successivement ont été consumées par le feu du ciel.

En ce moment un immense éclair couvrit le golfe, la colline, les rochers, la tour, et disparut avant que l'œil des deux voyageurs eût pu discerner aucun de ces objets. Ils s'arrêtèrent spontanément, et l'éclair fut suivi presque immédiatement d'un coup de tonnerre violent, dont l'écho se prolongea de nuage en nuage dans le ciel, et de rocher en rocher sur la terre.

Ils levèrent les yeux. Toutes les étoiles étaient voilées, de grosses nues roulaient rapidement les unes sur les autres, et la tempête s'amassait comme une avalanche au-dessus de leurs têtes. Le grand vent sous lequel couraient toutes ces masses n'était point encore descendu jusqu'aux arbres, qu'aucun souffle n'agitait, et sur lesquels ne retentissait encore aucune goutte de pluie. On entendait en haut comme une rumeur orageuse qui, jointe à la rumeur du golfe, était le seul bruit qui s'élevât dans l'obscurité de la nuit, redoublée par les ténèbres de la tempête.

Ce tumultueux silence fut soudain interrompu, près des deux voyageurs, par une espèce de rugissement qui fit tressaillir le vieillard.

— Dieu tout-puissant! s'écria-t-il en serrant le bras du jeune homme, c'est le rire du diable dans l'orage, ou la voix de...

Un nouvel éclair, un nouveau coup de tonnerre lui coupèrent la parole. La tempête commença alors avec impétuosité, comme si elle eût attendu ce signal. Les deux voyageurs resserrèrent leurs manteaux pour se garantir à la fois de la pluie qui s'échappait des nuages par torrents, et de la poussière épaisse qu'un vent furieux enlevait par tourbillons à la terre encore sèche.

— Vieillard, dit le jeune homme, un éclair vient de me montrer la tour de Vygla sur notre droite; quittons la route et cherchons-y un abri.

— Un abri dans la Tour-Maudite! s'écria le vieillard, que saint Hospice nous protége! songez, jeune maître, que cette tour est déserte.

— Tant mieux! vieillard, nous n'attendrons pas à la porte.

— Songez quelle abomination l'a souillée!

— Eh bien! qu'elle se purifie en nous abritant. Allons, vieillard, suivez-moi. Je vous déclare qu'en une pareille nuit je tenterais l'hospitalité d'une caverne de voleurs.

Alors, malgré les remontrances du vieillard, dont il avait saisi le bras, il se dirigea vers l'édifice, que les fréquentes lueurs des éclairs lui montraient à peu de distance. En approchant, ils aperçurent une lumière à l'une des meurtrières de la tour.

— Vous voyez, dit le jeune homme, que cette tour n'est pas déserte. Vous voilà rassuré, sans doute.

— Dieu! bon Dieu! s'écria le vieillard, où me menez-vous, maître? Ne plaise à saint Hospice que j'entre dans cet oratoire du démon!

Ils étaient au bas de la tour. Le jeune voyageur frappa avec force à la porte neuve de cette ruine redoutée.

— Tranquillisez-vous, vieillard; quelque pieux cénobite sera venu sanctifier cette demeure profanée, en l'habitant.

— Non, disait son compagnon, je n'entrerai pas. Je réponds que

nul ermite ne peut vivre ici, à moins qu'il n'ait pour chapelet une des sept chaînes de Belzébuth.

Cependant une lumière était descendue de meurtrière en meurtrière, et vint briller à travers la serrure de la porte.

— Tu viens bien tard, Nychol! cria une voix aigre; on dresse la potence à midi, et il ne faut que six heures pour venir de Skongen à Vygla. Est-ce qu'il y a eu surcroît de besogne?

Cette question tomba au moment où la porte s'ouvrait. La femme qui l'ouvrait, apercevant deux figures étrangères, au lieu de celle qu'elle attendait, poussa un cri d'effroi et de menace, et recula de trois pas.

L'aspect de cette femme n'était pas lui-même très rassurant. Elle était grande, son bras élevait au-dessus de sa tête une lampe de fer dont son visage était fortement éclairé. Ses traits livides, sa figure sèche et anguleuse, avaient quelque chose de cadavéreux, et il s'échappait de ses yeux creux des rayons sinistres pareils à ceux d'une torche funèbre. Elle était vêtue depuis la ceinture d'un jupon de serge écarlate, qui ne laissait voir que ses pieds nus, et paraissait souillé de taches d'un autre rouge. Sa poitrine décharnée était à moitié couverte d'une veste d'homme de même couleur, dont les manches étaient coupées au coude. Le vent, entrant par la porte ouverte, agitait au-dessus de sa tête ses longs cheveux gris à peine retenus par une ficelle d'écorce, ce qui rendait plus sauvage encore l'expression de sa farouche physionomie.

— Bonne dame, dit le plus jeune des nouveaux venus, la pluie tombe à flots, vous avez un toit et nous avons de l'or.

Son vieux compagnon le tirait par son manteau, et s'écriait à voix basse :

— O maître! que dites-vous là? Si ce n'est pas ici la maison du diable, c'est l'habitacle de quelque bandit. Notre or nous perdra, loin de nous protéger.

— Paix! dit le jeune homme; et tirant une bourse de sa veste, il la fit briller aux yeux de l'hôtesse, en répétant sa prière.

Celle-ci, revenue un peu de sa surprise, les considérait alternativement d'un œil fixe et hagard.

— Étrangers! s'écria-t-elle enfin, comme n'ayant pas entendu leur voix, vos esprits gardiens vous ont-ils abandonnés? que venez-vous chercher parmi les habitants maudits de la Tour-Maudite? Étrangers! ce ne sont point des hommes qui vous ont indiqué ces ruines pour abri, car tous vous auraient dit : Mieux vaut l'éclair de la tempête que le foyer de la tour de Vygla. Le seul vivant qui puisse entrer ici n'entre dans aucune demeure des autres vivants, il ne quitte la solitude que pour la foule, il ne vit que pour la mort. Il n'a de place que dans les malédictions des hommes, il ne sert qu'à leurs vengeances, il n'existe que par leurs crimes. Et le plus vil scélérat, à l'heure du châtiment, se décharge sur lui du mépris universel, et se croit encore en droit d'y ajouter le sien. Étrangers! vous l'êtes, car votre pied n'a pas encore repoussé avec horreur le seuil de cette tour; ne troublez pas plus longtemps la louve et les louveteaux; regagnez le chemin où marchent tous les autres hommes, et, si vous ne voulez pas être fuis de vos frères, ne leur dites pas que votre visage ait été éclairé par la lampe des hôtes de la tour de Vygla.

A ces mots, indiquant la porte du geste, elle s'avança vers les deux voyageurs. Le vieux tremblait de tous ses membres, et regardait d'un air suppliant le jeune, lequel, n'ayant rien compris aux paroles de la grande femme, à cause de l'extrême volubilité de son

débit, la croyait folle, et ne se sentait d'ailleurs nullement disposé à retourner sous la pluie, qui continuait de tomber à grand bruit.

— Par ma foi, notre bonne hôtesse, vous venez de nous peindre un personnage singulier, avec lequel je ne veux pas perdre l'occasion de faire connaissance.

— La connaissance avec lui, jeune homme, est bientôt faite, plus tôt terminée. Si votre démon vous y pousse, allez assassiner un vivant ou profaner un mort.

— Profaner un mort! répéta le vieillard d'une voix tremblante et se cachant dans l'ombre de son compagnon.

— Je ne comprends guère, dit celui-ci, vos moyens, au moins très indirects; il est plus court de rester ici. Il faudrait être fou pour continuer sa route par un pareil temps.

— Mais bien plus fou encore, murmura le vieillard, pour s'abriter contre un pareil temps dans un pareil lieu.

— Malheureux! s'écria la femme, ne frappez pas au seuil de celui qui ne sait ouvrir d'autre porte que celle du sépulcre.

— Dût la porte du sépulcre s'ouvrir en effet pour moi avec la vôtre, femme, il ne sera pas dit que j'aurai reculé devant une parole sinistre. Mon sabre me répond de tout. Allons, fermez la tour, car le vent est froid, et prenez cet or.

— Eh! que me fait votre or! reprit l'hôtesse; précieux dans vos mains, il deviendra dans les miennes plus vil que l'étain. Eh bien, restez donc pour de l'or. Il peut garantir des orages du ciel, il ne sauve pas du mépris des hommes. Restez; vous payez l'hospitalité plus cher qu'on ne paye un meurtre. Attendez-moi un instant ici et donnez-moi votre or. Oui, c'est la première fois que les mains d'un homme entrent ici chargées d'or sans être souillées de sang.

Alors, après avoir déposé sa lampe et barricadé la porte, elle disparut sous la voûte d'un escalier noir, percé dans le fond de la salle.

Tandis que le vieillard frissonnait, et, invoquant, sous tous ses noms, le glorieux saint Hospice, maudissait de bon cœur, mais à voix basse, l'imprudence de son jeune compagnon, celui-ci prit la lumière, et se mit à parcourir la grande pièce circulaire où ils se trouvaient. Ce qu'il vit en approchant de la muraille le fit tressaillir, et le vieillard, qui l'avait suivi du regard, s'écria :

— Grand Dieu, maître! une potence?

Une grande potence était en effet appuyée au mur, et atteignait au cintre de la voûte haute et humide.

— Oui, dit le jeune homme, et voici des scies de bois et de fer, des chaînes, des carcans; voici un chevalet et de grandes tenailles suspendues au-dessus.

— Grands saints du paradis! s'écria le vieillard, où sommes-nous?

Le jeune homme poursuivit froidement son examen.

— Ceci est un rouleau de corde de chanvre; voilà des fourneaux et des chaudières; cette partie de la muraille est tapissée de pinces et de scalpels; voici des fouets de cuir garnis de pointes d'acier, une hache, une masse.

— C'est donc ici le garde-meuble de l'enfer! interrompit le vieillard épouvanté de cette terrible énumération.

— Voici, continua l'autre, des siphons en cuivre, des roues à dents de bronze, une caisse de grands clous, un cric. En vérité, ce sont de sinistres ameublements. Il peut vous sembler fâcheux que mon impatience vous ait amené ici avec moi.

— Vraiment, vous en convenez!

Le vieillard était plus mort que vif.

— Ne vous effrayez pas; qu'importe le lieu où vous êtes? j'y suis avec vous.

— Belle défense! murmura le vieillard, chez qui une plus grande terreur affaiblissait la crainte et le respect pour son jeune compagnon; un sabre de trente pouces contre une potence de trente coudées!

La grande femme rouge reparut, et, reprenant la lampe de fer, fit signe aux voyageurs de la suivre. Ils montèrent avec précaution un escalier étroit et dégradé pratiqué dans l'épaisseur du mur de la tour. A chaque meurtrière, une bouffée de vent et de pluie venait menacer la flamme tremblante de la lampe, que l'hôtesse couvrait de ses mains longues et diaphanes. Ce ne fut pas sans avoir plus d'une fois trébuché sur des pierres roulantes, que l'imagination alarmée du vieillard prenait pour des os humains épars sur les degrés, qu'ils arrivèrent au premier étage de l'édifice, dans une salle ronde pareille à la salle inférieure. Au milieu, suivant l'usage gothique, brillait un vaste foyer, dont la fumée s'échappait par une ouverture percée dans le plafond, non sans obscurcir très sensiblement l'atmosphère de la salle, et dont la lumière, jointe à celle de la lampe de fer, avait été aperçue des deux voyageurs sur le chemin. Une broche, chargée de viande encore fraîche, tournait devant le feu. Le vieillard se détourna avec horreur.

— C'est à ce foyer exécrable, dit-il à son compagnon, que la braise de la vraie croix a consumé les membres d'une sainte.

Une table grossière était placée à quelque distance du foyer. La femme invita les voyageurs à s'y asseoir.

— Étrangers, dit-elle en plaçant la lampe devant eux, le souper sera bientôt prêt, et mon mari va sans doute se hâter d'arriver, de peur que l'esprit de minuit ne l'emporte en passant près de la Tour-Maudite.

Alors Ordener — car le lecteur a sans doute déjà deviné que c'était lui et son guide Benignus Spiagudry — put examiner à son aise le déguisement bizarre pour lequel ce dernier avait épuisé toutes les ressources de son imagination fécondée par la peur d'être reconnu et repris. Le pauvre concierge fugitif avait échangé ses habits de cuir de renne contre un vêtement noir complet, laissé jadis dans le Spladgest par un célèbre grammairien de Drontheim, qui s'était noyé du désespoir de n'avoir pu trouver pourquoi *Jupiter* donnait *Jovis* au génitif. Ses sabots de coudrier avaient fait place aux bottes fortes d'un postillon écrasé par ses chevaux, dans lesquelles ses jambes fluettes étaient tellement à l'aise qu'il n'aurait pu marcher sans le secours d'une demi-botte de foin. La vaste perruque d'un jeune et élégant voyageur français assassiné par des voleurs aux portes de Drontheim cachait sa calvitie, et flottait sur ses épaules pointues et inégales. L'un de ses yeux était couvert d'un emplâtre, et, grâce à un pot de fard qu'il avait trouvé dans les poches d'une vieille fille morte d'amour, ses joues pâles et creuses s'étaient revêtues d'un vermillon insolite, agrément auquel la pluie avait fait participer jusqu'à son menton. Avant de s'asseoir, il plaça soigneusement sous lui le paquet qu'il portait sur son dos, s'enveloppa de son vieux manteau, et, tandis qu'il absorbait toute l'attention de son compagnon, la sienne paraissait entièrement concentrée sur le rôti que surveillait l'hôtesse, et vers lequel il lançait de temps en temps des regards d'inquiétude et d'horreur. Sa bouche laissait par intervalles échapper des mots entrecoupés : — Chair humaine!... *horrendas epulas!...* — Anthropophages!... — Souper de Moloch!... — *Ne pueros coram populo Medea trucidet...* — Où sommes-nous? Atrée... — Druidesse... — Irmensul... Le diable a foudroyé Lycaon...

Enfin il s'écria :

— Juste ciel ! Dieu merci ! j'aperçois une queue !

Ordener, qui, l'ayant considéré et écouté attentivement, avait à peu près suivi le fil de ses idées, ne put s'empêcher de sourire.

— Cette queue n'a rien de rassurant. C'est peut-être un quartier du diable.

Spiagudry n'entendit pas cette plaisanterie ; son regard s'était attaché au fond de la salle. Il tressaillit et se pencha à l'oreille d'Ordener.

— Maître, regardez, là, au fond, sur ce tas de paille, dans l'ombre...

— Eh bien ? dit Ordener.

— Trois corps nus et immobiles, — trois cadavres d'enfants !

— On frappe à la porte de la tour, s'écria la femme rouge, accroupie près du foyer.

En effet, un coup suivi de deux autres plus forts s'était fait entendre dans le bruit de l'orage toujours croissant.

— C'est enfin lui ! c'est Nychol !

Et, prenant la lampe, l'hôtesse descendit précipitamment.

Les deux voyageurs n'avaient pas encore repris leur conversation quand ils entendirent dans la salle basse un bruit confus de voix, au milieu duquel s'élevèrent enfin ces paroles prononcées avec un accent qui fit tressaillir et trembler Spiagudry :

— Femme, tais-toi, nous resterons. Le tonnerre entre sans qu'on lui ouvre la porte.

Spiagudry se serra contre Ordener.

— Maître ! maître ! dit-il faiblement, malheur à nous !

Un tumulte de pas se fit entendre dans l'escalier, puis deux hommes, revêtus d'habits religieux, entrèrent dans la salle, suivis de l'hôtesse effarée.

L'un de ces hommes était assez grand et portait l'habit noir et la chevelure ronde des ministres luthériens ; l'autre, de petite taille, avait une robe d'ermite, nouée d'une ceinture de corde. Le capuchon rabattu sur son visage ne laissait apercevoir que sa longue barbe noire, et ses mains étaient entièrement cachées sous les larges manches de sa robe.

A l'aspect de ces deux personnages pacifiques, Spiagudry sentit s'évanouir la terreur que la voix étrange de l'un d'eux lui avait causée.

— Ne vous alarmez pas, chère dame, disait le ministre à l'hôtesse, des prêtres chrétiens se rendent utiles à qui leur nuit ; voudraient-ils nuire à qui leur est utile ? Nous implorons humblement un abri. Si le révérend docteur qui m'accompagne vous a parlé durement tout à l'heure, il a eu tort d'oublier cette modération de la voix, recommandée par nos vœux ; hélas ! les plus saints peuvent faillir. J'étais égaré sur la route de Skongen à Drontheim, sans guide dans la nuit, sans asile dans la tempête. Ce révérend frère, que j'ai rencontré, éloigné comme moi de sa demeure, a daigné me permettre de venir avec lui vers la vôtre. Il m'avait vanté votre bonté hospitalière, chère dame ; sans doute il ne s'est pas trompé. Ne nous dites pas comme le mauvais pasteur : *Advena, cur intras?* Accueillez-nous, digne hôtesse, et Dieu sauvera vos moissons de l'orage, Dieu donnera dans la tempête un abri à vos troupeaux, comme vous en aurez donné un aux voyageurs égarés !

— Vieillard, interrompit la femme d'une voix farouche, je n'ai ni moissons ni troupeaux.

— Eh bien ! si vous êtes pauvres, Dieu bénit le pauvre avant le riche. Vous vieillirez avec votre époux, respectés, non pour vos biens, mais pour vos vertus ; vos enfants croîtront, entourés de l'estime des hommes et seront ce qu'aura été leur père.

— Taisez-vous ! cria l'hôtesse. C'est en restant ce que nous sommes que nos enfants vieilliront comme nous dans le mépris des hommes, transmis sur notre race de génération en génération. Taisez-vous, vieillard ! La bénédiction se tourne en malédiction sur nos têtes.

— O ciel ! reprit le ministre, qui donc êtes-vous ? dans quels crimes passez-vous votre vie ?

— Qu'appelez-vous crimes ? qu'appelez-vous vertus ? nous jouissons ici d'un privilége ; nous ne pouvons avoir de vertus ni commettre de crimes.

— La raison de cette femme est égarée, dit le ministre se tournant vers le petit ermite, qui séchait sa robe de bure devant le foyer.

— Non, prêtre ! répliqua la femme, sachez où vous êtes. J'aime mieux faire horreur que pitié. Je ne suis pas une insensée, mais la femme du...

Le retentissement prolongé de la porte de la tour sous un coup violent empêcha d'entendre le reste, au grand désappointement de Spiagudry et d'Ordener qui avaient prêté une attention muette à ce dialogue.

— Maudit soit, dit la femme rouge entre ses dents, le syndic haut-justicier de Skongen, qui nous a assigné pour demeure cette tour voisine de la route! peut-être n'est-ce pas encore Nychol.

Elle prit néanmoins la lampe.

— Après tout, si c'est encore un voyageur, qu'importe? le ruisseau peut couler où le torrent a passé.

Les quatre voyageurs restés seuls s'entre-regardaient aux lueurs du foyer. Spiagudry, d'abord épouvanté par la voix de l'ermite, et rassuré ensuite par sa barbe noire, eût peut-être recommencé à trembler s'il eût vu de quel œil perçant celui-ci l'observait en dessous de son capuchon.

Dans le silence général, le ministre hasarda une question :

— Frère ermite, je présume que vous êtes un des prêtres catholiques échappés à la dernière persécution, et que vous regagniez votre retraite lorsque, pour mon bonheur, je vous ai rencontré; pourriez-vous me dire où nous sommes?

La porte délabrée de l'escalier en ruine se rouvrit avant que le frère ermite eût répondu.

— Femme, vienne un orage, et il y aura foule pour s'asseoir à notre table exécrée et s'abriter sous notre toit maudit.

— Nychol, répondit la femme, je n'ai pu empêcher...

— Et qu'importent tous ces hôtes, pourvu qu'ils payent? l'or est tout aussi bien gagné en hébergeant un voyageur qu'en étranglant un brigand.

Celui qui parlait ainsi s'était arrêté devant la porte, où les quatre étrangers pouvaient le contempler à leur aise. C'était un homme de proportions colossales, vêtu, comme l'hôtesse, de serge rouge. Son énorme tête paraissait immédiatement posée sur ses larges épaules, ce qui contrastait avec le cou long et osseux de sa gracieuse épouse. Il avait le front bas, le nez camard, les sourcils épais; ses yeux, entourés d'une ligne de pourpre, brillaient comme du feu dans du sang. Le bas de son visage, entièrement rasé, laissait voir sa bouche grande et profonde, dont un rire hideux entr'ouvrait les lèvres noires comme les bords d'une plaie incurable. Deux touffes de barbe crépue, pendantes de ses joues sur son cou, donnaient à sa figure, vue de face, une forme carrée. Cet homme était coiffé d'un feutre gris, sur lequel ruisselait la pluie, et dont sa main n'avait seulement pas daigné toucher le bord à l'aspect des quatre voyageurs.

CRUCIX LE BOURREAU.

En l'apercevant, Benignus Spiagudry poussa un cri d'épouvante, et le ministre luthérien se détourna frappé de surprise et d'horreur, tandis que le maître du logis, qui l'avait reconnu, lui adressait la parole.

— Comment, vous voilà, seigneur ministre! En vérité, je ne croyais pas avoir l'amusement de revoir aujourd'hui votre air piteux et votre mine effarouchée.

Le prêtre réprima son premier mouvement de répugnance. Ses traits devinrent graves et sereins.

— Et moi, mon fils, je m'applaudis du hasard qui a amené le pasteur vers la brebis égarée, afin, sans doute, que la brebis revînt enfin au pasteur.

— Ah! par le gibet d'Aman, reprit l'autre en éclatant de rire, voilà la première fois que je m'entends comparer à une brebis. Croyez-moi, père, si vous voulez flatter le vautour, ne l'appelez pas pigeon.

— Celui par lequel le vautour devient colombe, console, mon fils, et ne flatte pas. Vous croyez que je vous crains, et je ne fais que vous plaindre.

— Il faut, en vérité, messire, que vous ayez bonne provision de pitié; j'aurais pensé que vous l'aviez épuisée tout entière sur ce pauvre diable, auquel vous montriez aujourd'hui votre croix pour lui cacher ma potence.

— Cet infortuné, répondit le prêtre, était moins à plaindre que vous; car il pleurait, et vous riez. Heureux qui reconnaît, au moment de l'expiation, combien le bras de l'homme est moins puissant que la parole de Dieu!

— Bien dit, père, reprit l'hôte avec une horrible et ironique gaîté. Celui qui pleure! Notre homme d'aujourd'hui, d'ailleurs, n'avait d'autre crime que d'aimer tellement le roi qu'il ne pouvait vivre sans faire le portrait de sa majesté sur des petites médailles de cuivre, qu'il dorait ensuite artistement pour les rendre plus dignes de la royale effigie. Notre gracieux souverain n'a pas été ingrat, et lui a donné en récompense de tant d'amour un beau cordon de chanvre, qui, pour l'instruction de mes dignes hôtes, lui a été conféré ce jour même sur la place publique de Skongen, par moi, grand-chancelier de l'ordre du Gibet, assisté de messire, ici présent, grand-aumônier dudit ordre.

— Malheureux! arrêtez, interrompit le prêtre. Comment celui qui châtie oublie-t-il le châtiment? Écoutez le tonnerre...

— Eh bien! qu'est-ce que le tonnerre? un éclat de rire de Satan.

— Grand Dieu! il vient d'assister à la mort, et il blasphème!

— Trêve aux sermons, vieux insensé, cria l'hôte d'une voix tonnante et presque irritée; sinon vous pourriez maudire l'ange des ténèbres qui nous a réunis deux fois en douze heures sur la même voiture et sous le même toit. Imitez votre camarade l'ermite, qui se tait, car il a bonne envie de retourner dans sa grotte de Lynrass. Je vous remercie, frère ermite, de la bénédiction que tous les matins, à votre passage sur la colline, je vous vois donner à la Tour Maudite; mais, en vérité, jusqu'ici vous m'aviez semblé de haute taille, et cette barbe si noire m'avait paru blanche. Vous êtes bien cependant l'ermite de Lynrass, le seul ermite du Drontheimhus?

— Je suis en effet le seul, dit l'ermite d'une voix sourde.

— Nous sommes donc, reprit l'hôte, les deux solitaires de la province. — Holà! Bechlie, hâte un peu ce quartier d'agneau, car j'ai faim. J'ai été retardé, au village de Burlock, par ce maudit docteur Manryll, qui ne voulait me donner que douze ascalins du cadavre; on en donne quarante à cet infernal gardien du Spladgest, à Drontheim. — Hé, messire de la perruque, qu'avez-vous donc? vous allez tomber à la renverse. — A propos, Bechlie, as-tu terminé le squelette de l'empoisonneur Orgivius, ce fameux magicien? Il serait temps de l'envoyer au cabinet de curiosités de Berghen. As-tu dépêché l'un de tes petits marcassins au syndic de Lœvig pour réclamer ce qu'il me doit? quatre doubles écus pour avoir fait bouillir une sorcière et deux alchimistes, et enlevé plusieurs chaînes des poutres de la salle de son tribunal, qu'elles déparaient; vingt ascalins pour avoir dépendu Ismaël Typhaine, juif dont s'était plaint le révérend évêque; et un écu pour avoir remis un bras de bois neuf à la potence de pierre du bourg?

— Le salaire, répondit la femme d'une voix aigre, est resté dans les mains du syndic, parce que ton fils avait oublié la cuiller de bois pour le recevoir, et qu'aucun valet du juge n'a voulu le lui remettre en main propre.

Le mari fronça le sourcil.

— Que leur cou me tombe entre les mains, ils verront si j'aurai besoin d'une cuiller de bois pour les toucher. Il faut pourtant ménager ce syndic. C'est à lui qu'est renvoyée la requête du voleur Ivar, qui se plaint de ce que la question lui a été donnée, non par un tortionnaire, mais par moi, alléguant que, n'ayant pas encore été jugé, il n'est pas encore infâme. — A propos, femme, empêche donc tes petits de jouer avec mes tenailles et mes pinces ; ils ont dérangé tous mes instruments, si bien que je n'ai pu m'en servir aujourd'hui. — Où sont-ils, ces petits monstres? continua l'hôte en s'approchant du tas de paille où Spiagudry avait cru voir trois cadavres. Les voilà couchés là ; ils dorment, malgré le bruit, comme trois dépendus.

A ces paroles, dont l'horreur contrastait avec la tranquillité effrayante et l'atroce gaîté de celui qui les prononçait, le lecteur a peut-être déjà deviné quel est l'habitant de la tour de Vygla. Spiagudry, qui, dès son apparition, le reconnut pour l'avoir vu figurer souvent dans de sinistres cérémonies sur la place de Drontheim, se sentit près de défaillir d'épouvante, en songeant surtout au motif personnel qu'il avait depuis la veille pour craindre ce terrible fonctionnaire. Il se pencha vers Ordener, et lui dit d'une voix presque inarticulée :

— C'est Nychol Orugix, bourreau du Drontheimhus !

Ordener, d'abord frappé d'horreur, tressaillit et regretta la route et la tempête. Mais bientôt je ne sais quel sentiment de curiosité indéfinissable s'empara de lui, et, tout en plaignant l'embarras et l'épouvante de son vieux guide, il prêtait son attention entière aux paroles et à l'habitude de vie de l'être singulier qu'il avait sous les yeux, comme on écoute avidement le grondement d'une hyène ou le rugissement d'un tigre amené du désert dans nos villes. Le pauvre Benignus était loin d'avoir l'esprit assez libre pour faire de son côté des observations psychologiques. Caché derrière Ordener, il se ramassait dans son manteau, portait une main inquiète à son emplâtre, attirait sur son visage le derrière de sa perruque flottante, et ne respirait que par gros soupirs.

Cependant l'hôtesse avait servi sur un grand plat de terre le quartier d'agneau rôti, pourvu de sa queue rassurante. Le bourreau vint s'asseoir en face d'Ordener et de Spiagudry, entre les deux prêtres ; et sa femme, après avoir chargé la table d'une cruche de bière miellée, d'un morceau de *rindebrod** et de cinq assiettes de bois, s'assit devant le feu, et s'occupa d'aiguiser les pinces ébréchées de son mari.

* Pain d'écorce dont se nourrit la classe indigente en Norvége.

— Çà, révérend ministre, dit Orugix en riant, la brebis vous offre de l'agneau. Et vous, seigneur de la perruque, est-ce le vent qui a ainsi ramené votre coiffure sur votre visage?

— Le vent... seigneur, l'orage... balbutia le tremblant Spiagudry.

— Allons, enhardissez-vous, mon vieux. Vous voyez que les seigneurs prêtres et moi nous sommes bons diables. Dites-nous qui vous êtes et quel est votre jeune compagnon le taciturne, et parlez un peu. Faisons connaissance. Si vos discours tiennent tout ce que promet votre vue, vous devez être bien amusant.

— Le maître plaisante, dit le concierge contractant ses lèvres, montrant ses dents et clignant son œil pour avoir l'air de rire, je ne suis qu'un pauvre vieux.

— Oui, interrompit le jovial bourreau, quelque vieux savant, quelque vieux sorcier.

— Oh! seigneur maître, savant oui, sorcier non.

— Tant pis, un sorcier compléterait notre joyeux sanhédrin. — Seigneurs mes hôtes, buvons pour rendre la parole à ce vieux savant, qui va égayer notre souper. A la santé du pendu d'aujourd'hui, frère prédicateur! Eh bien! père ermite, vous refusez ma bière?

L'ermite avait en effet tiré de dessous sa robe une grande gourde pleine d'une eau très claire, dont il remplit son verre.

— Parbleu! ermite de Lynrass, s'écria le bourreau, si vous ne goûtez pas de ma bière, je goûterai de cette eau que vous lui préférez.

— Soit, répondit l'ermite.

— Otez d'abord votre gant, révérend frère, répliqua le bourreau; on ne verse à boire qu'à main nue.

L'ermite fit un signe de refus.

— C'est un vœu, dit-il.

— Versez donc toujours, dit le bourreau.

A peine Orugix eut-il porté son verre à ses lèvres, qu'il le repoussa brusquement, tandis que l'ermite vidait le sien d'un trait.

— Par le calice de Jésus, révérend ermite, quelle est cette liqueur infernale? je n'en ai point bu de pareille, depuis le jour où je faillis me noyer dans ma navigation de Copenhague à Drontheim. En vérité, ermite, ce n'est pas de l'eau de la source de Lynrass; c'est de l'eau de mer.

— De l'eau de mer ! répéta Spiagudry avec une épouvante qu'augmentait la vue du gant de l'ermite.

— Eh bien ! dit le bourreau se tournant vers lui avec un éclat de rire, tout vous alarme donc ici, mon vieux Absalon, jusqu'à la boisson même d'un saint cénobite qui se mortifie ?

— Hélas ! non, maître. Mais de l'eau de mer... Il n'y a qu'un homme...

— Allons, vous ne savez que dire, sire docteur ; votre trouble parmi nous vient d'une mauvaise conscience ou du mépris.

Ces mots prononcés d'un ton d'humeur ramenèrent Spiagudry à la nécessité de dissimuler sa terreur. Pour amadouer son redoutable hôte, il appela à son secours sa vaste mémoire, et rallia le peu de présence d'esprit qui lui restait.

— Du mépris, moi, du mépris pour vous, seigneur maître ! pour vous, dont la présence dans une province donne à cette province le *merum imperium** ! pour vous, maître des hautes œuvres, exécuteur de la vindicte séculière, épée de la justice, bouclier de l'innocence ! pour vous, qu'Aristote, livre six, chapitre dernier de ses *Politiques*, classe parmi les magistrats, et dont Paris de Puteo, dans son traité *De Syndico*, fixe le traitement à cinq écus d'or, comme l'atteste ce passage : *Quinque aureos manivolto* ! pour vous, seigneur, dont les confrères à Cronstadt acquièrent la noblesse après trois cents têtes coupées ! pour vous, dont les terribles mais honorables fonctions sont remplies avec orgueil, en Franconie par le plus nouveau marié, à Reutlingue par le plus jeune conseiller, à Stedien par le dernier bourgeois installé ! Et ne sais-je pas encore, mon bon maître, que vos confrères ont en France droit de *havadium* sur chaque malade de Saint-Ladre, sur les pourceaux, et sur les gâteaux de la veille de l'épiphanie ! Comment n'aurais-je pas un profond respect pour vous, quand l'abbé de Saint-Germain-des-Prés vous donne chaque année, à la Saint-Vincent, une tête de porc, et vous fait marcher en tête de sa procession !

Ici la verve érudite du concierge fut brusquement interrompue par le bourreau.

— C'est par ma foi la première nouvelle que j'en ai ! Le docte abbé dont vous parlez, révérend, m'a jusqu'à présent fraudé de tous ces beaux droits que vous peignez d'une façon si séduisante. — Sires

---

* *Droit de sang*, d'avoir un bourreau.

étrangers, poursuivit Orugix, sans m'arrêter à toutes les extravagances de ce vieux fou, il est vrai que j'ai manqué ma carrière. Je ne suis aujourd'hui que le pauvre bourreau d'une pauvre province. Eh bien! j'aurais dû certes faire un plus beau chemin que Stillison Dickoy, ce fameux bourreau de Moscovie. Croiriez-vous que je suis le même qui fut désigné, il y a vingt-quatre ans, pour l'exécution de Schumacker?

— De Schumacker, du comte de Griffenfeld! s'écria Ordener.

— Cela vous étonne, seigneur le muet. Eh bien! oui, de ce même Schumacker qu'un singulier hasard replace encore sous ma main, dans le cas où il plairait au roi de lever le sursis. — Vidons cette cruche, messieurs, et je vais vous conter comment il se fait qu'après avoir débuté avec tant d'éclat, je finisse si misérablement.

— J'étais, en 1676, valet de Rhum Stuald, bourreau royal de Copenhague. Lors de la condamnation du comte de Griffenfeld, mon maître étant tombé malade, je fus, grâce à mes protections, choisi pour le remplacer dans cette honorable exécution. Le 5 juin — je n'oublierai jamais ce jour, — dès cinq heures du matin, aidé du maître des basses œuvres*, je dressai sur la place de la citadelle un grand échafaud que nous tendîmes de noir, par respect pour le condamné. A huit heures la garde-noble entoura l'échafaud, et les hulans de Slesvig continrent la foule qui se pressait sur la place. Quel autre à ma place n'eût été enivré! Debout, et sabre en main, j'attendais sur l'estrade. Tous les regards étaient fixés sur moi ; j'étais en ce moment le personnage le plus important des deux royaumes. Ma fortune, disais-je, est faite, car que pourraient sans moi tous ces grands seigneurs qui ont juré la perte du chancelier? Je me voyais déjà exécuteur royal en titre de la capitale ; j'avais des valets, des priviléges... Écoutez ! L'horloge du fort sonne dix heures. Le condamné sort de sa prison, traverse la place, monte à l'échafaud d'un pas ferme et d'un air tranquille. Je veux lui lier les cheveux ; il me repousse, et se rend à lui-même ce dernier service. — Il y avait longtemps, dit-il en souriant au prieur de Saint-André, que je ne m'étais coiffé moi-même. Je lui offre le bandeau noir, il l'éloigne de ses yeux avec dédain, mais sans me marquer de mépris. — Mon ami, me dit-il, voilà peut-être la première fois qu'un espace de quelques pieds rassemble les deux officiers extrêmes de l'ordre judiciaire, le chancelier et le bourreau. Ces paroles sont restées gravées dans ma tête. Il refuse encore le coussin noir que

* Charpentier des échafauds.

je voulais mettre sous ses genoux, embrasse le prêtre, et s'agenouille, après avoir dit d'une voix forte qu'il mourait innocent. Alors je brisai d'un coup de masse l'écusson de ses armoiries, en criant, comme de coutume : — Cela ne se fait pas sans une juste cause! Cet affront ébranla la fermeté du comte; il pâlit; mais il se hâta de dire : — Le roi me les a données, le roi peut me les ôter. Il appuya sa tête sur le billot, les yeux tournés vers l'est, et moi, je levai mon sabre des deux mains... Écoutez bien ! — En ce moment un cri arrive jusqu'à moi : — Grâce, au nom du roi! grâce pour Schumacker! Je me retourne. C'était un aide de camp qui galopait vers l'échafaud en agitant un parchemin. Le comte se relève d'un air, non joyeux, mais seulement satisfait. Le parchemin lui est remis. — Juste Dieu, s'écrie-t-il, la prison perpétuelle! leur grâce est plus dure que la mort. — Il descend, abattu comme un voleur, de l'échafaud où il était monté serein. Pour moi, cela m'était égal. Je ne me doutais guère que le salut de cet homme était ma perte. Après avoir démoli l'échafaud, je rentre chez mon maître, encore plein d'espérances, quoiqu'un peu désappointé d'avoir perdu l'écu d'or, prix de la chute de la tête. Ce n'était pas tout. Le lendemain je reçois un ordre de départ et un diplôme d'exécuteur provincial pour le Drontheimhus! Bourreau de province, et de la dernière province de Norvége! Or sachez, messires, comment de petites causes amènent de grands effets. Les ennemis du comte, afin de se donner un air de clémence, avaient tout disposé pour que la grâce arrivât un moment après l'exécution. Il s'en fallut d'une minute; on s'en prit à ma lenteur, comme s'il eût été décent d'empêcher un personnage illustre de s'amuser quelques instants avant le dernier! comme si un exécuteur royal qui décapite un grand-chancelier pouvait le faire sans plus de dignité et de mesure qu'un bourreau de province qui pend un juif! A cela se joignit la malveillance. J'avais un frère, que même je crois avoir encore. Il était parvenu, en changeant de nom, dans la maison du nouveau chancelier, comte d'Ahlefeld. A Copenhague, ma présence importuna le misérable. Mon frère me méprise, parce que ce sera peut-être moi qui le pendrai un jour.

Ici le disert narrateur s'interrompit pour donner passage à sa gaîté, puis il continua :

— Vous voyez, chers hôtes, que j'ai pris mon parti. Ma foi, au diable l'ambition! j'exerce ici honnêtement mon métier ; je vends mes cadavres, où Bechlie en fait des squelettes, que m'achète le cabinet d'anatomie de Berghen. Je ris de tout, même de cette pauvre femelle qui a été bohémienne et que la solitude rend folle. Mes trois héritiers grandissent dans la crainte du diable et de la potence. Mon nom est l'épouvantail des petits enfants du Drontheimhus. Les syndics me fournissent une charrette et des habits rouges. La Tour Maudite me garantit de la pluie comme ferait le palais de l'évêque. Les vieux prêtres que l'orage pousse chez moi me prêchent, les savants me flagornent. En somme, je suis aussi heureux qu'un autre, je bois, je mange, je pends, et je dors.

Le bourreau n'avait pas mené à fin ce long discours sans l'entremêler de bière et de bruyantes explosions de rire.

— Il tue, et il dort ! murmura le ministre ; l'infortuné !
— Que ce misérable est heureux ! s'écria l'ermite.
— Oui, frère ermite, dit le bourreau, misérable comme vous, mais certes plus heureux. Tenez, le métier serait bon si l'on ne semblait prendre plaisir à en ruiner les bénéfices. Croiriez-vous que je ne sais quelles fameuses noces ont fourni à l'aumônier nouvellement nommé de Drontheim l'occasion de demander la grâce de douze condamnés qui m'appartiennent ?
— Qui vous appartiennent ! s'écria le ministre.
— Oui, sans doute, père. Sept d'entre eux devaient être fouettés, deux marqués sur la joue gauche, et trois pendus, ce qui fait en somme douze. Oui, douze écus et trente ascalins, que je perds si la grâce est accordée. Comment trouvez-vous, sires étrangers, cet aumônier qui dispose ainsi de mon bien ? Ce maudit prêtre s'appelle Athanase Munder. Oh ! si je le tenais !

Le ministre se leva, et dit d'une voix égale et d'un air tranquille : — Mon fils, c'est moi qui suis Athanase Munder.

A ce nom la colère s'alluma dans tous les traits d'Orugix, il s'élança brusquement de son siége. Puis son regard irrité rencontra le regard calme et bienveillant de l'aumônier, et il vint se rasseoir lentement, muet et confus.

Il se fit un moment de silence. Ordener, qui s'était levé de table, prêt à défendre le prêtre, le rompit le premier.

— Nychol Orugix, dit-il, voici treize écus pour vous dédommager de la grâce des condamnés.

— Hélas ! interrompit le ministre, qui sait si je l'obtiendrai ? Il faudrait que je pusse parler au fils du vice-roi, car cela dépend de son mariage avec la fille du chancelier.

— Seigneur aumônier, répondit le jeune homme d'une voix ferme, vous l'obtiendrez. Ordener Guldenlew ne recevra pas l'anneau nuptial, que les fers de vos protégés ne soient rompus.

— Jeune étranger, vous n'y pouvez rien ; mais Dieu vous entende et vous récompense !

Cependant les treize écus d'Ordener avaient achevé ce que le regard du prêtre avait commencé. Nychol, entièrement apaisé, reprit sa gaîté.

— Tenez, révérend aumônier, vous êtes un brave homme, digne de desservir la chapelle de Saint-Hilarion ; j'en disais de vous plus que je n'en pensais. Vous marchez droit dans votre sentier, ce n'est pas votre faute s'il croise le mien. Mais celui auquel j'en veux, c'est le gardien des morts de Drontheim, ce vieux magicien, concierge du Spladgest. Quel est son nom déjà? Spliugry?... Spadugry?... Dites-moi, mon vieux docteur, vous qui êtes une Babel de science, vous qui connaissez tout, vous ne pourriez pas m'aider à trouver le nom de ce sorcier, votre confrère? Vous avez dû le rencontrer quelquefois, les jours de sabbat, chevauchant en l'air sur un balai?

Certes, si le pauvre Benignus avait pu s'enfuir en ce moment sur quelque monture aérienne de ce genre, le narrateur de cette histoire ne doute pas qu'il ne lui eût confié avec bien de la joie sa frêle machine épouvantée. Jamais l'amour de la vie ne s'était développé avec autant de force chez lui, que depuis qu'il percevait de tous ses organes l'imminence du danger. Tout ce qu'il voyait l'effrayait; les souvenirs de la Tour Maudite, l'œil hagard de la femme rouge, la voix, les gants et la boisson du mystérieux ermite, l'aventurière intrépidité de son jeune compagnon, et, par-dessus tout, le bourreau; ce bourreau dans le repaire duquel il tombait en fuyant, chargé d'un crime. Il tremblait si fort que tout mouvement volontaire était chez lui paralysé, surtout lorsqu'il vit la conversation se tourner sur lui, et qu'il entendit l'apostrophe du formidable Orugix. Comme il ne se souciait guère d'imiter l'héroïsme du prêtre, sa langue embarrassée se refusa assez longtemps à répondre.

— Eh bien! reprit le bourreau, savez-vous le nom de ce concierge du Spladgest? Est ce que votre perruque vous rend sourd?

— Un peu, seigneur... — Mais, dit-il enfin, je ne sais pas ce nom, je vous jure.

— Il ne le sait pas? dit la voix redoutée de l'ermite. Il a tort d'en faire serment. Cet homme se nomme Benignus Spiagudry.

— Moi! moi! grand Dieu! s'écria le vieillard avec terreur.

Le bourreau éclata de rire.

— Et qui vous dit que c'est vous? c'est de ce païen de concierge que nous parlons. En vérité, ce pédagogue s'effraie de rien. Que serait ce donc si ses grimaces si drôles avaient une cause sérieuse? Ce vieux fou serait amusant à pendre. — Ainsi, vénérable docteur, poursuivit le bourreau que les terreurs de Spiagudry égayaient, vous ne connaissez pas ce Benignus Spiagudry?

— Non, maître, dit le concierge un peu rassuré par son *inco-*

gnito, je ne le connais pas, je vous assure. Et puisqu'il a le malheur de vous déplaire, je serais, maître, bien fâché, vraiment, de connaître cet homme.

— Et vous, seigneur ermite, reprit Orugix, vous paraissez le connaître?

— Oui, vraiment, répondit l'ermite. C'est un homme grand, vieux, sec, chauve...

Spiagudry, justement alarmé de cette prosopographie, raffermit en hâte sa perruque.

— Il a, continua l'ermite, les mains longues comme celles d'un voleur qui n'a pas rencontré de voyageur depuis huit jours, le dos courbé...

Spiagudry se redressa de son mieux.

— Du reste, on pourrait le prendre pour un des cadavres qu'il garde, s'il n'avait les yeux aussi perçants.

Spiagudry porta la main à son emplâtre protecteur.

— Merci, père, dit le bourreau à l'ermite; en quelque lieu que je le trouve, je reconnaîtrai maintenant le vieux juif.

Spiagudry, qui était très bon chrétien, révolté de cette intolérable injure, ne put réprimer une exclamation : — Juif, maître!

Puis il s'arrêta tout court, tremblant d'en avoir trop dit.

— Eh bien, juif ou païen, qu'importe, s'il a des relations avec le diable, comme on le dit!

— Je le croirais volontiers, reprit l'ermite avec un sourire sardonique que son capuchon ne cachait pas entièrement, s'il n'était pas si poltron. Mais comment pourrait-il pactiser avec Satan? il est aussi lâche que méchant. Quand la peur le prend, il ne se connaît plus.

L'ermite parlait lentement, comme s'il eût composé sa voix; et la lenteur même de ses paroles leur donnait une expression singulière.

— Il ne se connaît plus! répéta intérieurement Spiagudry.

— Je suis fâché qu'un méchant soit lâche, dit le bourreau; il ne vaut pas la peine d'être haï. Il faut combattre un serpent, on ne peut qu'écraser un lézard.

Spiagudry hasarda quelques paroles pour sa défense.

— Mais, seigneurs, êtes-vous sûrs que l'officier public dont vous parlez soit tel que vous le dites? A-t-il donc une réputation?...

— Une réputation! reprit l'ermite; la plus exécrable réputation de la province!

Benignus, désappointé, se tourna vers le bourreau.

— Seigneur maître, quels torts lui reprochez-vous? car je ne doute pas que votre haine ne soit légitime.

— Vous avez raison, vieillard, de n'en pas douter. Comme son commerce ressemble au mien, Spiagudry fait tout ce qu'il peut pour me nuire.

— Oh! maître, ne le croyez pas! Ou, s'il en est ainsi, c'est que cet homme ne vous a pas vu comme moi, entouré de votre gracieuse femme et de vos charmants enfants, admettant les étrangers au bonheur de votre foyer domestique. S'il eût joui, comme nous, de votre aimable hospitalité, maître, ce malheureux ne pourrait être votre ennemi.

Spiagudry achevait à peine cette adroite allocution, quand la grande femme, jusqu'alors muette, se leva, et dit d'une voix aigrement solennelle : — La langue de la vipère n'est jamais plus venimeuse que lorsqu'elle est enduite de miel. — Puis elle se rassit, et continua de fourbir ses pinces, travail dont le bruit rauque et criard, remplissant les intervalles de la conversation, faisait, aux dépens des oreilles des quatre voyageurs, l'office des chœurs dans une tragédie grecque.

— Cette femme est folle, vraiment! se dit tout bas le concierge, ne pouvant s'expliquer autrement le mauvais effet de sa flatterie.

— Bechlie a raison, docteur aux blonds cheveux! s'écria le bourreau. Je vous tiens pour langue de vipère, si vous continuez de justifier plus longtemps ce Spiagudry.

— A Dieu ne plaise, maître! s'écria celui-ci; je ne le justifie nullement.

— A la bonne heure. Vous ignorez d'ailleurs jusqu'où il pousse l'insolence. Croiriez-vous que l'impudent a la témérité de me disputer la propriété de Han d'Islande?

— De Han d'Islande! dit brusquement l'ermite.

— Eh, oui. Vous connaissez ce fameux brigand?

— Oui, dit l'ermite.

— Eh bien, tout brigand revient au bourreau, n'est-il pas vrai? Que fait cet infernal Spiagudry? il demande qu'on mette à prix la tête de Han.

— Il demande qu'on mette à prix la tête de Han? interrompit l'ermite.

— Il en a l'audace; et cela uniquement pour que le corps lui revienne, et que je sois frustré de ma propriété.

— Voilà qui est infâme, maître Orugix ; oser vous disputer un bien qui vous appartient si évidemment !

Ces mots étaient accompagnés du sourire malicieux qui effrayait Spiagudry.

— Le tour est d'autant plus noir, ermite, qu'il me faudrait une exécution comme celle de Han pour me tirer de mon obscurité, et me faire la fortune que ne m'a pas faite celle de Schumacker.

— En vérité, maître Nychol ?

— Oui, frère ermite, le jour de l'arrestation de Han, venez me voir, et nous immolerons un pourceau gras à mon élévation future.

— Volontiers ; mais savez-vous si je serai libre ce jour-là ? D'ailleurs vous aviez tout à l'heure envoyé au diable l'ambition.

— Eh sans doute, père, quand je vois que, pour détruire mes espérances les mieux fondées, il suffit d'un Spiagudry et d'une requête de mise à prix.

— Ah ! reprit l'ermite d'une voix étrange, Spiagudry a demandé la mise à prix !

Cette voix était pour le pauvre homme comme le regard du crapaud pour l'oiseau.

— Seigneurs, dit-il, pourquoi juger témérairement ? Cela n'est pas sûr, peut-être est-ce un faux bruit.

— Un faux bruit ! s'écria Orugix, la chose n'est que trop certaine. La demande des syndics est en ce moment à Drontheim, appuyée de la signature du concierge du Spladgest. On n'attend que la décision de son excellence le général gouverneur.

Le bourreau était si bien instruit, que Spiagudry n'osa poursuivre sa justification ; il se contenta de maudire intérieurement, pour la centième fois, son jeune compagnon. Mais que devint-il lorsqu'il entendit l'ermite, qui depuis quelques moments paraissait méditer, s'écrier soudain d'un ton railleur :

— Maître Nychol, quel est donc le supplice des sacrilèges !

Ces paroles firent sur Spiagudry le même effet que si on lui avait arraché son emplâtre et sa perruque. Il attendit avec anxiété la réponse d'Orugix, qui acheva d'abord de vider son verre.

— Cela dépend du genre de sacrilège, répondit le bourreau.

— Si le sacrilège est la profanation d'un mort ?

Pour le coup, le tremblant Benignus s'attendit à voir son nom sortir d'un moment à l'autre de la bouche de l'inexplicable ermite.

— Autrefois, dit froidement Orugix, on l'enterrait vivant avec le cadavre profané.

— Et maintenant?

— Maintenant on est plus doux.

— On est plus doux! dit Spiagudry, respirant à peine.

— Oui, reprit le bourreau de l'air satisfait et négligent d'un artiste qui parle de son art; on lui imprime d'abord, avec un fer chaud, une S sur le gras des jambes.

— Et ensuite? interrompit le vieux concierge, contre lequel il eût été difficile d'exécuter cette partie de la peine.

— Ensuite, dit le bourreau, on se contente de le pendre.

— Miséricorde! s'écria Spiagudry; de le pendre!

— Eh bien, qu'a-t-il? il me regarde de l'air dont le patient regarde le gibet.

— Je vois avec plaisir, disait l'ermite, que l'on est revenu à des principes d'humanité.

En ce moment, l'orage, qui avait cessé, permit d'entendre très distinctement au dehors le son clair et intermittent d'un cor.

— Nychol, dit la femme, on est à la poursuite de quelque malfaiteur, c'est le cor des archers.

— Le cor des archers! répéta chacun des interlocuteurs avec un accent différent, mais Spiagudry avec celui de la plus profonde terreur.

Ils achevaient à peine cette exclamation quand on frappa à la porte de la tour.

XIII

> Il ne faut qu'un homme, un signal; les éléments d'une révolution sont tout prêts. Qui commencera? Dès qu'il y aura un point d'appui, tout s'ébranlera.
>
> BONAPARTE.

Lœvig est un gros bourg situé sur la rive septentrionale du golfe de Drontheim, et adossé à une chaîne basse de collines nues et bizarrement bariolées par diverses sortes de cultures, pareilles à de grands pans de mosaïques appuyés à l'horizon. L'aspect du bourg est triste; la cabane de bois et de jonc du pêcheur, la hutte conique bâtie de terre et de cailloux où le mineur invalide passe le peu de vieux jours que ses épargnes lui permettent de donner au soleil et au repos, la frêle charpente abandonnée que le chasseur de chamois revêt à son tour d'un toit de paille et de murs de peaux de bêtes, bordent des rues plus longues que le bourg, parce qu'elles sont étroites et tortueuses.

Sur une place où l'on ne voit plus aujourd'hui que les vestiges d'une grosse tour, s'élevait alors l'ancienne forteresse bâtie par Horda le Fin Archer, seigneur de Lœvig et frère d'armes du roi païen Halfdan, et occupée en 1698 par le syndic du bourg, lequel en eût été l'habitant le mieux logé, sans la cigogne argentée qui venait tous les étés se percher à l'extrémité du clocher pointu de l'église, pareille à la perle blanche au sommet du bonnet aigu d'un mandarin.

Le matin même du jour où Ordener était arrivé à Drontheim, un personnage était débarqué, également incognito, à Lœvig. Sa litière dorée, quoique sans armoiries, ses quatre grands laquais, armés jusqu'aux dents, avaient soudain fait le sujet de toutes les conversations et de toutes les curiosités. L'hôte de la *Mouette d'or*, petite taverne où le grand personnage était descendu, avait pris lui-même un air mystérieux et répondait à toutes les questions : Je ne sais pas, d'un air qui voulait dire : Je sais tout, mais vous ne saurez rien. Les grands laquais étaient plus muets que des poissons, et plus sombres que les bouches d'une mine.

Le syndic s'était d'abord renfermé dans sa tour, attendant dans sa dignité la première visite de l'étranger ; mais bientôt les habitants l'avaient vu avec surprise se présenter deux fois inutilement à la *Mouette d'or*, et le soir épier un salut du voyageur appuyé sur sa fenêtre entr'ouverte. Les commères inféraient de là que le personnage avait fait connaître son haut rang au seigneur syndic. Elles se trompaient. Un messager expédié par l'étranger s'était présenté chez le syndic pour y faire viser son droit de passe, et le syndic avait remarqué sur le grand cachet de cire verte du paquet qu'il portait deux mains de justice croisées soutenant un manteau d'hermine surmonté d'une couronne de comte imposée à un écusson autour duquel pendaient les colliers de l'Éléphant et de Dannebrog. Cette observation avait suffi au syndic, qui désirait vivement obtenir de la grande chancellerie le haut syndicat du Drontheimhus. Mais il avait perdu ses avances, car le noble inconnu ne voulait voir personne.

Le second jour de l'arrivée de ce voyageur à Lœvig tirait à sa fin, lorsque l'hôte entra dans sa chambre en disant, après une inclination profonde, que le messager attendu de sa courtoisie venait d'arriver.

— Eh bien, dit sa courtoisie, qu'il monte.

Un instant après, le messager entra, ferma soigneusement la

porte, puis saluant jusqu'à terre l'étranger qui s'était à demi tourné vers lui, attendit dans un silence respectueux qu'il lui adressât la parole.

— Je vous espérais ce matin, dit celui-ci; qui donc vous a retenu?

— Les intérêts de votre grâce, seigneur comte; ai-je un autre souci?

— Que fait Elphège? que fait Frédéric?

— Ils sont bien portants.

— Bien! bien! interrompit le maître; n'avez-vous rien de plus intéressant à m'apprendre? Quoi de nouveau à Drontheim?

— Rien, sinon que le baron de Thorvick y est arrivé hier.

— Oui, je sais qu'il a voulu consulter ce vieux mecklembourgeois Levin sur le mariage projeté. Savez-vous quel a été le résultat de son entrevue avec le gouverneur?

— Aujourd'hui à midi, heure de mon départ, il n'avait point encore vu le général.

— Comment! arrivé de la veille! Vous m'étonnez, Musdœmon. Et avait-il vu la comtesse?

— Encore moins, seigneur.

— C'est donc vous qui l'avez vu?

— Non, mon noble maître; et d'ailleurs je ne le connais pas.

— Et comment, si personne ne l'a vu, savez-vous qu'il est à Drontheim?

— Par son domestique, qui est descendu hier au palais du gouverneur.

— Mais lui, est-il donc descendu ailleurs?

— Son domestique assure qu'en arrivant il s'est embarqué pour Munckholm, après être entré dans le Spladgest.

Le regard du comte s'enflamma.

— Pour Munckholm! pour la prison de Schumacker! en êtes-vous certain? J'ai toujours pensé que cet honnête Levin était un traître. Pour Munckholm! Qui peut l'attirer là? va-t-il demander aussi des conseils à Schumacker? va-t-il?...

— Noble seigneur, interrompit Musdœmon, il n'est pas sûr qu'il y soit allé.

— Quoi! et que me disiez-vous donc? vous jouez-vous de moi?

— Pardon, votre grâce, je répétais au seigneur comte ce que

disait le domestique du seigneur baron. Mais le seigneur Frédéric, qui était hier de garde au donjon, n'y a point vu le baron Ordener.

— Belle preuve! mon fils ne connaît pas le fils du vice-roi. Ordener a pu entrer au fort incognito.

— Oui, seigneur; mais le seigneur Frédéric affirme n'avoir vu personne.

Le comte parut se calmer.

— Cela est différent; mon fils l'affirme-t-il en effet?

— Il me l'a assuré à trois reprises; et l'intérêt du seigneur Frédéric est ici le même que celui de sa grâce.

Cette réflexion du messager rassura complétement le comte.

— Ah! dit-il, je comprends. Le baron, en arrivant, aura voulu se promener un peu sur le golfe, et le domestique se sera persuadé qu'il allait à Munckholm. En effet, qu'irait-il faire là? j'étais bien sot de m'alarmer. Cette nonchalance de mon gendre à voir le vieux Levin prouve au contraire que son affection pour lui n'est pas si vive que je le craignais. Vous ne croiriez pas, mon cher Musdœmon, poursuivit le comte avec un sourire, que je m'imaginais déjà Ordener amoureux d'Éthel Schumacker, et que je bâtissais un roman et une intrigue sur ce voyage à Munckholm. Mais, Dieu merci, Ordener est moins fou que moi. — A propos, mon cher, que devient cette jeune Danaé entre les mains de Frédéric?

Musdœmon avait conçu les mêmes alarmes que son maître touchant Éthel Schumacker, et les avait combattues sans pouvoir les vaincre aussi aisément. Cependant, charmé de voir son maître sourire, il se garda bien de troubler sa sécurité et chercha au contraire à l'accroître, afin d'accroître cette sérénité si précieuse dans les grands pour leurs favoris.

— Noble comte, votre fils a échoué près de la fille de Schumacker; mais il paraît qu'un autre a été plus heureux.

Le comte l'interrompit vivement.

— Un autre! quel autre?

— Eh! mais, je ne sais quel serf, paysan ou vassal...

— Dites-vous vrai? s'écria le comte, dont la figure dure et sombre était devenue radieuse.

— Le seigneur Frédéric me l'a affirmé, ainsi qu'à la noble comtesse.

Le comte se leva et se mit à parcourir la chambre en se frottant les mains.

— Musdœmon, mon cher Musdœmon, encore un effort et nous sommes au but. Le rejeton de l'arbre est flétri; il ne nous reste plus qu'à renverser le tronc. — Avez-vous encore quelque bonne nouvelle?

— Dispolsen a été assassiné.

Le visage du comte se dérida entièrement.

— Ah! vous verrez que nous marcherons de triomphe en triomphe. A-t-on ses papiers? a-t-on surtout ce coffre de fer?

— J'annonce avec peine à votre grâce que le meurtre n'a point été commis par les nôtres. Il a été tué et dépouillé sur les grèves d'Urchtal, et l'on attribue cet exploit à Han d'Islande.

— Han d'Islande! reprit le maître, dont le visage s'était rembruni; quoi! ce brigand célèbre que nous voulons mettre à la tête de nos révoltés!

— Lui-même, noble comte; et je crains, d'après ce que j'en ai entendu dire, que nous n'ayions de la peine à le trouver. En tout cas, je me suis assuré d'un chef qui prendra son nom et pourra le remplacer. C'est un farouche montagnard, haut et dur comme un chêne, féroce et hardi comme un loup dans un désert de neige; il est impossible que ce formidable géant ne ressemble pas à Han d'Islande.

— Ce Han d'Islande, demanda le comte, est donc de haute taille?

— C'est le bruit le plus populaire, votre grâce.

— J'admire toujours, mon cher Musdœmon, l'art avec lequel vous disposez vos plans. Quand éclate l'insurrection?

— Oh! très prochainement, votre grâce; en ce moment peut-être. La tutelle royale pèse depuis longtemps aux mineurs; tous saisissent avec joie l'idée d'un soulèvement. L'incendie commencera par Guldbranshal, s'étendra à Sund-Moër, gagnera Kongsberg. Deux mille mineurs peuvent être sur pied en trois jours. La révolte se fera au nom de Schumacker; c'est en ce nom que leur parlent nos émissaires. Les réserves du Midi et la garnison de Drontheim et de Skongen s'ébranleront; et vous serez ici justement pour étouffer la rébellion, nouveau et insigne service aux yeux du roi, et pour le délivrer de ce Schumacker si inquiétant pour son trône. Voilà sur quelles indestructibles bases s'élèvera l'édifice que couronnera le mariage de la noble dame Ulrique avec le baron de Thorvick.

L'entretien intime de deux scélérats n'est jamais long, parce que ce qu'il y a d'homme en eux s'effraie bien vite de ce qu'il y a d'infernal. Quand deux âmes perverses s'étalent réciproquement leur impudique nudité, leurs mutuelles laideurs les révoltent. Le crime fait horreur au crime même ; et deux méchants qui conversent, avec tout le cynisme du tête-à-tête, de leurs passions, de leurs plaisirs, de leurs intérêts, se sont l'un à l'autre comme un effroyable miroir. Leur propre bassesse les humilie dans autrui, leur propre orgueil les confond, leur propre néant les épouvante ; et ils ne peuvent se fuir, se désavouer eux-mêmes dans leur semblable ; car chaque rapport odieux, chaque affreuse coïncidence, chaque hideuse parité trouve en eux une voix toujours infatigable qui la dénonce à leur oreille sans cesse fatiguée. Quelque secret que soit leur entretien, il a toujours deux insupportables témoins ; — Dieu, qu'ils ne voient pas ; et la conscience, qu'ils sentent.

Les conversations confidentielles de Musdœmon étaient d'autant plus fatigantes pour le comte qu'il mettait toujours sans ménagements son maître de moitié dans les crimes entrepris ou à entreprendre. Bien des courtisans croient adroit de sauver aux grands l'apparence des mauvaises actions ; ils prennent sur eux la responsabilité du mal, et laissent même souvent à la pudeur du patron la consolation d'avoir semblé résister à un crime profitable. Musdœmon, par un raffinement d'adresse, suivait la marche contraire. Il voulait paraître conseiller rarement et toujours obéir. Il connaissait l'âme de son maître comme son maître connaissait la sienne ; aussi ne se compromettait-il qu'en compromettant le comte. La tête que le comte aurait le plus volontiers fait tomber, après celle de Schumacker, c'était celle de Musdœmon ; il le savait, comme si son maître le lui eût dit, et son maître savait qu'il le savait.

Le comte avait appris ce qu'il voulait apprendre. Il était satisfait. Il ne lui restait plus qu'à congédier Musdœmon.

— Musdœmon, dit-il avec un sourire gracieux, vous êtes le plus fidèle et le plus zélé de mes serviteurs. Tout va bien et je le dois à vos soins. Je vous fais secrétaire intime de la grande chancellerie.

Musdœmon s'inclina profondément.

— Ce n'est pas tout, poursuivit le comte, je vais demander pour vous une troisième fois l'ordre de Dannebrog ; mais je crains toujours que votre naissance, votre indigne parenté...

Musdœmon rougit, pâlit, et cacha les altérations de son visage en s'inclinant de nouveau.

— Allez, dit le comte lui présentant sa main à baiser, allez, seigneur secrétaire intime, rédiger votre *placeat*. Il trouvera peut-être le roi dans un moment de bonne humeur.

— Que sa majesté l'accorde ou non, je suis confus et fier des bontés de votre grâce.

— Dépêchez-vous, mon cher, car je suis pressé de partir. Il faut tâcher encore d'avoir des renseignements précis sur ce Han.

Musdœmon, après une troisième révérence, entr'ouvrit la porte.

— Ah! dit le comte, j'oubliais... En votre qualité nouvelle de secrétaire intime, vous écrirez à la chancellerie pour qu'on envoie sa destitution à ce syndic de Lœvig, qui compromet son rang dans le canton par une foule de bassesses envers les étrangers qu'il ne connaît pas.

XIV

Le religieux qui visite à minuit le reliquaire,
Le chevalier qui dompte un coursier belliqueux,
Celui qui meurt au son redouté de la trompette,
Celui qui meurt au bruit pacifique des oraisons,
Sont l'objet de tes soins, prodigués également
A l'homme pieux, sous le casque ou sous la tonsure.

Hymne à saint Anselme.

— Oui, maître, nous devons en vérité un pèlerinage à la grotte de Lynrass. Eût-on cru que cet ermite, que je maudissais comme un esprit infernal, serait notre ange sauveur, et que la lance qui semblait nous menacer à tout moment nous servirait de pont pour franchir le précipice?

C'est en ces termes assez burlesquement figurés que Benignus Spiagudry faisait éclater aux oreilles d'Ordener sa joie, son admiration et sa reconnaissance pour l'ermite mystérieux. On devine que nos deux voyageurs sont sortis de la Tour Maudite. Au point où nous les retrouvons, ils ont même déjà laissé assez loin derrière eux le hameau de Vygla et suivent péniblement une route montueuse, entrecoupée de mares ou embarrassée de grosses pierres que les torrents passagers de l'orage ont déposées sur la terre humide et visqueuse. Le jour ne paraît pas encore; seulement les buissons qui couronnent les rochers des deux côtés du chemin se détachent du ciel déjà blanchâtre comme des découpures noires, et l'œil voit les objets, encore sans couleurs, reprendre par degrés leurs formes à cette lumière terne, et en quelque sorte épaisse, que le crépuscule du nord verse à travers les froids brouillards du matin.

Ordener gardait le silence, car depuis quelques instants il s'était doucement livré à ce demi-sommeil que le mouvement machinal de la marche permet quelquefois. Il n'avait pas dormi depuis la veille où il avait donné au repos, dans une barque de pêcheur amarrée au port de Drontheim, le peu d'heures qui avaient séparé sa sortie du Spladgest de son retour à Munckholm. Aussi, tandis que son corps s'avançait vers Skongen, son esprit s'était envolé au golfe de Drontheim, dans cette sombre prison, sous ces lugubres tours qui renfermaient le seul être auquel il pût dans le monde attacher l'idée d'espérance et de bonheur.

Éveillé, le souvenir de son Éthel dominait toutes ses pensées; endormi, ce souvenir devenait comme une image fantastique qui illuminait tous ses rêves. Dans cette seconde vie du sommeil, où l'âme existe un moment seule, où l'être physique avec tous ses maux matériels semble s'être évanoui, il voyait cette vierge bien-aimée, non plus belle, non plus pure, mais plus libre, plus heureuse, plus à lui. Seulement, sur la route de Skongen, l'oubli de son corps, l'engourdissement de ses facultés ne pouvaient être complets; car de temps en temps une fondrière, une pierre, une branche d'arbre, heurtant ses pieds, le rappelaient brusquement de l'idéal au réel. Il relevait alors la tête, entr'ouvrait ses yeux fatigués, et regrettait d'être retombé de son beau voyage céleste dans son pénible voyage terrestre, où rien ne le dédommageait de ses illusions enfuies que l'idée de sentir contre son cœur cette boucle de cheveux qui lui appartenait en attendant qu'Éthel tout entière fût à lui. Puis ce souvenir ramenait la charmante image fantastique, et il remontait mollement, non dans son rêve, mais dans sa vague et opiniâtre rêverie.

— Maître, répéta Spiagudry d'une voix plus forte, qui, jointe au choc d'un tronc d'arbre, réveilla Ordener, ne craignez rien. Les archers ont pris sur la droite avec l'ermite en sortant de la tour, et

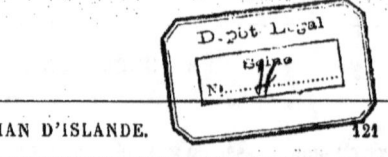

nous sommes assez loin d'eux pour pouvoir parler. Il est vrai que jusqu'ici le silence était prudent.

— Vraiment, dit Ordener en bâillant, vous poussez la prudence un peu loin. Il y a trois heures au moins que nous avons quitté la tour et les archers.

— Cela est vrai, seigneur; mais prudence ne nuit jamais. Voyez, si je m'étais nommé au moment où le chef de cette infernale escouade a demandé Benignus Spiagudry, d'une voix pareille à celle dont Saturne demandait son fils nouveau-né pour le dévorer; si, même, en ce moment terrible, je n'avais eu recours à une taciturnité prudente, où serais-je, mon noble maître?

— Ma foi, vieillard, je crois qu'en ce moment-là nul n'eût pu obtenir de vous votre nom, eût-on employé des tenailles pour vous l'arracher.

— Avais-je tort, maître? Si j'avais parlé, l'ermite, que saint Hospice et saint Usbald le solitaire bénissent! l'ermite n'aurait pas eu le temps de demander au chef des archers si son escouade n'était pas composée de soldats de la garnison de Munckholm, question insignifiante, faite uniquement pour gagner du temps. Avez-vous remarqué, jeune seigneur, après la réponse affirmative de ce stupide archer, avec quel sourire singulier l'ermite l'a invité à le suivre, en lui disant qu'il connaissait la retraite du fugitif Benignus Spiagudry?

Ici le concierge s'arrêta un moment comme pour prendre de l'élan, car il reprit soudain d'une voix larmoyante d'enthousiasme :

— Bon prêtre! digne et vertueux anachorète, pratiquant les principes de l'humanité chrétienne et de la charité évangélique! Et moi qui m'effrayais de ses dehors, assez sinistres à la vérité; mais ils cachent une si belle âme! Avez-vous encore remarqué, mon noble maître, qu'il y avait quelque chose de singulier dans l'accent dont il m'a dit : au revoir! en emmenant les archers? Dans un autre moment, cet accent m'eût alarmé; mais ce n'est pas la faute du pieux et excellent ermite. La solitude donne sans doute à la voix ce timbre étrange; car je connais, seigneur, — ici la voix de Benignus devint plus basse — je connais un autre solitaire, ce formidable vivant que... Mais non, par respect pour le vénérable ermite de Lynrass, je ne ferai pas cet odieux rapprochement. Les gants n'ont également rien d'extraordinaire, il fait assez froid pour qu'on en porte; et sa boisson salée ne m'étonne pas davantage. Les cénobites catholiques ont souvent des règles singulières ; celle-là même, maître, se trouve indiquée dans ce vers du célèbre Urensius, religieux du mont Caucase :

Rivos despiciens, maris undam potat amaram.

Comment ne me suis-je pas rappelé ce vers dans cette maudite ruine de Vygla ! un peu plus de mémoire m'aurait épargné de bien folles alarmes. Il est vrai qu'il est difficile, n'est-ce pas, seigneur, d'avoir ses idées nettes dans un pareil repaire, assis à la table d'un bourreau ! d'un bourreau ! d'un être voué au mépris et à l'exécration universelle, qui ne diffère de l'assassin que par la fréquence et l'impunité de ses meurtres, dont le cœur, à toute l'atrocité des plus affreux brigands, réunit la lâcheté que du moins leurs crimes aventureux ne leur permettent pas ! d'un être qui offre à manger et verse à boire de la même main qui fait jouer des instruments de torture et crier les os des misérables entre les ais rapprochés d'un chevalet ! Respirer le même air qu'un bourreau ! Et le plus vil mendiant, si ce contact impur l'a souillé, abandonne avec horreur les derniers haillons qui protégeaient contre l'hiver ses maladies et ses nudités ! Et le chancelier, après avoir scellé ses lettres d'office, les jette sous la table des sceaux, en signe de dégoût et de malédiction ! Et en France, quand le bourreau est mort à son tour, les sergents de la prévôté aiment mieux payer une amende de quarante livres que de lui succéder ! Et à Pesth, le condamné Chorchill, auquel on offrait sa grâce avec des lettres d'exécuteur, préféra le rôle de patient au métier de bourreau ! N'est-il pas encore notoire, noble jeune seigneur, que Turmeryn, évêque de Maëstricht, fit purifier une église où était entré le bourreau, et que la czarine Petrowna se lavait le visage chaque fois qu'elle revenait d'une exécution ? Vous savez également que les rois de France, pour honorer les gens de guerre, veulent qu'ils soient punis par leurs camarades, afin que ces nobles hommes, même lorsqu'ils sont criminels, ne deviennent pas infâmes par l'attouchement d'un bourreau. Et enfin, ce qui est décisif, dans la *Descente de saint Georges aux enfers*, par le savant Melasius Iturham, Caron ne donne-t-il pas au brigand Robin Hood le pas sur le bourreau Phlipcrass ? — Vraiment, maître, si jamais je deviens puissant — ce que Dieu seul peut savoir — je supprime les bourreaux et je rétablis l'ancienne coutume et les vieux tarifs. Pour le meurtre d'un prince, on paiera, comme en 1150,

quatorze cent quarante doubles écus royaux ; pour le meurtre d'un comte, quatorze cent quarante écus simples ; pour celui d'un baron, quatorze cent quarante bas écus ; le meurtre d'un simple noble sera taxé à quatorze cent quarante ascalins ; et celui d'un bourgeois...

— N'entends-je pas le pas d'un cheval qui vient à nous? interrompit Ordener.

Ils tournèrent la tête, et, comme le jour avait paru pendant le long soliloque scientifique de Spiagudry, ils purent distinguer en effet, à cent pas en arrière, un homme vêtu de noir, agitant un bras vers eux, et pressant de l'autre un de ces petits chevaux d'un blanc sale que l'on rencontre souvent, domptés ou sauvages, dans les montagnes basses de la Norvége.

— De grâce, maître, dit le peureux concierge, pressons le pas, cet homme noir m'a tout l'air d'un archer.

— Comment, vieillard, nous sommes deux, et nous fuirions devant un seul homme!

— Hélas! vingt éperviers fuient devant un hibou. Quelle gloire y a-t-il à attendre un officier de justice?

— Et qui vous dit que c'en est un? reprit Ordener, dont les yeux n'étaient pas troublés par la peur. Rassurez-vous, mon brave guide; je reconnais ce voyageur. — Arrêtons-nous.

Il fallut céder. Un moment après, le cavalier les aborda; et Spiagudry cessa de trembler en reconnaissant la figure grave et sereine de l'aumônier Athanase Munder.

Celui-ci les salua en souriant, et arrêta sa monture, en disant d'une voix que son essoufflement entrecoupait : — Mes chers enfants, c'est pour vous que je reviens sur mes pas; et le Seigneur ne permettra sans doute pas que mon absence, prolongée dans une intention de charité, soit préjudiciable à ceux auxquels ma présence est utile.

— Seigneur ministre, répondit Ordener, nous serions heureux de pouvoir vous servir en quelque chose.

— C'est moi, au contraire, noble jeune homme, qui veux vous servir. Daigneriez-vous me dire quel est le but de votre voyage?

— Révérend aumônier, je ne puis.

— Je désire qu'en effet, mon fils, il y ait de votre part impuissance et non défiance. Car alors malheur à moi! malheur à celui dont l'homme de bien se défie, même quand il ne l'a vu qu'une fois!

L'humilité et l'onction du prêtre touchèrent vivement Ordener.

— Tout ce que je puis vous dire, mon père, c'est que nous visitons les montagnes du nord.

— C'est ce que je pensais, mon fils, et voilà pourquoi je viens à vous. Il y a dans ces montagnes des bandes de mineurs et de chasseurs, souvent redoutables aux voyageurs.

— Eh bien?

— Eh bien, — je sais qu'il ne faut pas essayer de détourner de sa route un noble jeune homme qui va chercher un danger, — mais l'estime que j'ai conçue pour vous m'a inspiré un autre moyen de vous être utile. Le malheureux faux monnayeur auquel j'ai porté hier les dernières consolations de mon Dieu avait été mineur. Au moment de la mort, il m'a donné ce parchemin sur lequel son nom est écrit, disant que cette passe me préserverait de tout danger, si jamais je voyageais dans ces montagnes. Hélas! à quoi cela pourrait-il servir à un pauvre

prêtre qui vivra et mourra avec des prisonniers, et qui d'ailleurs, *inter castra latronum*, ne doit chercher de défense que dans la patience et la prière, seules armes de Dieu! Si je n'ai pas refusé cette passe, c'est qu'il ne faut point affliger par un refus le cœur de celui qui, dans peu d'instants, n'aura plus rien à recevoir et à donner sur la terre. Le bon Dieu daignait m'inspirer, car aujourd'hui je puis vous apporter ce parchemin, afin qu'il vous accompagne dans les hasards de votre route, et que le don du mourant soit un bienfait pour le voyageur.

Ordener reçut avec attendrissement le présent du vieux prêtre.

— Seigneur aumônier, dit-il, Dieu veuille que votre désir soit exaucé! Merci. Pourtant, ajouta-t-il, mettant la main sur son sabre, je portais déjà mon droit de passe à mon côté.

— Jeune homme, dit le prêtre, peut-être ce frêle parchemin vous protégera-t-il mieux que votre épée de fer. Le regard d'un pénitent est plus puissant que le glaive même de l'archange. Adieu. Mes prisonniers m'attendent. Veuillez prier quelquefois pour eux et pour moi.

— Saint prêtre, reprit Ordener en souriant, je vous ai dit que vos condamnés auraient leur grâce; ils l'auront.

— Oh! ne parlez pas avec cette assurance, mon fils. Ne tentez pas le Seigneur. Un homme ne sait pas ce qui se passe dans le cœur d'un autre homme, et vous ignorez encore ce que décidera le fils du vice-roi. Peut-être, hélas! ne daignera-t-il jamais admettre devant lui un humble aumônier. Adieu, mon fils; que votre voyage soit béni, et que parfois il sorte de votre belle âme un souvenir pour le pauvre prêtre et une prière pour les pauvres prisonniers.

XV

Sois le bienvenu, Hugo; dis-moi, toi... as-tu jamais vu un orage aussi terrible?

MATURIN, *Bertram.*

Dans une salle attenante aux appartements du gouverneur de Drontheim, trois des secrétaires de son excellence venaient de s'asseoir devant une table noire, chargée de parchemins, de papiers, de cachets et d'écritoires, et près de laquelle un quatrième tabouret resté vide annonçait qu'un des scribes était en retard. Ils étaient déjà depuis quelque temps méditant et écrivant chacun de leur côté, quand l'un d'eux s'écria :

— Savez-vous, Wapherney, que ce pauvre bibliothécaire Foxtipp va, dit-on, être renvoyé par l'évêque, grâce à la lettre de recommandation dont vous avez appuyé la requête du docteur Anglyvius?

— Que nous contez-vous là, Richard? dit vivement celui des deux autres secrétaires auquel ne s'adressait point Richard, Wapherney n'a pu écrire en faveur d'Anglyvius, car la pétition de cet homme a révolté le général quand je la lui ai lue.

— Vous me l'aviez dit, en effet, reprit Wapherney; mais j'ai trouvé sur la pétition le mot *tribuatur*, de la main de son excellence.

— En vérité ! s'écria l'autre.

— Oui, mon cher ; et plusieurs autres décisions de son excellence, dont vous m'aviez parlé, sont également changées dans les apostilles. Ainsi, sur la requête des mineurs, le général a écrit : *negetur*.

— Comment ! mais je n'y comprends rien ; le général craignait l'esprit turbulent de ces mineurs.

— Il a peut-être voulu les effrayer par la sévérité. Ce qui me le ferait croire, c'est que le placet de l'aumônier Munder pour les douze condamnés est également mis à néant.

Le secrétaire auquel Wapherney parlait se leva ici brusquement.

— Oh ! pour le coup, je ne peux vous croire. Le gouverneur est trop bon et m'a montré trop de pitié envers ces condamnés pour...

— Eh bien, Arthur, reprit Wapherney, lisez vous-même.

Arthur prit le placet et vit le fatal signe de réprobation.

— Vraiment, dit-il, j'en crois à peine mes yeux. Je veux représenter le placet au général. Quel jour son excellence a-t-elle donc apostillé ces pièces ?

— Mais, répondit Wapherney, je crois qu'il y a trois jours.

— Ç'a été, reprit Richard à voix basse, dans la matinée qui a précédé l'apparition si courte et la disparition si mystérieusement subite du baron Ordener.

— Tenez, s'écria vivement Wapherney avant qu'Arthur eût eu le temps de répondre, ne voilà-t-il pas encore un *tribuatur* sur la burlesque requête de ce Benignus Spiagudry !

Richard éclata de rire.

— N'est-ce pas ce vieux gardien de cadavres qui a également disparu d'une manière si singulière?

— Oui, reprit Arthur ; on a trouvé dans son charnier un cadavre mutilé, en sorte que la justice le fait poursuivre comme sacrilège. Mais un petit lapon, qui le servait et qui est resté seul au Spladgest, pense, avec tout le peuple, que le diable l'a emporté comme sorcier.

— Voilà, dit Wapherney en riant, un personnage qui laisse une bonne réputation !

Il achevait à peine son éclat de rire quand le quatrième secrétaire entra.

— En honneur, Gustave, vous arrivez bien tard ce matin. Vous seriez-vous marié par hasard hier?

— Eh non ! reprit Wapherney, c'est qu'il aura pris le chemin le plus long pour passer, avec son manteau neuf, sous les fenêtres de l'aimable Rosily.

— Wapherney, dit le nouveau venu, je voudrais que vous eussiez deviné. Mais la cause de mon retard est certes moins agréable ; et je doute que mon manteau neuf ait produit quelque effet sur les personnages que je viens de visiter.

— D'où venez-vous donc? demanda Arthur.

— Du Spladgest.

— Dieu m'est témoin, s'écria Wapherney laissant tomber sa plume, que nous en parlions tout à l'heure ! Mais si l'on peut en parler par passe-temps, je ne conçois pas comment on y entre.

— Et bien moins encore, dit Richard, comment on s'y arrête. Mais, mon cher Gustave, qu'y avez-vous donc vu?

— Oui, dit Gustave, vous êtes curieux, sinon de voir, du moins d'entendre ; et vous seriez bien punis si je refusais de vous décrire ces horreurs, auxquelles vous frémiriez d'assister.

Les trois secrétaires pressèrent vivement Gustave, qui se fit un peu prier, quoique son désir de leur raconter ce qu'il avait vu ne fût pas intérieurement moins vif que leur envie de le savoir.

— Allons, Wapherney, vous pourrez transmettre mon récit à votre jeune sœur, qui aime tant les choses effrayantes. J'ai été entraîné dans le Spladgest par la foule qui s'y pressait. On vient d'y apporter les cadavres de trois soldats du régiment de Munckholm et de deux archers, trouvés hier à quatre lieues dans les gorges, au fond du précipice de Cascadthymore. Quelques spectateurs assurent que ces malheureux composaient l'escouade envoyée, il y a trois jours, dans la direction de Skongen, à la recherche du concierge fugitif du Spladgest. Si cela est vrai, on ne peut concevoir comment tant d'hommes armés ont pu être assassinés. La mutilation des corps paraît prouver qu'ils ont été précipités du haut des rochers. Cela fait dresser les cheveux.

— Quoi ! Gustave, vous les avez vus? demanda vivement Wapherney.

— Je les ai encore devant les yeux.

— Et présume-t-on quels sont les auteurs de cet attentat?
— Quelques personnes pensaient que ce pouvait être une bande de mineurs, et assuraient qu'on avait entendu hier, dans les montagnes, les sons de la corne avec laquelle ils s'appellent.
— En vérité! dit Arthur.
— Oui; mais un vieux paysan a détruit cette conjecture en faisant observer qu'il n'y avait ni mines ni mineurs du côté de Cascadthymore.
— Et qui serait-ce donc?
— On ne sait; si les corps n'étaient entiers, on pourrait croire que ce sont quelques bêtes féroces, car ils portent sur leurs membres de longues et profondes égratignures. Il en est de même du cadavre d'un vieillard à barbe blanche qu'on a apporté au Spladgest avant-hier matin, à la suite de cet affreux orage qui vous a empêché, mon cher Léandre Wapherney, d'aller visiter, sur l'autre rive du golfe, votre Héro du coteau de Larsynn.
— Bien! bien! Gustave, dit Wapherney en riant; mais quel est ce vieillard?
— A sa haute taille, à sa longue barbe blanche, à un chapelet qu'il tient encore fortement serré entre ses mains, quoiqu'il ait été trouvé du reste absolument dépouillé, on a reconnu, dit-on, un certain ermite des environs; je crois qu'on l'appelle l'ermite de Lynrass. Il est évident que le pauvre homme a été également assassiné; mais

dans quel but? On n'égorge plus maintenant pour opinion religieuse, et le vieil ermite ne possédait au monde que sa robe de bure et la bienveillance publique.

— Et vous dites, reprit Richard, que ce corps est déchiré, ainsi que ceux des soldats, comme par les ongles d'une bête féroce?

— Oui, mon cher; et un pêcheur affirmait avoir remarqué des traces pareilles sur le corps d'un officier trouvé, il y a plusieurs jours, assassiné, vers les grèves d'Urchtal.

— Cela est singulier, dit Arthur.
— Cela est effroyable, dit Richard.
— Allons, reprit Wapherney, silence et travail, car je crois que le général va bientôt venir. — Mon cher Gustave, je suis bien curieux de voir ces corps; si vous voulez, ce soir, en sortant, nous entrerons un moment au Spladgest.

XVI

Elle eût été si facilement heureuse! une simple cabane dans une vallée des Alpes, quelques occupations domestiques auraient suffi pour satisfaire ses modestes désirs et remplir sa douce vie; mais moi, l'ennemi de Dieu, je n'ai pas eu de repos que je n'aie brisé son cœur, que je n'aie fait tomber en ruine sa destinée. Il faut qu'elle soit la victime de l'enfer.

GŒTHE, *Faust.*

En 1675, c'est-à-dire vingt-quatre années avant l'époque où se passe cette histoire, hélas! ç'avait été une fête charmante pour tout le hameau de Thoctree, que le mariage de la douce Lucy Pelnyrh, et du beau, du grand, de l'excellent jeune homme Caroll Stadt. Il est vrai de dire qu'ils s'aimaient depuis longtemps; et comment tous les cœurs ne se seraient-ils pas intéressés aux deux jeunes amants le jour où tant d'ardents désirs, tant d'inquiètes espérances allaient enfin se changer en bonheur! Nés dans le même village, élevés dans les mêmes champs, bien souvent, dans leur enfance, Caroll s'était endormi après leurs jeux sur le sein de Lucy; bien souvent, dans leur adolescence, Lucy s'était, après leurs travaux, appuyée sur le bras de Caroll. Lucy était la plus timide et la plus jolie des filles du pays, Caroll le plus brave et le plus noble des garçons du canton; ils s'aimaient, et ils n'auraient pas mieux pu se rappeler le jour où ils avaient commencé d'aimer, que le jour où ils avaient commencé de vivre.

Mais leur mariage n'était pas venu comme leur amour, doucement et de lui-même. Il y avait eu des intérêts domestiques, des haines de famille, des parents, des obstacles; une année entière ils avaient été séparés, et Caroll avait bien souffert loin de sa Lucy, et Lucy avait bien pleuré loin de son Caroll, avant le jour bienheureux qui les réunissait, pour désormais ne plus souffrir et pleurer qu'ensemble.

C'était en la sauvant d'un grand péril que Caroll avait enfin obtenu sa Lucy. Un jour il avait entendu des cris dans un bois; c'était sa Lucy qu'un brigand, redouté de tous les montagnards, avait surprise et paraissait vouloir enlever. Caroll attaqua hardiment ce monstre à face humaine, auquel le singulier rugissement qu'il poussait comme une bête féroce avait fait donner le nom de *Han*. Oui, il attaqua celui que personne n'osait attaquer; mais l'amour lui donnait des forces de lion. Il délivra sa bien-aimée Lucy, la rendit à son père, et le père la lui donna.

Or tout le village fut joyeux le jour où l'on unit ces deux fiancés. Lucy, seule, paraissait sombre. Jamais pourtant elle n'avait attaché un regard plus tendre sur son cher Caroll; mais ce regard était aussi triste que tendre, et, dans la joie universelle, c'était un sujet d'étonnement. De moment en moment, plus le bonheur de son ami semblait croître, plus ses yeux exprimaient de douleur et d'amour.

— O ma Lucy, lui dit Caroll après la sainte cérémonie, la présence de ce brigand, qui est un malheur pour toute la contrée, aura donc été un bonheur pour moi!

On remarqua qu'elle secoua la tête et ne répondit rien.

Le soir vint; on les laissa seuls dans leur chaumière neuve, et les danses et les jeux redoublèrent sur la place du village, pour célébrer la félicité des deux époux.

Le lendemain matin, Caroll Stadt avait disparu; quelques mots de sa main furent remis au père de Lucy Pelnyrh par un chasseur des monts de Kole, qui l'avait rencontré avant l'aube, errant sur les grèves du golfe.

Le vieux Will Pelnyrh montra ce papier au pasteur et au syndic, et il ne resta de la fête de la veille que l'abattement et le morne désespoir de Lucy.

Cette catastrophe mystérieuse consterna tout le village, et l'on s'efforça vainement de l'expliquer. Des prières pour l'âme de Caroll furent dites dans la même église où, quelques jours auparavant, lui-même avait chanté des cantiques d'actions de grâces sur son bonheur.

On ne sait ce qui retint à la vie la veuve Stadt. Au bout de neuf mois de solitude et de deuil, elle mit au monde un fils, et, le jour même, le village de Golyn fut écrasé par la chute du rocher pendant qui le dominait.

La naissance de ce fils ne dissipa point la douleur sombre de sa mère. Gill Stadt n'annonçait en rien qu'il dût ressembler à Caroll. Son enfance farouche semblait promettre une vie plus farouche encore. Quelquefois un petit homme sauvage — dans lequel des montagnards qui l'avaient vu de loin affirmaient reconnaître le fameux Han d'Islande — venait dans la cabane déserte de la veuve de Caroll, et ceux qui passaient alors près de là en entendaient sortir des plaintes de femme et des rugissements de tigre. L'homme emmenait le jeune Gill, et des mois s'écoulaient ; puis il le rendait à sa mère, plus sombre et plus effrayant encore.

La veuve Stadt avait pour cet enfant un mélange d'horreur et de tendresse. Quelquefois elle le serrait dans ses bras de mère, comme le seul lien qui l'attachât encore à la vie ; d'autres fois elle le repoussait avec épouvante en appelant Caroll, son cher Caroll. Nul être au monde ne savait ce qui bouleversait son cœur.

Gill avait passé sa vingt-troisième année ; il vit Guth Stersen, et l'aima avec fureur.

Guth Stersen était riche, et il était pauvre. Alors, il partit pour Rœraas afin de se faire mineur et de gagner de l'or. Depuis lors sa mère n'en avait plus entendu parler.

Une nuit, assise devant le rouet qui la nourrissait, elle veillait, avec sa lampe à demi éteinte, dans sa cabane, sous ces murs vieillis comme elle dans la solitude et le deuil, muets témoins de la mystérieuse nuit de ses noces. Inquiète, elle pensait à son fils, dont la présence, si vivement désirée, allait lui rappeler, et peut-être lui apporter bien des douleurs. Cette pauvre mère aimait son fils, tout ingrat qu'il était. Et comment ne l'aurait-elle pas aimé ? elle avait tant souffert pour lui !

Elle se leva, alla prendre au fond d'une vieille armoire un crucifix rouillé dans la poussière. Un moment elle le considéra d'un œil

suppliant; puis tout à coup, le repoussant avec effroi : — Prier! cria-t-elle; est-ce que je puis prier? — Tu n'as plus à prier que l'enfer, malheureuse! c'est à l'enfer que tu appartiens.

Elle retombait dans sa sombre rêverie, lorsqu'on frappa à la porte.

C'était un événement rare chez la veuve Stadt; car, depuis longues années, grâce à ce que sa vie offrait d'extraordinaire, tout le village de Thoctree la croyait en commerce avec les esprits infernaux. Aussi nul n'approchait de sa cabane. Étranges superstitions de ce siècle et de ce pays d'ignorance! elle devait au malheur la même réputation de sorcellerie que le concierge du Spladgest devait à la science!

— Si c'était mon fils, si c'était Gill! s'écria-t-elle; et elle s'élança vers la porte.

Hélas! ce n'était pas son fils. C'était un petit ermite vêtu de bure, dont le capuchon rabattu ne laissait voir que la barbe noire.

— Saint homme, dit la veuve, que demandez-vous? Vous ne savez pas à quelle maison vous vous adressez.

— Si vraiment! répliqua l'ermite, d'une voix rauque et trop connue.

Et, arrachant ses gants, sa barbe noire et son capuchon, il découvrit un atroce visage, une barbe rousse et des mains armées d'ongles hideux.

— Oh! cria la veuve, et elle cacha sa tête dans ses mains.

— Eh bien! dit le petit homme, est-ce que, depuis vingt-quatre ans, tu ne t'es pas encore habituée à voir l'époux que tu dois contempler durant toute l'éternité?

Elle murmura avec épouvante : — L'éternité!

— Écoute, Lucy Pelnyrh, je t'apporte des nouvelles de ton fils.

— De mon fils! où est-il? pourquoi ne vient-il pas?

— Il ne peut.

— Mais vous avez de ses nouvelles. Je vous rends grâces. Hélas! vous pouvez donc m'apporter du bonheur!

— C'est le bonheur en effet que je t'apporte, dit l'homme d'une voix sourde; car tu es une faible femme, et je m'étonne que ton ventre ait pu porter un pareil fils. Réjouis-toi donc. Tu craignais que ton fils ne marchât sur ma trace; ne crains plus rien.

— Quoi! s'écria la mère avec ravissement, mon fils, mon bien-aimé Gill est donc changé?

L'ermite regardait sa joie avec un rire funeste.

— Oh! bien changé! dit-il.

— Et pourquoi n'est-il pas accouru dans mes bras? Où l'avez-vous vu? que faisait-il?

— Il dormait.

La veuve, dans l'excès de sa joie, ne remarquait ni le regard sinistre, ni l'air horriblement railleur du petit homme.

— Pourquoi ne l'avoir pas réveillé, ne lui avoir pas dit : Gill, viens voir ta mère?

— Son sommeil était profond.

— Oh! quand viendra-t-il? Apprenez-moi, je vous en supplie, si je le reverrai bientôt.

Le faux ermite tira de dessous sa robe une espèce de coupe d'une forme singulière.

— Eh bien! veuve, dit-il, bois au prochain retour de ton fils!

La veuve poussa un cri d'horreur. C'était un crâne humain. Elle fit un geste d'épouvante et ne put proférer une parole.

— Non, non! cria tout à coup l'homme avec une voix terrible, ne détourne pas les yeux, femme; regarde. Tu demandes à revoir ton fils? Regarde, te dis-je! car voilà tout ce qui en reste.

Et, aux lueurs de la lampe rougeâtre, il présentait aux lèvres pâles de la mère le crâne nu et desséché de son fils.

Trop de malheurs avaient passé sur cette âme pour qu'un malheur de plus la brisât. Elle éleva sur le farouche ermite un regard fixe et stupide.

— Oh! la mort! dit-elle faiblement; la mort! laissez-moi mourir.

— Meurs si tu veux! — Mais souviens-toi, Lucy Pelnyrh, du bois de Thoctree; souviens-toi du jour où le démon, en s'emparant de ton corps, a donné ton âme à l'enfer! Je suis le démon, Lucy, et tu es mon épouse éternelle! Maintenant, meurs, si tu veux.

C'était une croyance, dans ces contrées superstitieuses, que des esprits infernaux apparaissaient parfois parmi les hommes pour y vivre des vies de crime et de calamité. Entre autres fameux scélérats, Han d'Islande avait cette effrayante renommée. On croyait encore que la femme qui, par séduction ou par violence, était la proie d'un de ces démons à forme humaine, devenait irrévocablement par ce malheur sa compagne de damnation.

Les événements que l'ermite rappelait à la veuve parurent réveiller en elle ces idées.

— Hélas! dit-elle douloureusement, je ne puis donc échapper à l'existence! — Et qu'ai-je fait? car tu le sais, mon bien-aimé Caroll, je suis innocente. Le bras d'une jeune fille n'a point la force du bras d'un démon.

Elle poursuivit; ses regards étaient pleins de délire, et ses paroles incohérentes semblaient nées du tremblement convulsif de ses lèvres.

— Oui, Caroll, depuis ce jour je suis impure et innocente; et le démon me demande si je me le rappelle, cet horrible jour! — Mon Caroll, je ne t'ai point trompé; tu es venu trop tard; j'étais à lui avant d'être à toi, hélas! — Hélas! et je serai punie éternellement. Non, je ne vous rejoindrai pas, vous que je pleure. A quoi bon mourir? J'irai avec ce monstre, dans un monde qui lui ressemble, dans le monde des réprouvés! et qu'ai-je donc fait? Mes malheurs dans la vie seront mes crimes dans l'éternité.

Le petit ermite appuyait sur elle un regard de triomphe et d'autorité.

— Ah! s'écria-t-elle tout à coup en se tournant vers lui, ah! dites-moi, ceci n'est-il pas quelque rêve affreux que votre présence m'apporte? car, vous le savez, hélas! depuis le jour de ma perte, toutes les fatales nuits où votre esprit m'a visitée ont été marquées pour moi par d'impures apparitions, d'effrayants songes et des visions épouvantables.

— Femme, femme, reviens à la raison. Il est aussi vrai que tu es éveillée, qu'il est vrai que Gill est mort.

Le souvenir de ses anciennes infortunes avait comme effacé en cette mère celui de son nouveau malheur; ces paroles le lui rendirent.

— O mon fils! mon fils! dit-elle; et le son de sa voix aurait ému tout autre que l'être méchant qui l'écoutait. Non, il reviendra; il n'est pas mort; je ne puis croire qu'il est mort.

— Eh bien! va le demander aux rochers de Rœraas, qui l'ont écrasé, au golfe de Drontheim, qui l'a enseveli.

La veuve tomba à genoux et cria avec effort :

— Dieu, grand Dieu!

— Tais-toi, servante de l'enfer!

La malheureuse se tut. Il poursuivit :

— Ne doute pas de la mort de ton fils. Il a été puni par où son père a failli. Il a laissé amollir son cœur de granit par un regard de femme. Moi, je t'ai possédée, mais je ne t'ai jamais aimée. Le malheur de ton Caroll est retombé sur lui. — Mon fils et le tien a été trompé par sa fiancée, par celle pour qui il est mort.

— Mort! reprit-elle, mort! Cela est donc vrai? — O Gill, tu étais né de mon malheur; tu avais été conçu dans l'épouvante et enfanté dans le deuil; ta bouche avait déchiré mon sein; enfant, jamais tes caresses n'avaient répondu à mes caresses, tes embrassements à mes embrassements; tu as toujours fui et repoussé ta mère, ta mère si seule et si abandonnée dans la vie! Tu ne cherchais à me faire oublier mes maux passés qu'en me créant de nouvelles douleurs; tu me délaissais pour le démon auteur de ton existence et de mon veuvage; jamais, durant de longues années, Gill, jamais une joie ne m'est venue de toi; et cependant aujourd'hui ta mort, mon fils, me semble la plus insupportable de mes afflictions, aujourd'hui ton souvenir me semble un souvenir d'enchantement et de consolation. Hélas!

Elle ne put continuer; elle cacha sa tête dans son voile de bure noire, et on l'entendait sangloter douloureusement.

— Faible femme! murmura l'ermite; puis il reprit d'une voix forte : — Dompte ta douleur, je me suis joué de la mienne. Écoute, Lucy Pelnyrh, pendant que tu pleures encore ton fils, j'ai déjà commencé à le venger. C'est pour un soldat de la garnison de Munckholm

que sa fiancée l'a trompé. Tout le régiment périra par mes mains.
— Vois, Lucy Pelnyrh.

Il avait relevé les manches de sa robe, et montrait à la veuve ses bras difformes teints de sang.

— Oui, dit-il en poussant une sorte de rugissement, c'est aux grèves d'Urchtal, c'est aux gorges de Cascadthymore, que l'esprit de Gill doit se promener avec joie. — Allons, femme, ne vois-tu pas ce sang? Console-toi donc!

Puis tout à coup, comme frappé d'un souvenir, il s'interrompit :

— Veuve, ne t'a-t-on pas remis de ma part un coffre de fer?
— Quoi! je t'ai envoyé de l'or et je t'apporte du sang, et tu pleures encore! Tu n'es donc pas de la race des hommes?

La veuve, absorbée dans son désespoir, gardait le silence.

— Allons! dit-il avec un rire farouche, muette et immobile! tu n'es donc pas non plus de la race des femmes, Lucy Pelnyrh! — Et il secouait son bras pour qu'elle l'écoutât. — Est-ce qu'un messager ne t'a pas apporté un coffre de fer scellé?

La veuve, lui accordant une attention passagère, fit un signe de tête négatif, et retomba dans sa morne rêverie.

— Ah! le misérable! cria le petit homme, le misérable infidèle! Spiagudry, cet or te coûtera cher!

Et, dépouillant sa robe d'ermite, il s'élança hors de la cabane avec le grondement d'une hyène qui cherche un cadavre.

XVII

> Seigneur, je peigne mes cheveux, je les peigne en pleurant, parce que vous me laissez seule, et que vous vous en allez dans les montagnes.
>
> *La Dame au Comte*, romance.

Éthel, cependant, avait déjà compté quatre jours longs et monotones depuis qu'elle errait seule dans le sombre jardin du donjon de Slesvig; seule dans l'oratoire, témoin de tant de pleurs et confident de tant de vœux; seule dans la longue galerie où, une fois, elle n'avait pas entendu sonner minuit. Son vieux père l'accompagnait quelquefois, mais elle n'en était pas moins seule, car le véritable compagnon de sa vie était absent.

Malheureuse jeune fille! Qu'avait fait cette âme jeune et pure pour être déjà livrée à tant d'infortune? Enlevée au monde, aux honneurs, aux richesses, aux joies de la jeunesse, aux triomphes de la beauté, elle était encore au berceau qu'elle était déjà dans un cachot; captive près d'un père captif, elle avait grandi en le voyant dépérir; et pour comble de douleurs, pour qu'elle n'ignorât aucun esclavage, l'amour était venu la trouver dans sa prison.

Encore si elle eût pu avoir son Ordener auprès d'elle, que lui eût fait la liberté? Eût-elle su seulement s'il existait un monde dont on la séparait? Et d'ailleurs, son monde, son ciel, n'eussent-ils pas été avec elle dans cet étroit donjon, sous ces noires tours hérissées de soldats, et vers lesquelles le passant n'en aurait pas moins jeté un regard de pitié?

Mais, hélas! pour la seconde fois, son Ordener était absent; et, au lieu de couler près de lui des heures bien courtes, mais toujours renaissantes, dans de saintes caresses et de chastes embrassements, elle passait les nuits et les jours à pleurer son absence et à prier pour ses dangers. Car une vierge n'a que sa prière et ses larmes.

Quelquefois elle enviait ses ailes à l'hirondelle libre qui venait lui demander quelque nourriture à travers les barreaux de sa prison. Quelquefois elle laissait fuir sa pensée sur le nuage qu'un vent rapide enfonçait dans le nord du ciel; puis tout à coup elle détournait sa tête et voilait ses yeux, comme si elle eût craint de voir apparaître le gigantesque brigand et commencer le combat inégal sur l'une des montagnes lointaines dont le sommet bleuâtre rampait à l'horizon ainsi qu'une nuée immobile.

Oh! qu'il est cruel d'aimer alors qu'on est séparé de l'être qu'on aime! Bien peu de cœurs ont connu cette douleur dans toute son étendue, parce que bien peu de cœurs ont connu l'amour dans toute sa profondeur. Alors, étranger en quelque sorte à sa propre existence, on se crée pour soi-même une solitude morne, un vide immense, et, pour l'être absent, je ne sais quel monde effrayant de périls, de monstres et de déceptions; les diverses facultés qui composaient notre nature se changent et se perdent en un désir infini de l'être qui nous manque; tout ce qui nous environne est hors de notre vie. Cependant on respire, on marche, on agit, mais sans la pensée. Comme une planète égarée qui aurait perdu son soleil, le corps se meut au hasard; l'âme est ailleurs.

XVIII

Sur un grand bouclier ces chefs impitoyables
Épouvantent l'enfer de serments effroyables ;
Et près d'un taureau noir qu'ils viennent d'égorger,
Tous, la main dans le sang, jurent de se venger.

Les Sept Chefs devant Thèbes.

Les rivages de Norvége abondent en baies étroites, en criques, en récifs, en lagunes, en petits caps tellement multipliés qu'ils fatiguent la mémoire du voyageur et la patience du topographe. Autrefois, à en croire les discours populaires, chaque isthme avait son démon qui le hantait, chaque anse sa fée qui l'habitait, chaque promontoire son saint qui le protégeait ; car la superstition mêle toutes les croyances pour se faire des terreurs. Sur la grève de Kelvel, à quelques milles au nord de la grotte de Walderhog, un seul endroit, disait-on, était libre de toute juridiction des esprits infernaux, intermédiaires ou célestes. C'était la clairière riveraine dominée par le rocher sur le sommet duquel on apercevait encore quelques vieilles ruines du manoir de Ralph ou Radulphe le Géant. Cette petite prairie sauvage, bordée au couchant par la mer, et étroitement encaissée dans des roches couvertes de bruyères, devait ce privilége au nom seul de cet ancien sire norvégien, son premier possesseur. Car quelle fée, quel diable, ou quel ange eût osé se faire l'hôte ou le patron du domaine autrefois occupé et protégé par Ralph le Géant ?

Il est vrai que le nom seul du formidable Ralph suffisait pour imprimer un caractère effrayant à ces lieux déjà si sauvages. Mais, à tout prendre, un souvenir n'est pas si redoutable qu'un esprit ; et jamais un pêcheur, attardé par le gros temps, en amarrant sa barque dans la crique de Ralph, n'avait vu le follet rire et danser, parmi des âmes, sur le haut d'un rocher, ni la fée parcourir les bruyères dans son char de phosphore traîné par des vers luisants, ni le saint remonter vers la lune après sa prière.

...... Si pourtant, la nuit qui suivit le grand orage, les houles de la mer et la violence du vent eussent permis à quelque marinier égaré d'aborder dans cette baie hospitalière, peut-être eût-il été frappé d'une superstitieuse épouvante en contemplant les trois hommes qui, cette nuit-là, s'étaient assis autour d'un grand feu, allumé au milieu de la clairière. Deux d'entre eux étaient couverts de grands chapeaux de feutre et des larges pantalons des mineurs royaux. Leurs bras étaient nus jusqu'à l'épaule, leurs pieds cachés dans des bottines fauves; une ceinture d'étoffe rouge soutenait leurs sabres recourbés et leurs longs pistolets. Tous deux portaient une trompe de corne suspendue à leur cou. L'un était vieux, l'autre était jeune; et l'épaisseur de la barbe du vieillard, la longueur des cheveux du jeune homme, ajoutaient quelque chose de sauvage à leurs physionomies, naturellement dures et sévères.

A son bonnet de peau d'ours, à sa casaque de cuir huilé, au mousquet fixé en bandoulière à son dos, à sa culotte courte et étroite, à ses genoux nus, à ses sandales d'écorce, à la hache étincelante qu'il portait à la main, il était facile de reconnaître, dans le compagnon des deux mineurs, un montagnard du nord de la Norvége.

Certes, celui qui eût aperçu de loin ces trois figures singulières sur lesquelles le foyer, agité par les brises de mer, jetait des lueurs rouges et changeantes, eût pu être à bon droit effrayé, sans même croire aux spectres et aux démons; il lui eût suffi pour cela de croire aux voleurs et d'être un peu plus riche qu'un poëte.

Ces trois hommes tournaient souvent la tête vers le sentier perdu du bois qui aboutit à la clairière de Ralph, et, d'après celles de leurs paroles que le vent n'emportait pas, ils semblaient attendre un quatrième personnage.

— Dites donc, Kennybol, savez-vous qu'à cette heure-ci nous n'attendrions pas aussi paisiblement cet envoyé du comte Griffenfeld dans la prairie voisine, la prairie du lutin Tulby ilbet, ou là-bas, dans la baie de Saint-Cuthbert?

— Ne parlez pas si haut, Jonas, répondit le montagnard au vieux mineur; béni soit Ralph le Géant qui nous protège! Me préserve le ciel de remettre le pied dans la clairière de Tulbytilbet! L'autre jour j'y croyais cueillir de l'aubépine, et j'y ai cueilli de la mandragore, qui s'est mise à saigner et à crier, ce qui a failli me rendre fou.

Le jeune mineur se prit à rire.

— En vérité, Kennybol! je crois, moi, que le cri de la mandragore a bien produit tout son effet sur votre pauvre cerveau.

— Pauvre cerveau toi-même! dit le montagnard avec humeur; voyez, Jonas, il rit de la mandragore. Il rit comme un insensé qui joue avec une tête de mort.

— Hum! repartit Jonas. Qu'il aille donc à la grotte de Walderhog, où les têtes de ceux que Han, démon d'Islande, a assassinés, reviennent chaque nuit danser autour de son lit de feuilles sèches, en entrechoquant leurs dents pour l'endormir.

— Cela est vrai, dit le montagnard.

— Mais, reprit le jeune homme, le seigneur Hacket, que nous attendons, ne nous a-t-il pas promis que Han d'Islande se mettrait à la tête de notre insurrection?

— Il l'a promis, répondit Kennybol; et, avec l'aide de ce démon, nous sommes sûrs de vaincre toutes les casaques vertes de Drontheim et de Copenhague.

— Tant mieux! s'écria le vieux mineur; mais ce n'est pas moi qui me chargerai de faire la sentinelle la nuit près de lui.

En ce moment, le craquement des bruyères mortes sous des pas d'homme appela l'attention des interlocuteurs; ils se détournèrent, et un rayon du foyer leur fit reconnaître le nouveau venu.

— C'est lui! — c'est le seigneur Hacket! — Salut, seigneur Hacket; vous vous êtes fait attendre. — Voilà plus de trois quarts d'heure que nous sommes au rendez-vous.

Ce seigneur *Hacket* était un homme petit et gras, vêtu de noir, dont la figure joviale avait une expression sinistre.

— Bien, mes amis, dit-il; j'ai été retardé par mon ignorance du chemin et les précautions qu'il m'a fallu prendre. — J'ai quitté le comte Schumacker ce matin; voici trois bourses d'or qu'il m'a chargé de vous remettre.

Les deux vieillards se jetèrent sur l'or avec l'avidité commune aux paysans de cette pauvre Norvége. Le jeune mineur repoussa la bourse que lui tendait Hacket.

— Gardez votre or, seigneur envoyé; je mentirais si je disais que je me révolte pour votre comte Schumacker; je me révolte pour affranchir les mineurs de la tutelle royale; je me révolte pour que le lit de ma mère n'ait plus une couverture déchiquetée comme les côtes de notre bon pays, la Norvége.

Loin de paraître déconcerté, le seigneur Hacket répondit en souriant :

— C'est donc à votre pauvre mère, mon cher Norbith, que j'enverrai cet argent, afin qu'elle ait deux couvertures neuves pour les bises de cet hiver.

Le jeune homme se rendit par un signe de tête, et l'envoyé, en orateur habile, se hâta d'ajouter :

— Mais gardez-vous de répéter ce que vous venez de dire inconsidérément, que ce n'est pas pour Schumacker, comte de Griffenfeld, que vous prenez les armes.

— Cependant.... cependant, murmurèrent les deux vieillards, nous savons bien qu'on opprime les mineurs, mais nous ne connaissons pas ce comte, ce prisonnier d'état.

— Comment! reprit vivement l'envoyé ; pouvez-vous être ingrats à ce point! Vous gémissiez dans vos souterrains, privés d'air et de jour, dépouillés de toute propriété, esclaves de la plus onéreuse tutelle! Qui est venu à votre aide? qui a ranimé votre courage? qui vous a donné de l'or, des armes? N'est-ce pas mon illustre maître, le noble comte de Griffenfeld, plus esclave et plus infortuné encore que vous? Et maintenant, comblés de ses bienfaits, vous refuseriez de vous en servir pour conquérir sa liberté, en même temps que la vôtre?

— Vous avez raison, interrompit le jeune mineur, ce serait mal agir.

— Oui, seigneur Hacket, dirent les deux vieillards, nous combattrons pour le comte Schumacker.

— Courage, mes amis! levez-vous en son nom, portez le nom de votre bienfaiteur d'un bout de la Norvége à l'autre. Écoutez, tout seconde votre juste entreprise; vous allez être délivrés d'un formidable ennemi, le général Levin de Knud, qui gouverne la province. La puissance secrète de mon noble maître, le comte de Griffenfeld, va le faire rappeler momentanément à Berghen. — Allons, dites-moi, Kennybol, Jonas, et vous, mon cher Norbith, tous vos compagnons sont-ils prêts?

— Mes frères de Guldbranshal, dit Norbith, n'attendent que mon signal. Demain, si vous voulez...

— Demain, soit. Il faut que les jeunes mineurs, dont vous êtes le chef, lèvent les premiers l'étendard. Et vous, mon brave Jonas?

— Six cents braves des îles Fa-roër, qui vivent depuis trois jours de chair de chamois et d'huile d'ours, dans la forêt de Bennallag, ne demandent qu'un coup de trompe de leur vieux capitaine Jonas, du bourg de Lœvig.

— Fort bien. Et vous, Kennybol?

— Tous ceux qui portent une hache dans les gorges de Kole, et gravissent les rochers sans genouillères, sont prêts à se joindre à leurs frères les mineurs, quand ils auront besoin d'eux.

— Il suffit. Annoncez à vos compagnons, pour qu'ils ne doutent pas de vaincre, ajouta l'envoyé en haussant la voix, que Han d'Islande sera le chef.

— Cela est-il certain? demandèrent-ils tous trois ensemble et d'une voix où se mêlaient l'expression de la terreur et celle de l'espérance.

L'envoyé répondit :

— Je vous attendrai tous trois dans quatre jours, à pareille heure, avec vos colonnes réunies, dans la mine d'Apsyl-Corh, près le lac de Smiasen, sous la plaine de l'Étoile-Bleue. Han d'Islande m'accompagnera.

— Nous y serons, dirent les trois chefs. Et puisse Dieu ne pas abandonner ceux qu'aidera le démon!

— Ne craignez rien de la part de Dieu, dit Hacket en ricanant. — Écoutez, vous trouverez, dans les vieilles ruines de Crag, des enseignes pour vos troupes. — N'oubliez pas le cri : *Vive Schumacker! Sauvons Schumacker!* — Il faut que nous nous séparions; le jour ne va pas tarder à paraître. Mais auparavant, jurez le plus inviolable secret sur ce qui se passe entre nous.

Sans répondre une parole, les trois chefs s'ouvrirent la veine du bras gauche avec la pointe d'un sabre; ensuite, saisissant la main de l'envoyé, ils y laissèrent couler chacun quelques gouttes de sang.

— Vous avez notre sang, lui dirent-ils.

Puis le jeune s'écria :

— Que tout mon sang s'écoule comme celui que je verse en ce moment; qu'un esprit malfaisant se joue de mes projets, comme l'ouragan d'une paille; que mon bras soit de plomb pour venger une injure; que les chauves-souris habitent mon sépulcre; que je sois, vivant, hanté par les morts; mort, profané par les vivants; que mes yeux se fondent en pleurs comme ceux d'une femme, si jamais je parle de ce qui a lieu, à cette heure, dans la clairière de Ralph le Géant. Daignent les bienheureux saints m'entendre !

— Amen, répétèrent les deux vieillards.

Alors ils se séparèrent, et il ne resta plus dans la clairière que le foyer à demi éteint dont les rayons mourants montaient par intervalles jusqu'au faîte des tours ruinées et solitaires de Ralph le Géant.

XIX

> THÉODORE.
> Tristan, fuyons par ici.
> TRISTAN.
> C'est une étrange disgrâce.
> THÉODORE.
> Nous aura-t-on reconnus ?
> TRISTAN.
> Je l'ignore et j'en ai peur.
>
> LOPE DE VEGA. *Le Chien du Jardinier.*

Benignus Spiagudry se rendait difficilement compte des motifs qui pouvaient pousser un jeune homme bien constitué et paraissant avoir encore de longues années de vie devant lui, tel que son compagnon de voyage, à se porter l'agresseur volontaire du redoutable Han d'Islande. Bien souvent, depuis qu'ils avaient commencé leur route, il avait abordé adroitement cette question ; mais le jeune aventurier gardait, sur la cause de son voyage, un silence obstiné. Le pauvre homme n'avait pas été plus heureux dans toutes les autres curiosités que son singulier camarade devait naturellement lui inspirer. Une fois, il avait hasardé une question sur la famille et le nom de son jeune maître. — Appelez-moi Ordener, avait répondu celui-ci ; et cette réponse peu satisfaisante était prononcée d'un ton qui interdisait la réplique. Il fallait donc se résigner ; chacun a ses secrets ; et le bon Spiagudry lui-même ne cachait-il pas soigneusement, dans sa besace et sous son manteau, certaine cassette mystérieuse sur laquelle toutes recherches lui eussent semblé fort déplacées et fort désagréables.

Ils avaient quitté Drontheim depuis quatre jours, sans avoir fait beaucoup de chemin, tant en raison du dégât causé dans les routes par l'orage, que de la multiplicité des voies de traverse et détours que le concierge fugitif croyait prudent de prendre pour éviter les lieux trop habités. Après avoir laissé Skongen à leur droite, vers le soir du quatrième jour ils atteignirent la rive du lac de Sparbo.

C'était un tableau sombre et magnifique que cette vaste nappe d'eau réfléchissant les derniers rayons du jour et les premières étoiles de la nuit dans un cadre de hauts rochers, de sapins noirs et de grands chênes. L'aspect d'un lac, le soir, produit quelquefois, à une certaine distance, une singulière illusion d'optique; c'est comme si un abîme prodigieux, perçant le globe de part en part, laissait voir le ciel à travers la terre.

Ordener s'arrêta, contemplant ces vieilles forêts druidiques qui couvrent les rivages montueux du lac comme une chevelure, et les huttes crayeuses de Sparbo, répandues sur une pente ainsi qu'un troupeau épars de chèvres blanches. Il écoutait les bruits lointains des forges*, mêlés au sourd mugissement des grands bois magiques, aux cris intermittents des oiseaux sauvages et à la grave harmonie des vagues. Au nord, un immense rocher de granit, encore éclairé par le soleil, s'élevait majestueusement au-dessus du petit hameau d'Oëlmœ, puis sa tête se courbait sous un amas de tours ruinées, comme si le géant eût été fatigué du fardeau.

Quand l'âme est triste, les spectacles mélancoliques lui plaisent; elle les rembrunit de toute sa tristesse. Qu'un malheureux soit jeté parmi les sauvages et hautes montagnes, près d'un sombre lac, d'une noire forêt, au moment où le jour va disparaître, il verra cette scène grave, cette nature sérieuse, en quelque sorte à travers un voile funèbre; il ne lui semblera pas que le soleil se couche, mais qu'il meurt.

Ordener rêvait, silencieux et immobile, quand son compagnon s'écria : — A merveille, jeune seigneur ! Il est beau de méditer ainsi devant le lac de Norvégo qui renferme le plus de pleuronectes.

Cette observation et le geste qui l'accompagnait eussent fait sourire tout autre qu'un amant séparé de sa maîtresse pour ne la revoir peut-être plus. Le savant concierge poursuivit :

— Pourtant, souffrez que je vous enlève à votre docte contemplation pour vous faire remarquer que le jour décline, et qu'il faut nous hâter si nous voulons arriver au village d'Oëlmœ avant le crépuscule.

* Les eaux du lac de Sparbo sont renommées pour la trempe de l'acier.

La remarque était juste. Ordener se remit en marche, et Spiagudry le suivit en continuant ses réflexions mal écoutées sur les phénomènes botaniques et physiologiques que le lac de Sparbo présente aux naturalistes.

— Seigneur Ordener, disait-il, si vous en croyiez votre dévoué guide, vous abandonneriez votre funeste entreprise; oui, seigneur, et vous vous fixeriez ici sur les bords de ce lac si curieux où nous pourrions nous livrer ensemble à une foule de doctes recherches, par exemple à celle de la *stella canora palustris*, plante singulière que beaucoup de savants croient fabuleuse, mais que l'évêque Arngrim affirme avoir vue et entendue sur les rives du Sparbo. Ajoutez à cela que nous aurions la satisfaction d'habiter le sol de l'Europe qui renferme le plus de gypse, et où les sicaires de la Thémis de Drontheim pénètrent le moins. — Cela ne vous sourit-il pas, mon jeune maître? Allons, renoncez à votre voyage insensé; car, sans vous offenser, votre entreprise est périlleuse sans profit, *periculum sine pecunia*, c'est-à-dire insensée, et conçue dans un moment où vous auriez mieux fait de penser à autre chose.

Ordener, qui ne prêtait aucune attention aux paroles du pauvre homme, n'entretenait la conversation que par ces monosyllabes insignifiants et distraits que les grands parleurs prennent pour des réponses. C'est ainsi qu'ils arrivèrent au hameau d'Oëlmœ, sur la place duquel un mouvement inusité se faisait en ce moment remarquer.

Les habitants, chasseurs, pêcheurs, forgerons, sortaient de toutes les cabanes et accouraient se grouper autour d'un tertre circulaire, occupé par quelques hommes, dont l'un sonnait du cor en agitant au-dessus de sa tête une petite bannière blanche et noire.

— C'est sans doute quelque charlatan, dit Spiagudry, *ambubaiarum collegia, pharmacopolæ*, quelque misérable qui convertit l'or en plomb et les plaies en ulcères. Voyons; quelle invention de l'enfer va-t-il vendre à ces pauvres campagnards? Encore si ces imposteurs se bornaient aux rois, s'ils imitaient tous le danois Borch et le milanais Borri, ces alchimistes qui se jouèrent si complétement de notre Frédéric III[*]; mais il leur faut le denier du paysan non moins que le million du prince.

Spiagudry se trompait; en approchant du monticule, ils reconnurent, à sa robe noire et à son bonnet rond et aigu, un syndic environné de quelques archers. L'homme qui sonnait du cor était le crieur des édits.

Le gardien fugitif, troublé, murmura à voix basse :

— En vérité, seigneur Ordener, en entrant dans cette bourgade, je ne m'attendais guère à tomber sur un syndic. Me protége le grand saint Hospice! que va-t-il dire?

[*] Frédéric III fut la dupe de Borch ou Borrichius, chimiste danois, et surtout de Borri, charlatan milanais, qui se disait le favori de l'archange Michel. Cet imposteur, après avoir émerveillé de ses prétendus prodiges Strasbourg et Amsterdam, agrandit la sphère de son ambition et la témérité de ses mensonges; après avoir trompé le peuple, il osa tromper les rois. Il commença par la reine Christine à Hambourg, et termina par le roi Frédéric à Copenhague.

Son incertitude ne fut pas longue, car la voix glapissante du crieur des édits s'éleva tout à coup, religieusement écoutée par la petite foule des habitants d'Oëlmœ.

— « Au nom de sa majesté, et par ordre de son excellence le général Levin de Knud, gouverneur, le haut-syndic de Drontheimhus fait savoir à tous les habitants des villes, bourgs et bourgades de la province, que : — 1° la tête de Han, natif de Klipstadur, en Islande, assassin et incendiaire, est mise au prix de mille écus royaux. »

Un murmure vague éclata dans l'auditoire. Le crieur poursuivit :

— « 2° La tête de Benignus Spiagudry, nécroman et sacrilége, ex-gardien du Spladgest de Drontheim, est mise au prix de quatre écus royaux ; 3° Cet édit sera publié dans toute la province, par les syndics des villes, bourgs et bourgades, qui en faciliteront l'exécution. »

Le syndic prit l'édit des mains du crieur, et ajouta d'une voix lugubre et solennelle :

— La vie de ces hommes est offerte à qui voudra la prendre.

Le lecteur se persuadera aisément que cette lecture ne fut pas écoutée sans quelque émotion par notre pauvre et malencontreux Spiagudry. Nul doute même que les signes extraordinaires d'effroi qui lui échappèrent en ce moment n'eussent appelé l'attention du groupe qui l'environnait, si elle n'eût été entièrement absorbée par la première partie de l'édit syndical.

— La tête de Han à prix! s'écria un vieux pêcheur qui était venu traînant ses filets humides. Ils feraient tout aussi bien, par saint Usulph, de mettre à prix également la tête de Belzébuth.

— Pour garder la proportion entre Han et Belzébuth, il faudrait, dit un chasseur, reconnaissable à sa veste de peau de chamois, qu'ils offrissent seulement quinze cents écus du chef cornu du dernier démon.

— Gloire soit à la sainte mère de Dieu! ajouta en roulant son fuseau une vieille dont le front chauve branlait. Je voudrais voir la tête de ce Han, afin de m'assurer que ses yeux sont deux charbons ardents, comme on le dit.

— Oui, sûrement, reprit une autre vieille, c'est seulement en la regardant qu'il a brûlé la cathédrale de Drontheim. Moi, je voudrais voir le monstre tout entier avec sa queue de serpent, son pied fourchu et ses grandes ailes de chauve-souris.

— Qui vous a fait ces contes, bonne mère? interrompit le chasseur d'un air de fatuité. J'ai vu, moi, ce Han d'Islande dans les gorges de Medsyhath; c'est un homme fait comme nous, seulement il a la hauteur d'un peuplier de quarante ans.

— Vraiment? dit avec une expression singulière une voix dans la foule.

Cette voix, qui fit tressaillir Spiagudry, était celle d'un petit homme dont le visage était caché sous un large feutre de mineur, et le corps couvert d'une natte de jonc et de poil de veau marin.

— Sur ma foi, reprit, avec un rire épais, un forgeron qui portait son grand marteau en bandoulière, qu'on offre pour sa tête mille ou dix mille écus royaux, qu'il ait quatre ou quarante brasses de hauteur, ce n'est pas moi qui me chargerai d'aller y voir.

— Ni moi, dit le pêcheur.

— Ni moi, ni moi, répétèrent toutes les voix.

— Celui pourtant qui en serait tenté, reprit le petit homme, trouvera Han d'Islande demain dans la ruine d'Arbar, près le Smiasen; après-demain dans la grotte de Walderhog.

— Brave homme, en êtes-vous sûr?

Cette question fut faite à la fois par Ordener, qui assistait à cette scène avec un intérêt facile à comprendre pour tout autre que Spiagudry, et par un autre petit homme, assez replet, vêtu de noir, d'un visage gai, et qui était sorti, aux premiers sons de la trompe du crieur, de la seule auberge que renfermât la bourgade.

Le petit homme au grand chapeau parut les considérer un instant tous deux, et répondit d'une voix sourde :

— Oui.

— Et comment le savez-vous pour pouvoir l'affirmer? demanda Ordener.

— Je sais où est Han d'Islande, comme je sais où est Benignus Spiagudry; ni l'un ni l'autre ne sont loin d'ici en ce moment.

Toutes les terreurs se réveillèrent dans le pauvre concierge, osant à peine regarder le mystérieux petit homme; et, se croyant mal caché sous sa perruque française, il se mit à tirer le manteau d'Ordener en disant à voix basse :

— Maître, seigneur, au nom du ciel, de grâce, par pitié, allons-nous-en, sortons de ce maudit faubourg de l'enfer!

Ordener, surpris comme lui, examinait attentivement le petit homme, qui, tournant le dos au jour, paraissait soigneux de cacher ses traits.

— Ce Benignus Spiagudry, s'écria le pêcheur, je l'ai vu au Spladgest de Drontheim. C'est un grand. — C'est celui dont on offre quatre écus.

Le chasseur éclata de rire.

— Quatre écus! Ce n'est pas moi qui chasserai celui-là. On paie plus cher la peau d'un renard bleu.

Cette comparaison, qui dans tout autre temps eût fort désobligé le savant concierge, le rassura cette fois. Il allait néanmoins adresser une nouvelle prière à Ordener pour le décider à poursuivre leur chemin, quand celui-ci, sachant ce qu'il lui importait de savoir, le prévint, en sortant du rassemblement qui commençait à s'éclaircir.

Quoiqu'ils eussent, en arrivant au hameau d'Oëlmœ, l'intention d'y passer la nuit, ils le quittèrent tous deux, comme par une convention tacite, sans même s'interroger sur le motif de leur départ précipité. Celui d'Ordener était l'espérance de rencontrer plus tôt le brigand, celui de Spiagudry le désir de s'éloigner plus vite des archers.

Ordener avait l'esprit trop grave pour rire des mésaventures de son compagnon. Ce fut d'une voix affectueuse qu'il rompit le premier le silence.

— Vieillard, quelle est donc déjà cette ruine où l'on pourra trouver demain Han d'Islande, à ce qu'affirme ce petit homme qui paraît tout savoir?

— Je l'ignore... Je l'ai mal entendu, noble maître, dit Spiagudry, qui en effet ne mentait pas.

— Il faudra donc, continua le jeune homme, se résigner à ne le rencontrer qu'après-demain à cette grotte de Walderhog?

— La grotte de Walderhog, seigneur! c'est en effet la demeure favorite de Han d'Islande.

— Prenons-en le chemin, dit Ordener.

— Tournons à gauche, derrière le rocher d'Oëlmœ; il faut moins de deux journées pour arriver à la caverne de Walderhog.

— Connaissez-vous, vieillard, reprit Ordener avec ménagement, ce singulier homme qui semble si bien vous connaître?

Cette question réveilla dans Spiagudry les craintes qui commençaient à s'affaiblir à mesure qu'ils s'éloignaient de la bourgade d'Oëlmœ.

— Non, vraiment, seigneur, répondit-il d'une voix presque tremblante. Seulement, il a une voix bien étrange!

Ordener chercha à le rassurer.

— Ne craignez rien, vieillard; servez-moi bien, je vous protégerai de même. Si je reviens vainqueur de Han, je vous promets non seulement votre grâce, mais encore l'abandon des mille écus royaux qui sont offerts par la justice.

L'honnête Benignus aimait extraordinairement la vie, mais il aimait l'or prodigieusement. Les promesses d'Ordener furent comme des paroles magiques; non seulement elles bannirent toutes ses frayeurs, mais encore elles réveillèrent en lui cette sorte d'hilarité loquace, qui s'épanchait en longs discours, en gesticulations bizarres et en savantes citations.

— Seigneur Ordener, dit-il, quand je devrais subir à ce sujet une controverse avec Over-Bilseuth, autrement dit le Bavard, non, rien ne m'empêcherait de soutenir que vous êtes un sage et honorable jeune homme. Quoi de plus digne et de plus glorieux en effet, *quid cithara, tuba, vel campana dignius,* que d'exposer noblement sa vie pour délivrer son pays d'un monstre, d'un brigand, d'un démon, en qui tous les démons, les brigands et les monstres semblent réunis?

— Qu'on ne m'aille pas dire qu'un sordide intérêt vous guide! le noble seigneur Ordener abandonne le salaire de son combat au compagnon de son voyage, au vieillard qui l'aura conduit seulement à un mille de la grotte de Walderhog; car, n'est-il pas vrai, jeune maître, que vous me permettrez d'attendre le résultat de votre illustre entreprise au hameau de Surb, situé à un mille du rivage de Waldérhog, dans la forêt? Et quand votre éclatante victoire sera connue, seigneur, ce sera dans toute la Norvége une joie pareille à celle de Vermund le Proscrit, quand, du sommet de ce même rocher d'Oëlmœ que nous côtoyons maintenant, il aperçut le grand feu que son frère Hafdan avait allumé, en signe de délivrance, sur le donjon de Munckholm.

A ce nom, Ordener interrompit vivement.

— Quoi! du haut de ce rocher on aperçoit le donjon de Munckholm?

— Oui, seigneur, à douze milles au sud, entre les montagnes que nos pères nommaient les Escabelles de Frigga. A cette heure on doit voir parfaitement le phare du donjon.

— Vraiment! s'écria Ordener, qui s'élançait vers l'idée de revoir encore une fois le lieu où était tout son bonheur. Vieillard, il y a sans doute un sentier qui conduit au sommet de ce rocher?

— Oui, sans doute; un sentier qui prend naissance dans le bois où nous allons entrer, et s'élève, par une pente assez douce, jusqu'à la tête nue du rocher, sur laquelle il se continue en gradins taillés dans le roc par les compagnons de Vermund le Proscrit, au château duquel il aboutit. Ce sont ces ruines, que vous pouvez voir au clair de la lune.

— Eh bien, vieillard, vous allez m'indiquer le sentier; c'est dans ces ruines que nous passerons la nuit, dans ces ruines d'où l'on voit le donjon de Munckholm.

— Y pensez-vous, seigneur? dit Benignus. La fatigue de cette journée...

— Vieillard, j'aiderai votre marche; jamais mon pas ne fut plus ferme.

— Seigneur, les ronces qui obstruent ce sentier depuis si longtemps abandonné, les pierres dégradées, la nuit...

— Je marcherai le premier.

— Peut-être quelque bête malfaisante, quelque animal impur, quelque monstre hideux...

— Ce n'est pas pour éviter les monstres que j'ai entrepris ce voyage.

L'idée de s'arrêter si près d'Oëlmœ déplaisait fort à Spiagudry; celle de voir le phare de Munckholm, et peut-être la lumière de la fenêtre d'Éthel, enchantait et entraînait Ordener.

— Mon jeune maître, dit Spiagudry, abandonnez ce projet, croyez-moi; j'ai le pressentiment qu'il nous portera malheur.

Cette prière n'était rien, devant ce que désirait Ordener.

— Allons, dit-il avec impatience, songez que vous vous êtes engagé à me bien servir. Je veux que vous m'indiquiez ce sentier; où est-il?

— Nous allons y arriver tout à l'heure, dit le concierge forcé d'obéir.

En effet, le sentier s'offrit bientôt à eux; ils y entrèrent, mais Spiagudry remarqua, avec un étonnement mêlé d'effroi, que les hautes herbes étaient couchées et brisées, et que le vieux sentier de Vermund le Proscrit paraissait avoir été foulé récemment.

XX

LEONARDO.
Le roi vous demande.
HENRIQUE.
Comment cela?
LOPE DE VEGA. *La Fuerza lastimosa.*

Devant quelques papiers épars sur son bureau, parmi lesquels on distingue des lettres nouvellement ouvertes, le général Levin de Knud paraît rêver profondément. Un secrétaire debout près de lui semble attendre ses ordres. Le général tantôt frappe de ses éperons le riche tapis qui s'étend sous ses pieds, tantôt joue d'un air distrait avec la décoration de l'éléphant, suspendue à son cou par le collier de l'ordre. De temps en temps il ouvre la bouche pour parler, puis s'arrête et se frotte le front, et jette un nouveau coup d'œil sur les dépêches décachetées qui couvrent la table.

— Comment diable!... s'écrie-t-il enfin.

Cette exclamation concluante est suivie d'un instant de silence.

— Qui se serait jamais figuré, reprend-il, que ces démons de mineurs en viendraient là? Il faut nécessairement que de secrètes instigations les aient poussés à cette révolte. — Mais, savez-vous, Wapherney, que la chose est sérieuse? Savez-vous que cinq à six cents coquins des îles Fa-roër, commandés par un certain vieux bandit nommé Jonas, ont déjà déserté leurs mines? qu'un jeune fanatique, appelé Norbith, s'est également mis à la tête des mécontents de Guldbranshal? qu'à Sund-Moër, à Hubfallo, à Kongsberg, ces mauvaises têtes, qui n'attendaient qu'un signal, sont déjà peut-être soulevées? Savez-vous que les montagnards s'en mêlent, et qu'un des plus hardis renards de Kole, le vieux Kennybol, les commande? Savez-vous enfin que, d'après un bruit général dans le nord du Drontheimhus, s'il faut en croire les syndics qui m'écrivent, ce fameux scélérat dont nous avons fait mettre la tête à prix, le formidable Han, dirige en chef l'insurrection? Que direz-vous de tout cela, mon cher Wapherney? hem!

— Votre excellence, dit Wapherney, sait quelles mesures...

— Il y a encore dans cette déplorable affaire une circonstance que je ne puis m'expliquer; c'est que notre prisonnier Schumacker soit, comme on le prétend, l'auteur de la révolte. C'est ce qui semble n'étonner personne, et c'est enfin ce qui m'étonne le plus. Il me paraît difficile qu'un homme près duquel se plaisait mon loyal Ordener soit un traître. Cependant, les mineurs, assure-t-on, se lèvent en son nom; son nom est leur mot d'ordre, leur cri de ralliement; ils lui donnent même les titres dont le roi l'a privé. — Tout cela semble certain. — Mais comment se fait-il que la comtesse d'Ahlefeld connût déjà tous ces détails il y a six jours, au moment où les premiers symptômes réels de l'insurrection se manifestaient à peine dans les mines? — Cela est étrange. — N'importe, il faut pourvoir à tout. Donnez-moi mon sceau, Wapherney.

Le général écrivit trois lettres, les scella et les remit au secrétaire.

— Faites tenir ces messages au baron Vœthaün, colonel des arquebusiers, actuellement en garnison à Munckholm, afin que son régiment marche en hâte aux révoltés. — Voici, pour le commandant de Munckholm, un ordre de veiller plus soigneusement que jamais sur l'ex-grand-chancelier. Il faudra que je voie et que j'interroge moi-même ce Schumacker. — Enfin, envoyez cette lettre à Skongen, au major Wolhm, qui y commande, afin qu'il dirige une partie de la garnison vers le foyer de l'insurrection. — Allez, Wapherney, et qu'on exécute promptement ces ordres.

Le secrétaire sortit, laissant le gouverneur plongé dans ses réflexions.

— Tout cela est fort inquiétant, pensait-il. Ces mineurs révoltés là-bas, cette intrigante chancelière ici, ce fou d'Ordener... on ne sait où! — Peut-être il voyage au milieu de tous ces bandits, laissant ici sous ma protection ce Schumacker, qui conspire contre l'état, et sa fille, pour la sûreté de laquelle j'ai eu la bonté d'éloigner la compagnie où se trouve ce Frédéric d'Ahlefeld, qu'Ordener accuse. — Eh mais, il me semble que cette compagnie pourra bien arrêter les premières colonnes des insurgés; elle est bien placée pour cela. Walhstrom, où elle tient garnison, est près du lac de Smiasen et de la ruine d'Arbar. C'est un des points que la révolte gagnera nécessairement.

A cet endroit de sa rêverie, le général fut interrompu par le bruit de la porte qui s'ouvrait.

— Eh bien, que voulez-vous, Gustave?

— Mon général, c'est un messager qui demande votre excellence.

— Allons! qu'est-ce encore? quelque désastre!... Faites entrer ce messager.

Le messager, introduit, remit un paquet au gouverneur.

— Votre excellence, dit-il, c'est de la part de sa sérénité le vice-roi.

Le général ouvrit précipitamment la dépêche.

— Par saint Georges, s'écria-t-il avec un mouvement de surprise, je crois qu'ils sont tous fous! Ne voilà-t-il pas le vice-roi qui m'invite à me rendre près de lui, à Berghen? C'est, dit-il, pour une affaire pressante, d'après l'ordre du roi. — Voilà une affaire pressante qui choisit bien son moment. — « Le grand-chancelier, qui visite actuellement le Drontheimhus, suppléera à votre absence... » — C'est un suppléant auquel je ne me fie guère! — « L'évêque l'assistera... » — En vérité, Frédéric choisit là de bons gouverneurs pour un pays révolté; deux hommes de robe, un chancelier et un évêque! — Allons cependant, l'invitation est expresse, c'est l'ordre du roi. Il faut s'y rendre. Mais avant mon départ je veux voir Schumacker, et l'interroger. — Je sens bien qu'on veut m'engloutir dans un chaos d'intrigues, mais j'ai pour me diriger une boussole qui ne me trompe jamais, — c'est ma conscience.

XXI

> Il semble que tout prenne une voix pour l'accuser de son crime.
>
> *Caïn*, tragédie.

— Oui, seigneur comte, c'est aujourd'hui même, dans la ruine d'Arbar, que nous pourrons le rencontrer. Une foule de circonstances me font croire à la vérité de ce renseignement précieux, que j'ai recueilli hier soir par hasard, comme je vous l'ai conté, dans le village d'Oëlmœ.

— Sommes-nous loin de cette ruine d'Arbar?

— Mais c'est auprès du lac de Smiasen. Le guide m'a assuré que nous y serions avant le milieu du jour.

Ainsi s'entretenaient deux personnages à cheval et enveloppés de manteaux bruns, lesquels suivaient de grand matin une de ces mille routes sinueuses et étroites qui traversent en tous sens la forêt située entre les lacs de Smiasen et de Sparbo. Un guide des montagnes, muni de sa trompe et armé de sa hache, les précédait sur son petit cheval gris, et derrière eux marchaient quatre autres cavaliers armés jusqu'aux dents, vers lesquels ces deux personnages tournaient de temps en temps la tête, comme s'ils craignaient d'en être entendus.

— Si ce brigand islandais se trouve en effet dans la ruine d'Arbar, disait celui des deux interlocuteurs dont la monture se tenait respectueusement un peu en arrière de l'autre, c'est un grand point de gagné, car le difficile était de rencontrer cet être insaisissable.

— Vous croyez, Musdœmon? Et s'il allait rejeter nos offres?

— Impossible, votre grâce! de l'or et l'impunité, quel brigand résisterait à cela?

— Mais vous savez que ce brigand n'est pas un scélérat ordinaire. Ne le jugez donc pas à votre mesure. S'il refusait, comment rempliriez-vous la promesse que vous avez faite dans la nuit d'avant-hier aux trois chefs de l'insurrection?

— Eh bien, noble comte, dans ce cas, que je regarde comme impossible si nous avons le bonheur de trouver notre homme, votre grâce a-t-elle oublié qu'un faux Han d'Islande m'attend dans deux jours à l'heure fixée, au lieu du rendez-vous assigné aux trois chefs, à l'Étoile-Bleue, endroit d'ailleurs assez voisin de la ruine d'Arbar?

— Vous avez raison, toujours raison, mon cher Musdœmon, dit le noble comte; et ils retombèrent tous deux dans leur cercle particulier de réflexions.

Musdœmon, dont l'intérêt était de tenir le maître en bonne humeur, fit, pour le distraire, une question au guide.

— Brave homme, quelle est cette espèce de croix de pierre dégradée qui s'élève là-haut, derrière ces jeunes chênes?

Le guide, homme au regard fixe, à la mine stupide, tourna la tête et la secoua à plusieurs reprises en disant:

— Oh! seigneur maître, c'est la plus vieille potence de Norvége; le saint roi Olaüs la fit construire pour un juge qui avait fait un pacte avec un brigand.

Musdœmon aperçut sur le visage de son patron une impression toute contraire à celle qu'il espérait des paroles simples du guide.

— Ce fut, poursuivit celui-ci, une histoire bien singulière, la bonne mère Osie me l'a contée; le brigand fut chargé de pendre le juge.

Le pauvre guide ne s'apercevait pas, dans sa naïveté, que l'aventure dont il voulait égayer ses voyageurs était presque un outrage pour eux. Musdœmon l'arrêta.

— Assez, assez, lui dit-il, nous connaissons cette histoire.

— L'insolent! murmura le comte, il connaît cette histoire! Ah! Musdœmon, tu me paieras cher tes impudences.

— Sa grâce ne parle-t-elle pas? dit Musdœmon d'un air obséquieux.

— Je pensais aux moyens de vous faire enfin obtenir l'ordre de Dannebrog. Le mariage de ma fille Ulrique et du baron Ordener sera une bonne occasion.

Musdœmon se confondit en protestations et en remerciements.

— A propos, reprit sa grâce, parlons de nos affaires. Croyez-vous que l'ordre de rappel momentané que nous lui destinons soit parvenu au mecklembourgeois?

Le lecteur se rappelle peut-être que le comte avait l'habitude de désigner sous ce nom le général Levin de Knud, qui était en effet natif du Mecklembourg.

— Parlons de nos affaires! se dit intérieurement Musdœmon choqué; il paraît que mes affaires ne sont pas *nos affaires*. — Seigneur comte, répondit-il à haute voix, je pense que le messager du vice-roi doit être en ce moment à Drontheim, et qu'ainsi le général Levin n'est pas loin de son départ.

Le comte prit une voix affectueuse.

— Ce rappel, mon cher, est un de vos coups de maître; c'est une de vos intrigues les mieux conçues et les plus habilement exécutées.

— L'honneur en appartient à sa grâce autant qu'à moi, répliqua Musdœmon, soigneux, comme nous l'avons déjà dit, de mêler le comte à toutes ses machinations.

Le patron connaissait cette pensée secrète de son confident, mais il voulait paraître l'ignorer.

Il se mit à sourire.

— Mon cher secrétaire intime, vous êtes toujours modeste; mais rien ne me fera méconnaître vos éminents services. La présence d'Elphège et l'absence du mecklembourgeois assurent mon triomphe à Drontheim. Me voici le chef de la province, et si Han d'Islande accepte le commandement des révoltés, que je veux lui offrir moi-même, c'est à moi que reviendra, aux yeux du roi, la gloire d'avoir apaisé cette inquiétante insurrection et pris ce formidable brigand.

Ils parlaient ainsi à voix basse, quand le guide se retourna.

— Mes seigneurs maîtres, dit-il, voici, à notre gauche, le monticule sur lequel Biord le Juste fit décapiter, aux yeux de son armée, Vellon à la langue double, ce traître qui avait éloigné les vrais défenseurs du roi et appelé l'ennemi dans le camp, pour paraître avoir seul sauvé les jours de Biord.

Tous ces souvenirs de la vieille Norvége ne semblèrent pas du goût de Musdœmon, car il interrompit brusquement le guide.

— Allons, allons, bonhomme, taisez-vous et continuez votre chemin sans vous détourner; que nous importe ce que des masures ruinées ou des arbres morts vous rappellent de sottes aventures? Vous importunez mon maître avec vos contes de vieilles femmes.

XXII

> Voici l'heure où le lion rugit,
> Où le loup hurle à la lune,
> Tandis que le laboureur ronfle,
> Épuisé de sa pénible tâche.
> Maintenant les tisons consumés brillent dans le foyer,
> La chouette poussant son cri sinistre
> Rappelle aux malheureux, couchés dans les douleurs,
> Le souvenir d'un drap funèbre.
> Voici le temps de la nuit
> Où les tombeaux, tous entr'ouverts,
> Laissent échapper chacun son spectre,
> Qui va errer dans les sentiers des cimetières.
>
> SHAKESPEARE. *Le Songe d'été.*

Retournons sur nos pas. Nous avons laissé Ordener et Spiagudry gravissant avec assez de peine, au lever de la lune, la croupe du rocher courbé d'Oëlmœ. Ce rocher, chauve à l'origine de sa courbure, était appelé alors par les paysans norvégiens le Cou-de-Vautour, dénomination qui représente en effet assez bien la figure qu'offre de loin cette masse énorme de granit.

A mesure que nos voyageurs s'élevaient vers la partie nue du rocher, la forêt se changeait en bruyère. Les mousses succédaient aux herbes; les églantiers sauvages, les genêts, les houx, aux chênes et aux bouleaux; appauvrissement de végétation qui, sur les hautes montagnes, indique toujours la proximité du sommet, en annonçant l'amincissement graduel de la couche de terre dont ce qu'on pourrait appeler l'ossement du mont est revêtu.

— Seigneur Ordener, disait Spiagudry, dont l'esprit mobile était comme sans cesse entraîné dans un tourbillon d'idées diverses, cette pente est bien fatigante, et, pour vous avoir suivi, il faut tout le dévouement... — Mais il me semble que je vois là, à droite, un magnifique *convolvulus*; je voudrais bien pouvoir l'examiner. Pourquoi ne fait-il pas grand jour? — Savez-vous que c'est une chose bien impertinente que d'évaluer un savant tel que moi quatre méchants écus? Il est vrai que le fameux Phèdre était esclave, et qu'Ésope, si nous en croyons le docte Planude, fut vendu dans une foire comme une bête ou une chose. Et qui ne serait fier d'avoir un rapport quelconque avec le grand Ésope?

— Et avec le célèbre Han? ajouta Ordener en souriant.

— Par saint Hospice, répondit le concierge, ne prononcez pas ce nom ainsi; je me passerais bien, je vous jure, seigneur, de cette dernière conformité. Mais ne serait-ce pas une chose singulière, que le prix de sa tête revînt à Benignus Spiagudry, son compagnon d'infortune? — Seigneur Ordener, vous êtes plus noble que Jason, qui ne donna pas la toison d'or au pilote d'Argo; et certes votre entreprise, dont je ne devine pas positivement le but, n'est pas moins périlleuse que celle de Jason.

— Mais, dit Ordener, puisque vous connaissez Han d'Islande, donnez-moi donc quelques détails sur lui. Vous m'avez déjà appris que ce n'est pas un géant, comme on le croit le plus communément.

Spiagudry l'interrompit.

— Arrêtez, maître! n'entendez-vous point un bruit de pas derrière nous?

— Oui, répondit tranquillement le jeune homme. Ne vous alarmez pas; c'est quelque bête fauve que notre approche effarouche, et qui se retire en froissant les halliers.

— Vous avez raison, mon jeune César; il y a si longtemps que ces bois n'ont vu d'êtres humains! Si l'on en juge à la pesanteur des pas, l'animal doit être gros. C'est un élan ou un renne; cette partie de la Norvége en est peuplée. On y trouve aussi des chatpards. J'en ai vu un, entre autres, qu'on avait amené à Copenhague; il était d'une grandeur monstrueuse. Il faut que je vous fasse la description de ce féroce animal.

— Mon cher guide, dit Ordener, j'aimerais mieux que vous me fissiez la description d'un autre monstre non moins féroce, de cet horrible Han.

— Baissez la voix, seigneur! Comme le jeune maître prononce paisiblement un tel nom! Vous ne savez pas... — Dieu! seigneur, écoutez!

Spiagudry se rapprocha, en disant ces mots, d'Ordener, qui venait d'entendre en effet très distinctement un cri pareil à l'espèce de rugissement qui, si le lecteur se le rappelle, avait si fort effrayé le timide concierge dans cette soirée orageuse où ils avaient quitté Drontheim.

— Avez-vous entendu? murmura celui-ci, tout haletant de crainte.

— Sans doute, dit Ordener, et je ne vois pas pourquoi vous tremblez. C'est un hurlement de bête sauvage, peut-être tout simplement le cri d'un de ces chatpards dont vous parliez tout à l'heure. Comptiez-vous traverser à cette heure un pareil endroit sans être averti en rien de la présence des hôtes que vous troublez? Je vous proteste, vieillard, qu'ils sont plus effrayés encore que vous.

Spiagudry, en voyant le calme de son jeune compagnon, se rassura un peu.

— Allons, il pourrait bien se faire, seigneur, que vous eussiez encore raison. Mais ce cri de bête ressemble horriblement à une voix... Vous avez été fâcheusement inspiré, souffrez que je vous le dise, seigneur, de vouloir monter à ce château de Vermund. Je crains qu'il ne nous arrive malheur sur le Cou-de-Vautour.

— Ne craignez rien tant que vous serez avec moi, répondit Ordener.

— Oh! rien ne vous alarme; mais, seigneur, il n'y a que le bienheureux saint Paul qui puisse prendre des vipères sans se blesser. — Vous n'avez seulement pas remarqué, quand nous sommes entrés dans ce maudit sentier, qu'il paraissait frayé depuis peu, et que les herbes foulées n'avaient même pas eu le temps de se relever depuis qu'on y avait passé.

— J'avoue que tout cela me frappe peu, et que le calme de mon esprit ne dépend pas du plus ou moins de courbure d'un brin d'herbe. Voici que nous allons quitter la bruyère; nous n'entendrons plus de pas ni de cris de bêtes; je ne vous dirai donc plus, mon brave guide, de rassembler votre courage, mais de ramasser vos forces, car le sentier, taillé dans le roc, sera sans doute plus difficile que celui-ci.

— Ce n'est pas, seigneur, qu'il soit plus escarpé, mais le savant voyageur Suckson conte qu'il est souvent embarrassé d'éclats de roches ou de lourdes pierres qu'on ne peut soulever et qu'il n'est pas aisé de franchir. Il y a entre autres, un peu au delà de la poterne de Malaër, dont nous approchons, un énorme bloc triangulaire de granit que j'ai toujours vivement désiré voir. Schœnning affirme y avoir retrouvé les trois caractères runiques primitifs.

Il y avait déjà quelque temps que les voyageurs gravissaient la roche nue; ils atteignirent une petite tour écroulée, à travers laquelle il fallait passer, et que Spiagudry fit remarquer à Ordener.

— C'est la poterne de Malaër, seigneur. Ce chemin creusé à vif présente plusieurs autres constructions curieuses, qui montrent quelles étaient les anciennes fortifications de nos manoirs norvégiens. Cette poterne, qui était toujours gardée par quatre hommes d'armes, était le premier ouvrage avancé du fort de Vermund. A propos de porte ou poterne, le moine Urensius fait une remarque singulière; le mot *janua*, qui vient de *Janus*, dont le temple avait des portes si célèbres, n'a-t-il pas engendré le mot *janissaire*, gardien de la porte du sultan? Il serait assez curieux que le nom du prince le plus doux de l'histoire eût passé aux soldats les plus féroces de la terre.

Au milieu de tout le fatras scientifique du concierge, ils avançaient assez péniblement sur des pierres roulantes et des cailloux tranchants, mêlés de ce gazon court et glissant qui croît quelquefois sur les rochers. Ordener oubliait la fatigue en songeant au bonheur de revoir ce Munckholm si éloigné; tout à coup Spiagudry s'écria :

— Ah! je l'aperçois! cette seule vue me dédommage de toute ma peine. Je la vois, seigneur, je la vois!

— Qui donc? dit Ordener, qui pensait en ce moment à son Éthel.

— Eh! seigneur, la pyramide triangulaire dont parle Schœnning! Je serai, avec le professeur Schœnning et l'évêque Isleif, le troisième savant qui aura eu le bonheur de l'examiner. Seulement il est fâcheux que ce ne soit qu'au clair de lune.

En approchant du fameux bloc, Spiagudry poussa un cri de douleur et d'épouvante à la fois. Ordener, surpris, s'informa avec intérêt du nouveau sujet de son émotion; mais le concierge archéologue fut quelque temps avant de pouvoir lui répondre.

— Vous croyiez, disait Ordener, que cette pierre barrait le chemin; vous devez, au contraire, reconnaître avec plaisir qu'elle le laisse parfaitement libre.

— Et c'est justement ce qui me désespère! dit Benignus d'une voix lamentable.

— Comment?

— Quoi! seigneur, reprit le concierge, ne voyez-vous pas que cette pyramide a été dérangée de sa position; que la base, qui était assise sur le sentier, est maintenant exposée à l'air, tandis que le bloc est précisément appuyé contre terre, sur la face où Schœnning avait découvert les caractères runiques primordiaux? — Je suis bien malheureux!

— C'est jouer de malheur, en effet, dit le jeune homme.

— Et ajoutez à cela, reprit vivement Spiagudry, que le dérangement de cette masse prouve ici la présence de quelque être surhumain. A moins que ce ne soit le diable, il n'y a en Norvége qu'un seul homme dont le bras puisse...

— Mon pauvre guide, vous revenez encore à vos terreurs paniques. Qui sait si cette pierre n'est pas ainsi depuis plus d'un siècle?

— Il y a cent cinquante ans, à la vérité, dit Spiagudry d'une voix plus calme, que le dernier observateur l'a étudiée. Mais il me semble qu'elle est fraîchement remuée; la place qu'elle occupait est encore humide. Voyez, seigneur.

Ordener, impatient d'arriver aux ruines, arracha son guide d'auprès de la pyramide merveilleuse, et parvint, par de sages paroles, à dissiper les nouvelles craintes que cet étrange déplacement avait inspirées au vieux savant.

— Écoutez, vieillard, vous pourrez vous fixer au bord de ce lac, et vous livrer à votre aise à vos importantes études, quand vous aurez reçu les mille écus royaux que vous rapportera la tête de Han.

— Vous avez raison, noble seigneur; mais ne parlez pas si légèrement d'une victoire bien douteuse. Il faut que je vous donne un conseil pour que vous vous rendiez plus aisément maître du monstre.

Ordener se rapprocha vivement de Spiagudry.

— Un conseil! lequel?

— Le brigand, dit celui-ci à voix basse et en jetant des regards inquiets autour de lui, le brigand porte à sa ceinture un crâne dans lequel il a coutume de boire. Ce crâne est le crâne de son fils, dont le cadavre est celui pour la profanation duquel je suis poursuivi.

— Haussez un peu la voix et ne craignez rien, je vous entends à peine. Eh bien! ce crâne?

— C'est de ce crâne, dit Spiagudry en se penchant à l'oreille du jeune homme, qu'il faut tâcher de vous emparer. Le monstre y attache je ne sais quelles idées superstitieuses. Quand le crâne de son fils sera en votre pouvoir, vous ferez de lui tout ce que vous voudrez.

— Cela est bien, mon brave homme; mais comment s'emparer de ce crâne?

— Par la ruse, seigneur; pendant le sommeil du monstre, peut-être...

Ordener l'interrompit.

— Il suffit. Votre bon conseil ne peut me servir; je ne dois pas savoir si un ennemi dort. Je ne connais pour combattre que mon épée.

— Seigneur, seigneur! il n'est pas prouvé que l'archange Michel n'ait pas usé de ruse pour terrasser Satan.

Ici Spiagudry s'arrêta tout à coup, et étendit ses deux mains devant lui, en s'écriant d'une voix presque éteinte :

— O ciel! ô ciel! qu'est-ce que je vois là-bas? Voyez, maître, n'est-ce pas un petit homme qui marche dans ce même sentier devant nous?

— Ma foi, dit Ordener en levant les yeux, je ne vois rien.

— Rien, seigneur? — En effet, le sentier tourne, et il a disparu derrière ce rocher. — N'allons pas plus loin, seigneur, je vous en conjure.

— En vérité, si ce personnage prétendu a si vite disparu, cela n'annonce pas qu'il ait l'intention de nous attendre; et s'il fuit, ce n'est pas une raison pour nous de fuir.

— Veille sur nous, saint Hospice! dit Spiagudry, qui, dans toutes les occasions périlleuses, se souvenait de son patron favori.

— Vous aurez pris, ajouta Ordener, l'ombre mouvante d'une chouette effrayée pour un homme.

— J'ai pourtant bien cru voir un petit homme; il est vrai que le clair de lune produit souvent des illusions singulières. C'est à cette lumière que Baldan, sire de Merneugh, prit le rideau blanc de son lit pour l'ombre de sa mère; ce qui le décida à aller, le lendemain, déclarer son parricide aux juges de Christiania, qui allaient condamner le page innocent de la défunte. Ainsi, l'on peut dire que le clair de lune a sauvé la vie à ce page.

Personne n'oubliait mieux que Spiagudry le présent dans le passé. Un souvenir de sa vaste mémoire suffisait pour bannir toutes les impressions du moment. Aussi l'histoire de Baldan dissipa-t-elle sa frayeur. Il reprit d'une voix tranquille :

— Il est possible que le clair de lune m'ait trompé de même.

Cependant ils atteignaient le sommet du Cou-de-Vautour, et commençaient à revoir le faîte des ruines, que la courbure du rocher leur avait cachées pendant qu'ils montaient.

Que le lecteur ne s'étonne pas si nous rencontrons souvent des ruines à la cime des monts de Norvége. Quiconque a parcouru des montagnes en Europe n'aura pas manqué de remarquer fréquemment des restes de forts et de châteaux, suspendus à la crête des pics les plus élevés, comme d'anciens nids de vautours ou des aires d'aigles morts. En Norvége surtout, au siècle où nous nous sommes transportés, ces sortes de constructions aériennes étonnaient autant par leur variété que par leur nombre. C'étaient tantôt de longues murailles démantelées, se roulant en ceinture autour d'un roc; tantôt des tourelles grêles et aiguës surmontant la pointe d'un pic, comme une couronne; ou, sur la tête blanche d'une haute montagne, de grosses tours groupées autour d'un grand donjon, et présentant de loin l'aspect d'une vieille tiare. On voyait près des frêles arcades ogives d'un cloître gothique les lourds piliers égyptiens d'une église saxonne; près de la citadelle à tours carrées d'un chef païen la forteresse à créneaux d'un sire chrétien; près d'un château-fort ruiné par le temps un monastère détruit par la guerre. Tous ces édifices, mélange d'architectures singulières et presque ignorées aujourd'hui, construits hardiment sur des lieux en apparence inaccessibles, n'y avaient plus laissé que des débris, pour rendre en quelque sorte à la fois témoignage de la puissance et du néant de l'homme. Peut-être s'était-il passé dans leur enceinte bien des choses plus dignes d'être racontées que tout ce qu'on raconte à la terre; mais les événements s'écoulent, les yeux qui les ont vus se ferment; les traditions s'éteignent avec les ans, comme un feu qu'on n'a point recueilli; et qui pourrait ensuite pénétrer le secret des siècles?

Le manoir de Vermund le Proscrit, où nos deux voyageurs arrivaient en ce moment, était un de ceux auxquels la superstition rattachait le plus d'histoires surprenantes et d'aventures miraculeuses. A ces murailles de cailloux noyés dans un ciment devenu plus dur que la pierre, on reconnaissait aisément qu'il avait été bâti vers le cinquième ou le sixième siècle. De ses cinq tours, une seulement était encore debout dans toute sa hauteur; les quatre autres, plus ou moins dégradées, et couvrant de leurs débris le sommet du rocher, étaient liées entre elles par des lignes de ruines, lesquelles indiquaient également les anciennes limites des cours dans l'enceinte du château. Il était très difficile de pénétrer dans cette enceinte, obstruée de pierres, de quartiers de rochers, et d'arbustes de toute espèce, qui, rampant

de ruine en ruine, surmontaient de leurs touffes les murailles ombées, ou laissaient pendre jusque dans le précipice leurs longs bras flexibles. C'est à ces tresses de rameaux que venaient souvent, disait-on, se balancer, au clair de lune, des âmes bleuâtres, esprits coupables de ceux qui s'étaient volontairement noyés dans le Sparbo, ou que le farfadet du lac attachait le nuage qui devait le remmener au lever du soleil. Mystères effrayants, dont avaient été plus d'une fois témoins de hardis pêcheurs, quand, pour profiter du sommeil des chiens de mer[*], ils osaient la nuit pousser leur barque jusque sous le rocher d'Oëlmœ, qui s'arrondissait dans l'ombre, au-dessus de leur tête, comme l'arche rompue d'un pont gigantesque.

Nos deux aventuriers franchirent, non sans peine, la muraille

[*] Les chiens de mer sont redoutés des pêcheurs, parce qu'ils effraient les poissons.

du manoir, à travers une crevasse, car l'ancienne porte était encombrée de ruines. La seule tour qui, ainsi que nous l'avons dit, fût restée debout, était située à l'extrémité du rocher. C'était, dit Spiagudry à Ordener, celle du sommet de laquelle on apercevait le fanal de Munckholm. Ils s'y dirigèrent, quoique l'obscurité fût en ce moment complète. La lune était entièrement cachée par un gros nuage noir. Ils allaient gravir la brèche d'un autre mur, pour pénétrer dans ce qui avait été la seconde cour du château, quand Benignus s'arrêta tout court, et saisit brusquement le bras d'Ordener, d'une main qui tremblait si fort, que le jeune homme lui-même en était ébranlé.

— Quoi donc?... dit Ordener surpris.

Benignus, sans répondre, pressa son bras plus vivement encore, comme pour lui demander du silence.

— Mais... reprit le jeune homme.

Une nouvelle pression, accompagnée d'un gros soupir mal étouffé, le décida à attendre patiemment que ce nouvel effroi fût passé.

Enfin Spiagudry, d'une voix oppressée :

— Eh bien, maître, qu'en dites-vous?

— De quoi? dit Ordener.

— Oui, seigneur, continua l'autre du même ton, vous vous repentez bien maintenant d'être monté ici!

— Non, en vérité, mon brave guide, j'espère bien monter plus haut encore. Pourquoi voulez-vous que je m'en repente?

— Comment, seigneur, vous n'avez donc point vu?...

— Vu! quoi?

— Vous n'avez point vu! répéta l'honnête concierge, avec un accès toujours croissant de terreur.

— Mais non vraiment! répondit Ordener d'un ton d'impatience; je n'ai rien vu, et je n'ai entendu que le bruit de vos dents que la peur faisait claquer violemment.

— Quoi! là, derrière ce mur, dans l'ombre, ces deux yeux flamboyants comme des comètes, qui se sont fixés sur nous. Vous ne les avez point vus?

— En honneur, non.

— Vous ne les avez point vus errer, monter, descendre et disparaître enfin dans les ruines?

— Je ne sais ce que vous voulez dire. Qu'importe, d'ailleurs?

— Comment! seigneur Ordener, savez-vous qu'il n'y a en Norvége qu'un seul homme dont les yeux rayonnent ainsi dans les ténèbres?

— Allons, qu'importe encore! Quel est donc cet homme aux yeux de chat? Est-ce Han, votre formidable islandais? Tant mieux, s'il est ici! cela nous épargnera le voyage de Walderhog.

Ce *tant mieux* n'était point du goût de Spiagudry, qui ne put s'empêcher de révéler sa pensée secrète par cette exclamation involontaire :

— Ah! seigneur, vous m'aviez promis de me laisser au village de Surb, à un mille du lieu du combat.

Le bon et noble Ordener comprit et sourit.

— Vous avez raison, vieillard ; il serait injuste de vous mêler à mes dangers. Ne craignez donc rien. Vous voyez ce Han d'Islande partout. Est-ce qu'il ne peut pas y avoir dans ces ruines quelque chat sauvage, dont les yeux soient aussi brillants que ceux de cet homme!

Pour la cinquième fois, Spiagudry parvint à se rassurer, soit que l'explication d'Ordener lui parût en effet naturelle, soit que la tranquillité de son jeune compagnon eût quelque chose de contagieux.

— Ah! seigneur, sans vous je serais dix fois mort de peur en gravissant ces roches. — Il est vrai que, sans vous, je ne l'aurais pas tenté.

La lune, qui reparut, leur laissa voir l'entrée de la plus haute tour, au bas de laquelle ils étaient parvenus. Ils y pénétrèrent en soulevant un épais rideau de lierre, qui fit pleuvoir sur eux des lézards endormis et de vieux nids d'oiseaux funèbres. Le concierge ramassa deux cailloux qu'il choqua, en laissant tomber les étincelles sur un tas de feuilles mortes et de branches sèches recueillies par Ordener. En peu d'instants une flamme claire s'éleva ; et, dissipant les ténèbres qui les entouraient, elle leur permit d'observer l'intérieur de la tour.

Il n'en restait plus que la muraille circulaire, qui était très épaisse et revêtue de lierre et de mousse. Les plafonds de ses quatre étages s'étaient successivement écroulés au rez-de-chaussée, où ils formaient un amas énorme de décombres. Un escalier étroit et sans rampe, rompu en plusieurs endroits, tournait en spirale sur la surface intérieure de la muraille, au sommet de laquelle il aboutissait. Aux premiers pétillements du feu, une nuée de chats-huants et d'orfraies s'envolèrent lourdement, avec des cris étonnés et lugubres, et de grandes chauves-souris vinrent par intervalles effleurer la flamme de leurs ailes couleur de cendre.

— Voici des hôtes qui ne nous reçoivent pas très gaîment, dit Ordener; mais n'allez pas vous effrayer encore.

— Moi, seigneur, reprit Spiagudry, en s'asseyant près du feu, moi craindre un hibou ou une chauve-souris! Je vivais avec des cadavres, et je ne craignais pas les vampires. Ah! je ne redoute que les vivants! Je ne suis pas brave, j'en conviens; mais je ne suis pas superstitieux. — Tenez, si vous m'en croyez, seigneur, rions de ces dames aux ailes noires et aux chants rauques, et songeons à souper.

Ordener ne songeait qu'à Munckholm.

— J'ai bien là quelques provisions, dit Spiagudry en tirant son havre-sac de dessous son manteau; mais, si votre appétit égale le mien, ce pain noir et ce fromage rance auront bientôt disparu. Je vois que nous serons obligés de rester encore fort loin des limites de la loi du roi français Philippe le Bel : *Nemo audeat comedere præter duo fercula cum potagio*. Il doit bien y avoir au sommet de cette tour des nids de mouettes ou de faisans; mais comment y arriver par un escalier branlant qui ne pourrait tout au plus porter que des sylphes?

— Cependant, reprit Ordener, il faudra bien qu'il me porte; car je monterai certainement au faîte de cette tour.

— Quoi! maître, pour avoir des nids de mouettes? — Ne faites pas, de grâce, cette imprudence. Il ne faut pas se tuer pour mieux souper. Songez d'ailleurs que vous pourriez vous tromper, et prendre des nids de chats-huants.

— C'est bien de vos nids que je m'embarrasse! Ne m'avez-vous pas dit que du haut de cette tour on apercevait le donjon de Munckholm?

— Cela est vrai, jeune maître; au sud. Je vois bien que le désir de fixer ce point important pour la science géographique a été le motif de ce fatigant voyage au château de Vermund. Mais daignez réfléchir, noble seigneur Ordener, que le devoir d'un savant zélé peut être quelquefois de braver la fatigue, mais jamais le danger. Je vous en supplie, ne tentez pas cette méchante ruine d'escalier sur laquelle un corbeau n'oserait se percher.

Benignus ne se souciait nullement de rester seul dans le bas de la tour. Comme il se levait pour prendre la main d'Ordener, son havre-sac, placé sur les pointes de ses genoux, tomba dans les pierres et rendit un son clair.

— Qu'est-ce donc qui résonne ainsi dans ce havre-sac? demanda Ordener.

Cette question sur un point si délicat pour Spiagudry, lui ôta l'envie de retenir son jeune compagnon.

— Allons, dit-il sans répondre à la question, puisque, malgré mes prières, vous vous obstinez à monter au haut de cette tour, prenez garde aux crevasses de l'escalier.

— Mais, reprit Ordener, qu'y a-t-il donc dans votre havre-sac, pour lui faire rendre ce son métallique?

Cette insistance indiscrète déplut souverainement au vieux gardien qui maudit le questionneur du fond de l'âme.

— Eh! noble maître, répondit-il, comment pouvez-vous vous occuper d'un méchant plat à barbe de fer qui retentit contre un caillou? — Puisque je ne puis vous fléchir, se hâta-t-il d'ajouter, ne tardez pas à redescendre, et ayez soin de vous tenir aux lierres qui tapissent la muraille. Vous verrez le fanal de Munckholm entre les deux Escabelles de Frigge, au midi.

Spiagudry n'aurait rien pu dire de plus adroit pour bannir toute autre idée de l'esprit du jeune homme. Ordener, se débarrassant de son manteau, s'élança vers l'escalier, sur lequel le concierge le suivit des yeux, jusqu'à ce qu'il ne le vît plus que glisser, comme une ombre vague, au plus haut de la muraille, à peine éclairée à son sommet par la lueur agitée du foyer et le reflet immobile de la lune.

Alors, se rasseyant et ramassant son havre-sac :

— Mon cher Benignus Spiagudry, dit-il, pendant que ce jeune lynx ne vous voit pas et que vous êtes seul, hâtez-vous de briser l'incommode enveloppe de fer qui vous empêche de prendre possession, *oculis et manu*, du trésor renfermé sans doute dans cette cassette. Quand il sera délivré de cette prison, il sera moins lourd à porter et plus aisé à cacher.

Déjà, armé d'une grosse pierre, il s'apprêtait à briser le couvercle du coffre, quand un rayon de lumière tombant sur le sceau de fer qui le fermait, arrêta tout à coup le concierge antiquaire.

— Par saint Willebrod le Numismate, je ne me trompe pas, s'écriait-il en frottant vivement le couvercle rouillé, ce sont bien là les armes de Griffenfeld. J'allais faire une grande folie de rompre ce

sceau. Voilà peut-être le seul modèle qui reste de ces armoiries fameuses, brisées en 1676 par la main du bourreau. Diable! ne touchons pas à ce couvercle. Quelle que soit la valeur des objets qu'il cache, à moins que, contre toute probabilité, ce ne soient des monnaies de Palmyre ou des médailles carthaginoises, il est certainement plus précieux encore. Me voici donc seul propriétaire des armes maintenant abolies de Griffenfeld! — Cachons soigneusement ce trésor. — Aussi bien je trouverai peut-être quelque secret pour ouvrir la cassette, sans commettre de vandalisme. Les armoiries de Griffenfeld! Oh oui! voilà bien la main de justice, la balance sur champ de gueules. Quel bonheur!

A chaque nouvelle découverte héraldique qu'il faisait en dérouillant le vieux cachet, il poussait un cri d'admiration ou une exclamation de contentement.

— Au moyen d'un dissolvant, j'ouvrirai la serrure sans briser le sceau. Ce sont sans doute les trésors de l'ex-chancelier. — Si quelqu'un, tenté par l'appât des quatre écus syndicaux, me reconnaît et m'arrête, il ne me sera pas difficile de me racheter. — Ainsi, cette bienheureuse cassette m'aura sauvé.

En parlant ainsi, son regard se leva machinalement. — Tout à coup son visage grotesque passa en un clin d'œil de l'expression d'une joie folle à celle d'une terreur stupide. Tous ses membres tremblèrent convulsivement. Ses yeux devinrent fixes, son front se rida, sa bouche demeura béante, et sa voix s'éteignit dans son gosier, comme une lumière qu'on souffle.

En face de lui, de l'autre côté du foyer, un petit homme était debout, les bras croisés. A ses vêtements de peaux ensanglantées, à sa hache de pierre, à sa barbe rousse, et à ce regard dévorant fixé sur lui, le malheureux concierge avait reconnu du premier coup d'œil l'effrayant personnage dont il avait reçu la dernière visite au Spladgest de Drontheim.

— C'est moi! dit le petit homme d'un air terrible. — Cette cassette t'aura sauvé, ajouta-t-il avec un affreux sourire ironique. Spiagudry! est-ce ici le chemin de Thoctree?

L'infortuné essaya d'articuler quelques paroles.

— Thoctree!... Seigneur... Mon seigneur maître... j'y allais...

— Tu allais à Walderhog, répondit l'autre d'une voix de tonnerre.

Spiagudry terrifié ramassa toutes ses forces pour faire un signe de tête négatif.

— Tu me conduisais un ennemi; merci! ce sera un vivant de moins. Ne crains rien, fidèle guide, il te suivra.

Le malheureux gardien voulut pousser un cri et put à peine faire entendre un murmure vague et confus.

— Pourquoi t'effraies-tu de ma présence? Tu me cherchais. — Écoute, ne crie pas, ou tu es mort.

Le petit homme agita sa hache de pierre au-dessus de la tête du concierge; il poursuivit, d'une voix qui sortait de sa poitrine comme le bruit d'un torrent sort d'une caverne :

— Tu m'as trahi.

— Non, votre grâce, non, excellence.., dit enfin Benignus pouvant à peine articuler ces paroles suppliantes.

L'autre fit entendre comme un rugissement sourd.

— Ah! tu voudrais me tromper encore! Ne l'espère plus. — Écoute, j'étais sur le toit du Spladgest quand tu as scellé ton pacte avec cet insensé; c'est moi dont tu as deux fois entendu la voix. C'est moi que tu as encore entendu dans l'orage sur la route; c'est moi que tu as retrouvé dans la tour de Vygla; c'est moi qui t'ai dit : Au revoir!

Le concierge épouvanté jeta un regard égaré autour de lui, comme pour appeler du secours. Le petit homme continua :

— Je ne voulais pas laisser échapper ces soldats qui te poursuivaient. Ils étaient du régiment de Munckholm. — Pour toi, je ne pouvais te perdre. — Spiagudry, c'est moi que tu as revu au village d'Oëlmœ sous ce feutre de mineur; c'est moi dont tu as entendu les pas et la voix, dont tu as reconnu les yeux en montant à ces ruines; c'est moi!

Hélas! l'infortuné n'en était que trop convaincu; il se roula à terre aux pieds de son formidable juge, en s'écriant d'une voix déchirante et étouffée : — Grâce!

Le petit homme, les bras toujours croisés, attachait sur lui un regard de sang, plus ardent que la flamme du foyer.

— Demande ton salut à cette cassette dont tu l'attends, dit-il ironiquement.

— Grâce, seigneur! Grâce! répéta le mourant Spiagudry.

— Je t'avais recommandé d'être fidèle et muet, tu n'as pu être fidèle; à l'avenir je te proteste que tu seras muet.

Le concierge, entrevoyant l'horrible sens de ces paroles, poussa un long gémissement.

— Ne crains rien, dit l'homme, je ne te séparerai pas de ton trésor.

A ces mots, dénouant sa ceinture de cuir, il la passa dans l'anneau de la cassette, et la suspendit ainsi au cou de Spiagudry, qui fléchissait sous le poids.

— Allons! reprit l'autre, quel est le diable auquel tu désires donner ton âme? Hâte-toi de l'appeler, afin qu'un autre démon dont tu ne te soucierais pas ne s'en empare point avant lui.

Le désespéré vieillard, hors d'état de prononcer une parole, tomba aux genoux du petit homme, en faisant mille signes de prière et d'épouvante.

— Non, non! dit celui-ci; écoute, fidèle Spiagudry, ne te désole pas de laisser ainsi ton jeune compagnon sans guide. Je te promets qu'il ira où tu vas. Suis-moi, tu ne fais que lui montrer le chemin. — Allons!

A ces mots, saisissant le misérable dans ses bras de fer, il l'emporta hors de la tour comme un tigre emporte une longue couleuvre; et un moment après il s'éleva dans les ruines un grand cri, auquel se mêla un effroyable éclat de rire.

XXIII

> Oui, l'on peut bien montrer à l'œil éploré de l'amant fidèle l'objet éloigné de son idolâtrie. Mais, hélas! les scènes de l'attente, des adieux, les pensées, les souvenirs doux et amers, les rêves enchanteurs des êtres qui aiment! qui peut les rendre?
>
> <div style="text-align:right">MATURIN. <i>Bertram.</i></div>

Cependant l'aventureux Ordener, après avoir vingt fois failli tomber dans sa périlleuse ascension, était parvenu sur le haut du mur épais et circulaire de la tour. A son arrivée inattendue, de noires chouettes centenaires, brusquement troublées dans leurs ruines, s'enfuirent d'un vol oblique, en tournant vers lui leur regard fixe, et des pierres roulantes, heurtées par son pied, tombèrent dans le gouffre en bondissant sur les saillies des rochers avec des bruits sourds et lointains.

En tout autre instant, Ordener eût longtemps laissé errer sa vue et sa rêverie sur la profondeur de l'abîme, accrue de la profondeur de la nuit. Son œil, observant à l'horizon toutes ces grandes ombres, dont une lune nébuleuse blanchissait à peine les sombres contours, eût longtemps cherché à distinguer les vapeurs parmi les rochers et les montagnes parmi les nuages ; son imagination eût animé toutes les formes gigantesques, toutes les apparences fantastiques que le clair de lune prête aux monts et aux brouillards. Il eût écouté de loin la plainte confuse du lac et des forêts, mêlée au sifflement aigu des herbes sèches que le vent tourmentait à ses pieds, entre les fentes des pierres ; et son esprit eût donné un langage à toutes ces voix mortes que la nature matérielle élève pendant le sommeil de l'homme et le silence de la nuit. Mais, quoique cette scène agît à son insu sur son être entier, d'autres pensées le remplissaient. À peine son pied s'était-il posé sur le faîte de la muraille, que son œil s'était tourné vers le sud du ciel, et qu'une joie indicible l'avait transporté en apercevant au delà de l'angle de deux montagnes, un point lumineux rayonner à l'horizon comme une étoile rouge. — C'était le fanal de Munckholm.

Ceux-là ne sont pas destinés à goûter les vraies joies de la vie, qui ne comprendront pas le bonheur qu'éprouva le jeune homme. Tout son cœur se souleva de ravissement ; son sein gonflé, palpitant avec force, respirait à peine. Immobile, l'œil tendu, il contemplait l'astre de consolation et d'espérance. Il lui semblait que ce rayon de lumière, venant au sein de la nuit du séjour qui contenait toute sa félicité, lui apportait quelque chose de son Éthel. Ah ! n'en doutons pas, à travers les temps et les espaces, les âmes ont quelquefois des correspondances mystérieuses. En vain le monde réel élève ses barrières entre deux êtres qui s'aiment ; habitants de la vie idéale, ils s'apparaissent dans l'absence, ils s'unissent dans la mort. Que peuvent en effet les séparations corporelles, les distances physiques sur deux cœurs liés invinciblement par une même pensée et un commun désir ? — Le véritable amour peut souffrir, mais non mourir.

Qui ne s'est point arrêté cent fois durant les nuits pluvieuses sous quelque fenêtre à peine éclairée ? Qui n'a point passé et repassé devant une porte, erré avec délices autour d'une maison ? Qui ne s'est point brusquement retourné de son chemin pour suivre, le soir, dans les détours d'une rue déserte, une robe flottante, un voile blanc tout à à coup reconnu dans l'ombre ? Celui qui ne connaît pas ces émotions peut dire qu'il n'a jamais aimé.

En présence du fanal lointain de Munckholm, Ordener méditait; à sa première joie avait succédé un contentement triste et ironique; mille sentiments divers se pressaient dans son âme tumultueuse. — Oui, se disait-il, il faut que l'homme gravisse longtemps et péniblement pour voir enfin un point de bonheur dans l'immense nuit. — Elle est donc là! elle dort, elle rêve, elle pense à moi, peut-être! Mais qui lui dira que son Ordener est maintenant, triste et isolé, suspendu dans l'ombre au-dessus d'un abîme! son Ordener, qui n'a plus d'elle qu'une boucle de cheveux sur son sein, et une lueur vague à l'horizon! — Puis, laissant tomber un coup d'œil sur les rayons rougeâtres du grand feu allumé dans la tour, qui s'échappaient au dehors à travers les crevasses de la muraille : — Peut-être, murmura-t-il, de l'une des fenêtres de sa prison, jette-t-elle un regard indifférent sur la flamme lointaine de ce foyer.

Tout à coup un grand cri et un long éclat de rire se firent entendre, comme au-dessous de lui, sur le bord de l'abîme; il se détourna brusquement, et vit l'intérieur de la tour déserte. Alors, inquiet pour le vieillard, il se hâta de descendre; mais à peine avait-il franchi quelques marches de l'escalier, qu'un bruit sourd, pareil à celui d'un corps pesant qui serait tombé dans les eaux profondes du lac, monta jusqu'à lui.

XXIV

> Le comte don Sancho Diaz, seigneur de Saldana, répandait d'amères larmes dans sa prison.
> Plein de désespoir, il exhalait ses plaintes dans la solitude contre le roi Alphonse.
> « O tristes moments, où mes cheveux blancs me rappellent combien d'années j'ai déjà passées dans cette prison horrible ! »
>
> *Romances espagnoles.*

Le soleil se couchait; ses rayons horizontaux dessinaient sur la simarre de laine de Schumacker et sur la robe de crêpe d'Éthel, l'ombre noire des barreaux de leur fenêtre. Tous deux étaient assis près de la haute croisée en ogive, le vieillard sur un grand fauteuil gothique, la jeune fille sur un tabouret, à ses pieds. Le prisonnier paraissait rêver dans sa position favorite et mélancolique. Son front chauve et ridé était appuyé sur ses mains et l'on ne voyait de son visage que sa barbe blanche qui pendait en désordre sur sa poitrine.

— Mon père, dit Éthel qui cherchait tous les moyens de le distraire, mon seigneur et père, j'ai fait cette nuit un songe d'heureux avenir. — Voyez, levez les yeux, mon noble père, regardez ce beau ciel.

— Je ne vois le ciel, répondit le vieillard, qu'à travers les barreaux de ma prison, comme je ne vois votre avenir, Éthel, qu'à travers mes malheurs.

Puis sa tête, un moment soulevée, retomba sur ses mains, et tous deux se turent.

— Mon seigneur et père, reprit la jeune fille un moment après et d'une voix timide, est-ce au seigneur Ordener que vous pensez?

— Ordener?.. dit le vieillard, comme cherchant à se rappeler de qui on lui parlait. — Ah! je sais qui vous voulez dire. Eh bien?

— Pensez-vous qu'il revienne bientôt, mon père? il y a longtemps déjà qu'il est parti. Voici le quatrième jour.

Le vieillard secoua tristement la tête.

— Je crois que, lorsque nous aurons compté la quatrième année depuis son départ, nous serons aussi près de son retour qu'aujourd'hui.

Éthel pâlit.

— Dieu! croyez-vous donc qu'il ne reviendra pas!

Schumacker ne répondit point. La jeune fille répéta sa question avec un accent suppliant et inquiet.

— N'a-t-il donc pas promis qu'il reviendrait? dit brusquement le prisonnier.

— Oui, sans doute, seigneur! reprit Éthel empressée.

— Eh bien! comment pouvez-vous compter sur son retour? n'est-ce pas un homme? Je crois que le vautour pourra retourner au cadavre, mais je ne crois pas au retour du printemps dans l'année qui décline.

Éthel, voyant son père retomber dans ses mélancolies, se rassura; il y avait dans son cœur de vierge et d'enfant une voix qui démentait impérieusement la philosophie chagrine du vieillard.

— Mon père, dit-elle avec fermeté, le seigneur Ordener reviendra; ce n'est pas un homme comme les autres hommes.

— Qu'en savez-vous, jeune fille?

— Ce que vous en savez vous-même, mon seigneur et père.

— Je ne sais rien, dit le vieillard. J'ai entendu des paroles d'un homme qui annonçaient des actions d'un dieu.

Puis il ajouta, avec un rire amer : — J'ai réfléchi sur cela, et j'ai vu que c'était trop beau pour y croire.

— Et moi, seigneur, j'y ai cru, précisément parce que c'était beau.

— Oh! jeune fille, si vous étiez ce que vous deviez être, comtesse de Tonsberg et princesse de Wollin, entourée, comme vous le seriez, d'une cour de beaux traîtres et d'adorateurs intéressés, cette crédulité serait d'un grand danger pour vous.

— Mon père et seigneur, ce n'est pas crédulité, c'est confiance.

— On s'aperçoit aisément, Éthel, qu'il y a du sang français dans vos veines.

Cette idée ramena le vieillard, par une transition imperceptible, à des souvenirs, et il continua avec une sorte de complaisance :

— Car ceux qui ont dégradé votre père plus qu'il n'avait été élevé ne pourront empêcher que vous ne soyez fille de Charlotte, princesse de Tarente, et que l'une de vos aïeules ne soit Adèle ou Édèle, comtesse de Flandre, dont vous portez le nom.

Éthel pensait à toute autre chose.

— Mon père, vous jugez mal le noble Ordener.

— Noble, ma fille ! quel sens donnez-vous à ce mot? J'ai fait des nobles qui ont été bien vils.

— Je ne veux point dire, seigneur, qu'il soit noble de la noblesse qui se donne.

— Est-ce donc que vous savez qu'il descend d'un *jarl* ou d'un *kersa**?

— Je l'ignore comme vous, mon père. Il est peut-être, poursuivit-elle en baissant les yeux, le fils d'un serf ou d'un vassal. Hélas! on peint des couronnes et des lyres sur le velours d'un marchepied. Je veux dire seulement d'après vous, mon vénéré seigneur, qu'il est noble de cœur.

De tous les hommes qu'elle avait vus, Ordener était celui qu'Éthel

---

* Les anciens seigneurs en Norvége, avant que Griffenfeld fondât une noblesse régulière, portaient les titres de *hersa* (baron), ou *jarl* (comte). C'est de ce dernier mot qu'est formé le mot anglais *earl* (comte).

connaissait le plus et le moins tout ensemble. Il était apparu dans sa destinée, pour ainsi dire, comme ces anges qui visitaient les premiers hommes, en s'enveloppant à la fois de clartés et de mystères. Leur seule présence révélait leur nature, et l'on adorait. Ainsi Ordener avait laissé voir à Éthel ce que les hommes cachent le plus, son cœur; il avait gardé le silence sur ce dont ils se vantent assez volontiers, sa patrie et sa famille; son regard avait suffi à Éthel, et elle avait eu foi en ses paroles. Elle l'aimait, elle lui avait donné sa vie, elle n'ignorait rien de son âme, et ne savait pas son nom.

— Noble de cœur! répéta le vieillard, noble de cœur! Cette noblesse est au-dessus de celle que donnent les rois; c'est Dieu qui la donne. Il la prodigue moins qu'eux...

Ici le prisonnier leva les yeux vers ses armoiries brisées, en ajoutant :

— Et il ne la reprend jamais.

— Aussi, mon père, dit la jeune fille, celui qui garde l'une se console-t-il aisément d'avoir perdu l'autre.

Cette parole fit tressaillir le père et lui rendit son courage. Il reprit d'une voix ferme :

— Vous avez raison, jeune fille. Mais vous ne savez pas que la disgrâce jugée injuste par le monde est quelquefois justifiée par notre intime conscience. Telle est notre misérable nature ; une fois malheureux, il s'élève en nous-mêmes, pour nous reprocher des fautes et des erreurs, une foule de voix qui dormaient dans la prospérité.

— Ne parlez pas ainsi, mon illustre père, dit Éthel, profondément émue ; car, à la voix altérée du vieillard, elle sentait qu'il avait laissé échapper le secret de l'une de ses douleurs.

Elle leva ses yeux sur lui, et, baisant sa main froide et ridée, elle reprit doucement :

— Vous jugez bien sévèrement deux hommes nobles, le seigneur Ordener et vous, mon vénéré père.

— Vous décidez légèrement, Éthel. On dirait que vous ne savez pas que la vie est une chose grave.

— Ai-je donc mal fait, seigneur, de rendre justice au généreux Ordener ?

Schumacker fronça le sourcil d'un air mécontent.

— Je ne puis vous approuver, ma fille, d'attacher ainsi votre admiration à un inconnu, que vous ne reverrez jamais sans doute.

— Oh ! dit la jeune fille, sur laquelle ces paroles glacées tombaient comme un poids, ne croyez pas cela. Nous le reverrons. N'est-ce pas pour vous qu'il va affronter ce danger ?

— Je me suis comme vous, je l'avoue, laissé prendre d'abord à ses promesses. Mais non, il n'ira pas, et alors il ne reviendra pas vers nous.

— Il ira, seigneur, il ira !

Le ton dont la jeune fille prononça ces mots était presque celui de l'offense. Elle se sentait outragée dans son Ordener. Hélas ! elle était trop sûre dans son âme de ce qu'elle affirmait !

Le prisonnier reprit, sans paraître ému :

— Eh bien ! s'il va combattre ce brigand, s'il se dévoue à ce danger, il en sera de même ; il ne reviendra pas.

Pauvre Éthel ! — combien une parole cite avec indifférence peut quelquefois froisser douloureusement la plaie secrète d'un cœur inquiet et déchiré! Elle baissa son visage pâle, pour dérober au regard froid de son père deux larmes qui s'échappaient malgré elle de ses paupières gonflées.

— O mon père! murmura-t-elle, au moment où vous parlez ainsi, peut-être ce noble infortuné meurt-il pour vous!

Le vieux ministre secoua la tête en signe de doute.

— Je ne le crois pas plus que je ne le désire. Et d'ailleurs, où serait mon crime? J'aurais été ingrat envers ce jeune homme, comme tant d'autres l'ont été envers moi.

Un soupir profond fut la seule réponse d'Éthel; et Schumacker, se penchant vers son bureau, continua de déchirer d'un air distrait quelques feuillets des *Vies des Hommes illustres* de Plutarque, dont le volume, déjà lacéré en vingt endroits, et surchargé de notes, était devant lui.

Un moment après, le bruit de la porte qui s'ouvrait se fit entendre et Schumacker, sans se détourner, cria sa défense habituelle : — Qu'on n'entre pas! laissez-moi; je ne veux pas qu'on entre.

— C'est son excellence le gouverneur, répondit la voix de l'huissier.

En effet, un vieillard, revêtu d'un grand habit de général, portant à son cou les colliers de l'éléphant, de dannebrog et de la toison d'or, s'avança vers Schumacker, qui se leva à demi, en répétant entre ses dents : — Le gouverneur! le gouverneur! — Le général salua avec respect Éthel, qui, debout près de son père, le considérait d'un air inquiet et craintif.

Peut-être, avant d'aller plus loin, n'est-il pas inutile de rappeler en quelques mots les motifs de cette visite du général Levin à Munckholm. Le lecteur n'a pas oublié les fâcheuses nouvelles qui tourmentaient le vieux gouverneur, au chapitre xx de cette véritable histoire. En les recevant, la nécessité d'interroger Schumacker s'était d'abord présentée à l'esprit du général; mais il n'avait pu s'y décider sans une extrême répugnance. L'idée d'aller tourmenter un infortuné prisonnier, déjà livré à tant de tourments, et qu'il avait vu si puissant, de scruter sévèrement les secrets du malheur, même coupable, déplaisait à son âme bonne et généreuse. Cependant le service du roi l'exigeait; il ne devait pas quitter Drontheim sans emporter les nouvelles lueurs qui pouvaient jaillir de l'interrogatoire de l'auteur apparent de l'insurrection des mineurs. C'était donc le soir qui devait précéder son départ qu'après un entretien long et confidentiel avec la comtesse d'Ahlefeld, le gouverneur s'était résigné à voir le captif. En se rendant au château, l'idée des intérêts de l'état, du parti que ses nombreux ennemis personnels pourraient tirer de ce qu'on nommerait sa négligence, et peut-être aussi d'astucieuses paroles de la grande-chancelière, avaient fermenté dans sa tête et l'avaient ramené à la fermeté. Il était donc monté au donjon du Lion de Slesvig avec des projets de sévérité; il se promettait d'être avec le conspirateur Schumacker comme s'il n'avait jamais connu le chancelier Griffenfeld, de dépouiller tous ses souvenirs et jusqu'à son caractère, et de parler en juge inflexible à cet ancien confrère de faveur et de puissance.

Cependant, à peine entré dans l'appartement de l'ex-chancelier, le visage vénérable, quoique morose, du vieillard l'avait frappé; la figure douce, quoique fière, d'Éthel l'avait attendri; et le premier aspect des deux prisonniers avait déjà dissipé la moitié de sa sévérité.

Il s'avança vers le ministre tombé, et lui tendit involontairement la main en disant, sans s'apercevoir que l'autre ne répondait pas à sa politesse :

— Salut, comte de Griffenf... — C'était la surprise d'une vieille habitude. Il se reprit précipitamment : — Seigneur Schumacker! — Puis il s'arrêta, tout satisfait et tout épuisé d'un tel effort.

Il se fit une pause. Le général cherchait dans sa tête quelles paroles assez sévères pourraient dignement répondre à la dureté de ce début.

— Eh bien, dit enfin Schumacker, vous êtes le gouverneur du Drontheimhus?

Le général, un peu surpris de se voir questionné par celui qu'il venait interroger, fit un signe affirmatif.

— En ce cas, reprit le prisonnier, j'ai une plainte à vous faire.

— Une plainte! laquelle? laquelle? — Et le visage du noble Levin prenait une expression d'intérêt.

Schumacker continua d'un air d'humeur :

— Un ordre du vice-roi prescrit qu'on me laisse libre et tranquille dans ce donjon.

— Je connais cet ordre.

— Seigneur gouverneur, on se permet pourtant de m'importuner et de pénétrer dans ma prison.

— Qui donc? s'écria le général; nommez-moi celui qui ose...

— Vous, seigneur gouverneur.

Ces paroles, prononcées d'un ton hautain, blessèrent le général. Il répondit d'une voix presque irritée :

— Vous oubliez que mon pouvoir, lorsqu'il s'agit de servir le roi, ne connaît point de limites.

— Si ce n'est, dit Schumacker, celles du respect qu'on doit au malheur. Mais les hommes ne savent pas cela.

L'ex-grand-chancelier parlait ainsi, comme s'il se fût parlé à lui-même. Il fut entendu du gouverneur.

— Si vraiment, si vraiment! J'ai eu tort, comte de Griff... seigneur Schumacker, veux-je dire; je devais vous laisser la colère, puisque j'ai la puissance.

Schumacker se tut un instant.

— Il y a, reprit-il pensif, dans votre visage et dans votre voix, seigneur gouverneur, quelque chose d'un homme que j'ai connu jadis. Il y a bien longtemps. Il n'y a que moi qui me souvienne de ce temps-là. C'était dans ma prospérité. C'était un certain Levin de Knud, du Mecklembourg. Avez-vous connu ce fou?

— Je l'ai connu, répliqua le général sans s'émouvoir.

— Ah! vous vous le rappelez. Je croyais qu'on ne se souvenait des hommes que dans l'adversité.

— N'était-ce pas un capitaine de la milice royale? poursuivit le gouverneur.

— Oui, un simple capitaine, bien que le roi l'aimât beaucoup. Mais il ne songeait qu'aux plaisirs et ne montrait pas d'ambition. C'était une tête singulièrement extravagante. Conçoit-on une pareille modération de désirs dans un favori?

— Mais cela peut se concevoir.

— Je l'aimais assez, ce Levin de Knud, parce qu'il ne m'inquiétait pas. Il était l'ami du roi comme d'un autre homme. On eût dit qu'il ne l'aimait que pour son plaisir particulier, et nullement pour sa fortune.

Le général voulut interrompre Schumacker; mais celui-ci continua avec quelque opiniâtreté, soit par esprit de contrariété, soit que le souvenir réveillé en lui lui plût en effet :

— Puisque vous avez connu ce capitaine Levin, seigneur gouverneur, vous savez sans doute qu'il eut un fils, lequel même est mort tout jeune. Mais vous souvenez-vous de ce qui se passa à la naissance de ce fils?

— Je me souviens bien plus de ce qui se passa à sa mort, dit le général, en cachant ses yeux de sa main et d'une voix altérée.

— Mais, poursuivit l'indifférent Schumacker, c'est un fait connu de peu de personnes, et qui vous peindra toute la bizarrerie de ce Levin. Le roi voulait tenir l'enfant sur les fonts de baptême; croiriez-vous que Levin refusa? Il fit bien plus encore; il choisit pour le parrain de son fils un vieux mendiant qui se traînait aux portes du palais. Je n'ai jamais pu comprendre le motif d'un pareil acte de démence.

— Je vais vous le dire, répondit le général. En choisissant un protecteur à l'âme de son fils, ce capitaine Levin pensait sans doute qu'un pauvre est plus puissant auprès de Dieu qu'un roi.

Schumacker réfléchit un instant et dit :

— Vous avez raison.

Le gouverneur voulut encore ramener la conversation au but de sa visite. Mais Schumacker l'arrêta.

— De grâce, s'il est vrai que ce Levin du Mecklembourg ne vous soit pas inconnu, laissez-moi parler de lui. De tous les hommes que j'ai vus dans mes temps de grandeur, c'est le seul dont le souvenir ne m'apporte ni dégoût ni horreur. S'il poussait la singularité jusqu'à la folie, il n'en était pas moins, par ses nobles qualités, un homme tel qu'il y en a bien peu.

— Je ne pense pas de même. Ce Levin n'avait rien de plus que les autres hommes. Il y en a beaucoup même qui valent mieux que lui.

Schumacker croisa les bras, en levant les yeux au ciel.

— Oui, voilà bien comme ils sont tous! On ne peut louer devant eux un homme digne de louange, qu'ils ne cherchent aussitôt à le noircir. Ils empoisonnent jusqu'au plaisir de louer justement. Il est cependant assez rare.

— Si vous me connaissiez, vous ne m'accuseriez pas de noirceur envers le gén... — c'est-à-dire, le capitaine Levin.

— Laissez-moi, laissez-moi, dit le prisonnier, pour la loyauté et la générosité il n'y a jamais eu deux hommes comme ce Levin de Knud, et dire le contraire, c'est à la fois le calomnier et louer démesurément cette exécrable race humaine!

— Je vous assure, reprit le gouverneur, cherchant à calmer la colère de Schumacker, que je n'ai eu contre Levin de Knud aucune intention perfide.

— Ne dites pas cela. Bien qu'il fût insensé, tous les hommes sont loin de lui ressembler. Ils sont faux, ingrats, envieux, calomniateurs. Savez-vous que Levin de Knud donnait aux hôpitaux de Copenhague plus de la moitié de son revenu?

— J'ignorais que vous en fussiez instruit.

— C'est cela! s'écria le vieillard d'un air triomphant. Il espérait pouvoir le flétrir en toute sûreté, dans la confiance que j'ignorais les bonnes actions de ce pauvre Levin!

— Mais non, mais non!

— Pensez-vous que je ne sais pas encore qu'il fit donner le régiment que le roi lui destinait, à un officier qui l'avait blessé en duel, lui, Levin de Knud, parce que, disait-il, l'autre était plus ancien que lui?

— Je croyais cependant cette action secrète.

— Dites-moi donc, seigneur gouverneur du Drontheimus, est-ce que pour cela elle en est moins belle? Parce que Levin cachait ses vertus, est-ce une raison pour les nier? Oh! que les hommes sont bien les mêmes! Oser confondre avec eux le noble Levin, lui qui, n'ayant pu sauver un soldat convaincu d'avoir voulu l'assassiner, fit une pension à la veuve de son meurtrier!

— Eh! qui n'en eût pas fait autant?

Ici Schumacker éclata.

— Qui? vous! moi! tous les hommes, seigneur gouverneur! Parce que vous portez le brillant costume de général et des plaques d'honneur sur votre poitrine, croyez-vous donc à votre mérite? Vous êtes général, et le malheureux Levin sera mort capitaine. Il est vrai que c'était un fou, et qu'il ne songeait pas à son avancement.

— S'il n'y a point songé lui-même, la bonté du roi y a songé pour lui.

— La bonté? dites la justice! si pourtant on peut dire la justice d'un roi. Eh bien! quelle insigne récompense lui a-t-on donnée?

— Sa majesté a payé Levin de Knud bien au delà de son mérite.

— A merveille! s'écria le vieux ministre en frappant des mains. Un loyal capitaine vient peut-être, après trente ans de services, d'être nommé major, et cette haute faveur vous porte ombrage, noble général? Un proverbe persan a raison de dire que le soleil couchant est jaloux de la lune qui se lève.

Schumacker était tellement irrité que le général put à peine faire entendre ces paroles : — Si vous m'interrompez sans cesse... vous m'empêchez de vous expliquer...

— Non, non! poursuivit l'autre, j'avais cru, seigneur général, saisir, au premier abord, quelques traits de ressemblance entre vous et le bon Levin; mais, allez! il n'en existe aucun.

— Mais, écoutez-moi...

— Vous écouter! pour que vous me disiez que Levin de Knud est indigne de quelque misérable récompense!

— Je vous jure que ce n'est pas...

— Vous en viendriez bientôt; je vous devine, vous autres hommes, à me soutenir qu'il est, comme vous tous, fourbe, hypocrite, méchant.

— En vérité, non.

— Que sais-je? peut-être qu'il a trahi un ami, persécuté un bienfaiteur, comme vous l'avez tous fait? — ou empoisonné son père, ou assassiné sa mère?

— Vous êtes dans une erreur... — Je suis loin de vouloir...

— Savez-vous que ce fut lui qui détermina le vice-chancelier Wind, ainsi que Scheel, Vinding et le justicier Lasson, trois de mes juges, à ne point opiner pour la peine de mort? Et vous voulez que je vous entende, de sang-froid, le calomnier! Oui, c'est ainsi qu'il a agi envers moi, et pourtant je lui avais toujours fait plutôt du mal que du bien; car je suis semblable à vous, vil et méchant.

Le noble Levin éprouvait, durant cet étrange entretien, une émotion singulière. Objet à la fois des outrages les plus directs et de la louange la plus sincère, il ne savait quelle contenance faire à d'aussi rudes compliments, à tant de flatteuses injures. Il était choqué et attendri. Tantôt il voulait s'emporter, tantôt remercier Schumacker. Présent et inconnu, il aimait à voir le farouche Schumacker défendre en lui, et contre lui, un ami et un absent; seulement, il eût voulu que son avocat mît un peu moins d'amertume et d'âcreté dans son panégyrique. Mais, au fond de l'âme, les éloges furieux donnés au capitaine Levin le touchaient plus que les injures adressées au gouverneur de Drontheim ne le blessaient. Attachant sur le favori disgracié son regard bienveillant, il prit le parti de lui laisser exhaler son indignation et sa reconnaissance. Celui-ci enfin, après une longue déclamation contre l'ingratitude humaine, tomba épuisé sur son fauteuil, dans les bras de la tremblante Éthel, en disant d'une voix douloureuse :

— O hommes! que vous ai-je donc fait pour vous être fait connaître à moi?

Le général n'avait pas encore pu arriver au sujet important de sa descente à Munckholm. Toute sa répugnance à tourmenter le captif d'un interrogatoire lui était revenue; à sa pitié et à son attendrissement se joignaient deux raisons assez fortes; l'état d'agitation où était tombé Schumacker ne laissait pas espérer qu'il pût répondre d'une façon satisfaisante; et d'ailleurs, en envisageant l'affaire en elle-même, il ne semblait pas au confiant Levin qu'un pareil homme pût être un conspirateur. Néanmoins, comment partir de Drontheim sans avoir interrogé Schumacker? Cette nécessité fâcheuse de sa position de gouverneur vainquit une fois encore toutes ses hésitations, et ce fut ainsi qu'il commença, en adoucissant le plus possible l'accent de sa voix :

— Veuillez calmer un peu votre agitation, comte Schumacker.

C'était d'inspiration que le bon gouverneur avait trouvé cette qualification, comme pour concilier le respect dû au jugement de dégradation avec les égards réclamés par le malheur du dégradé, en unissant son titre nobiliaire à son nom roturier. Il continua :

— C'est un devoir pénible pour moi que de venir...

— Avant tout, interrompit le prisonnier, permettez-moi, seigneur gouverneur, de vous reparler d'une chose qui m'intéresse beaucoup plus que tout ce que votre excellence peut avoir à me dire. Vous m'avez assuré tout à l'heure qu'on avait récompensé ce fou de Levin de ses services. Je désirerais vivement savoir comment.

— Sa majesté, seigneur de Griffenfeld, a élevé Levin au rang de général, et depuis plus de vingt ans ce fou vieillit paisiblement, honoré de cette dignité militaire et de la bienveillance de son roi.

Schumacker baissa la tête.

— Oui, ce fou de Levin, auquel il importait si peu de vieillir capitaine, mourra général, et le sage Schumacker, qui comptait mourir grand-chancelier, vieillit prisonnier d'état.

En parlant ainsi, le captif couvrit son visage de ses mains, et de longs soupirs s'échappaient de sa vieille poitrine. Éthel, qui ne comprenait de l'entretien que ce qui attristait son père, chercha sur-le-champ à le distraire.

— Mon père, voyez donc là-bas, au nord, on voit briller une lumière que je n'ai pas remarquée les soirées précédentes.

En effet, la nuit, qui était tout à fait tombée, faisait ressortir à l'horizon une lumière faible et lointaine, qui semblait partir du sommet de quelque montagne éloignée. Mais l'œil et l'esprit de Schumacker ne se dirigeaient pas incessamment comme ceux d'Éthel vers le nord; aussi ne répondit-il point. Le général seul fut frappé de l'observation de la jeune fille. — C'est peut-être, se dit-il en lui-même, un feu allumé par les révoltés; et cette idée lui rappelant avec force le but de sa présence, il adressa la parole au prisonnier :

— Seigneur Griffenfeld, je suis fâché de vous tourmenter; mais il faut que vous subissiez...

— J'entends, seigneur gouverneur, ce n'est pas assez de passer mes jours dans ce donjon, de vivre flétri et abandonné, de n'avoir plus à moi que des souvenirs amers de grandeur et de puissance; il faut encore que vous violiez ma solitude pour scruter mes douleurs et jouir de mon infortune. Puisque ce noble Levin de Knud, que plusieurs traits extérieurs de votre personne m'ont rappelé, est général comme vous, il eût été trop heureux pour moi qu'on lui donnât le poste que vous occupez; car ce n'est pas lui, je vous jure, seigneur gouverneur, qui fût venu tourmenter un infortuné dans sa prison.

Durant le cours de cet entretien bizarre, le général avait été plus d'une fois sur le point de se nommer afin de le faire cesser. Ce reproche indirect de Schumacker lui en ôta le pouvoir. Il s'accordait si bien avec ses sentiments intérieurs, qu'il lui inspira comme un sentiment de honte de lui-même. Il essaya néanmoins de répondre à la supposition accablante de Schumacker. Chose étrange! par la seule différence de leur caractère, ces deux hommes avaient changé réciproquement de position. Le juge était en quelque sorte réduit à se justifier devant l'accusé.

— Mais, dit le général, si le devoir l'y eût contraint, ne doutez pas que Levin de Knud...

— J'en doute, noble gouverneur! s'écria Schumacker; ne doutez pas vous-même qu'il n'eût rejeté, avec toute la généreuse indignation de son âme, l'emploi d'épier et d'accroître les tortures d'un malheureux captif! Allez, je le connais mieux que vous; en aucun cas il n'eût accepté les fonctions de bourreau. Maintenant, seigneur général, je vous écoute. Faites ce que vous appelez votre devoir. Que veut de moi votre excellence?

Et le vieux ministre attachait son regard fier sur le gouverneur.

Toute la résolution de celui-ci était tombée. Ses premières répugnances s'étaient réveillées, et réveillées invincibles.

— Il a raison, se disait-il en lui-même ; venir tourmenter un malheureux sur de simples soupçons ! Qu'on en charge un autre que moi !

L'effet de ces réflexions fut prompt ; il s'avança vers Schumacker étonné et lui serra la main. Puis, sortant précipitamment :

— Comte Schumacker, dit-il, conservez toujours la même estime à Levin de Knud.

XXV

<small>LE LION.</small>
Hoh !
<small>THÉSÉE.</small>
Bien rugi, lion !

<small>SHAKESPEARE. *Le Songe d'été.*</small>

Le voyageur qui parcourt de nos jours les montagnes couvertes de neige dont le lac de Smiasen est entouré comme d'une ceinture blanche, ne trouve plus aucun vestige de ce que les norvégiens du dix-septième siècle appelaient la ruine d'Arbar. On n'a jamais pu savoir de quelle construction humaine, de quel genre d'édifice, provenait cette ruine, si l'on peut lui donner ce nom. En sortant de la forêt qui couvre la partie méridionale du lac, après avoir gravi une pente semée çà et là de pans de murs et de restes de tours, on arrive à une ouverture voûtée qui perce le flanc du mont. Cette ouverture, aujourd'hui entièrement obstruée par les éboulements de terre, était l'entrée d'une espèce de galerie creusée à vif dans le roc, laquelle traversait la montagne de part en part.

Cette galerie, éclairée faiblement par des soupiraux coniques, pratiqués dans sa voûte de distance en distance, aboutissait à une sorte de salle oblongue et ovale, creusée à moitié dans la roche et terminée en une espèce de maçonnerie cyclopéenne. Autour de cette

salle on observait, dans des niches profondes, des figures de granit grossièrement travaillées. Quelques-uns de ces simulacres mystérieux, tombés de leurs piédestaux, gisaient pêle-mêle sur les dalles, avec d'autres décombres informes, couverts d'herbes et de mousses, à travers lesquels serpentaient le lézard, l'araignée, et tous les insectes hideux qui naissent de la terre et des ruines.

Le jour ne pénétrait dans ce lieu que par une porte opposée à la bouche de la galerie. Cette porte avait, vue d'un certain côté, la forme ogive, mais grossière, sans âge et sans date, et évidemment donnée à l'architecte par le hasard.

On aurait pu donner à cette porte, bien qu'elle fût de plain-pied, le nom de fenêtre, car elle s'ouvrait sur un précipice immense; et l'on ne comprenait pas où pouvaient conduire trois ou quatre marches d'escalier suspendues sur l'abîme en dehors et au-dessous de cette singulière issue.

Cette salle était l'intérieur d'une espèce de tourelle gigantesque qui, de loin, vue du côté du précipice, semblait un des pitons de la montagne. Cette tourelle était isolée, et, comme on l'a déjà dit, nul ne savait à quel édifice elle avait appartenu. On apercevait seulement au-dessus, sur un plateau inaccessible au plus hardi chasseur, une masse qu'on pouvait prendre, à cause de l'éloignement, pour une roche courbée ou pour le débris d'une arcade colossale. — Cette tourelle et cette arcade écroulée étaient connues des paysans sous le nom de ruines d'Arbar. On ne savait pas plus l'origine du nom que l'origine du monument.

C'est sur une pierre située au milieu de cette salle elliptique qu'un petit homme, vêtu de peaux de bêtes, et que nous avons déjà eu occasion de rencontrer plusieurs fois dans le cours de cet ouvrage, est assis.

Il tourne le dos au jour, ou plutôt au vague crépuscule qui pénètre dans la sombre tourelle pendant le soleil éclatant de midi. Cette lueur, la plus forte qui puisse éclairer naturellement l'intérieur de la tourelle, ne suffit pas pour qu'on puisse distinguer de quelle nature est l'objet vers lequel le petit homme se tient courbé. On entend quelques gémissements sourds, et l'on pourrait juger qu'ils partent de ce corps, aux mouvements faibles qu'il semble faire de temps en temps. Quelquefois le petit homme se redresse, et il porte à ses lèvres une sorte de coupe, dont la forme paraît être celle d'un crâne humain, pleine d'une liqueur fumante dont on ne peut voir la couleur, et qu'il savoure à longs traits.

Tout à coup il se lève brusquement.

— On marche dans la galerie, je crois; est-ce déjà le chancelier des deux royaumes?

Ces paroles sont suivies d'un éclat de rire horrible, qui se termine en rugissement sauvage, auquel répond soudain un hurlement parti de la galerie.

— Oh! oh! reprend l'hôte de la ruine d'Arbar, ce n'est pas un homme; mais c'est toujours un ennemi; c'est un loup.

En effet, un grand loup sort subitement de dessous la voûte de la galerie; s'arrête un moment, puis s'approche obliquement vers l'homme, le ventre à terre et fixant sur lui des yeux ardents qui étincellent dans l'ombre. Celui-ci, toujours debout et les bras croisés, le regarde.

— Ah! c'est le vieux loup au poil gris! le plus vieux loup des forêts du Smiasen. — Bonjour, loup; tes yeux brillent; tu es affamé, et l'odeur des cadavres t'attire. — Tu attireras aussi bientôt les loups affamés. — Sois le bienvenu, loup de Smiasen; j'ai toujours eu envie de te rencontrer. Tu es si vieux qu'on dit que tu ne peux mourir. — On ne le dira plus demain.

L'animal répondit par un hurlement affreux, fit un soubresaut en arrière et s'élança d'un bond sur le petit homme.

Celui-ci ne recula point d'un pas. Aussi prompt que l'éclair, de son bras droit il étreignit le ventre du loup, qui, debout en face de lui, avait jeté ses deux pattes de devant sur ses épaules; de la main gauche, il garantit son visage de la gueule béante de son ennemi, en lui saisissant le gosier avec une telle force, que l'animal, contraint de lever la tête, put à peine articuler un cri de douleur.

— Loup de Smiasen, dit l'homme triomphant, tu déchires ma casaque, mais ta peau la remplacera.

Au moment où il mêlait à ces paroles de victoire quelques paroles d'un jargon bizarre, un effort convulsif du loup à l'agonie le fit trébucher contre les pierres qui parsemaient la salle. Ils tombèrent tous deux, et les rugissements de l'homme se confondirent avec les hurlements de la bête.

Obligé dans sa chute de lâcher le gosier du loup, le petit homme sentait déjà les dents tranchantes s'enfoncer dans son épaule, quand, en se roulant l'un sur l'autre, les deux combattants heurtèrent une énorme masse blanche velue qui gisait dans la partie la plus ténébreuse de la salle.

C'était un ours, qui se réveilla de son lourd sommeil en grondant.

A peine les yeux paresseux de ce nouveau personnage se furent-ils assez ouverts pour distinguer la lutte, qu'il se précipita avec fureur, non sur l'homme, mais sur le loup qui en ce moment triomphait à son tour, le saisit violemment de sa gueule par le milieu du corps, et dégagea ainsi le combattant à face humaine.

L'homme, loin de se montrer reconnaissant d'un si grand service, se releva tout ensanglanté, et, s'élançant sur l'ours, lui donna un vigoureux coup de pied dans le ventre, comme un maître à son chien lorsqu'il a commis quelque faute.

— Friend! qui est-ce qui t'appelle? De quoi te mêles-tu?

Ces mots étaient entrecoupés d'interjections furibondes et de grincements de dents.

— Va-t'en! ajouta-t-il en rugissant.

L'ours, qui avait reçu à la fois un coup de pied de l'homme et un coup de dent du loup, fit entendre une sorte de murmure plaintif; puis, baissant sa lourde tête, il lâcha l'animal affamé, qui se jeta sur l'homme avec une rage nouvelle.

Pendant que la lutte continuait, l'ours rebuté retourna à la place où il dormait, s'assit gravement en laissant errer sur les deux ennemis furieux un regard indifférent, et garda le plus paisible silence, en passant alternativement chacune de ses pattes de devant sur l'extrémité de son museau blanc.

Mais le petit homme, au moment où le doyen des loups du Smiasen était revenu à la charge, avait saisi le mufle sanglant de la bête; puis, par un effort inouï de force et d'adresse, il était parvenu à emprisonner la gueule tout entière dans sa main. Le loup se débattait avec des élancements de rage et de douleur; une écume livide tombait de ses lèvres comprimées, et ses yeux, comme gonflés de colère, semblaient sortir de leur orbite. Des deux adversaires, celui dont les os étaient broyés par des dents aiguës, les chairs déchirées par des ongles brûlants, ce n'était pas l'homme, mais la bête féroce; celui dont le hurlement avait l'accent le plus sauvage, l'expression la plus farouche, ce n'était point la bête fauve, mais l'homme.

Enfin celui-ci, ramassant toutes ses forces épuisées par la longue résistance du vieux loup, serra le museau de ses deux mains avec une telle vigueur, que le sang jaillit des narines et de la gueule de l'animal; ses yeux de flamme s'éteignirent et se fermèrent à demi; il chancela et tomba inanimé aux pieds de son vainqueur. Le mouvement faible et continuel de sa queue et les tremblements convulsifs et intermittents qui couraient par tout son corps annonçaient seuls qu'il n'était pas encore tout à fait mort.

Tout à coup une dernière convulsion ébranla l'animal expirant, et les symptômes de vie cessèrent.

— Te voilà mort, loup cervier! dit le petit homme en le poussant du pied avec dédain; est-ce que tu croyais vieillir encore après m'avoir rencontré? Tu ne courras plus à pas sourds sur les neiges en suivant l'odeur et les traces de ta proie; te voilà toi-même bon pour les loups ou les vautours; tu as dévoré bien des voyageurs égarés autour du Smiasen durant ta longue vie de meurtre et de carnage ; maintenant, tu es mort toi-même, tu ne mangeras plus d'hommes ; c'est dommage.

Il s'arma d'une pierre tranchante, s'accroupit sur le corps chaud et palpitant du loup, rompit les jointures des membres, sépara la tête des épaules, fendit la peau dans toute sa longueur sur le ventre, la détacha comme on enlève une veste, et en un clin d'œil le formidable loup du Smiasen n'offrit plus qu'une carcasse nue et ensanglantée. Il jeta cette dépouille sur ses épaules meurtries de morsures, en tournant au dehors le côté nu de la peau humide et tachée de longues veines de sang.

— Il faut bien, grommela-t-il entre ses dents, se vêtir de la peau des bêtes, celle de l'homme est trop mince pour préserver du froid.

Pendant qu'il se parlait ainsi à lui-même, plus hideux encore sous son hideux trophée, l'ours, ennuyé sans doute de son inaction, s'était approché comme furtivement de l'autre objet couché dans l'ombre dont nous avons parlé au commencement de ce chapitre, et bientôt il s'éleva de cette partie ténébreuse de la salle un bruit de dents mêlé de soupirs d'agonie faibles et douloureux. Le petit homme se retourna.

— Friend ! cria-t-il d'une voix menaçante ; ah ! misérable Friend ! — Ici, viens ici !

Et ramassant une grosse pierre, il la jeta à la tête du monstre, qui, tout étourdi du choc, s'arracha lentement à son festin, et vint, en léchant ses lèvres rouges, tomber pantelant aux pieds du petit homme, vers lequel il élevait sa tête énorme en courbant son dos, comme pour demander grâce de son indiscrétion.

Alors il se fit entre les deux monstres, car on peut bien donner ce nom à l'habitant de la ruine d'Arbar, un échange de grondements significatifs. Ceux de l'homme exprimaient l'empire et la colère, ceux de l'ours la prière et la soumission.

— Tiens, dit enfin l'homme, en montrant de son doigt crochu le cadavre écorché du loup, voici ta proie ; laisse-moi la mienne.

L'ours, après avoir flairé le corps du loup, secoua la tête d'un air mécontent et tourna son regard vers l'homme qui paraissait son maître.

— J'entends, dit celui-ci, cela est déjà trop mort pour toi, tandis que l'autre palpite encore. — Tu es raffiné dans tes voluptés, Friend, autant qu'un homme; tu veux que ta nourriture vive encore au moment où tu la déchires; tu aimes à sentir la chair mourir sous ta dent; tu ne jouis que de ce qui souffre. Nous nous ressemblons; — car je ne suis pas homme, Friend, je suis au-dessus de cette espèce misérable, je suis une bête farouche comme toi. — Je voudrais que tu pusses parler, compagnon Friend, pour me dire si elle égale ma joie, la joie dont palpitent tes entrailles d'ours quand tu dévores des entrailles d'homme; mais non, je ne voudrais pas t'entendre parler, de peur que ta voix ne me rappelât la voix humaine. — Oui, gronde à mes pieds, de ce grondement qui fait tressaillir dans la montagne le chevrier égaré; il me plaît comme une voix amie, parce qu'il lui annonce un ennemi. Lève, Friend, lève ta tête vers moi; lèche mes mains de cette langue qui a tant de fois bu le sang humain. — Tu as, ainsi que moi, les dents blanches; cependant ce n'est point notre faute si elles ne sont pas rouges comme une plaie nouvelle; mais le sang lave le sang. — J'ai vu plus d'une fois, du fond d'une caverne noire, les jeunes filles de Kole ou d'Oëlmœ laver leurs pieds nus dans l'eau des torrents, en chantant d'une voix douce; mais je préfère à ces voix mélodieuses et à ces figures satinées ta gueule velue et tes cris rauques; ils épouvantent l'homme.

En parlant ainsi, il s'était assis et abandonnait sa main aux caresses du monstre, qui, se roulant sur le dos à ses pieds, les lui prodiguait de mille manières, comme un épagneul qui déploie toutes ses gentillesses sur le sopha de sa maîtresse.

Ce qui était encore plus étrange, c'est l'attention intelligente avec laquelle il paraissait recueillir les paroles de son patron. Les monosyllabes bizarres dont celui-ci les entremêlait semblaient surtout compris de lui, et il manifestait cette compréhension en redressant subitement sa tête, ou en roulant quelques sons confus au fond de son gosier.

— Les hommes disent que je les fuis, reprit le petit homme, mais ce sont eux qui me fuient; ils font par crainte ce que je ferais par haine. Cependant tu sais, Friend, que je suis aise de rencontrer un homme quand j'ai faim ou soif.

Tout à coup il aperçut dans les profondeurs de la galerie une lumière rougeâtre poindre et s'accroître par degrés, en colorant faiblement les vieux murs humides.

— En voici un justement. Quand on parle d'enfer, Satan montre sa corne. — Holà! Friend, ajouta-t-il en se tournant vers l'ours; holà, lève-toi!

L'animal se dressa sur-le-champ.

— Allons, il faut bien récompenser ton obéissance en satisfaisant ton appétit.

En parlant ainsi, l'homme se courba vers ce qui était couché à terre.

On entendit comme un craquement d'os brisés par la hache; mais il ne s'y mêlait plus ni soupirs ni gémissements.

— Il paraît, murmura le petit homme, que nous ne sommes plus que deux qui vivons dans cette salle d'Arbar. — Tiens, ami Friend, achève ton festin commencé.

Il jeta vers la porte extérieure dont nous avons parlé ce qu'il avait détaché de l'objet étendu à ses pieds. L'ours se précipita sur cette proie si avidement que le coup d'œil le plus rapide n'eût pu distinguer si ce lambeau n'avait pas en effet la forme d'un bras humain, revêtu d'un morceau d'étoffe verte de la nuance de l'uniforme des arquebusiers de Munckholm.

— Voici que l'on approche, dit le petit homme, l'œil fixé sur la lumière qui croissait de plus en plus. — Compagnon Friend, laisse-moi seul un instant. — Hé! dehors!

Le monstre obéissant s'élança vers la porte, descendit à reculons les marches extérieures, et disparut, emportant dans sa gueule sa proie dégouttante, avec un hurlement de satisfaction.

Au même instant un homme assez grand se présenta à l'issue de la galerie, dont les profondeurs sinueuses reflétaient encore une lumière vague. Il était enveloppé d'un long manteau brun, et portait une lanterne sourde, dont il dirigea le foyer lumineux droit au visage du petit homme.

Celui-ci, toujours assis sur sa pierre et les bras croisés, s'écria :

— Sois le mal venu, toi qui viens ici amené par une pensée et non par un instinct!

Mais l'étranger, sans répondre, paraissait le considérer attentivement.

— Regarde-moi, poursuivit-il en dressant la tête, tu n'auras peut-être pas dans une heure un souffle de voix pour te vanter de m'avoir vu.

Le nouveau venu, en promenant sa lumière sur toute la personne du petit homme, paraissait plus surpris encore qu'effrayé.

— Eh bien, de quoi t'étonnes-tu? reprit le petit homme avec un rire pareil au bruit d'un crâne qu'on brise; j'ai des bras et des jambes ainsi que toi. Seulement mes membres ne seront pas, ainsi que les tiens, la pâture des chatpards et des corbeaux.

L'étranger répondit enfin d'une voix basse, quoique assurée, et comme s'il craignait seulement d'être entendu du dehors.

— Écoutez, je ne viens pas en ennemi, mais en ami.

L'autre l'interrompit:

— Pourquoi alors n'as-tu pas dépouillé ta forme d'homme?

— Mon intention est de vous rendre service, si vous êtes celui que je cherche.

— C'est-à-dire de tirer un service de moi. Homme, tu perds tes pas. Je ne sais rendre de service qu'à ceux qui sont las de la vie.

— A vos paroles, répondit l'étranger, je vous reconnais bien pour l'homme qu'il me faut; mais votre taille... Han d'Islande est un géant; ce ne peut être vous.

— C'est la première fois qu'on en doute devant moi.

— Quoi! ce serait vous! — Et l'étranger se rapprochait du petit homme. — Mais on dit que Han d'Islande est d'une stature colossale?

— Ajoute ma renommée à ma taille, et tu me verras plus haut que l'Hécla.

— Vraiment! Répondez-moi, je vous prie; vous êtes bien Han, natif de Klipstadur, en Islande?

— Ce n'est point avec des paroles que je réponds à cette question, dit le petit homme en se levant; et le regard qu'il lança sur l'imprudent étranger le fit reculer de trois pas.

— Bornez-vous, de grâce, à la résoudre avec ce regard, répondit-il d'une voix presque suppliante et en jetant vers le seuil de la galerie un coup d'œil où se peignait le regret de l'avoir franchi. Ce sont vos seuls intérêts qui me conduisent ici.

En entrant dans la salle, le nouveau venu, n'ayant fait qu'entrevoir celui qu'il abordait, avait pu conserver quelque sang-froid; mais quand l'hôte d'Arbar se fut levé, avec son visage de tigre, ses membres ramassés, ses épaules sanglantes, à peine couvertes d'une peau encore fraîche, ses grandes mains armées d'ongles, et son regard flamboyant, l'aventureux étranger avait frémi, comme un voyageur ignorant, qui croit caresser une anguille et se sent piquer par une vipère.

— Mes intérêts? reprit le monstre. Viens-tu donc me donner avis qu'il y a quelque source à empoisonner, quelque village à incendier, ou quelque arquebusier de Munckholm à égorger?

— Peut-être. — Écoutez. Les mineurs de Norvége se révoltent. Vous savez combien de désastres amène une révolte.

— Oui, le meurtre, le viol, le sacrilège, l'incendie, le pillage.

— Je vous offre tout cela.

Le petit homme se mit à rire.

— Je n'ai pas besoin que tu me l'offres pour le prendre.

Le ricanement féroce qui accompagnait ces paroles fit de nouveau tressaillir l'étranger. Il continua néanmoins :

— Je vous propose, au nom des mineurs, le commandement de l'insurrection.

Le petit homme resta un moment silencieux. Tout à coup sa physionomie sombre prit une expression de malice infernale.

— Est-ce bien en leur nom que tu me le proposes? dit-il.

Cette question sembla déconcerter le nouveau venu; mais, sûr d'être inconnu de son redoutable interlocuteur, il se remit aisément.

— Pourquoi les mineurs se révoltent-ils? demanda celui-ci.

— Pour s'affranchir des charges de la tutelle royale.

— N'est-ce que pour cela? repartit l'autre avec le même ton railleur.

— Ils veulent aussi délivrer le prisonnier de Munckholm.

— Est-ce là le seul but de ce mouvement? répéta le petit homme avec cet accent qui déconcertait l'étranger.

— Je n'en connais point d'autre, balbutia ce dernier.

— Ah! tu n'en connais point d'autre!

Ces paroles étaient prononcées du même ton ironique. L'étranger, pour dissiper l'embarras qu'elles lui causaient, s'empressa de tirer de dessous son manteau une grosse bourse qu'il jeta aux pieds du monstre.

— Voici les honoraires de votre commandement.

Le petit homme repoussa le sac du pied.

— Je n'en veux pas. Crois-tu donc que si j'avais envie de ton or ou de ton sang j'attendrais ta permission pour me satisfaire?

L'étranger fit un geste de surprise et presque d'effroi.

— C'était un présent dont les mineurs royaux m'avaient chargé pour vous.

— Je n'en veux pas, te dis-je. L'or ne me sert à rien. Les hommes vendent bien leur âme, mais ils ne vendent pas leur vie. On est forcé de la prendre.

— J'annoncerai donc aux chefs des mineurs que le redoutable Han d'Islande se borne à accepter leur commandement?

— Je ne l'accepte pas.

Ces mots, prononcés d'une voix brève, parurent frapper très désagréablement le prétendu envoyé des mineurs révoltés.

— Comment? dit-il.

— Non! répéta l'autre.

— Vous refusez de prendre part à une expédition qui vous présente tant d'avantages?

— Je puis bien piller les fermes, dévaster les hameaux, massacrer les paysans ou les soldats, tout seul.

— Mais songez qu'en acceptant l'offre des mineurs l'impunité vous est assurée.

— Est-ce encore au nom des mineurs que tu me promets l'impunité? demanda l'autre en riant.

— Je ne vous dissimulerai pas, répondit l'étranger d'un air mystérieux, que c'est au nom d'un puissant personnage qui s'intéresse à l'insurrection.

— Et ce puissant personnage, lui-même, est-il sûr de n'être pas pendu?

— Si vous le connaissiez, vous ne secoueriez pas ainsi la tête.

— Ah! — Eh bien! quel est-il donc?

— C'est ce que je ne puis vous dire.

Le petit homme s'avança et frappa sur l'épaule de l'étranger, toujours avec le même rire sardonique.

— Veux-tu que je te le dise, moi?

Un mouvement échappa à l'homme au manteau; c'était à la fois de l'épouvante et de l'orgueil blessé. Il ne s'attendait pas plus à la brusque interpellation du monstre qu'à sa sauvage familiarité.

— Je me joue de toi, continua ce dernier. Tu ne sais pas que je sais tout. Ce puissant personnage, c'est le grand-chancelier de

Danemark et de Norvége ; et le grand-chancelier de Danemark et de Norvége, c'est toi.

C'était lui en effet. Arrivé à la ruine d'Arbar, vers laquelle nous l'avons laissé voyageant avec Musdœmon, il avait voulu ne s'en remettre qu'à lui-même du soin de séduire le brigand, dont il était loin de se croire connu et attendu. Jamais, par la suite, le comte d'Ahlefeld, malgré toute sa finesse et toute sa puissance, ne put découvrir par quel moyen Han d'Islande avait été si bien informé. Était-ce une trahison de Musdœmon? C'était Musdœmon, il est vrai, qui avait insinué au noble comte l'idée de se présenter en personne au brigand ; mais quel intérêt pouvait-il tirer de cette perfidie? Le brigand avait-il saisi sur quelqu'une de ses victimes des papiers relatifs aux projets du grand-chancelier? Mais Frédéric d'Ahlefeld était, avec Musdœmon, le seul être vivant instruit du plan de son père, et, tout frivole qu'il était, il n'était pas assez insensé pour compromettre un pareil secret. D'ailleurs, il était en garnison à Munckholm, du moins le grand-chancelier le croyait. Ceux qui liront la suite de cette scène, sans être plus que le comte d'Ahlefeld, à même de résoudre le problème, verront quelle probabilité on pouvait asseoir sur cette dernière hypothèse.

Une des qualités les plus éminentes du comte d'Ahlefeld, c'était la présence d'esprit. Quand il s'entendit si rudement nommer par le petit homme, il ne put réprimer un cri de surprise; mais en un clin d'œil sa physionomie pâle et hautaine passa de l'expression de la crainte et de l'étonnement à celle du calme et de l'assurance.

— Eh bien, oui! dit-il, je veux être franc avec vous; je suis en effet le chancelier. Mais soyez franc aussi.

Un éclat de rire de l'autre l'interrompit.

— Est-ce que je me suis fait prier pour te dire mon nom et pour te dire le tien?

— Dites-moi avec la même sincérité comment vous avez su qui j'étais.

— Ne t'a-t-on donc pas dit que Han d'Islande voit à travers les montagnes?

Le comte voulut insister.

— Voyez en moi un ami.

— Ta main, comte d'Ahlefeld! dit le petit homme brutalement. Puis il regarda le ministre en face et s'écria : — Si nos deux âmes s'envolaient de nos corps en ce moment, je crois que Satan hésiterait avant de décider laquelle des deux est celle du monstre.

Le hautain seigneur se mordit les lèvres; mais, placé entre la crainte du brigand et la nécessité d'en faire son instrument, il ne manifesta pas son mécontentement.

— Ne vous jouez pas de vos intérêts; acceptez la direction de l'insurrection, et confiez-vous à ma reconnaissance.

— Chancelier de Norvége, tu comptes sur le succès de tes entreprises, comme une vieille femme qui songe à la robe qu'elle va se filer avec du chanvre dérobé, tandis que la griffe du chat embrouille sa quenouille.

— Encore une fois, réfléchissez avant de rejeter mes offres.

— Encore une fois, moi, brigand, je te dis à toi, grand-chancelier des deux royaumes : non!

— J'attendais une autre réponse, après l'éminent service que vous m'avez déjà rendu.

— Quel service? demanda le brigand.

— N'est-ce point par vous que le capitaine Dispolsen a été assassiné? répondit le chancelier.

— Cela se peut, comte d'Ahlefeld; je ne le connais pas. Quel est cet homme dont tu me parles?

— Quoi! est-ce que ce ne serait point dans vos mains par hasard que serait tombé le coffret de fer dont il était porteur?

Cette question parut fixer les souvenirs du brigand.

— Attendez, dit-il, je me rappelle en effet cet homme et sa cassette de fer. C'était aux grèves d'Urchtal.

— Du moins, reprit le chancelier, si vous pouviez me remettre cette cassette, ma reconnaissance serait sans bornes. Dites-moi, qu'est devenue cette cassette? car elle est en votre pouvoir.

Le noble ministre insistait si vivement sur cette demande que le brigand en parut frappé.

— Cette boîte de fer est donc d'une bien haute importance pour ta grâce, chancelier de Norvége?

— Oui.

— Quelle sera ma récompense si je te dis où tu la trouveras?

— Tout ce que vous pouvez désirer, mon cher Han d'Islande.

— Eh bien! je ne te le dirai pas.

— Allons, vous riez! Songez au service que vous me rendrez.

— J'y songe précisément.

— Je vous assurerai une fortune immense, je demanderai votre grâce au roi.

— Demande-moi plutôt la tienne, dit le brigand. Écoute-moi, grand-chancelier de Danemark et de Norvége, les tigres ne dévorent pas les hyènes. Je vais te laisser sortir vivant de ma présence, parce que tu es un méchant et que chaque instant de ta vie, chaque pensée de ton âme, enfante un malheur pour les hommes et un crime pour toi. Mais ne reviens plus, car je t'apprendrais que ma haine n'épargne personne, pas même les scélérats. Quant à ton capitaine, ne te flatte pas que ce soit pour toi que je l'ai assassiné; c'est son uniforme qui l'a condamné, ainsi que cet autre misérable, que je n'ai pas non plus égorgé pour te rendre service, je t'assure.

En parlant ainsi, il avait saisi le bras du noble comte et l'avait entraîné vers le corps couché dans l'ombre. Au moment où il achevait ses protestations, la lumière de la lanterne sourde tomba sur cet objet. C'était un cadavre déchiré et revêtu en effet d'un habit d'officier des arquebusiers de Munckholm. Le chancelier s'approcha avec un sentiment d'horreur. Tout à coup son regard s'arrêta sur le visage blême et sanglant du mort. Cette bouche bleue et entr'ouverte, ces cheveux hérissés, ces joues livides, ces yeux éteints, ne l'empêchèrent pas de le reconnaître. Il poussa un cri effrayant :

— Ciel! Frédéric! mon fils!

Qu'on n'en doute pas, les cœurs en apparence les plus desséchés et les plus endurcis recèlent toujours dans leur dernier repli quelque affection ignorée d'eux-mêmes, qui semble se cacher parmi des passions et des vices, comme un témoin mystérieux et un vengeur futur. On dirait qu'elle est là pour faire un jour connaître au crime la douleur. Elle attend son heure en silence. L'homme pervers la porte dans son sein et ne la sent pas, parce qu'aucune des afflictions ordinaires n'est assez forte pour pénétrer l'écorce épaisse d'égoïsme et de méchanceté dont elle est enveloppée; mais qu'une des rares et véritables douleurs de la vie se présente inattendue, elle plonge dans le gouffre de cette âme comme un glaive et en touche le fond. Alors l'affection inconnue se dévoile à l'infortuné méchant, d'autant plus violente qu'elle était plus ignorée, d'autant plus douloureuse qu'elle était moins sensible, parce que l'aiguillon du malheur a dû remuer le cœur bien plus profondément pour l'atteindre. La nature se réveille et se déchaîne; elle livre le misérable à des désolations inaccoutumées, à des supplices inouïs; il éprouve, réunies en un instant toutes les souffrances dont il s'était joué durant tant d'années. Les tourments les plus opposés le déchirent à la fois. Son cœur, sur qui pèse une stupeur morne, se soulève en proie à des tortures convulsives. Il semble qu'il vienne d'entrevoir l'enfer dans sa vie, et qu'il se soit révélé à lui quelque chose de plus que le désespoir.

Le comte d'Ahlefeld aimait son fils sans le savoir. Nous disons son fils, parce qu'ignorant l'adultère de sa femme, Frédéric, l'héritier direct de son nom, avait ce titre à ses yeux. Le croyant toujours à Munckholm, il était bien loin de s'attendre à le retrouver dans la tourelle d'Arbar et à le retrouver mort! Cependant il était là, sanglant, décoloré; c'était lui, il n'en pouvait douter. On peut se figurer ce qui se passa en lui quand la certitude de l'aimer pénétra dans son âme inopinément avec la certitude de l'avoir perdu. Tous les sentiments que ces pages décrivent à peine fondirent sur son cœur ensemble comme des éclats de tonnerre. Foudroyé, en quelque sorte, par la surprise, l'épouvante et le désespoir, il se jeta en arrière et se tordit les bras, en répétant d'une voix lamentable :

— Mon fils! mon fils!

Le brigand se mit à rire; et ce fut une chose horrible que d'entendre ce rire se mêler aux gémissements d'un père devant le cadavre de son fils.

— Par mon aïeul Ingolphe! tu peux crier, comte d'Ahlefeld, tu ne le réveilleras pas.

Tout à coup son atroce visage se rembrunit, et il dit d'une voix sombre :

— Pleure ton fils, je venge le mien.

Un bruit de pas précipités dans la galerie l'interrompit; et au moment où il retournait la tête avec surprise, quatre hommes de haute taille, le sabre nu, s'élancèrent dans la salle; un cinquième, petit et replet, les suivait, portant une torche d'une main et une épée de l'autre. Il était enveloppé d'un manteau brun, pareil à celui du grand-chancelier.

— Seigneur! cria-t-il, nous vous avons entendu, nous accourons à votre secours.

Le lecteur a sans doute déjà reconnu Musdœmon et les quatre domestiques armés qui composaient la suite du comte.

Quand les rayons de la torche jetèrent leur lumière vive dans la salle les cinq nouveaux venus s'arrêtèrent frappés d'horreur; et c'était en effet un spectacle effrayant. D'un côté, les restes sanglants du loup; de l'autre, le cadavre défiguré du jeune officier; puis ce père aux yeux hagards, aux cris farouches, et près de lui l'épouvantable brigand, tournant vers les assaillants un visage hideux, où se peignait un étonnement intrépide.

En voyant ce renfort inattendu, l'idée de la vengeance s'empara du comte et le jeta du désespoir dans la rage.

— Mort à ce brigand! s'écria-t-il en tirant son épée. Il a assassiné mon fils! Mort! mort!

— Il a assassiné le seigneur Frédéric? dit Musdœmon, et la torche qu'il portait n'éclaira point la moindre altération sur son visage.

— Mort! mort! répéta le comte furieux.

Et ils s'élancèrent tous six sur le brigand. Celui-ci, surpris de cette brusque attaque, recula vers l'ouverture qui donnait sur le pré-

cipice, avec un rugissement féroce, qui annonçait plutôt la colère que la crainte.

Six épées étaient dirigées contre lui, et son regard était plus enflammé, et ses traits étaient plus menaçants qu'aucun de ceux des agresseurs. Il avait saisi sa hache de pierre, et, contraint par le nombre des assaillants à se borner à la défensive, il la faisait tourner dans sa main avec une telle rapidité que le cercle de rotation le couvrait comme un bouclier. Une multitude d'étincelles jaillissaient avec un bruit clair de la pointe des épées, lorsqu'elles étaient heurtées par le tranchant de la hache; mais aucune lame ne touchait son corps. Toutefois, fatigué par son précédent combat avec le loup, il perdait insensiblement du terrain, et il se vit bientôt acculé à la porte ouverte sur l'abîme.

— Mes amis! cria le comte, du courage! jetons le monstre dans ce précipice.

— Avant que j'y tombe, les étoiles y tomberont, répliqua le brigand.

Cependant les agresseurs redoublèrent d'ardeur et d'audace en voyant le petit homme forcé de descendre une marche de l'escalier suspendu au-dessus du gouffre.

— Bien, poussons! reprit le grand-chancelier; il faudra bien qu'il tombe; encore un effort! — Misérable! tu as commis ton dernier crime. — Courage, compagnons!

Tandis que de sa main droite il continuait les terribles évolutions de sa hache, le brigand, sans répondre, prit de la gauche une trompe de corne suspendue à sa ceinture, et, la portant à ses lèvres, lui fit rendre à plusieurs reprises un son rauque et prolongé, auquel répondit soudain un rugissement parti de l'abîme.

Quelques instants après, au moment où le comte et ses satellites, serrant toujours le petit homme de près, s'applaudissaient de lui avoir fait descendre la seconde marche, la tête énorme d'un ours blanc parut au bout rompu de l'escalier. Frappés d'un étonnement mêlé d'effroi, les assaillants reculèrent.

L'ours acheva de gravir l'escalier lourdement en leur présentant sa gueule sanglante et ses dents acérées.

— Merci, mon brave Friend! cria le brigand.

Et profitant de la surprise des agresseurs, il se jeta sur le dos de son ours qui se mit à descendre à reculons, montrant toujours sa tête menaçante aux ennemis de son maître.

Bientôt, revenus de leur première stupéfaction, ils purent voir l'ours, emportant le brigand hors de leur atteinte, descendre dans l'abîme, ainsi que sans doute il en était monté, en s'accrochant à de vieux troncs d'arbres et à des saillies de rochers. Ils voulurent faire rouler des quartiers de pierre sur lui; mais avant qu'ils eussent soulevé du sol une de ces vieilles masses de granit qui y dormaient depuis si longtemps, le brigand et son étrange monture avaient disparu dans une caverne.

XXVI

> Non, non, ne rions plus. Voyez-vous, ce qui me paraissait si plaisant a aussi son côté sérieux, très sérieux, comme tout dans l'univers ! Croyez-moi, ce mot hasard est un blasphème ; rien sous le soleil n'arrive par hasard ; et ne voyez-vous pas ici le but marqué par la providence?
>
> LESSING. *Émilia Galotti.*

Oui, une raison profonde se dévoile souvent dans ce que les hommes nomment hasard. Il y a dans les événements comme une main mystérieuse qui leur marque, en quelque sorte, la voie et le but. On se récrie sur les caprices de la fortune, sur les bizarreries du sort, et tout à coup il sort de ce chaos des éclairs effrayants, ou des rayons merveilleux; et la sagesse humaine s'humilie devant les hautes leçons de la destinée.

Si, par exemple, quand Frédéric d'Ahlefeld étalait dans un salon somptueux, aux yeux des femmes de Copenhague, la magnificence de ses vêtements, la fatuité de son rang et la présomption de ses paroles; si quelque homme, instruit des choses de l'avenir, fût venu troubler la frivolité de ses pensées par de graves révélations; s'il lui eût dit qu'un jour ce brillant uniforme qui faisait son orgueil causerait sa perte; qu'un monstre à face humaine boirait son sang comme il buvait, lui, voluptueux insouciant, les vins de France et de Bohême; que ses cheveux, pour lesquels il n'avait pas assez d'essences et de parfums, balaieraient la poussière d'un antre de bêtes fauves; que ce bras, dont il offrait avec tant de grâce l'appui aux belles dames de Charlottenbourg, serait jeté à un ours comme un os de chevreuil à demi rongé; comment Frédéric eût-il répondu à ces lugubres prophéties? par un éclat de rire et une pirouette; et ce qu'il y a de plus effrayant, c'est que toutes les raisons humaines auraient approuvé l'insensé.

Examinons cette destinée de plus haut encore. — N'est-ce pas un mystère étrange que de voir le crime du comte et de la comtesse d'Ahlefeld retomber sur eux en châtiments? Ils ont ourdi une trame infâme contre la fille d'un captif; cette infortunée rencontre par hasard un protecteur qui juge nécessaire d'éloigner leur fils, chargé par eux d'exécuter leur abominable dessein. Ce fils, leur unique espérance, est envoyé loin du théâtre de sa séduction; et, à peine arrivé dans son nouveau séjour, un autre hasard vengeur lui fait rencontrer la mort. Ainsi c'est en voulant entraîner une jeune fille innocente et abhorrée dans le déshonneur qu'ils ont poussé leur fils coupable et chéri dans le tombeau. C'est par leur faute que ces misérables sont devenus des malheureux.

XXVII

> Ah! voilà notre belle comtesse! — Pardon, madame, si je ne puis aujourd'hui profiter de l'honneur de votre visite. Je suis en affaires. Une autre fois, chère comtesse, une autre fois; mais, pour aujourd'hui, je ne vous retiens pas plus longtemps ici.
>
> *Le prince à Orsina.*

Le lendemain de sa visite à Munckholm, de grand matin, le gouverneur de Drontheim ordonna qu'on attelât sa voiture de voyage, espérant partir pendant que la comtesse d'Ahlefeld dormirait encore; mais nous avons déjà dit que le sommeil de la comtesse était léger.

Le général venait de signer les dernières recommandations qu'il adressait à l'évêque, aux mains duquel le gouvernement devait être remis par intérim. Il se levait, après avoir endossé sa redingote fourrée, pour sortir, quand l'huissier annonça la noble chancelière.

Ce contre-temps déconcerta le vieux soldat, accoutumé à rire devant la mitraille de cent canons, mais non devant les artifices d'une femme. Il fit néanmoins d'assez bonne grâce ses adieux à la méchante comtesse, et ne laissa percer quelque humeur sur son visage que lorsqu'il la vit se pencher vers son oreille avec cet air astucieux qui voulait seulement paraître confidentiel.

— Eh bien, noble général, que vous a-t-il dit?

— Qui? Poël? il m'a dit que la voiture allait être prête.

— Je vous parle du prisonnier de Munckholm, général.

— Ah!

— A-t-il répondu à votre interrogatoire d'une manière satisfaisante?

— Mais... oui vraiment, dame comtesse, dit le gouverneur, dont on devine l'embarras.

— Avez-vous la preuve qu'il ait trempé dans le complot des mineurs?

Une exclamation échappa à Levin. — Noble dame, il est innocent!

Il s'arrêta tout court, car il venait d'exprimer une conviction de son cœur, et non de son esprit.

— Il est innocent! répéta la comtesse d'un air consterné, quoique incrédule; car elle tremblait qu'en effet Schumacker n'eût démontré au général cette innocence qu'il était si important aux intérêts du grand-chancelier de noircir.

Le gouverneur avait eu le temps de réfléchir; il répondit à l'insistance de la grande-chancelière d'un ton de voix qui la rassura, parce qu'il décelait le doute et le trouble :

— Innocent... — Oui, — si vous voulez...

— Si je veux, seigneur général!

Et la méchante femme éclata de rire.

Ce rire blessa le gouverneur.

— Noble comtesse, dit-il, vous permettrez que je ne rende compte de mon entretien avec l'ex-grand-chancelier qu'au vice-roi.

Alors il salua profondément, et descendit dans la cour où l'attendait sa voiture.

— Oui, se disait la comtesse d'Ahlefeld rentrée dans ses appartements, pars, chevalier errant, que ton absence nous délivre du protecteur de nos ennemis. Va, ton départ est le signal du retour de mon Frédéric. — Je vous demande un peu, oser envoyer le plus joli cavalier de Copenhague dans ces horribles montagnes! — Heureusement il ne me sera pas difficile maintenant d'obtenir son rappel.

A cette pensée elle s'adressa à sa suivante favorite.

— Ma chère Lisbeth, vous ferez venir de Berghen deux douzaines de ces petits peignes que nos élégants portent dans leurs cheveux; vous vous informerez du nouveau roman de la fameuse Scudéry, et vous veillerez à ce qu'on lave régulièrement tous les matins dans l'eau de rose la guenon de mon cher Frédéric.

— Quoi! ma gracieuse maîtresse, demanda Lisbeth, est-ce que le seigneur Frédéric peut revenir?

— Oui, vraiment; et, pour qu'il ait quelque plaisir à me revoir, il faut faire tout ce qu'il demande; je veux lui ménager une surprise à son retour.

Pauvre mère!

XXVIII

> ... Bernard suit en courant les rives de l'Arlança. Il est semblable à un lion qui sort de son antre, cherchant les chasseurs, et déterminé à les vaincre ou à mourir.
> Il est parti, l'espagnol vaillant et déterminé,
> C'est d'un pas rapide, une grosse lance au poing, dans laquelle il met ses espérances, que Bernard suit les ruines de l'Arlança.
>
> *Romances espagnoles.*

Ordener, descendu de la tour d'où il avait aperçu le fanal de Munckholm, s'était longtemps fatigué à chercher de tous côtés son pauvre guide Benignus Spiagudry. Longtemps il l'avait appelé, et l'écho brisé des ruines avait seul répondu. Surpris, mais non effrayé de cette inconcevable disparition, il l'avait attribuée à quelque terreur panique du craintif concierge, et, après s'être généreusement reproché de l'avoir quitté quelques instants, il s'était décidé à passer la nuit sur le rocher d'Oëlmœ pour lui donner le temps de revenir. Alors il prit quelque nourriture, et, s'enveloppant de son manteau, il se coucha près du foyer qui s'éteignait, déposa un baiser sur la boucle de cheveux d'Éthel, et ne tarda pas à s'endormir; car on peut dormir avec un cœur inquiet, quand la conscience est tranquille.

Au soleil levant, il était debout, mais il ne retrouva de Spiagudry que sa besace et son manteau laissés dans la tour, ce qui semblait l'indice d'une fuite très précipitée. Alors, désespérant de le revoir, du moins sur le rocher d'Oëlmœ, il se détermina à partir sans lui, car c'était le lendemain qu'il fallait atteindre Han d'Islande à Walderhog.

On a appris dans les premiers chapitres de cet ouvrage qu'Ordener s'était de bonne heure accoutumé aux fatigues d'une vie errante et aventurière. Ayant déjà plusieurs fois parcouru le nord de la Norvége, il n'avait plus besoin de guide, maintenant qu'il savait où trouver le brigand. Il dirigea donc vers le nord-ouest son voyage solitaire, dans lequel il n'eut plus de Benignus Spiagudry pour lui dire combien de quartz ou de spath renfermait chaque colline, quelle tradition s'attachait à chaque masure, et si tel ou tel déchirement du sol provenait d'un courant du déluge ou de quelque ancienne commotion volcanique.

Il marcha un jour entier à travers ces montagnes qui, partant comme des côtes, de distance en distance, de la chaîne principale dont la Norvége est traversée dans sa longueur, s'étendent en s'abaissant graduellement jusqu'à la mer, où elles se plongent ; de sorte que tous les rivages de ce pays ne présentent qu'une succession de promontoires et de golfes, et tout l'intérieur des terres qu'une suite de montagnes et de vallées, disposition singulière du sol, qui a fait comparer la Norvége à la grande arête d'un poisson.

Ce n'était point une chose commode que de voyager dans ce pays. Tantôt il fallait suivre pour chemin le lit pierreux d'un torrent desséché, tantôt franchir sur des ponts tremblants de troncs d'arbres les chemins mêmes que des torrents nés de la veille venaient de choisir pour lits.

Au reste, Ordener cheminait quelquefois des heures entières sans être averti de la présence de l'homme dans ces lieux incultes autrement que par l'apparition intermittente et alternative des ailes d'un moulin à vent au sommet d'une colline, ou par le bruit d'une forge lointaine, dont la fumée se courbait au gré de l'air comme un panache noir.

De loin en loin il rencontrait un paysan monté sur un petit cheval au poil gris, à la tête basse, moins sauvage encore que son maître, ou un marchand de pelleteries assis dans son traîneau attelé de deux rennes, derrière lequel était attachée une longue corde, dont les nœuds nombreux, en bondissant sur les pierres de la route, étaient destinés à effrayer les loups.

Si alors Ordener demandait au marchand le chemin de la grotte de Walderhog : — Marchez toujours au nord-ouest, vous trouverez le village d'Hervalyn, vous franchirez la ravine de Dodlysax, et cette nuit vous pourrez atteindre Surb, qui n'est qu'à deux milles de Walderhog. — Ainsi répondait avec indifférence le commerçant nomade, instruit seulement des noms et de la position des lieux que son métier lui faisait parcourir.

Si Ordener adressait la même question au paysan, celui-ci, imbu profondément des traditions du pays et des contes du foyer, secouait plusieurs fois la tête et arrêtait sa monture grise en disant : — Walderhog! la caverne de Walderhog! les pierres y chantent, les os y dansent, et le démon d'Islande y habite ; ce n'est sans doute point à la caverne de Walderhog que votre courtoisie veut aller?

— Si vraiment, répondait Ordener.

— C'est donc que votre courtoisie a perdu sa mère, ou que le feu a brûlé sa ferme, ou que le voisin lui a volé son cochon gras ?

— Non, en vérité, reprenait le jeune homme.

— Alors, c'est qu'un magicien a jeté un sort sur l'esprit de sa courtoisie.

— Bonhomme, je vous demande le chemin de Walderhog.

— C'est à cette demande que je réponds, seigneur. Adieu donc. Toujours au nord ! Je sais bien comment vous irez, mais j'ignore comment vous reviendrez.

Et le paysan s'éloignait avec un signe de croix.

A la triste monotonie de cette route se joignait l'incommodité d'une pluie fine et pénétrante qui avait envahi le ciel vers le milieu du jour et accroissait les difficultés du chemin. Nul oiseau n'osait se hasarder dans l'air, et Ordener, glacé sous son manteau, ne voyait voler au-dessus de sa tête que l'autour, le gerfaut ou le faucon-pêcheur, qui, au bruit de son passage, s'envolait brusquement des roseaux d'un étang avec un poisson dans ses griffes.

Il était nuit close quand le jeune voyageur, après avoir franchi le bois de trembles et de bouleaux qui est adossé à la ravine de Dodlysax, arriva à ce hameau de Surb dans lequel Spiagudry, si le lecteur se le rappelle, voulait fixer son quartier général. L'odeur de goudron et la fumée de charbon de terre avertirent Ordener qu'il approchait d'une peuplade de pêcheurs. Il s'avança vers la première hutte que l'ombre lui permit de distinguer. L'entrée, basse et étroite, en était fermée, suivant l'usage norvégien, par une grande peau de poisson transparente, colorée en ce moment par la lumière rouge et tremblante d'un foyer allumé. Il frappa sur l'encadrement de bois de la porte, en criant :

— C'est un voyageur !

— Entrez, entrez, répondit une voix de l'intérieur.

Au même instant une main officieuse leva la peau de poisson, et Ordener fut introduit dans l'habitacle conique d'un pêcheur des côtes de Norvége. C'était une sorte de tente ronde de bois et de terre, au milieu de laquelle brillait un feu où la flamme pourpre de la tourbe se mariait à la clarté blanche du sapin. Près de ce feu le pêcheur, sa femme et deux enfants vêtus de haillons étaient assis devant une table chargée d'assiettes de bois et de vases de terre. Du côté opposé, parmi

des filets et des rames, deux rennes endormis étaient couchés sur un lit de feuilles et de peaux, dont le prolongement semblait destiné à recevoir le sommeil des maîtres du logis et des hôtes qu'il plairait au ciel de leur amener. Ce n'était pas du premier coup d'œil que l'on pouvait distinguer cette disposition intérieure de la hutte, car une fumée âcre et pesante qui s'échappait avec peine par une ouverture pratiquée à la sommité du cône enveloppait tous ces objets d'un voile épais et mobile.

À peine Ordener eut-il franchi le seuil que le pêcheur et sa femme se levèrent et lui rendirent son salut d'un air ouvert et bienveillant. Les paysans norvégiens aiment les voyageurs, autant peut-être par le sentiment de curiosité, si vif chez eux, que par leur penchant naturel à l'hospitalité.

— Seigneur, dit le pêcheur, vous devez avoir faim et froid, voici du feu pour sécher votre manteau et d'excellent rindebrod pour apaiser votre appétit. Votre courtoisie daignera ensuite nous dire qui elle est, d'où elle vient, où elle va, et quelles sont les histoires que racontent les vieilles femmes de son pays.

— Oui, seigneur, ajouta la femme, et vous pourrez joindre à ce rindebrod excellent, comme le dit mon seigneur et mari, un morceau délicieux de stock-fish salé, assaisonné d'huile de baleine. — Asseyez-vous, seigneur étranger.

— Et si votre courtoisie n'aime pas la chère de saint Usulph*, reprit l'homme, qu'elle veuille bien prendre patience un moment, je lui réponds qu'elle mangera un quartier de chevreuil merveilleux ou au moins une aile de faisan royal. Nous attendons le retour du plus fin chasseur qui soit dans les trois provinces. N'est-il pas vrai, ma bonne Maase?

Maase, nom que le pêcheur donnait à sa femme, est un mot norvégien qui signifie *mouette*. La femme n'en parut nullement choquée, soit que ce fût son nom véritable, soit que ce fût un surnom de tendresse.

— Le meilleur chasseur! je le crois, certes, répondit-elle avec emphase. C'est mon frère, le fameux Kennybol! Dieu bénisse ses courses! Il est venu passer quelques jours avec nous, et vous pourrez, seigneur étranger, boire dans la même tasse que lui quelques coups de cette bonne bière. C'est un voyageur comme vous.

— Grand merci, ma brave hôtesse, dit Ordener en souriant; mais je serai forcé de me contenter de votre appétissant stock-fish et d'un morceau de ce rindebrod. Je n'aurai pas le loisir d'attendre votre frère, le fameux chasseur. Il faut que je reparte sur-le-champ.

La bonne Maase, à la fois contrariée du prompt départ de l'étranger et flattée des éloges qu'il donnait à son stock-fish et à son frère, s'écria :

— Vous êtes bien bon, seigneur. Mais comment! vous allez nous quitter si tôt?

— Il le faut.

— Vous hasarder dans ces montagnes à cette heure et par un temps semblable?

— C'est pour une affaire importante.

Ces réponses du jeune homme piquaient la curiosité native de ses hôtes autant qu'elles excitaient leur étonnement.

* Patron des pêcheurs.

Le pêcheur se leva et dit : — Vous êtes chez Christophe Buldus Braall, pêcheur, du hameau de Surb.

La femme ajouta :

— Maase Kennybol est sa femme et sa servante.

Quand les paysans norvégiens voulaient demander poliment son nom à un étranger, leur usage était de lui dire le leur.

Ordener répondit :

— Et moi, je suis un voyageur qui n'est sûr ni du nom qu'il porte, ni du chemin qu'il suit.

Cette réponse singulière ne parut pas satisfaire le pêcheur Braall.

— Par la couronne de Gormon le Vieux, dit-il, je croyais qu'il n'y avait en ce moment en Norvége qu'un seul homme qui ne fût pas sûr de son nom. C'est le noble baron de Thorvick, qui va s'appeler maintenant, assure-t-on, le comte de Danneskiold, à cause de son glorieux mariage avec la fille du chancelier. C'est du moins, ma bonne Maase, la plus fraîche nouvelle que j'aie apportée de Drontheim. — Je vous félicite, seigneur étranger, de cette conformité avec le fils du vice-roi, le grand comte Guldenlew.

— Puisque votre courtoisie, ajouta la femme avec un visage enflammé de curiosité, paraît ne pouvoir rien nous dire de ce qui lui touche, ne pourrait-elle pas nous apprendre quelque chose de ce qui se passe en ce moment ; par exemple, de ce fameux mariage dont mon seigneur et mari a recueilli la nouvelle?

— Oui, reprit celui-ci d'un air important, c'est ce qu'il y a de plus nouveau. Avant un mois le fils du vice-roi épouse la fille du grand-chancelier.

— J'en doute, dit Ordener.

— Vous en doutez, seigneur! Je puis vous affirmer, moi, que la chose est sûre. Je la tiens de bonne source. Celui qui m'en a fait part l'a appris du seigneur Poël, le domestique favori du noble baron de Thorvick, c'est-à-dire du noble comte de Danneskiold. Est-ce qu'un orage aurait troublé l'eau, depuis six jours? Cette grande union serait-elle rompue?

— Je le crois, répondit le jeune homme en souriant.

— S'il en est ainsi, seigneur, j'avais tort. Il ne faut pas allumer le feu pour frire le poisson avant que le filet ne se soit refermé sur lui. Mais cette rupture est-elle certaine? de qui en tenez-vous la nouvelle?

— De personne, dit Ordener. C'est moi qui arrange cela ainsi dans ma tête.

A ces mots naïfs le pêcheur ne put s'empêcher de déroger à la courtoisie norvégienne par un long éclat de rire.

— Mille pardons, seigneur. Mais il est aisé de voir que vous êtes en effet un voyageur, et sans doute un étranger. Vous imaginez-vous donc que les événements suivront vos caprices, et que le temps se rembrunira ou s'éclaircira selon votre volonté?

Ici, le pêcheur, versé dans les affaires nationales, comme tous les paysans norvégiens, se mit à expliquer à Ordener pour quelles raisons ce mariage ne pouvait manquer; il était nécessaire aux intérêts de la famille d'Ahlefeld; le vice-roi ne pouvait le refuser au roi, qui le désirait; on affirmait en outre qu'une passion véritable unissait les deux futurs époux. En un mot, le pêcheur Braall ne doutait pas que cette alliance n'eût lieu; il eût voulu être aussi sûr de tuer, le lendemain, le maudit chien de mer qui infestait l'étang de Master-Bick.

Ordener se sentait peu disposé à soutenir une conversation politique avec un aussi rude homme d'état, quand la survenue d'un nouveau personnage vint le tirer d'embarras.

— C'est lui, c'est mon frère! s'écria la vieille Maase.

Et il ne fallait rien moins que l'arrivée d'un frère pour l'arracher de l'admiration contemplative avec laquelle elle écoutait les longues paroles de son mari.

Celui-ci, pendant que les deux enfants se jetaient bruyamment au cou de leur oncle, lui tendit la main gravement.

— Sois le bienvenu, mon frère.

Puis, se tournant vers Ordener : — Seigneur, c'est notre frère, le renommé chasseur Kennybol, des montagnes de Kole.

— Je vous salue tous cordialement, dit le montagnard en ôtant son bonnet de peau d'ours. Frère, je fais mauvaise chasse sur vos côtes, comme tu ferais sans doute mauvaise pêche dans nos montagnes. Je crois que je remplirais encore plutôt ma gibecière en cherchant des lutins et des follets dans les forêts brumeuses de la reine Mab. Sœur Maase, vous êtes la première mouette à laquelle j'ai pu dire bonjour de près aujourd'hui. Tenez, amis, Dieu vous maintienne en paix! c'est pour ce méchant coq de bruyère que le premier chasseur du Drontheimhus a couru les clairières jusqu'à cette heure et par ce temps.

En parlant ainsi il tira de sa carnassière et déposa sur la table une gelinotte blanche, en affirmant que cette bête maigre n'était pas digne d'un coup de mousquet.

— Mais, ajouta-t-il entre ses dents, fidèle arquebuse de Kennybol, tu chasseras bientôt de plus gros gibier. Si tu n'abats plus des robes de chamois ou d'élan, tu auras à percer des casaques vertes et des justaucorps rouges.

Ces mots, à demi entendus, frappèrent la curieuse Maase.

— Hein! demanda-t-elle, que dites-vous donc là, mon bon frère?

— Je dis qu'il y a toujours un farfadet qui danse sous la langue des femmes.

— Tu as raison, frère Kennybol, s'écria le pêcheur. Ces filles d'Ève sont toutes curieuses comme leur mère. — Ne parlais-tu pas de casaques vertes?

— Frère Braall, répliqua le chasseur d'un air d'humeur, je ne confie mes secrets qu'à mon mousquet, parce que je suis sûr qu'il ne les répétera pas.

— On parle dans le village, poursuivit intrépidement le pêcheur, d'une révolte des mineurs. Frère, saurais-tu quelque chose de cela?

Le montagnard reprit son bonnet et l'enfonça sur ses yeux en jetant un regard oblique sur l'étranger; puis il se baissa vers le pêcheur et dit d'une voix brève et basse :

— Silence!

Celui-ci secoua la tête à plusieurs reprises.

— Frère Kennybol, le poisson a beau être muet, il n'en tombe pas moins dans la nasse.

Il se fit un moment de silence. Les deux frères se regardaient d'un air expressif; les enfants tiraient les plumes de la gelinotte déposée sur la table; la bonne femme écoutait ce qu'on ne disait pas; et Ordener observait.

— Si vous faites maigre chère aujourd'hui, dit tout à coup le chasseur, cherchant visiblement à changer de conversation, il n'en sera pas de même demain. Frère Braall, tu peux pêcher le roi des poissons, je te promets de l'huile d'ours pour l'assaisonner.

— De l'huile d'ours! s'écria Maase. Est-ce qu'on a vû un ours dans les environs? — Patrick, Regner, mes enfants, je vous défends de sortir de cette cabane. — Un ours!

— Tranquillisez-vous, sœur, vous n'aurez plus à le craindre

demain. Oui, c'est un ours en effet que j'ai aperçu à deux milles environ de Surb; un ours blanc. Il paraissait emporter un homme, ou un animal plutôt. — Mais non, ce pouvait être un chevrier qu'il enlevait, car les chevriers se vêtissent de peaux de bêtes. — Au reste, l'éloignement ne m'a pas permis de distinguer. Ce qui m'a étonné, c'est qu'il portait sa proie sur son dos et non entre ses dents.

— Vraiment, frère?

— Oui, et il fallait que l'animal fût mort, car il ne faisait aucun mouvement pour se défendre.

— Mais, demanda judicieusement le pêcheur, s'il était mort, comment était-il soutenu sur le dos de l'ours?

— C'est ce que je n'ai pu comprendre. Au reste, il aura fait le dernier repas de l'ours. En entrant dans ce village je viens de prévenir six bons compagnons; et demain, sœur Maase, je vous apporterai la plus belle fourrure blanche qui ait jamais couru sur les neiges d'une montagne.

— Prenez garde, frère, dit la femme, vous avez remarqué en effet de singulières choses. Cet ours est peut-être le diable.

— Êtes-vous folle? interrompit le montagnard en riant; le diable se changer en ours! En chat, en singe, à la bonne heure, cela s'est vu; mais en ours! ah! par saint Eldon l'exorciseur, vous feriez pitié à un enfant ou à une vieille femme avec vos superstitions!

La pauvre femme baissa la tête.

— Frère, vous étiez mon seigneur avant que mon vénéré mari jetât les yeux sur moi, agissez comme votre ange gardien vous inspirera d'agir.

— Mais, demanda le pêcheur au montagnard, de quel côté as-tu donc rencontré cet ours?

— Dans la direction du Smiasen à Walderhog.

— Walderhog! dit la femme avec un signe de croix.

— Walderhog! répéta Ordener.

— Mais, mon frère, reprit le pêcheur, ce n'est pas toi, j'espère, qui te dirigeais vers cette grotte de Walderhog?

— Moi! Dieu m'en garde! C'était l'ours.

— Est-ce que vous irez le chercher là demain? interrompit Maase avec terreur.

— Non vraiment; comment voulez-vous, mes amis, qu'un ours même ose prendre pour retraite une caverne où...?

Il s'arrêta, et tous trois firent un signe de croix.

— Tu as raison, répondit le pêcheur, il y a un instinct qui avertit les bêtes de ces choses-là.

— Mes bons hôtes, dit Ordener, qu'y a-t-il donc de si effrayant dans cette grotte de Walderhog?

Ils se regardèrent tous trois avec un étonnement stupide, comme s'ils ne comprenaient pas une pareille question.

— C'est là qu'est le tombeau du roi Walder? ajouta le jeune homme.

— Oui, reprit la femme, un tombeau de pierre qui chante.

— Et ce n'est pas tout, dit le pêcheur.

— Non, continua-t-elle, la nuit on y a vu danser les os des trépassés.

— Et ce n'est pas tout, dit le montagnard.

Tous se turent, comme s'ils n'osaient poursuivre.

— Eh bien, demanda Ordener, qu'y a-t-il donc encore de surnaturel?

— Jeune homme, dit gravement le montagnard, il ne faut pas parler si légèrement quand vous voyez frissonner un vieux loup gris tel que moi.

Le jeune homme répondit en souriant doucement :

— J'aurais pourtant voulu savoir tout ce qui se passe de merveilleux dans cette grotte de Walderhog; car c'est là précisément que je vais.

Ces mots pétrifièrent de terreur les trois auditeurs.

— A Walderhog! ciel! vous allez à Walderhog?

— Et il dit cela, reprit le pêcheur, comme on dirait : Je vais à Lœvig vendre ma morue! ou à la clairière de Ralph pêcher le hareng! — A Walderhog, grand Dieu!

— Malheureux jeune homme! s'écriait la femme, vous êtes donc né sans ange gardien? aucun saint du ciel n'est donc votre patron? Hélas! cela est trop vrai, puisque vous paraissez ne savoir même pas votre nom.

— Et quel motif, interrompit le montagnard, peut donc conduire votre courtoisie à cet effroyable lieu?

— J'ai quelque chose à demander à quelqu'un, répondit Ordener.

L'étonnement des trois hôtes redoublait avec leur curiosité.

— Écoutez, seigneur étranger; vous paraissez ne pas bien

connaître ce pays; votre courtoisie se trompe sans doute, ce ne peut être à Walderhog qu'elle veut aller.

— D'ailleurs, ajouta le montagnard, si elle veut parler à quelque être humain, elle n'y trouverait personne.

— Que le démon, reprit la femme.

— Le démon! quel démon?

— Oui, continua-t-elle, celui pour qui chante le tombeau et dansent les trépassés.

— Vous ne savez donc pas, seigneur, dit le pêcheur en baissant la voix et en se rapprochant d'Ordener, vous ne savez donc pas que la grotte de Walderhog est la demeure ordinaire de...

La femme l'arrêta.

— Mon seigneur et mari, ne prononcez pas ce nom, il porte malheur.

— La demeure de qui? demanda Ordener.

— D'un Belzébuth incarné, dit Kennybol.

— En vérité, mes braves hôtes, je ne sais ce que vous voulez dire. On m'avait bien appris que Walderhog était habité par Han d'Islande.

Un triple cri d'effroi s'éleva dans la chaumière.

— Eh bien! — Vous le saviez! — C'est ce démon!

La femme baissa sa coiffe de bure en attestant tous les saints que ce n'était pas elle qui avait prononcé ce nom.

Quand le pêcheur fut un peu revenu de sa stupéfaction il regarda fixement Ordener, comme s'il y avait en ce jeune homme quelque chose qu'il ne pouvait comprendre.

— Je croyais, seigneur voyageur, quand j'aurais dû vivre une vie encore plus longue que celle de mon père, qui est mort âgé de cent vingt ans, n'avoir jamais à indiquer le chemin de Walderhog à une créature humaine douée de sa raison et croyant en Dieu.

— Sans doute, s'écria Maase, mais sa courtoisie n'ira pas à cette grotte maudite; car, pour y mettre le pied, il faut vouloir faire un pacte avec le diable!

— J'irai, mes bons hôtes, et le plus grand service que vous pourrez me rendre sera de m'indiquer le plus court chemin.

— Le plus court pour aller où vous voulez aller, dit le pêcheur, c'est de vous précipiter du haut du rocher le plus voisin dans le torrent le plus proche.

— Est-ce donc arriver au même but, demanda Ordener d'une

voix tranquille, que de préférer une mort stérile à un danger utile?

Braall secoua la tête, tandis que son frère attachait sur le jeune aventurier un regard scrutateur.

— Je comprends, s'écria tout à coup le pêcheur, vous voulez gagner les mille écus royaux que le haut syndic promet pour la tête de ce démon d'Islande.

Ordener sourit.

— Jeune seigneur, continua le pêcheur avec émotion, croyez-moi, renoncez à ce projet. Je suis pauvre et vieux, et je ne donnerais pas ce qui me reste de vie pour vos mille écus royaux, ne me restât-il qu'un jour.

L'œil suppliant et compatissant de la femme épiait l'effet que produirait sur le jeune seigneur la prière de son mari. Ordener se hâta de répondre :

— C'est un intérêt plus grand qui me fait chercher ce brigand que vous appelez un démon; c'est pour d'autres que pour moi...

Le montagnard, qui n'avait pas quitté Ordener du regard, l'interrompit.

— Je vous comprends à mon tour, je sais pourquoi vous cherchez le démon islandais.

— Je veux le forcer à combattre, dit le jeune homme.

— C'est cela, dit Kennybol, vous êtes chargé de grands intérêts, n'est-ce pas?

— Je viens de le dire.

Le montagnard s'approcha du jeune homme d'un air d'intelligence, et ce ne fut pas sans un extrême étonnement qu'Ordener l'entendit lui dire à l'oreille, à demi-voix :

— C'est pour le comte Schumacker de Griffenfeld, n'est-il pas vrai?

— Brave homme, s'écria-t-il, comment savez-vous?...

Et en effet, il lui était difficile de s'expliquer comment un montagnard norvégien pouvait savoir un secret qu'il n'avait confié à personne, pas même au général Levin.

Kennybol se pencha vers lui.

— Je vous souhaite bon succès, reprit-il du même ton mystérieux; vous êtes un noble jeune homme de servir ainsi les opprimés.

La surprise d'Ordener était si grande qu'il trouvait à peine des paroles pour demander au montagnard comment il était instruit du but de son voyage.

— Silence, dit Kennybol en mettant son doigt sur la bouche, j'espère que vous obtiendrez de l'habitant de Walderhog ce que vous désirez; mon bras est dévoué, comme le vôtre, au prisonnier de Munckholm.

Puis élevant la voix, avant qu'Ordener eût pu répliquer :

— Frère, bonne sœur Maase, poursuivit-il, recevez ce respectable jeune homme comme un frère de plus. Allons, je crois que le souper est prêt.

— Quoi! interrompit Maase, vous avez sans doute décidé sa courtoisie à renoncer à son projet de visiter le démon?

— Sœur, priez pour qu'il ne lui arrive point de mal. C'est un noble et digne jeune homme. Allons, brave seigneur, prenez quelque nourriture et quelque repos avec nous. Demain je vous montrerai votre chemin, et nous irons à la recherche, vous de votre diable, et moi de mon ours.

XXIX

> Compagnon, eh! compagnon, de quel compagnon es-tu donc né? de quel enfant des hommes es-tu provenu pour oser ainsi attaquer Fafnir?
> *Edda.*

Le premier rayon du soleil levant rougissait à peine la plus haute cime des rochers qui bordent la mer, lorsqu'un pêcheur, qui était venu avant l'aube jeter ses filets à quelques portées d'arquebuse du rivage, en face de l'entrée de la grotte de Walderhog, vit comme une figure enveloppée d'un manteau, ou d'un linceul, descendre le long des roches et disparaître sous la voûte formidable de la caverne. Frappé de terreur, il recommanda sa barque et son âme à saint Usuph, et courut raconter à sa famille effrayée qu'il avait aperçu l'un des spectres qui habitent le palais de Han d'Islande rentrer dans la grotte au lever du jour.

Ce spectre, l'entretien et l'effroi futur des longues veillées d'hiver, c'était Ordener, le noble fils du vice-roi de Norvége, qui, tandis que les deux royaumes le croyaient livré à de doux soins auprès de

son altière fiancée, venait, seul et inconnu, exposer sa vie pour celle à qui il avait donné son cœur et son avenir, pour la fille d'un proscrit.

De tristes présages, de sinistres prédictions l'avaient accompagné à ce but de son voyage ; il venait de quitter la famille du pêcheur, et en lui disant adieu la bonne Manse s'était mise en prières pour lui devant le seuil de sa porte. Le montagnard Kennybol et ses six compagnons, qui lui avaient indiqué le chemin, s'étaient séparés de lui à un demi-mille de Walderhog, et ces intrépides chasseurs, qui allaient en riant affronter un ours, avaient longtemps attaché un œil d'épouvante sur le sentier que suivait l'aventureux voyageur.

Le jeune homme entra dans la grotte de Walderhog comme on entre dans un port longtemps désiré. Il éprouvait une joie céleste en songeant qu'il allait accomplir l'objet de sa vie, et que dans quelques instants peut-être il aurait donné tout son sang pour son Éthel. Près d'attaquer un brigand redouté d'une province entière, un monstre, un démon peut-être, ce n'était point cette effrayante figure qui apparaissait à son imagination ; il ne voyait que l'image de la douce vierge captive, priant pour lui sans doute devant l'autel de sa prison. S'il se fût dévoué pour toute autre qu'elle, il aurait pu songer un moment, pour les mépriser, aux périls qu'il venait chercher de si loin ; mais est-ce qu'une réflexion trouve place dans un jeune cœur au moment où il bat de la double exaltation d'un beau dévouement et d'un noble amour?

Il s'avança, la tête haute, sous la voûte sonore dont les mille échos multipliaient le bruit de ses pas, sans même jeter un coup d'œil sur les stalactites, sur les basaltes séculaires qui pendaient au-dessus de sa tête parmi des cônes de mousses, de lierre et de lichen; assemblages confus de formes bizarres, dont la crédulité superstitieuse des campagnards norvégiens avait fait plus d'une fois des foules de démons ou des processions de fantômes.

Il passa avec la même indifférence devant ce tombeau du roi Walder, auquel se rattachaient tant de traditions lugubres, et il n'entendit d'autre voix que les longs sifflements de la bise sous ces funèbres galeries.

Il continua sa marche sous de tortueuses arcades, éclairées faiblement par des crevasses à demi obstruées d'herbes et de bruyères. Son pied heurtait souvent je ne sais quelles ruines, qui roulaient sur le roc avec un son creux, et présentaient dans l'ombre à ses yeux des apparences de crânes brisés, ou de longues rangées de dents blanches et dépouillées jusqu'à leurs racines.

Mais aucune terreur ne montait jusqu'à son âme. Il s'étonnait seulement de n'avoir pas encore rencontré le formidable habitant de cette horrible grotte.

Il arriva dans une sorte de salle ronde, naturellement creusée dans le flanc du rocher. Là aboutissait la route souterraine qu'il avait suivie, et les parois de la salle n'offraient plus d'autre ouverture que de larges fentes, à travers lesquelles on apercevait les montagnes et les forêts extérieures.

Surpris d'avoir ainsi infructueusement parcouru toute la fatale caverne, il commença à désespérer de rencontrer le brigand. Un monument de forme singulière, situé au milieu de la salle souterraine, appela son attention. Trois pierres longues et massives, posées debout sur le sol, en soutenaient une quatrième, large et carrée, comme trois piliers portent un toit. Sous cette espèce de trépied gigantesque s'élevait une sorte d'autel, formé également d'un seul quartier de granit, et percé circulairement au milieu de sa face supérieure. Ordener reconnut une de ces colossales constructions druidiques qu'il avait souvent observées dans ses voyages en Norvége, et dont les modèles les plus étonnants peut-être sont, en France, les monuments de Lokmariaker et de Carnac. Édifices étranges qui ont vieilli, posés sur la terre comme des tentes d'un jour, et où la solidité naît de la seule pesanteur.

Le jeune homme, livré à ses rêveries, s'appuya machinalement sur cet autel, dont la bouche de pierre était brunie, tant elle avait bu profondément le sang des victimes humaines.

Tout à coup il tressaillit; une voix, qui semblait sortir de la pierre, avait frappé son oreille :

— Jeune homme, c'est avec des pieds qui touchent au sépulcre que tu es venu dans ce lieu.

Il se leva brusquement, et sa main se jeta sur son sabre, tandis qu'un écho, faible comme la voix d'un mort, répétait distinctement dans les profondeurs de la grotte :

— Jeune homme, c'est avec des pieds qui touchent au sépulcre que tu es venu dans ce lieu.

En ce moment une tête effroyable se leva de l'autre côté de l'autel druidique, avec des cheveux rouges et un rire atroce.

— Jeune homme, répéta-t-elle, oui, tu es venu dans ce lieu avec des pieds qui touchent au sépulcre.

— Et avec une main qui touche une épée, répondit le jeune homme sans s'émouvoir.

Le monstre sortit entièrement de dessous l'autel et montra ses membres trapus et nerveux, ses vêtements sauvages et sanglants, ses mains crochues et sa lourde hache de pierre.

— C'est moi, dit-il avec un grondement de bête fauve.

— C'est moi, répondit Ordener.

— Je t'attendais.

— Je faisais plus, repartit l'intrépide jeune homme, je te cherchais.

Le brigand croisa les bras.

— Sais-tu qui je suis?

— Oui.

— Et tu n'as point de peur?

— Je n'en ai plus.

— Tu as donc éprouvé une crainte en venant ici? Et le monstre balançait sa tête d'un air triomphant.

— Celle de ne pas te rencontrer.

— Tu me braves, et tes pas viennent de trébucher contre des cadavres humains!

— Demain, peut-être, ils trébucheront contre le tien.

Un tremblement de colère saisit le petit homme. Ordener, immobile, conservait son attitude calme et fière.

— Prends garde! murmura le brigand; je vais fondre sur toi, comme la grêle de Norvége sur un parasol.

— Je ne voudrais point d'autre bouclier contre toi.

On eût dit qu'il y avait dans le regard d'Ordener quelque chose qui dominait le monstre. Il se mit à arracher avec ses ongles les poils de son manteau, comme un tigre qui dévore l'herbe avant de s'élancer sur sa proie.

— Tu m'apprends ce que c'est que la pitié, dit-il.

— Et à moi, ce que c'est que le mépris.

— Enfant, ta voix est douce, ton visage est frais, comme la voix et le visage d'une jeune fille; — quelle mort veux-tu de moi?

— La tienne.

Le petit homme rit.

— Tu ne sais point que je suis un démon, que mon esprit est l'esprit d'Ingolphe l'Exterminateur.

— Je sais que tu es un brigand, que tu commets le meurtre pour de l'or.

— Tu te trompes, interrompit le monstre, c'est pour du sang.

— N'as-tu pas été payé par les d'Ahlefeld pour assassiner le capitaine Dispolsen?

— Que me dis-tu là? Quels sont ces noms?

— Tu ne connais pas le capitaine Dispolsen, que tu as assassiné sur la grève d'Urchtal?

— Cela se peut, mais je l'ai oublié, comme je t'aurai oublié dans trois jours.

— Tu ne connais pas le comte d'Ahlefeld, qui t'a payé pour enlever au capitaine un coffret de fer?

— D'Ahlefeld! Attends; oui, je le connais. J'ai bu hier le sang de son fils dans le crâne du mien.

Ordener frissonna d'horreur.

— Est-ce que tu n'étais pas content de ton salaire?

— Quel salaire? demanda le brigand.

— Écoute; ta vue me pèse; il faut en finir. Tu as dérobé, il y a huit jours, une cassette de fer à l'une de tes victimes, à un officier de Munckholm?

Ce mot fit tressaillir le brigand.

— Un officier de Munckholm! dit-il entre ses dents.

Puis il reprit, avec un mouvement de surprise :

— Serais-tu aussi un officier de Munckholm, toi?

— Non, dit Ordener.

— Tant pis!

Et les traits du brigand se rembrunirent.

— Écoute, reprit l'opiniâtre Ordener, où est cette cassette que tu as dérobée au capitaine?

Le petit homme parut méditer un instant.

— Par Ingolphe! voilà une méchante boîte de fer qui occupe bien des esprits. Je te réponds que l'on cherchera moins celle qui contiendra tes os, si jamais ils sont recueillis dans un cercueil.

Ces paroles, en montrant à Ordener que le brigand connaissait la cassette dont il lui parlait, lui rendirent l'espoir de la reconquérir.

— Dis-moi ce que tu as fait de cette cassette. Est-elle au pouvoir du comte d'Ahlefeld?

— Non.

— Tu mens, car tu ris.

— Crois ce que tu voudras. Que m'importe?

Le monstre avait en effet pris un air railleur qui inspirait de la défiance à Ordener. Il vit qu'il n'y avait plus rien à faire que de le mettre en fureur, ou de l'intimider, s'il était possible.

— Entends-moi, dit-il en élevant la voix, il faut que tu me donnes cette cassette.

L'autre répondit par un ricanement farouche.

— Il faut que tu me la donnes! répéta le jeune homme d'une voix tonnante.

— Est-ce que tu es accoutumé à donner des ordres aux buffles et aux ours? répliqua le monstre avec le même rire.

— J'en donnerais au démon dans l'enfer.

— C'est ce que tu seras à même de faire tout à l'heure.

Ordener tira son sabre, qui étincela dans l'ombre comme un éclair.

— Obéis!

— Allons, reprit l'autre en secouant sa hache, il ne tenait qu'à moi de briser tes os et de sucer ton sang quand tu es arrivé, mais je me suis contenu; j'étais curieux de voir le moineau franc fondre sur le vautour.

— Misérable, cria Ordener, défends-toi!

— C'est la première fois qu'on me le dit, murmura le brigand en grinçant des dents.

En parlant ainsi, il sauta sur l'autel de granit et se ramassa sur lui-même, comme le léopard qui attend le chasseur au haut d'un rocher pour se précipiter sur lui à l'improviste.

De là son œil fixe plongeait sur le jeune homme et semblait chercher de quel côté il pourrait le mieux s'élancer sur lui. C'en était fait du noble Ordener s'il eût attendu un instant. Mais il ne donna pas au brigand le temps de réfléchir et se jeta impétueusement sur lui en lui portant la pointe de son sabre au visage.

Alors commença le combat le plus effrayant que l'imagination puisse se figurer. Le petit homme, debout sur l'autel, comme une statue sur son piédestal, semblait une des horribles idoles qui, dans les siècles barbares, avaient reçu dans ce même lieu des sacrifices impies et de sacriléges offrandes.

Ses mouvements étaient si rapides que de quelque côté qu'Ordener l'attaquât, il rencontrait toujours la face du monstre et le tranchant de sa hache. Il aurait été mis en pièces dès les premiers chocs s'il n'avait eu l'heureuse inspiration de rouler son manteau autour de son bras gauche, en sorte que la plupart des coups de son furieux ennemi se perdaient dans ce bouclier flottant. Ils firent ainsi inutilement, pendant plusieurs minutes, des efforts inouïs pour se blesser l'un et l'autre. Les yeux gris et enflammés du petit homme sortaient de leur orbite. Surpris d'être si vigoureusement et si audacieusement combattu par un adversaire en apparence si faible, une rage sombre avait remplacé ses ricanements sauvages. L'atroce immobilité des traits du monstre, le calme intrépide de ceux d'Ordener contrastaient singulièrement avec la promptitude de leurs mouvements et la vivacité de leurs attaques.

On n'entendait d'autre bruit que le cliquetis des armes, les pas tumultueux du jeune homme et la respiration pressée des deux combattants quand le petit homme poussa un rugissement terrible. Le tranchant de sa hache venait de s'engager dans les plis du manteau. Il se roidit; il secoua furieusement son bras, et ne fit qu'embarrasser le manche avec le tranchant dans l'étoffe, qui, à chaque nouvel effort, se tordait de plus en plus à l'entour.

Le formidable brigand vit le fer du jeune homme s'appuyer sur sa poitrine.

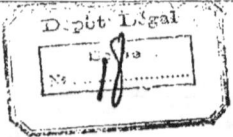

— Écoute-moi encore une fois, dit Ordener triomphant; veux-tu me remettre ce coffre de fer que tu as lâchement volé?

Le petit homme garda un moment le silence, puis il dit au milieu d'un rugissement :

— Non, et sois maudit!

Ordener reprit, sans quitter son attitude victorieuse et menaçante :

— Réfléchis!

— Non ; je t'ai dit que non, répéta le brigand.

Le noble jeune homme baissa son sabre.

— Eh bien! dit-il, dégage ta hache des plis de mon manteau, afin que nous puissions continuer.

Un rire dédaigneux fut la réponse du monstre.

— Enfant, tu fais le généreux, comme si j'en avais besoin!

Avant qu'Ordener surpris eût pu tourner la tête, il avait posé son pied sur l'épaule de son loyal vainqueur, et d'un bond il était à douze pas dans la salle.

D'un autre bond il était sur Ordener. Il s'était suspendu à lui tout entier, comme la panthère s'attache de la gueule et des griffes aux flancs du grand lion. Ses ongles s'enfonçaient dans les épaules du jeune homme ; ses genoux noueux pressaient ses hanches, tandis que son affreux visage présentait aux yeux d'Ordener une bouche sanglante et des dents de bête fauve prêtes à le déchirer. Il ne parlait plus ; aucune parole humaine ne s'échappait de son gosier pantelant; un mugissement sourd, entremêlé de cris rauques et ardents, exprimait seul sa rage. C'était quelque chose de plus hideux qu'une bête féroce, de plus monstrueux qu'un démon ; c'était un homme auquel il ne restait rien d'humain.

Ordener avait chancelé sous l'assaut du petit homme, et serait tombé à ce choc inattendu, si l'un des larges piliers du monument druidique ne se fût trouvé derrière lui pour le soutenir. Il resta donc à demi renversé sur le dos, et haletant sous le poids de son formidable ennemi. Qu'on pense que tout ce que nous venons de décrire s'était passé en aussi peu de temps qu'il faut pour se le figurer, et l'on aura quelque idée de ce que présentait d'horrible ce moment de la lutte.

Nous l'avons dit, le noble jeune homme avait chancelé, mais il n'avait pas tremblé. Il se hâta de donner une pensée d'adieu à son Éthel. Cette pensée d'amour fut comme une prière ; elle lui rendit des forces. Il enlaça le monstre de ses deux bras; puis, saisissant la lame de son sabre par le milieu, il lui appuya perpendiculairement la pointe sur l'épine du dos. Le brigand atteint poussa une clameur effrayante, et d'un soubresaut, qui ébranla Ordener, il se dégagea des bras de son intrépide adversaire et alla tomber à quelques pas en arrière, emportant dans ses dents un lambeau du manteau vert qu'il avait mordu dans sa fureur.

Il se releva, souple et agile comme un jeune chamois, et le combat recommença pour la troisième fois, d'une manière plus terrible encore. Le hasard avait jeté près du lieu où il se trouvait un amas de quartiers de rochers, entre lesquels les mousses et les ronces croissaient paisiblement depuis des siècles. Deux hommes de force ordinaire auraient à peine pu soulever la moindre de ces masses. Le brigand en saisit une de ses deux bras et l'éleva au-dessus de sa tête en la balançant vers Ordener. Son regard fut affreux dans ce moment. La pierre, lancée avec violence, traversa lourdement l'espace; le jeune homme n'eut que le temps de se détourner. Le quartier de granit s'était brisé en éclats au pied du mur souterrain avec un bruit épouvantable, que se renvoyèrent longtemps les échos profonds de la grotte.

Ordener étourdi avait à peine eu le temps de reprendre son sang-froid qu'une seconde masse de pierre se balançait dans les mains du brigand. Irrité de se voir ainsi lapidé lâchement, il s'élança vers le petit homme, le sabre haut, afin de changer de combat; mais le bloc formidable, parti comme un tonnerre, rencontra, en roulant dans l'atmosphère épaisse et sombre de la caverne, la lame frêle et nue sur son passage; elle tomba en éclats comme un morceau de verre, et le rire farouche du monstre remplit la voûte.

Ordener était désarmé.

— As-tu, cria le monstre, quelque chose à dire à Dieu ou au diable avant de mourir?

Et son œil lançait des flammes, et tous ses muscles s'étaient roidis de rage et de joie, et il s'était précipité avec un frémissement d'impatience sur sa hache laissée à terre dans les plis du manteau. — Pauvre Éthel!

Tout à coup un rugissement lointain se fait entendre au dehors. Le monstre s'arrête. Le bruit redouble; des clameurs d'hommes se mêlent aux grondements plaintifs d'un ours. Le brigand écoute. Les cris douloureux continuent. Il saisit brusquement la hache et s'élance, non vers Ordener, mais vers l'une des crevasses dont nous avons parlé et qui donnaient passage au jour. Ordener, au comble de la surprise de se voir ainsi oublié, se dirige comme lui vers l'une de ces portes naturelles, et voit, dans une clairière assez voisine, un grand ours blanc réduit aux abois par sept chasseurs, parmi lesquels il croit même distinguer ce Kennybol dont les paroles l'avaient tant frappé la veille.

Il se retourne. Le brigand n'était plus dans la grotte, et il entend au dehors une voix effrayante qui criait :

— Friend ! Friend ! je suis à toi ! me voici !

XXX

Pierre le bon enfant aux dés a tout perdu.
RÉGNIER.

Le régiment des arquebusiers de Munckholm est en marche à travers les défilés qui se trouvent entre Drontheim et Skongen. Tantôt il côtoie un torrent, et l'on voit la file des bayonnettes ramper dans les ravines comme un long serpent dont les écailles brillent au jour ; tantôt il tourne en spirale à l'entour d'une montagne, qui ressemble alors à ces colonnes triomphales autour desquelles montent des bataillons de bronze.

Les soldats marchent, les armes basses et les manteaux déployés, d'un air d'humeur et d'ennui, parce que ces nobles hommes n'aiment que le combat ou le repos. Les grosses railleries, les vieux sarcasmes qui faisaient hier leurs délices ne les égayent pas aujourd'hui ; l'air est froid, le ciel est brumeux. Il faut au moins, pour qu'un rire passager s'élève dans les rangs, qu'une cantinière se laisse tomber maladroitement du haut de son petit cheval barbe, ou qu'une marmite de fer-blanc roule de rocher en rocher jusqu'au fond d'un précipice.

C'est pour se distraire un moment de l'ennui de cette route que le lieutenant Randmer, jeune baron danois, aborda le vieux capitaine Lory, soldat de fortune. Le capitaine marchait, sombre et silencieux, d'un pas pesant, mais assuré ; le lieutenant, leste et léger, faisait siffler une baguette qu'il avait arrachée aux broussailles dont le chemin était bordé.

— Eh bien, capitaine, qu'avez-vous donc? vous êtes triste.

— C'est qu'apparemment j'en ai sujet, répondit le vieil officier sans lever la tête.

— Allons, allons, point de chagrin; regardez-moi, suis-je triste? et pourtant je gage que j'en aurais au moins autant sujet que vous.

— J'en doute, baron Randmer; j'ai perdu mon seul bien, j'ai perdu toute ma richesse.

— Capitaine Lory, notre infortune est précisément la même. Il n'y a pas quinze jours que le lieutenant Alberick m'a gagné d'un coup de dé mon beau château de Randmer et ses dépendances. Je suis ruiné; me voit-on moins gai pour cela?

Le capitaine répondit d'une voix bien triste :

— Lieutenant, vous n'avez perdu que votre beau château; moi, j'ai perdu mon chien.

A cette réponse, la figure frivole du jeune homme resta indécise entre le rire et l'attendrissement.

— Capitaine, dit-il, consolez-vous; tenez, moi qui ai perdu mon château...

L'autre l'interrompit.

— Qu'est-ce que cela? D'ailleurs, vous regagnerez un autre château.

— Et vous retrouverez un autre chien.

Le vieillard secoua la tête. — Je retrouverai un chien; je ne retrouverai pas mon pauvre Drake.

Il s'arrêta; de grosses larmes roulaient dans ses yeux et tombaient une à une sur son visage dur et rude.

— Je n'avais, continua-t-il, jamais aimé que lui; je n'ai connu ni père ni mère; que Dieu leur fasse paix, comme à mon pauvre Drake! — Lieutenant Randmer, il m'avait sauvé la vie dans la guerre de Poméranie; je l'appelai Drake pour faire honneur au fameux amiral. — Ce bon chien! il n'avait jamais changé pour moi, lui, selon ma fortune. Après le combat d'Oholfen, le grand général Schack l'avait flatté de la main en me disant : Vous avez là un bien beau chien, sergent Lory! — car à cette époque je n'étais encore que sergent.

— Ah! interrompit le jeune baron en agitant sa baguette, cela doit paraître singulier d'être sergent.

Le vieux soldat de fortune ne l'entendait pas; il paraissait se parler à lui-même, et l'on entendait à peine quelques paroles inarticulées s'échapper de sa bouche.

— Ce pauvre Drake! être revenu tant de fois sain et sauf des brèches et des tranchées pour se noyer, comme un chat, dans le maudit golfe de Drontheim! — Mon pauvre chien! mon brave ami! tu étais digne de mourir comme moi sur le champ de bataille.

— Brave capitaine, cria le lieutenant, comment pouvez-vous rester triste? nous nous battrons peut-être demain.

— Oui, répondit dédaigneusement le vieux capitaine, contre de fiers ennemis!

— Comment, ces brigands de mineurs! ces diables de montagnards!

— Des tailleurs de pierres, des voleurs de grands chemins! des gens qui ne sauront seulement pas former en bataille la tête de porc ou le coin de Gustave-Adolphe! voilà de belle canaille en face d'un homme tel que moi, qui ai fait toutes les guerres de Poméranie et de Holstein! les campagnes de Scanie et de Dalécarlie! qui ai combattu sous le glorieux général Schack, sous le vaillant comte de Guldenlew!

— Mais vous ne savez pas, interrompit Randmer, qu'on donne à ces bandes un redoutable chef, un géant fort et sauvage comme Goliath, un brigand qui ne boit que du sang humain, un démon qui porte en lui tout Satan.

— Qui donc? demanda l'autre.

— Eh! le fameux Han d'Islande!

— Brrr! je gage que ce formidable général ne sait seulement pas armer un mousquet en quatre mouvements ou charger une carabine à l'impériale!

Randmer éclata de rire.

— Oui, riez, poursuivit le capitaine. Il sera fort gai en effet de croiser de bons sabres avec de viles pioches, et de nobles piques avec des fourches à fumier! voilà de dignes ennemis! mon brave Drake n'aurait pas daigné leur mordre les jambes!

Le capitaine continuait de donner un cours énergique à son indignation, lorsqu'il fut interrompu par l'arrivée d'un officier qui accourait vers eux tout essoufflé.

— Capitaine Lory! mon cher Randmer!

— Eh bien? dirent-ils tous deux à la fois.

— Mes amis, je suis glacé d'horreur! — D'Ahlefeld! le lieutenant d'Ahlefeld! le fils du grand-chancelier! vous savez, mon cher baron Randmer, ce Frédéric... si élégant... si fat!...

— Oui, répondit le jeune baron, très élégant! Cependant, au dernier bal de Charlottenbourg, mon déguisement était d'un meilleur goût que le sien. — Mais que lui est-il donc arrivé?

— Je sais de qui vous voulez parler, disait en même temps Lory, c'est Frédéric d'Ahlefeld, le lieutenant de la troisième compagnie, qui a les revers bleus. Il fait assez négligemment son service.

— On ne s'en plaindra plus, capitaine Lory.

— Comment? dit Randmer.

— Il est en garnison à Walhstrom, continua froidement le vieux capitaine.

— Précisément, reprit l'autre, le colonel vient de recevoir un messager... Ce pauvre Frédéric!

— Mais qu'est-ce donc? capitaine Bollar, vous m'effrayez.

Le vieux Lory poursuivit :

— Brrr! notre fat aura manqué aux appels, comme à son ordinaire; le capitaine aura envoyé en prison le fils du grand-chancelier; et voilà, j'en suis sûr, le malheur qui vous décompose le visage.

Bollar lui frappa sur l'épaule.

— Capitaine Lory, le lieutenant d'Ahlefeld a été dévoré tout vivant.

Les deux capitaines se regardèrent fixement, et Randmer, un moment étonné, se mit tout à coup à rire aux éclats.

— Ah! ah! capitaine Bollar, je vois que vous êtes toujours mauvais plaisant. Mais je ne donnerai pas dans celle-là, je vous en préviens.

Et le lieutenant, croisant ses deux bras, donna un libre essor à toute sa gaîté, en jurant que ce qui l'amusait le plus, c'était la crédulité avec laquelle Lory accueillait les amusantes inventions de Bollar. Le conte, disait-il, était vraiment drôle, et c'était une idée tout à fait divertissante que de faire dévorer tout cru ce Frédéric qui avait de sa peau un soin si tendre et si ridicule.

— Randmer, dit gravement Bollar, vous êtes un fou. Je vous dis que d'Ahlefeld est mort. Je le tiens du colonel ; — mort!

— Oh! qu'il joue bien son rôle! reprit le baron toujours en riant; qu'il est amusant!

Bollar haussa les épaules, et se tourna vers le vieux Lory, qui lui demanda avec sang-froid quelques détails.

— Oui vraiment, mon cher capitaine Bollar, ajouta le rieur inextinguible, contez-nous donc par qui ce pauvre diable a été ainsi mangé. A-t-il fait le déjeuner d'un loup, ou le souper d'un ours?

— Le colonel, dit Bollar, vient de recevoir en route une dépêche, qui l'instruit d'abord que la garnison de Walhstrom se replie vers nous, devant un parti considérable d'insurgés.

Le vieux Lory fronça le sourcil.

— Ensuite, poursuivit Bollar, que le lieutenant Frédéric d'Ahlefeld, ayant été, il y a trois jours, chasser dans les montagnes, du côté de la ruine d'Arbar, y a rencontré un monstre, qui l'a emporté dans sa caverne et l'a dévoré.

Ici le lieutenant Randmer redoubla ses joyeuses exclamations.

— Oh! oh! comme ce bon Lory croit aux contes d'enfants! C'est bien, gardez votre sérieux, mon cher Bollar. Vous êtes admirablement drôle. Mais vous ne nous direz pas quel est ce monstre, cet ogre, ce vampire qui a emporté et mangé le lieutenant comme un chevreau de six jours!

— Je ne vous le dirai pas, à vous, murmura Bollar avec impatience; mais je le dirai à Lory, qui n'est pas follement incrédule. — Mon cher Lory, le monstre qui a bu le sang de Frédéric, c'est Han d'Islande.

— Le colonel des brigands! s'écria le vieil officier.

— Eh bien, mon brave Lory, reprit le railleur Randmer, a-t-on besoin de savoir l'exercice à l'impériale, quand on fait si bien manœuvrer sa mâchoire?

— Baron Randmer, dit Bollar, vous avez le même caractère que d'Ahlefeld; prenez garde d'avoir le même sort.

— J'affirme, s'écria le jeune homme, que ce qui m'amuse le plus, c'est le sérieux imperturbable du capitaine Bollar.

— Et moi, répliqua Bollar, ce qui m'effraie le plus, c'est la gaîté intarissable du lieutenant Randmer.

En ce moment un groupe d'officiers, qui paraissaient s'entretenir vivement, se rapprocha de nos trois interlocuteurs.

— Ah! pardieu, s'écria Randmer, il faut que je les amuse de l'invention de Bollar.

— Camarades, ajouta-t-il en s'avançant vers eux, vous ne savez pas? ce pauvre Frédéric d'Ahlefeld vient d'être croqué tout vivant par le barbare Han d'Islande.

En achevant ces paroles, il ne put réprimer un éclat de rire, qui, à sa grande surprise, fut accueilli des nouveaux venus presque avec des cris d'indignation.

— Comment! vous riez! — Je ne croyais pas que Randmer dût répéter de cette manière une semblable nouvelle. — Rire d'un pareil malheur!

— Quoi! dit Randmer troublé, est-ce que cela serait vrai?

— Eh! c'est vous qui nous le répétez! lui cria-t-on de toutes parts. Est-ce que vous n'avez pas foi en vos paroles?

— Mais je croyais que c'était une plaisanterie de Bollar.

Un vieil officier prit la parole.

— La plaisanterie eût été de mauvais goût; mais ce n'en est malheureusement pas une. Le baron Vœthaün, notre colonel, vient de recevoir cette fatale nouvelle.

— Une affreuse aventure! c'est effrayant! répétèrent une foule de voix.

— Nous allons donc, disait l'un, combattre des loups et des ours à face humaine!

— Nous recevrons des coups d'arquebuse, disait l'autre, sans savoir d'où ils partiront; nous serons tués un à un, comme de vieux faisans dans une volière.

— Cette mort de d'Ahlefeld, cria Bollar d'une voix solennelle, fait frissonner. Notre régiment est malheureux. La mort de Dispolsen, celle de ces pauvres soldats trouvés à Cascadthymore, celle de d'Ahlefeld, voilà trois tragiques événements en bien peu de temps.

Le jeune baron Randmer, qui était resté muet, sortit de sa rêverie.

— Cela est incroyable, dit-il; ce Frédéric qui dansait si bien!

Et après cette réflexion profonde, il retomba dans le silence, tandis que le capitaine Lory affirmait qu'il était très affligé de la mort du jeune lieutenant, et faisait remarquer au second arquebusier, Toric Belfast, que le cuivre de sa bandoulière était moins brillant qu'à l'ordinaire.

XXXI

— Chut! chut! voilà un homme qui descend de là-haut par le moyen d'une échelle.
. . . .
— Oh oui, c'est un espion.
— Le ciel ne pouvait m'accorder une plus grande faveur que celle de pouvoir vous livrer.., ma vie. Je suis à vous; mais dites-moi, de grâce, à qui appartient cette armée.
— Au comte de Barcelone.
— Quel comte?
. . . .
— Qu'est-ce donc?
— Général, voilà un espion de l'ennemi.
— D'où viens-tu?
— Je venais ici, bien éloigné de songer à ce que je devais y trouver; je ne m'attendais pas à ce que je vois.

LOPE DE VEGA. *La Fuerza lastimosa.*

Il y a quelque chose de sinistre et de désolé dans l'aspect d'une campagne rase et nue, quand le soleil a disparu, lorsqu'on est seul, qu'on marche en brisant du pied des tronçons de paille sèche, au cri monotone de la cigale, et qu'on voit de grands nuages déformés se coucher lentement sur l'horizon, comme des cadavres de fantômes.

Telle était l'impression qui se mêlait aux tristes pensées d'Ordener, le soir de son inutile rencontre avec le brigand d'Islande. Étourdi un moment de sa brusque disparition, il avait d'abord voulu le poursuivre; mais il s'était égaré dans les bruyères, et il avait erré toute la journée dans des terres de plus en plus incultes et sauvages, sans rencontrer trace d'homme. A la chute du jour, il se trouvait dans une plaine spacieuse, qui ne lui offrait de tous côtés qu'un horizon égal et circulaire, où rien ne promettait un abri au jeune voyageur exténué de fatigue et de besoin.

Encore si ses souffrances corporelles n'eussent pas été aggravées par les tristesses de son âme; mais c'en était fait! il avait atteint le terme de son voyage, sans en remplir le but. Il ne lui restait même plus ces folles illusions d'espérance qui l'avaient entraîné à la poursuite du brigand; et maintenant que rien ne soutenait plus son cœur mille pensées décourageantes, qui n'y trouvaient point place la veille, venaient l'assaillir. Qu'allait-il faire? comment revenir vers Schumacker sans lui apporter le salut d'Éthel? de quelle effrayante nature étaient les malheurs que la conquête de la fatale cassette eût prévenus? Et son mariage avec Ulrique d'Ahlefeld! S'il pouvait du moins enlever son Éthel à cette indigne captivité; s'il pouvait fuir avec elle, et emporter son bonheur dans quelque lointain exil!

Il s'enveloppa de son manteau et se coucha sur la terre. Le ciel était noir; une lueur orageuse apparaissait par intervalles dans les nues comme à travers un crêpe funèbre, et s'éteignait; un vent froid tournait sur la plaine. Le jeune homme songeait à peine à ces signes d'une tempête violente et prochaine; et d'ailleurs, quand il eût pu trouver un asile où fuir l'orage et se reposer de ses fatigues, en eût-il trouvé un où fuir son malheur et se reposer de ses pensées?

Tout à coup des sons confus de voix humaines arrivèrent à son oreille. Surpris, il se souleva sur le coude, et aperçut, à quelque distance de lui, comme des ombres se mouvoir dans l'obscurité. Il regarda; une lumière brilla au milieu du groupe mystérieux, et Ordener vit, avec un étonnement facile à concevoir, chacune de ces figures fantasmagoriques s'enfoncer successivement dans la terre. — Tout disparut.

Ordener était au-dessus des superstitions de son temps et de son pays. Son esprit grave et mûr ignorait ces crédulités vaines, ces terreurs étranges qui tourmentent l'enfance des peuples de même que l'enfance des hommes. Il y avait cependant dans cette apparition singulière quelque chose de surnaturel qui lui inspira une religieuse défiance de sa raison; car nul ne sait si les esprits des morts ne reviennent pas quelquefois sur la terre.

Il se leva, fit un signe de croix, et se dirigea vers le lieu où la vision avait disparu.

De larges gouttes de pluie commençaient à tomber; son manteau se gonflait comme une voile, et la plume de sa toque, tourmentée par le vent, battait son visage.

Il s'arrêta tout à coup. — Un éclair venait de lui montrer devant ses pas une sorte de puits large et circulaire, où il se serait infailliblement précipité sans la lueur bienfaisante de l'orage. Il s'approcha du gouffre. Une lumière vague y brillait à une profondeur effrayante, et répandait une teinte rougeâtre sur l'extrémité inférieure de cet immense cylindre creusé dans les entrailles de la terre. Ce rayon, qui semblait un feu magique allumé par les gnomes, accroissait en quelque sorte l'incommensurable étendue des ténèbres que l'œil était contraint de traverser pour l'atteindre.

L'intrépide jeune homme, penché sur l'abîme, écouta. Un bruit lointain de voix monta à son oreille. Il ne douta plus que les êtres qui avaient étrangement paru et disparu à ses yeux ne se fussent plongés dans ce gouffre, et il sentit un désir invincible, parce qu'il était sans doute dans sa destinée, d'y descendre après eux, dût-il suivre des spectres dans une des bouches de l'enfer. D'ailleurs, la tempête commençait avec fureur, et ce gouffre lui présentait un abri contre elle. Mais comment y descendre? quel chemin avaient pris ceux qu'il voulait suivre, si ce n'étaient pas des fantômes? — Un second éclair vint à son secours, et lui fit voir à ses pieds l'extrémité supérieure d'une échelle, qui se prolongeait dans les profondeurs du puits. C'était une forte solive verticale, que traversaient horizontalement, de distance en distance, de courtes barres de fer destinées à recevoir les pieds et les mains de ceux qui oseraient s'aventurer dans ce gouffre.

Ordener ne balança pas. Il se suspendit audacieusement à la formidable échelle, et s'enfonça dans l'abîme, sans savoir même si elle le conduirait jusqu'au fond, sans songer qu'il ne reverrait peut-être plus le soleil. Bientôt, dans les ténèbres qui couvraient sa tête, il ne distingua plus le ciel qu'aux éclairs bleuâtres qui l'illuminaient fréquemment. Bientôt la pluie abondante, qui battait la surface de la terre, n'arriva plus à lui qu'en rosée fine et vaporeuse. Bientôt le tourbillon de vent qui s'engouffrait impétueusement dans le puits se perdit au-dessus de lui en long sifflement. Il descendit, il descendit encore, et à peine paraissait-il s'être rapproché de la lumière souterraine. Il continua sans se décourager, en évitant seulement d'abaisser son regard dans le gouffre, de peur d'y être précipité par un étourdissement.

Cependant, l'air de plus en plus étouffé, le bruit de voix de plus en plus distinct, le reflet pourpre qui commençait à colorer la muraille circulaire du puits, l'avertirent enfin qu'il n'était pas loin du fond. Il descendit encore quelques échelons, et son regard put voir clairement, au bas de l'échelle, l'entrée d'un souterrain éclairée d'une lueur tremblante et rouge, tandis que son oreille était frappée par des paroles qui attirèrent toute son attention.

— Kennybol n'arrive pas, disait une voix du ton de l'impatience.

— Qui peut le retenir? répétait la même voix après un moment de silence.

— Nous l'ignorons, seigneur Hacket, répondait-on.

— Il a dû passer la nuit chez sa sœur Maase Braall, du village de Surb, ajoutait une autre voix.

— Vous le voyez, reprenait la première, je tiens, moi, tous mes engagements. Je devais vous amener Han d'Islande pour chef; je vous l'amène.

Un murmure, dont il était difficile de deviner le sens, répondit à ces paroles. La curiosité d'Ordener, déjà éveillée par le nom de ce Kennybol, qui lui avait tant causé de surprise la veille, redoubla au nom de Han d'Islande.

La même voix reprit :

— Mes amis, Jonas, Norbith, si Kennybol est en retard, qu'importe! nous sommes assez nombreux pour ne plus rien craindre; avez-vous trouvé vos enseignes dans les ruines de Crag?

— Oui, seigneur Hacket, répondirent plusieurs voix.

— Eh bien! levez l'étendard, il en est temps! Voici de l'or! voici votre invincible chef. Courage! marchez à la délivrance du noble Schumacker, de l'infortuné comte de Griffenfeld!

— Vive! vive Schumacker! répétèrent une foule de voix, et le nom de Schumacker se prolongea d'échos en échos dans les replis des voûtes souterraines.

Ordener, conduit de curiosité en curiosité, d'étonnement en étonnement, écoutait, respirant à peine. Il ne pouvait croire ni comprendre ce qu'il entendait. Schumacker mêlé à Kennybol, à Han d'Islande! Quel était ce drame ténébreux dont, spectateur ignoré, il entrevoyait une scène? De qui défendait-on les jours? de qui jouait-on la tête?

— Écoutez, reprit la même voix, vous voyez l'ami, le confident du noble comte de Griffenfeld.

C'était la première fois qu'Ordener entendait cette voix. Elle poursuivit :

— ...Accordez-moi votre confiance, comme il m'accorde la sienne. Amis, tout vous favorise; vous arriverez à Drontheim sans rencontrer un ennemi.

— Seigneur Hacket, interrompit une voix, marchons. Peters m'a dit avoir vu dans les défilés tout le régiment de Munckholm en marche contre nous.

— Il vous a trompé, répondit l'autre avec autorité. Le gouvernement ignore encore votre révolte, et sa tranquillité est telle, que celui qui a repoussé vos justes plaintes, votre oppresseur, l'oppresseur de l'illustre et malheureux Schumacker, le général Levin de Knud, a quitté Drontheim pour aller dans la capitale assister aux fêtes du fameux mariage de son élève Ordener Guldenlew avec Ulrique d'Ahlefeld.

Qu'on juge de l'émotion d'Ordener. Dans ce pays sauvage et désert, sous cette voûte mystérieuse, entendre des inconnus prononcer tous les noms qui l'intéressaient, et jusqu'au sien propre ! Un doute affreux s'éleva dans son cœur. Serait-il vrai ? Était-ce, en effet, un agent du comte de Griffenfeld dont il entendait la voix ? Quoi ! Schumacker, ce vieillard vénérable, le noble père de sa noble Éthel, se révoltait contre le roi son seigneur, soudoyait des brigands, allumait une guerre civile ! Et c'était pour cet hypocrite, pour ce rebelle, qu'il avait, lui, fils du vice-roi de Norvège, élève du général Levin, compromis son avenir, exposé sa vie ! c'était pour lui qu'il avait cherché et combattu ce brigand islandais avec lequel Schumacker paraissait être d'intelligence, puisqu'il le plaçait à la tête de ces bandits ! Qui sait même si cette cassette, pour laquelle lui, Ordener, avait été sur le point de donner son sang, ne contenait pas quelques-uns des indignes secrets de cette trame odieuse ? Ou plutôt le vindicatif prisonnier de Munckholm ne s'était-il pas joué de lui ? Peut-être il avait découvert son nom ; peut-être, et combien cette pensée fut douloureuse pour le magnanime jeune homme ! n'avait-il désiré, en le poussant à ce fatal voyage, que la perte du fils d'un ennemi ?

Hélas ! lorsqu'on a longtemps porté le nom d'un malheureux en vénération et en amour, quand dans le secret de sa pensée on a juré à son infortune un attachement inviolable, c'est un moment bien amer que celui où l'on reçoit son salaire d'ingratitude, où l'on sent que l'on est désenchanté de la générosité, et qu'il faut renoncer à ce bonheur si pur et si doux du dévouement. On a vieilli en un instant de la plus triste des vieillesses, on est devenu vieux d'expérience ; et l'on a perdu la plus belle des illusions de la vie, qui n'a de beau que les illusions.

Telles étaient les désolantes pensées qui se pressaient confusément dans l'âme d'Ordener. Le noble jeune homme eût voulu mourir dans ce fatal moment ; il lui semblait que toute la félicité de sa vie lui échappait. Il y avait bien dans les assertions de celui qui parlait comme envoyé de Griffenfeld des choses qui lui paraissaient mensongères ou

douteuses; mais comme elles n'étaient destinées qu'à abuser de malheureux campagnards, Schumacker n'en était que plus coupable à ses yeux; et ce Schumacker était le père de son Éthel!

Ces réflexions agitèrent d'autant plus violemment son cœur qu'elles s'y précipitèrent toutes à la fois. Il chancela sur les barreaux qui le soutenaient, et continua d'écouter; car on attend parfois avec une impatience inexplicable et une affreuse avidité les malheurs que l'on redoute le plus.

— Oui, poursuivit la voix de l'envoyé, vous êtes commandés par le formidable Han d'Islande. Qui osera vous combattre? Votre cause est celle de vos femmes, de vos enfants indignement dépouillés de votre héritage; d'un noble infortuné, depuis vingt ans plongé injustement dans une infâme prison. Allons, Schumacker et la liberté vous attendent. Guerre aux tyrans!

— Guerre! répétèrent mille voix; et l'on entendit dans les détours du souterrain un long bruit d'armes se mêler aux sons rauques de la trompe des montagnes.

— Arrêtez! cria Ordener.

Il avait descendu précipitamment le reste de l'échelle. L'idée d'épargner un crime à Schumacker et tant de malheurs à son pays s'était emparée impérieusement de tout son être. Mais, au moment où il était apparu sur le seuil du souterrain, la crainte de perdre, par d'imprudentes déclamations, le père de son Éthel, et peut-être son Éthel elle-même, avait remplacé tout autre sentiment en lui ; et il était resté là, pâle et jetant un regard étonné sur le tableau singulier qui s'offrait à sa vue.

C'était comme une immense place d'une ville souterraine, dont les limites se perdaient derrière une foule de piliers qui soutenaient les voûtes. Ces piliers brillaient comme des pilastres de cristal aux rayons d'un millier de torches que portait une multitude d'hommes bizarrement armés et répandus confusément dans les profondeurs de la place. On eût dit, à voir tous ces points lumineux et toutes ces figures effrayantes errer dans les ténèbres, une de ces assemblées fabuleuses dont parlent les vieilles chroniques, de sorciers et de démons qui portaient des étoiles pour flambeaux, et illuminaient la nuit les vieux bois et les châteaux écroulés.

Un long cri s'éleva.

— Un étranger ! Mort ! mort !

Cent bras étaient déjà levés sur Ordener. Il porta la main à son côté pour y chercher son sabre. — Noble jeune homme ! dans son généreux élan il avait oublié qu'il était seul et désarmé.

— Attendez, attendez ! cria une voix, la voix de celui en qui Ordener voyait l'envoyé de Schumacker.

C'était un petit homme gras, vêtu de noir, à l'œil gai et faux. Il s'avança vers Ordener.

— Qui êtes-vous ? lui dit-il.

Ordener ne répondit pas ; il était saisi de toutes parts, et il n'y avait pas une place sur sa poitrine où ne s'appuyât la pointe d'une épée ou le canon d'un pistolet.

— Est-ce que tu as peur ? demanda le petit homme avec un sourire.

— Si ta main était sur mon cœur au lieu de ces épées, dit froidement le jeune homme, tu verrais qu'il ne bat pas plus vite que le tien, en supposant que tu aies un cœur.

— Ah ! ah ! dit le petit homme, il fait le fier ! eh bien ! qu'il meure. — Et il tourna le dos.

— Donne-moi la mort, répliqua Ordener, c'est tout ce que je veux te devoir.

— Un instant, seigneur Hacket, dit un vieillard à barbe touffue, qui se tenait appuyé sur un long mousquet. Vous êtes ici chez moi, et j'ai seul le droit d'envoyer ce chrétien raconter aux morts ce qu'il a vu ici.

Le seigneur Hacket se mit à rire. — Ma foi, mon cher Jonas, comme il vous plaira! Peu m'importe que cet espion soit jugé par vous, pourvu qu'il soit condamné.

Le vieillard se tourna vers Ordener :

— Allons, dis-nous qui tu es, toi qui souhaitais si audacieusement de savoir qui nous sommes.

Ordener garda le silence. Entouré des étranges partisans de ce Schumacker, pour lequel il aurait si volontiers donné son sang, il n'éprouvait en ce moment qu'un désir infini de la mort.

— Sa courtoisie ne veut pas répondre, dit le vieillard. Quand le renard est pris, il ne crie plus. Tuez-le.

— Mon brave Jonas, reprit Hacket, que la mort de cet homme soit le premier exploit de Han d'Islande parmi vous.

— Oui, oui! crièrent une foule de voix.

Ordener étonné, mais toujours intrépide, chercha des yeux ce Han d'Islande, auquel il avait si vaillamment disputé sa vie le matin même, et vit, avec un redoublement de surprise, s'avancer vers lui un homme d'une stature colossale, vêtu du costume des montagnards. Ce géant fixa sur Ordener un regard atrocement stupide, et demanda une hache.

— Tu n'es pas Han d'Islande, dit Ordener avec force.

— Qu'il meure! qu'il meure! cria Hacket d'une voix furieuse.

Ordener vit qu'il fallait mourir. Il mit la main dans sa poitrine, afin d'en tirer les cheveux de son Éthel et de leur donner un dernier baiser. Ce mouvement fit tomber un papier de sa ceinture.

— Quel est ce papier? dit Hacket ; Norbith, prenez ce papier.

Ce Norbith était un jeune homme dont les traits noirs et durs avaient une expression de noblesse. Il ramassa le papier et le déploya.

— Grand Dieu! s'écria-t-il, c'est la passe de mon pauvre ami Christophorus Nedlam, de ce malheureux camarade qu'ils ont exécuté, il n'y a pas huit jours, sur la place publique de Skongen, pour fausse monnaie.

— Eh bien! dit Hacket avec l'accent d'une attente trompée, gardez ce chiffon de papier. Je le croyais plus important. Vous, mon cher Han d'Islande, expédiez votre homme.

Le jeune Norbith se plaça devant Ordener, et s'écria :

— Cet homme est sous ma protection. Ma tête tombera avant qu'il tombe un cheveu de la sienne. Je ne souffrirai pas que le sauf-conduit de mon ami Christophorus Nedlam soit violé.

Ordener, si miraculeusement protégé, baissa la tête et s'humilia ; car il se rappelait combien il avait dédaigneusement accueilli en lui-même le vœu touchant de l'aumônier Athanase Munder : — Puisse le don du mourant être un bienfait pour le voyageur !

— Bah ! bah ! dit Hacket, vous dites là des folies, mon brave Norbith. Cet homme est un espion ; il faut qu'il meure.

— Donnez-moi ma hache, répéta le géant.

— Il ne mourra pas ! cria Norbith. Que dirait l'esprit de mon pauvre Nedlam, qu'ils ont indignement pendu ? Je vous assure qu'il ne mourra pas ; car Nedlam ne veut pas qu'il meure.

— En effet, dit le vieux Jonas, Norbith a raison. Comment voulez-vous qu'on tue cet étranger, seigneur Hacket ? il a la passe de Christophorus Nedlam.

— Mais c'est un espion, c'est un espion, reprit Hacket.

Le vieillard se plaça près du jeune homme, devant Ordener, et tous deux dirent gravement :

— Il a la passe de Christophorus Nedlam, qui a été pendu à Skongen.

Hacket vit qu'il fallait céder ; car tous les autres commençaient à murmurer, en disant que cet étranger ne pouvait mourir, puisqu'il portait le sauf-conduit de Nedlam le faux monnayeur.

— Allons, dit-il entre ses dents avec une rage concentrée, qu'il vive donc. Au reste, c'est votre affaire.

— Ce serait le diable que je ne le tuerais point, dit Norbith triomphant.

En parlant ainsi, il se tourna vers Ordener.

— Écoute, poursuivit-il, tu dois être un bon frère, puisque tu as la passe de Nedlam, mon pauvre ami. Nous sommes les mineurs royaux. Nous nous révoltons pour qu'on nous délivre de la tutelle. Le seigneur Hacket, que tu vois, dit que nous prenons les armes pour un certain comte Schumacker ; mais moi je ne le connais pas. Étranger, notre cause est juste. Écoute, et réponds-moi comme si tu répondais à ton saint patron. Veux-tu être des nôtres?

Une idée passa dans l'esprit d'Ordener.

— Oui, répondit-il.

Norbith lui présenta un sabre, qu'il reçut en silence.

— Frère, dit le jeune chef, si tu veux nous trahir, tu commenceras par me tuer.

En ce moment le son de la trompe retentit sous les arceaux de la mine, et l'on entendit des voix éloignées qui disaient : Voilà Kennybol.

XXXII

Il a des pensées dans la tête qui vont jusqu'aux cieux.
Romances espagnoles.

L'âme a quelquefois des inspirations subites, des illuminations soudaines, dont un volume entier de pensées et de réflexions n'exprimerait pas mieux l'étendue, ne sonderait pas plus la profondeur, que la clarté de mille flambeaux ne rendrait la lueur immense et rapide de l'éclair.

On n'essaiera donc pas d'analyser ici l'impulsion impérieuse et secrète qui, à la proposition du jeune Norbith, jeta le noble fils du vice-roi de Norvége parmi les bandits qui se révoltaient pour un proscrit. Ce fut tout à la fois, sans doute, un généreux désir d'approfondir, à tout prix, cette ténébreuse aventure, mêlé à un dégoût amer de la vie, à un insouciant désespoir de l'avenir ; peut-être je ne sais quel doute de la culpabilité de Schumacker, inspiré par tout ce qu'offraient de louche et de faux les apparences diverses qui avaient frappé le jeune homme, par un instinct inconnu de la vérité, et surtout par son amour pour Éthel. Enfin, ce fut certainement une révélation intime du bien qu'un ami clairvoyant de Schumacker pourrait lui faire, au milieu de ses aveugles partisans.

XXXIII

> Est-ce là le chef? ses regards m'effraient, je
> n'oserais lui parler.
>
> MATURIN, *Bertram.*

Aux cris qui annonçaient le fameux chasseur Kennybol, Hacket s'élança précipitamment au-devant de lui, en laissant Ordener avec les deux autres chefs.

— Vous voilà enfin, mon cher Kennybol! Venez que je vous présente à votre formidable chef, Han d'Islande.

A ce nom, Kennybol, qui arrivait pâle, haletant, les cheveux hérissés, le visage inondé de sueur et les mains teintes de sang, recula de trois pas.

— Han d'Islande!

— Allons, dit Hacket, rassurez-vous! il vient pour vous seconder. Ne voyez en lui qu'un ami, qu'un compagnon.

Kennybol ne l'entendait pas.

— Han d'Islande ici! répéta-t-il.

— Eh oui, dit Hacket, en réprimant un rire équivoque; allez-vous en avoir peur?

— Quoi! interrompit pour la troisième fois le chasseur, vous m'affirmez... Han d'Islande dans cette mine!...

Hacket se tourna vers ceux qui l'entouraient :

— Est-ce que notre brave Kennybol est fou?

Puis, s'adressant à Kennybol :

— Je vois que c'est la crainte de Han d'Islande qui vous a retardé.

Kennybol leva la main au ciel.

— Par Etheldera, la sainte martyre norvégienne, ce n'est pas la crainte de Han d'Islande, seigneur Hacket, mais bien Han d'Islande lui-même, je vous jure, qui m'a empêché d'être ici plus tôt.

Ces paroles firent éclater un murmure d'étonnement parmi la foule de montagnards et de mineurs qui entouraient les deux interlocuteurs, et jetèrent sur le front de Hacket le même nuage que l'aspect et le salut d'Ordener y avaient déjà fait naître un moment auparavant.

— Comment! que dites-vous? demanda-t-il en baissant la voix.

— Je dis, seigneur Hacket, que sans votre maudit Han l'Islandais j'aurais été ici avant le premier cri de la chouette.

— En vérité! Que vous a-t-il donc fait?

— Oh! ne me le demandez pas; je veux seulement que ma barbe blanchisse en un jour, comme le poil d'une hermine, si l'on me surprend de ma vie, puisqu'il est vrai que je vis encore, à la chasse d'un ours blanc.

— Est-ce que vous avez failli être dévoré par un ours?

Kennybol haussa les épaules en signe de mépris :

— Un ours! voilà un redoutable ennemi! Kennybol dévoré par un ours! Pour qui me prenez-vous, seigneur Hacket?

— Ah! pardon, dit Hacket en souriant.

— Si vous saviez ce qui m'est arrivé, mon brave seigneur, interrompit le vieux chasseur en baissant la voix, vous ne me répéteriez point que Han d'Islande est ici.

Hacket parut de nouveau un moment déconcerté. Il arrêta brusquement Kennybol par le bras, comme s'il craignait qu'il n'approchât davantage du point de la place souterraine où l'on apercevait, au-dessus des têtes des mineurs, la tête énorme du géant.

— Mon cher Kennybol, dit-il d'une voix presque solennelle, contez-moi, je vous prie, ce qui a causé votre retard. Vous sentez qu'au moment où nous sommes, tout peut être d'une haute importance.

— Cela est vrai, dit Kennybol après un moment de réflexion.

Alors, cédant aux instances réitérées de Hacket, il lui raconta comment il avait, le matin même, aidé de six compagnons, poussé un ours blanc jusqu'aux environs de la grotte de Walderhog, sans s'apercevoir, dans l'ardeur de la chasse, qu'il était si près de ce lieu redoutable; comment les plaintes de l'ours aux abois avaient attiré un petit homme, un monstre, un démon, qui, armé d'une hache de pierre, s'était jeté sur eux à la défense de l'ours. L'apparition de cette espèce de diable, qui ne pouvait être autre que Han, le démon islandais, les avait glacés tous sept de terreur; enfin, ses six malheureux camarades avaient été victimes des deux monstres, et lui, Kennybol, n'avait dû son salut qu'à une prompte fuite, qui n'avait pas été entravée, grâce à son agilité, à la fatigue de Han d'Islande, et, avant tout, à la protection du bienheureux patron des chasseurs, saint Sylvestre.

— Vous voyez, seigneur Hacket, dit-il en terminant son récit encore plein de son épouvante, et orné de toutes les fleurs de la rhétorique des montagnes, vous voyez que si je viens tard, ce n'est pas moi qu'il faut accuser, et qu'il est impossible que le démon d'Islande, que j'ai laissé ce matin avec son ours, s'acharnant sur les cadavres de mes six pauvres camarades dans la bruyère de Walderhog, soit maintenant, comme notre ami, dans cette mine d'Apsyl-Corh, à notre rendez-vous. Je vous proteste que cela ne se peut. Je le connais, à présent, ce démon incarné ; je l'ai vu !

Hacket, qui avait tout écouté attentivement, prit la parole et dit d'une voix grave :

— Mon brave ami Kennybol, quand vous parlez de Han d'Islande ou de l'enfer, ne croyez rien impossible. Je savais tout ce que vous venez de me dire.

L'expression de l'extrême étonnement et de la plus naïve crédulité se peignit sur les traits sauvages du vieux chasseur des monts de Kole. — Comment ?

— ...Oui, poursuivit Hacket, sur le visage duquel un observateur plus adroit eût peut-être démêlé quelque chose de triomphant et de sardonique, je savais tout, excepté pourtant que vous fussiez le héros de cette triste aventure. Han d'Islande me l'avait contée en me suivant ici.

— Vraiment ! dit Kennybol ; et son regard attaché sur Hacket venait de prendre un air de crainte et de respect.

Hacket continua avec le même sang-froid :

— Sans doute ; mais maintenant, soyez tranquille, je vais vous conduire à ce formidable Han d'Islande.

Kennybol poussa un cri d'effroi.

— Soyez tranquille, vous dis-je, reprit Hacket. Voyez en lui votre chef et votre camarade ; gardez-vous seulement de lui rappeler en rien ce qui s'est passé ce matin. Vous comprenez ?

Il fallut céder, mais ce ne fut pas sans une vive répugnance intérieure qu'il consentit à se laisser présenter au démon. Ils s'avancèrent vers le groupe où étaient Ordener, Jonas et Norbith.

— Mon bon Jonas, mon cher Norbith, dit Kennybol, que Dieu vous assiste !

— Nous en avons besoin, Kennybol, dit Jonas.

En ce moment le regard de Kennybol s'arrêta sur celui d'Ordener, qui cherchait le sien.

— Ah! vous voilà, jeune homme, dit-il en s'approchant vivement de lui et lui tendant sa main ridée et rude, soyez le bienvenu. Il paraît que votre hardiesse a eu bon succès?

Ordener, qui ne comprenait pas que ce montagnard parût le comprendre si bien, allait provoquer une explication, quand Norbith s'écria :

— Vous connaissez donc cet étranger, Kennybol?

— Par mon ange gardien, si je le connais! Je l'aime et je l'estime. Il est dévoué comme nous tous à la bonne cause que nous servons.

Et il lança vers Ordener un second regard d'intelligence, auquel celui-ci se préparait à répondre, lorsque Hacket, qui était allé chercher son géant, que tous ces bandits semblaient fuir avec effroi, les aborda tous quatre en disant :

— Mon brave chasseur Kennybol, voici votre chef, le fameux Han de Klipstadur!

Kennybol jeta sur le brigand gigantesque un coup d'œil où il y avait plus de surprise encore que de crainte, et se pencha vers l'oreille de Hacket :

— Seigneur Hacket, le Han d'Islande que j'ai laissé ce matin à Walderhog était un petit homme.

Hacket lui répondit à voix basse :

— Vous oubliez, Kennybol ! un démon !

— Il est vrai, dit le crédule chasseur, il aura changé de forme.

Et il se détourna en tremblant pour faire furtivement un signe de croix.

XXXIV

> Le masque approche ; c'est Angelo lui-même ;
> le drôle entend bien son métier ; il faut qu'il soit
> sûr de son fait.
>
> LESSING.

C'est dans une sombre forêt de vieux chênes, où pénètre à peine le pâle crépuscule du matin, qu'un homme de petite taille en aborde un autre qui est seul, et qui paraît l'attendre. L'entretien suivant commence à voix basse :

— Daigne votre grâce me pardonner si je l'ai fait attendre ! Plusieurs incidents m'ont retardé.

— Lesquels ?

— Le chef des montagnards, Kennybol, n'est arrivé au rendez-vous qu'à minuit ; et nous avons en revanche été troublés par un témoin inattendu.

— Qui donc ?

— C'est un homme qui s'est jeté comme un fou dans la mine au milieu de notre sanhédrin. J'ai pensé d'abord que c'était un espion, et j'ai voulu le faire poignarder ; mais il s'est trouvé porteur de la sauvegarde de je ne sais quel pendu fort respecté de nos mineurs, et ils l'ont pris sous leur protection. Je pense, en y réfléchissant, que ce n'est sans doute qu'un voyageur curieux ou un savant imbécile. En tout cas, j'ai disposé mes mesures à son égard.

— Tout va-t-il bien du reste ?

— Fort bien. Les mineurs de Guldbranshal et de Fa-roër, commandés par le jeune Norbith et le vieux Jonas, les montagnards de Kole, conduits par Kennybol, doivent être en marche en ce moment.

A quatre milles de l'Étoile-Bleue, leurs compagnons de Hubfallo et de Sund-Moër les joindront; ceux de Kongsberg et la troupe des forgerons du Smiasen, qui ont déjà forcé la garnison de Walhstrom de se retirer, comme le noble comte le sait, les attendent quelques milles plus loin.
— Enfin, mon cher et honoré maître, toutes ces bandes réunies feront halte cette nuit à deux milles de Skongen, dans les gorges du Pilier-Noir.

— Mais votre Han d'Islande, comment l'ont-ils reçu?

— Avec une entière crédulité.

— Que ne puis-je venger la mort de mon fils sur ce monstre! Quel malheur qu'il nous ait échappé!

— Mon noble seigneur, usez d'abord du nom de Han d'Islande pour vous venger de Schumacker; vous aviserez ensuite au moyen de vous venger de Han lui-même. Les révoltés marcheront aujourd'hui tout le jour et feront halte ce soir, pour passer la nuit dans le défilé du Pilier-Noir, à deux milles de Skongen.

— Comment! vous laisseriez pénétrer si près de Skongen un rassemblement aussi considérable? — Musdœmon!...

— Un soupçon, noble comte! Que votre grâce daigne envoyer, à l'instant même, un messager au colonel Vœthaün, dont le régiment doit être en ce moment à Skongen; informez-le que toutes les forces des insurgés seront campées cette nuit sans défiance dans le défilé du Pilier-Noir, qui semble avoir été créé exprès pour les embuscades.

— Je vous comprends; mais pourquoi, mon cher, avoir tout disposé de façon que les rebelles soient si nombreux?

— Plus l'insurrection sera formidable, seigneur, plus le crime de Schumacker et votre mérite seront grands. D'ailleurs il importe qu'elle soit entièrement éteinte d'un seul coup.

— Bien! mais pourquoi le lieu de la halte est-il si voisin de Skongen?

— Parce que, dans toutes les montagnes, c'est le seul où la défense soit impossible. Il ne sortira de là que ceux qui sont désignés pour figurer devant le tribunal.

— A merveille! — Quelque chose, Musdœmon, me dit de terminer promptement cette affaire. Si tout est rassurant de ce côté, tout est inquiétant de l'autre. Vous savez que nous avons fait faire à Copenhague des recherches secrètes sur les papiers qui pouvaient être tombés au pouvoir de ce Dispolsen?

— Eh bien, seigneur?

— Eh bien, je viens d'apprendre à l'instant que cet intrigant avait eu des rapports mystérieux avec ce maudit astrologue Cumbysulsum.

— Qui est mort dernièrement?

— Oui; et que le vieux sorcier avait en mourant remis à l'agent de Schumacker des papiers.

— Damnation! il avait des lettres de moi, un exposé de notre plan!

— De votre plan, Musdœmon!

— Mille pardons, noble comte! Mais aussi pourquoi votre grâce avait-elle été se livrer à ce charlatan de Cumbysulsum? le vieux traître!

— Écoutez, Musdœmon, je ne suis pas comme vous un être sans croyance et sans foi. — Ce n'est pas sans de justes raisons, mon cher, que j'ai toujours eu confiance dans la science magique du vieux Cumbysulsum.

— Que votre grâce n'a-t-elle eu autant de défiance de sa fidélité que de confiance en sa science? Au surplus, ne nous a'armons pas, mon noble maître. Dispolsen est mort, ses papiers sont perdus; dans quelques jours il ne sera plus question de ceux auxquels ils pourraient servir.

— En tout cas quelle accusation pourrait monter jusqu'à moi?

— Ou jusqu'à moi, protégé par votre grâce?

— Oh oui, mon cher, vous pouvez, certes, compter sur moi; mais hâtons, je vous prie, le dénoûment de tout ceci; je vais envoyer le messager au colonel. Venez, mes gens m'attendent derrière ces halliers, et il faut reprendre le chemin de Drontheim, que le mecklembourgeois a quitté sans doute. Allons, continuez à me bien servir, et, malgré tous les Cumbysulsum et les Dispolsen de la terre, comptez sur moi à la vie et à la mort!

— Je prie votre grâce de croire... Diable!

Ici ils s'enfoncèrent tous deux dans le bois, dans les détours duquel leurs voix s'éteignirent peu à peu; et bientôt après on n'y entendit plus que le bruit des pas des deux chevaux qui s'éloignaient.

XXXV

> .... Battez, tambours! ils viennent!
> .... Ils ont fait serment tous, et tous le même serment, de ne pas rentrer en Castille sans le comte prisonnier, leur seigneur.
> Ils ont sa statue de pierre dans un chariot, et sont résolus à ne retourner en arrière qu'en voyant la statue s'en retourner elle-même.
> Et en signe que celui qui ferait un pas en arrière serait regardé comme un traître, ils ont tous levé la main et prêté leur serment.
> . . . .
> Et ils marchent vers Arlançon, aussi vite que peuvent aller les bœufs qui traînent le chariot; ils ne s'arrêtent pas plus que le soleil.
> Burgos reste désert; seulement les femmes et les enfants y sont demeurés; il en est ainsi dans les environs.
> Ils vont causant ensemble du cheval et du faucon, et se demandant s'il faut affranchir la Castille du tribut qu'elle paie à Léon.
> Et avant d'entrer dans la Navarre, ils rencontrent sur la frontière... —
>
> *Romances espagnoles.*

Pendant que la conversation qu'on vient de lire avait lieu dans une des forêts qui avoisinent le Smiasen, les révoltés, divisés en trois colonnes, sortirent de la mine de plomb d'Apsyl-Corh, par l'entrée principale, qui s'ouvre de plain-pied sur un ravin profond.

Ordener, qui, malgré son désir de se rapprocher de Kennybol, avait été rangé dans la bande de Norbith, ne vit d'abord qu'une longue procession de torches, dont les feux, luttant avec les premières lueurs du jour, se réfléchissaient sur des haches, des fourches, des pioches, des massues armées de pointes de fer, d'énormes marteaux, des pics, des leviers et toutes les armes grossières que la révolte peut emprunter au travail, mêlées à d'autres armes régulières, qui annonçaient que cette révolte était une conspiration, des mousquets, des piques, des sabres, des carabines et des arquebuses. Quand le soleil eut paru, et que la lumière des torches ne fut plus que de la fumée, il put mieux observer l'aspect de cette singulière armée, qui s'avançait en désordre, avec des chants rauques et des cris sauvages, pareille à un troupeau de loups affamés qui vont à la conquête d'un cadavre. Elle

était partagée en trois divisions, ou plutôt en trois foules. D'abord marchaient les montagnards de Kole, commandés par Kennybol, auquel ils ressemblaient tous par leur costume de peaux de bêtes, et presque par leur mine farouche et hardie. Puis venaient les jeunes mineurs de Norbith et les vieux de Jonas, avec leurs grands feutres, leurs larges pantalons, leurs bras entièrement nus et leurs visages noirs, qui tournaient vers le soleil des yeux stupides. Au-dessus de ces bandes tumultueuses flottaient pêle-mêle des bannières couleur de feu, sur lesquelles on lisait différentes devises, telles que : *Vive Schumacker ! — Délivrons notre libérateur ! — Liberté aux mineurs ! Liberté au comte de Griffenfeld ! — Mort à Guldenlew ! — Mort aux oppresseurs ! Mort à d'Ahlefeld !* — Les rebelles paraissaient plutôt considérer ces enseignes comme des fardeaux que comme des ornements, et elles passaient de main en main quand les porte-étendards étaient fatigués ou voulaient mêler le son discordant de leur trompe aux psalmodies et aux vociférations de leurs camarades.

L'arrière-garde de cette étrange armée se composait de dix chariots traînés par des rennes et de grands ânes, destinés sans doute à porter les munitions ; et l'avant-garde, du géant amené par Hacket, qui marchait seul, armé d'une massue et d'une hache, et bien loin duquel venaient, avec une sorte de terreur, les premiers rangs commandés par Kennybol, qui ne le quittait pas des yeux, comme pour pouvoir suivre son chef diabolique dans les diverses transfigurations qu'il lui plairait de subir.

Ce torrent de rebelles descendait ainsi avec une rumeur confuse et en remplissant les bois de pins du bruit de la trompe des montagnes du Drontheimus septentrional. Il fut bientôt grossi par les diverses bandes de Sund-Moër, de Hubfallo, de Kongsberg, et la troupe des forgerons du Smiasen, qui présentait un contraste bizarre avec le reste des révoltés. C'étaient des hommes grands et forts, armés de pinces et de marteaux, ayant pour cuirasses de larges tabliers de cuir, ne portant pour enseigne qu'une haute croix de bois, qui marchaient gravement et en cadence, avec une régularité plus religieuse encore que militaire, sans autre chant de guerre que les psaumes et les cantiques de la bible. Ils n'avaient de chef que leur porte-croix, qui s'avançait sans armes à leur tête.

Tout ce ramas d'insurgés ne rencontrait pas un être humain sur son passage. A leur approche, le chevrier poussait son troupeau dans une caverne, et le paysan désertait son village; car l'habitant des plaines et des vallées est partout le même, il craint la trompe des bandits de même que le cor des archers.

Ils traversèrent ainsi des collines et des forêts semées de rares bourgades, suivirent des routes sinueuses où l'on voyait plus de traces de bêtes fauves que de pas d'hommes, côtoyèrent des lagunes, franchirent des torrents, des ravins, des marais. Ordener ne connaissait aucun de ces lieux. Une fois seulement, son regard, se levant, rencontra à l'horizon l'apparence lointaine et bleuâtre d'une grande roche courbée. Il se pencha vers un de ses grossiers compagnons de voyage.

— Ami, quel est ce rocher là-bas, au sud, à droite?
— C'est le Cou-de-Vautour, le rocher d'Oëlmœ, répondit l'autre.

Ordener soupira profondément.

XXXVI

Ma fille, Dieu vous garde et vous veuille bénir
RÉGNIER.

Guenon, perroquets, peignes et rubans, tout était prêt chez la comtesse d'Ahlefeld pour recevoir le lieutenant Frédéric. Elle avait fait venir à grands frais le dernier roman de la fameuse Scudéry. On l'avait, par son ordre, revêtu d'une riche reliure à fermoirs de vermeil ciselé, et placé entre les flacons d'essence et les boîtes de mouches, sur l'élégante toilette à pieds dorés, ornée de mosaïque de bois, dont elle avait meublé le boudoir futur de son cher enfant Frédéric. Quand elle eut ainsi parcouru le cercle minutieux de ces petits soins maternels, qui l'avaient un moment distraite de la haine, elle songea qu'elle n'avait plus autre chose à faire que de nuire à Schumacker et à Éthel. Le départ du général Levin les lui livrait sans défense.

Il s'était passé depuis peu dans le donjon de Munckholm une foule de choses sur lesquelles elle n'avait pu obtenir que des données très vagues. — Quel était le serf, vassal ou paysan, qui, à en croire les paroles très ambiguës et très embarrassées de Frédéric, s'était fait aimer de la fille de l'ex-chancelier? — Quels étaient les rapports du baron Ordener avec les prisonniers de Munckholm? — Quels étaient les motifs incompréhensibles de l'absence si singulière d'Ordener, dans un moment où les deux royaumes n'étaient occupés que de son prochain mariage avec cette Ulrique d'Ahlefeld qu'il paraissait dédaigner? — Enfin, que s'était-il passé entre Levin de Knud et Schumacker? — L'esprit de la comtesse se perdait en conjectures. Elle résolut enfin, pour éclaircir tous ces mystères, de hasarder une descente à Munckholm, conseil que lui donnaient à la fois sa curiosité de femme et ses intérêts d'ennemie.

Un soir qu'Éthel, seule dans le jardin du donjon, venait de graver, pour la sixième fois, avec le diamant d'une bague, je ne sais quel chiffre mystérieux sur le pilier noir de la poterne qui avait vu disparaître son Ordener, cette porte s'ouvrit. La jeune fille tressaillit. C'était la première fois que cette poterne s'ouvrait, depuis qu'elle s'était refermée sur lui.

Une grande femme pâle, vêtue de blanc, était devant elle. Elle présentait à Éthel un sourire doux comme du miel empoisonné, et il y avait, derrière son regard paisible et bienveillant, comme une expression de haine, de dépit et d'admiration involontaire.

Éthel la considéra avec étonnement, presque avec crainte. Depuis sa vieille nourrice, qui était morte entre ses bras, c'était la première femme qu'elle voyait dans la sombre enceinte de Munckholm.

— Mon enfant, dit doucement l'étrangère, vous êtes la fille du prisonnier de Munckholm?

Éthel ne put s'empêcher de détourner la tête; quelque chose en elle ne sympathisait pas avec l'étrangère, et il lui semblait qu'il y avait du venin dans le souffle qui accompagnait cette douce voix. — Elle répondit :

— Je m'appelle Éthel Schumacker. Mon père dit qu'on me nommait, dans mon berceau, comtesse de Tongsberg et princesse de Wollin.

— Votre père vous dit cela! s'écria la grande femme avec un accent qu'elle réprima aussitôt. Puis elle ajouta : — Vous avez éprouvé bien des malheurs !

— Le malheur m'a reçue à ma naissance dans ses bras de fer, répondit la jeune prisonnière; mon noble père dit qu'il ne me quittera qu'à ma mort.

Un sourire passa sur les lèvres de l'étrangère, qui reprit du ton de la pitié : — Et vous ne murmurez pas contre ceux qui ont jeté votre vie dans ce cachot? vous ne maudissez pas les auteurs de votre infortune?

— Non, de peur que notre malédiction n'attire sur eux des maux pareils à ceux qu'ils nous font souffrir.

— Et, continua la femme blanche avec un front impassible, connaissez-vous les auteurs de ces maux dont vous vous plaignez?

Éthel réfléchit un moment et dit :

— Tout s'est fait par la volonté du ciel.

— Votre père ne vous parle jamais du roi?

— Le roi? c'est celui pour lequel je prie matin et soir sans le connaître.

Éthel ne comprit pas pourquoi l'étrangère se mordit les lèvres à cette réponse.

— Votre malheureux père ne vous nomme jamais, dans sa colère, ses implacables ennemis, le général Arensdorf, l'évêque Spollyson, le chancelier d'Ahlefeld?

— J'ignore de qui vous me parlez.

— Et connaissez-vous le nom de Levin de Knud?

Le souvenir de la scène qui s'était passée la surveille entre le gouverneur de Drontheim et Schumacker était trop récent dans l'esprit d'Éthel pour que le nom de Levin de Knud ne la frappât point.

— Levin de Knud? dit-elle; il me semble que c'est cet homme pour lequel mon père a tant d'estime et presque tant d'affection.

— Comment! s'écria la grande femme.

— Oui, reprit la jeune fille, c'est ce Levin de Knud que mon seigneur et père défendait si vivement avant-hier contre le gouverneur de Drontheim.

Ces paroles redoublèrent la surprise de l'autre.

— Contre le gouverneur de Drontheim! Ne vous jouez pas de moi, ma fille. Ce sont vos intérêts qui m'amènent. Votre père prenait contre le gouverneur de Drontheim le parti du général Levin de Knud!

— Du général! il me semble que c'était du capitaine... Mais non; vous avez raison. — Mon père, poursuivit Éthel, paraissait conserver autant d'attachement à ce général Levin de Knud qu'il témoignait de haine au gouverneur du Drontheimus.

— Voilà encore un étrange mystère! dit en elle-même la grande femme pâle, dont la curiosité s'allumait de plus en plus. — Ma chère enfant, que s'est-il donc passé entre votre père et le gouverneur de Drontheim?

L'interrogatoire fatiguait la pauvre Éthel, qui regarda fixement la grande femme.

— Suis-je donc une criminelle pour que vous m'interrogiez ainsi?

A ce mot si simple, l'inconnue parut interdite, comme si elle sentait le fruit de son adresse lui échapper. Elle reprit néanmoins, d'une voix légèrement émue :

— Vous ne me parleriez pas ainsi si vous saviez pourquoi et pour qui je viens.

— Quoi! dit Éthel, viendriez-vous de sa part? m'apporteriez-vous un message de lui?

Et tout son sang rougissait son beau visage; et tout son cœur s'était soulevé dans son sein, gonflé d'impatience et d'inquiétude.

— ...De qui? demanda l'autre.

La jeune fille s'arrêta au moment de prononcer le nom adoré. Elle avait vu luire dans l'œil de l'étrangère un éclair de sombre joie qui semblait un rayon de l'enfer. Elle dit tristement :

— Vous ne savez pas de qui je veux parler.

L'expression de l'attente trompée se peignit pour la seconde fois sur le visage bienveillant de l'autre.

— Pauvre jeune fille! s'écria-t-elle, que pourrais-je faire pour vous?

Éthel n'entendait pas. Sa pensée était derrière les montagnes du septentrion, à la suite de l'aventureux voyageur. Sa tête s'était baissée sur son sein, et ses mains s'étaient jointes comme d'elles-mêmes.

— Votre père espère-t-il sortir de cette prison?

Cette question, que l'inconnue répéta deux fois, ramena Éthel à elle-même.

— Oui, dit-elle.

Et une larme roula dans ses yeux.

Ceux de l'étrangère s'étaient animés à cette réponse.

— Il l'espère, dites-moi! et comment? par quel moyen? quand?

— Il espère sortir de cette prison, parce qu'il espère sortir de la vie.

Il y a quelquefois dans la simplicité d'une âme douce et jeune

une puissance qui se joue des ruses d'un cœur vieilli dans la méchanceté. Cette pensée parut agiter l'esprit de la grande femme, car l'expression de son visage changea tout à coup ; et, posant sa main froide sur le bras d'Éthel :

— Écoutez-moi, dit-elle d'un ton qui était presque de la franchise ; avez-vous entendu dire que les jours de votre père sont de nouveau menacés d'une enquête juridique? qu'il est soupçonné d'avoir fomenté une révolte parmi les mineurs du nord?

Ces mots de *révolte* et d'*enquête* n'offraient pas d'idée claire à Éthel ; elle leva son grand œil noir sur l'inconnue :

— Que voulez-vous dire?

— Que votre père conspire contre l'état ; que son crime est presque découvert ; que ce crime entraîne la peine de mort.

— Mort! crime!... s'écria la pauvre enfant.

— Crime et mort, dit gravement la femme étrangère.

— Mon père! mon noble père! poursuivit Éthel. Hélas! lui qui passe ses jours à m'entendre lire l'Edda et l'Évangile! lui, conspirer! Que vous a-t-il donc fait?

— Ne me regardez pas ainsi ; je vous le répète, je suis loin d'être votre ennemie. Votre père est soupçonné d'un grand crime, je vous en avertis. Peut-être, au lieu de ces témoignages de haine, aurais-je droit à quelque reconnaissance.

Ce reproche toucha Éthel.

— Oh! pardon, noble dame! pardon! Jusqu'ici quel être humain avons-nous vu qui ne fût de nos ennemis? J'ai été défiante envers vous ; vous me le pardonnez, n'est-ce pas?

L'étrangère sourit.

— Quoi! ma fille! est-ce que jusqu'à ce jour vous n'avez pas encore rencontré un ami?

Une vive rougeur enflamma les joues d'Éthel. Elle hésita un moment.

— Oui. — Dieu connaît la vérité. Nous avons trouvé un ami, noble dame. Un seul!

— Un seul! dit précipitamment la grande femme. Nommez-le-moi, de grâce ; vous ne savez pas combien il est important.... C'est pour le salut de votre père... Quel est cet ami?

— Je l'ignore, dit Éthel.

L'inconnue pâlit.

— Est-ce parce que je veux vous servir que vous vous jouez de moi ? Songez qu'il s'agit des jours de votre père. Quel est, dites, quel est l'ami dont vous me parliez ?

— Le ciel sait, noble dame, que je ne connais de lui que son nom, qui est Ordener.

Éthel dit ces mots avec cette peine que l'on éprouve à prononcer devant un indifférent le nom sacré qui réveille en nous tout ce qui aime.

— Ordener ! Ordener ! répéta l'inconnue avec une émotion étrange, tandis que ses mains froissaient vivement la blanche broderie de son voile. — Et quel est le nom de son père ? demanda-t-elle d'une voix troublée.

— Je ne sais, répondit la jeune fille. Qu'importent sa famille et son père ! Cet Ordener, noble dame, est le plus généreux des hommes.

Hélas ! l'accent qui accompagnait cette parole avait livré tout le secret du cœur d'Éthel à la pénétration de l'étrangère.

L'étrangère prit un air calme et composé, et fit cette demande sans quitter la jeune fille du regard :

— Avez-vous entendu parler du prochain mariage du fils du vice-roi avec la fille du grand-chancelier actuel, d'Ahlefeld ?

Il fallut recommencer cette question, pour ramener l'esprit d'Éthel à des idées qui ne semblaient point l'intéresser.

— Je crois que oui, fut toute sa réponse.

Sa tranquillité, son air indifférent parurent surprendre l'inconnue.

— Eh bien ! que pensez-vous de ce mariage ?

Il lui fut impossible d'apercevoir la moindre altération dans les grands yeux d'Éthel tandis qu'elle répondait :

— En vérité, rien. Puisse leur union être heureuse !

— Les comtes Guldenlew et d'Ahlefeld, pères des deux fiancés, sont deux grands ennemis de votre père.

— Puisse, répéta doucement Éthel, l'union de leurs enfants être heureuse !

— Il me vient une idée, poursuivit l'astucieuse inconnue. Si les jours de votre père sont menacés, vous pourriez, à l'occasion de ce grand mariage, faire obtenir sa grâce par le fils du comte vice-roi.

— Les saints vous récompenseront de tous vos bons soins pour nous, noble dame ; mais comment faire parvenir ma prière jusqu'au fils du vice-roi ?

Ces paroles étaient prononcées avec tant de bonne foi qu'elles arrachèrent à l'étrangère un geste d'étonnement.

— Quoi! est-ce que vous ne le connaissez pas?

— Ce puissant seigneur! s'écria Éthel; vous oubliez qu'aucun de mes regards n'a encore franchi l'enceinte de cette forteresse.

— Mais vraiment, murmura entre ses dents la grande femme, que me disait donc ce vieux fou de Levin? Elle ne le connaît pas. — Impossible cependant! dit-elle en élevant la voix; vous devez avoir vu le fils du vice-roi, il est venu ici.

— Cela se peut, noble dame; de tous les hommes qui sont venus ici je n'ai jamais vu que lui, mon Ordener.

— Votre Ordener! interrompit l'inconnue. — Elle continua, sans paraître s'apercevoir de la rougeur d'Éthel : — Connaissez-vous un jeune homme au visage noble, à la taille élégante, à la démarche grave et assurée? son œil est doux et austère, son teint frais comme celui d'une jeune fille, ses cheveux châtains.

— Oh! s'écria la pauvre Éthel, c'est lui, c'est mon fiancé, mon adoré Ordener! Dites-moi, noble et chère dame, m'apportez-vous de ses nouvelles? Où l'avez-vous rencontré? Il vous a dit qu'il daignait m'aimer, n'est-il pas vrai? Il vous a dit qu'il avait tout mon amour. Hélas! une malheureuse prisonnière n'a que son amour au monde. Ce noble ami! Il n'y a pas huit jours, je le voyais encore à cette même place, avec son manteau vert, sous lequel bat un si généreux cœur, et cette plume noire qui se balançait avec tant de grâce sur son beau front.

Elle n'acheva pas. Elle vit la grande femme inconnue trembler, pâlir et rougir, et crier d'une voix foudroyante à ses oreilles :

— Malheureuse! tu aimes Ordener Guldenlew, le fiancé d'Ulrique d'Ahlefeld, le fils du mortel ennemi de ton père, du vice-roi de Norvége!

Éthel tomba évanouie.

XXXVII

> CAUPOLICAN.
> Marchez avec tant de précaution que la terre elle-même n'entende pas le bruit de vos pas... Redoublez de soins, mes amis... Si nous arrivons sans être entendus, je vous réponds de la victoire.
>
> TUCAPEL.
> La nuit a tout couvert de ses voiles; une obscurité effrayante enveloppe la terre. Nous n'entendons aucune sentinelle, nous n'avons point aperçu d'espions.
>
> RINGO.
> Avançons!
>
> . . . .
>
> TUCAPEL.
> Qu'entends-je? serions-nous découverts?
>
> LOPE DE VEGA, l'*Arauque dompté*.

— Dis-moi, Guldon Stayper, mon vieux camarade, sais-tu que la bise du soir commence à me rabattre vigoureusement les poils de mon bonnet sur le visage?

C'était Kennybol, qui, détachant un moment son regard du géant qui marchait en tête des révoltés, s'était tourné à demi vers l'un des montagnards que le hasard d'une course désordonnée avait placé près de lui.

Celui-ci secoua la tête, et changea d'épaule la bannière qu'il portait, avec un grand soupir de lassitude.

— Hum! je crois, notre capitaine, que dans ces maudites gorges du Pilier-Noir, où le vent se précipite comme un torrent, nous n'aurons pas tout à fait aussi chaud cette nuit qu'une flamme qui danse sur la braise.

— Il faudra faire de tels feux que les vieilles chouettes en soient éveillées au haut des rochers, dans leurs palais de ruines. Je n'aime pas les chouettes; dans cette horrible nuit où j'ai vu la fée Ubfem, elle avait la forme d'une chouette.

— Par saint Sylvestre! interrompit Guldon Stayper en détournant la tête, l'ange du vent nous donne de furieux coups d'ailes! — Si l'on m'en croit, capitaine Kennybol, on mettra le feu à tous les sapins d'une montagne. D'ailleurs ce sera une belle chose à voir qu'une armée se chauffant avec une forêt.

— A Dieu ne plaise, mon cher Guldon! et les chevreuils! et les gerfauts! et les faisans! fais cuire le gibier, à merveille; mais ne le fais pas brûler.

Le vieux Guldon se mit à rire :

— Notre capitaine, tu es bien toujours le même démon Kennybol, le loup des chevreuils, l'ours des loups, et le buffle des ours!

— Sommes-nous encore loin du Pilier-Noir? demanda une voix parmi les chasseurs.

— Compagnon, répondit Kennybol, nous entrerons dans les gorges à la nuit tombante; nous voici dans un instant aux Quatre-Croix.

Il se fit un moment de silence, pendant lequel on n'entendit que le bruit multiplié des pas, le gémissement de la bise, et le chant éloigné de la bande des forgerons du lac Smiasen.

— Ami Guldon Stayper, reprit Kennybol après avoir sifflé l'air du chasseur Rollon, tu viens de passer quelques jours à Drontheim?

— Oui, notre capitaine; notre frère Georges Stayper le pêcheur était malade, et j'ai été le remplacer pendant quelque temps dans sa barque, afin que sa pauvre famille ne mourût pas de faim pendant qu'il serait mort de maladie.

— Et puisque tu arrives de Drontheim, as-tu eu occasion de voir ce comte, le prisonnier... Schumacker... Gleffenhem... quel est son nom déjà? cet homme enfin au nom duquel nous nous révoltons contre la tutelle royale, et dont tu portes sans doute les armoiries brodées sur cette grande bannière couleur de feu?

— Elle est bien lourde! dit Guldon. — Tu veux parler du prisonnier du château-fort de Munckholm, le comte?... enfin soit. Et comment veux-tu, notre brave capitaine, que je l'aie vu? il m'aurait fallu, ajouta-t-il en baissant la voix, les yeux de ce démon qui marche devant nous, sans pourtant laisser derrière lui l'odeur du soufre, de ce Han d'Islande qui voit à travers les murs, ou l'anneau de la fée Mab qui passe par le trou des serrures. — Il n'y a en ce moment parmi nous, j'en suis sûr, qu'un seul homme qui ait vu le comte... le prisonnier dont tu me parles.

— Un seul? Ah! le seigneur Hacket? Mais ce Hacket n'est plus parmi nous. Il nous a quittés cette nuit pour retourner...

— Ce n'est point le seigneur Hacket que je veux dire, notre capitaine.

— Et qui donc?

— Ce jeune homme au manteau vert, à la plume noire, qui est tombé au milieu de nous cette nuit.

— Eh bien?

— Eh bien! dit Guldon en se rapprochant de Kennybol, c'est celui-là qui connaît le comte... ce fameux comte enfin, comme je te connais, notre capitaine Kennybol.

Kennybol regarda Guldon, cligna de l'œil gauche en faisant claquer ses dents, et lui frappa sur l'épaule avec cette exclamation triomphale qui échappe à notre amour-propre, quand nous sommes contents de notre pénétration : — Je m'en doutais !

— Oui, notre capitaine, poursuivit Guldon Stayper en replaçant l'étendard couleur de feu sur l'épaule délassée, je te proteste que le jeune homme vert a vu le comte... — je ne sais comment tu l'appelles, celui donc pour qui nous allons nous battre, — dans le donjon même de Munckholm, et qu'il ne paraissait pas attacher moins d'importance à entrer dans cette prison, que toi ou moi à pénétrer dans un parc royal.

— Et comment sais-tu cela, notre frère Guldon?

Le vieux montagnard saisit le bras de Kennybol, puis, entr'ouvrant sa peau de loutre avec une précaution presque soupçonneuse : — Regarde! lui dit-il.

— Par mon très saint patron! s'écria Kennybol, cela brille comme du diamant!

C'était en effet une riche boucle de diamants, qui attachait le grossier ceinturon de Guldon Stayper.

— Et il est aussi vrai que c'est du diamant, repartit celui-ci en laissant tomber le pan de sa casaque, qu'il est vrai que la lune est à deux journées de marche de la terre, et que le cuir de mon ceinturon est du cuir de buffle mort.

Mais les traits de Kennybol s'étaient rembrunis, et avaient passé de l'étonnement à la sévérité. Il baissa les yeux vers la terre en disant avec une sorte de solennité sauvage :

— Guldon Stayper, du village de Chol-Sœ, dans les montagnes de Kole, ton père, Medprath Stayper, est mort à cent deux ans, sans avoir rien à se reprocher, car ce ne sont pas des forfaitures que de tuer par mégarde un daim ou un élan du roi. — Guldon Stayper, tu as sur ta tête grise cinquante-sept bonnes années, ce qui n'est jeunesse que pour le hibou. — Guldon Stayper, notre camarade, j'aimerais mieux pour toi que les diamants de cette boucle fussent des grains de mil, si tu ne l'as pas acquise légitimement, aussi légitimement que le faisan royal acquiert la balle de plomb du mousquet.

En prononçant cette singulière admonestation, il y avait dans l'accent du chef montagnard à la fois de la menace et de l'onction.

— Aussi vrai que notre capitaine Kennybol est le plus hardi chasseur de Kole, répondit Guldon sans s'émouvoir, et que ces diamants sont des diamants, je les possède en légitime propriété.

— Vraiment! reprit Kennybol avec une inflexion de voix qui tenait le milieu entre la confiance et le doute.

— Dieu et mon patron béni savent, reprit Guldon, que c'était un soir, au moment où je venais d'indiquer le Spladgest de Drontheim à des enfants de notre bonne mère la Norvége, qui apportaient le corps d'un officier trouvé sur les grèves d'Urchtal. — Il y a de ceci huit jours environ. — Un jeune homme s'avança vers ma barque : — A Munckholm! me dit-il. — Je m'en souciais peu, notre capitaine ; un oiseau ne vole pas volontiers autour d'une cage. Cependant le jeune seigneur avait la mine haute et fière, il était suivi d'un domestique qui menait deux chevaux; il avait sauté dans ma barque d'un air d'autorité ; je pris mes rames, — c'est-à-dire les rames de mon frère. C'était mon bon ange qui le voulait. En arrivant, le jeune passager, après avoir parlé au seigneur sergent, qui commandait sans doute le fort, m'a jeté pour paiement, et Dieu m'entend, notre capitaine, oui, cette boucle de diamants que je viens de te montrer, et qui eût dû appartenir à mon frère Georges, et non à moi, si, à l'heure où le voyageur, que le ciel assiste, m'a pris, la journée que je faisais pour Georges n'eût été finie. Cela est la vérité, capitaine Kennybol.

— Bien.

Peu à peu la physionomie du chef reprit autant de sérénité que son expression, naturellement sombre et dure, le lui permettait, et il demanda à Guldon, d'une voix radoucie :

— Et tu es sûr, notre vieux camarade, que ce jeune homme est le même qui est maintenant derrière nous avec ceux de Norbith?

— Sûr. Je n'oublierais pas, entre mille visages, le visage de celui qui a fait ma fortune. D'ailleurs, c'est le même manteau, la même plume noire.

— Je te crois, Guldon.

— Et il est clair qu'il allait voir le fameux prisonnier; car, si ce n'eût pas été pour quelque grand mystère, il n'eût point récompensé ainsi le batelier qui l'amenait; et d'ailleurs, maintenant qu'il se retrouve avec nous...

— Tu as raison.

— Et j'imagine, notre capitaine, que le jeune étranger est peut-être bien plus en crédit auprès du comte que nous allons délivrer que le seigneur Hacket, qui ne me semble bon, sur mon âme, qu'à miauler comme un chat sauvage.

Kennybol fit un signe de tête expressif.

— Notre camarade, tu as dit ce que j'allais dire. Je serais, dans toute cette affaire, bien plus tenté d'obéir à ce jeune seigneur qu'à l'envoyé Hacket. Que saint Sylvestre et saint Olaüs me soient en aide; si le démon islandais nous commande, je pense, camarade Guldon, que nous le devons beaucoup moins au corbeau bavard Hacket, qu'à cet inconnu.

— Vrai, notre capitaine? demanda Guldon.

Kennybol ouvrait la bouche pour répondre, quand il se sentit frapper sur l'épaule. C'était Norbith.

— Kennybol, nous sommes trahis! Gormon Woëstrœm vient du sud. Tout le régiment des arquebusiers marche contre nous. Les hulans de Slesvig sont à Sparbo; trois compagnies de dragons danois attendent des chevaux au village de Lœvig. Tout le long de la route, il a vu autant de casaques vertes que de buissons. Hâtons-nous de gagner Skongen ; ne faisons point halte avant d'y être entrés. Là, du moins, nous pourrons nous défendre. Encore, Gormon croit-il avoir vu des mousquetons briller à travers les broussailles, en longeant les gorges du Pilier-Noir.

Le jeune chef était pâle, agité ; cependant son regard et le son de sa voix annonçaient encore l'audace et la résolution.

— Impossible! s'écria Kennybol.

— Certain! certain! dit Norbith.

— Mais le seigneur Hacket...

— Est un traître ou un lâche. Sois sûr de ce que je dis, camarade Kennybol. — Où est-il, ce Hacket?

En ce moment le vieux Jonas aborda les deux chefs. Au découragement profond empreint dans tous ses traits, il était facile de voir qu'il était instruit de la fatale nouvelle.

Les regards des deux vieillards, Jonas et Kennybol, se rencontrèrent, et tous deux se mirent à hocher la tête comme d'un mutuel accord.

— Eh bien! Jonas? Eh bien! Kennybol? dit Norbith.

Cependant le vieux chef des mineurs de Fa-roër avait passé lentement sa main sur son front ridé, et il répondait à voix basse au coup d'œil du vieux chef des montagnards de Kole :

— Oui, cela est trop vrai, cela est trop sûr. C'est Gormon Woëstrœm qui les a vus.

— Si la chose est ainsi, dit Kennybol, que faire?

— Que faire? répliqua Jonas.

— J'estime, camarade Jonas, que nous agirions sagement de nous arrêter.

— Et plus sagement encore, notre frère Kennybol, de reculer.

— S'arrêter! reculer! s'écria Norbith. Il faut avancer!

Les deux vieillards tournèrent vers le jeune homme un regard froid et surpris.

— Avancer! dit Kennybol. Et les arquebusiers de Munckholm!

— Et les hulans de Slesvig! ajouta Jonas.

— Et les dragons danois! reprit Kennybol.

Norbith frappa la terre du pied.

— Et la tutelle royale! et ma mère, qui meurt de faim et de froid.

— Démons! la tutelle royale! dit le mineur Jonas, avec une sorte de frémissement.

— Qu'importe! dit le montagnard Kennybol.

Jonas prit Kennybol par la main.

— Notre compagnon le chasseur, vous n'avez pas l'honneur d'être pupille de notre glorieux souverain Christiern IV. Puisse le saint roi Olaüs, qui est au ciel, nous délivrer de la tutelle!

— Demande ce bienfait à ton sabre! dit Norbith d'une voix farouche.

— Les paroles hardies coûtent peu à un jeune homme, camarade Norbith, répondit Kennybol, mais songez que si nous allons plus loin, toutes ces casaques vertes...

— Je songe que nous aurons beau rentrer dans nos montagnes, comme des renards devant les loups, on connaît nos noms et notre révolte ; et, mourir pour mourir, j'aime mieux la balle d'une arquebuse que la corde d'un gibet.

Jonas remua la tête de haut en bas en signe d'adhésion.

— Diable! la tutelle pour nos frères! le gibet pour nous! Norbith pourrait bien avoir raison.

— Donne-moi la main, mon brave Norbith, dit Kennybol; il y a danger des deux côtés. Il vaut mieux marcher droit au précipice qu'y tomber à reculons.

— Allons! allons donc! s'écria le vieux Jonas, en faisant sonner le pommeau de son sabre.

Norbith leur serra vivement la main.

— Frères, écoutez! Soyez audacieux comme moi, je serai prudent comme vous. Ne nous arrêtons aujourd'hui qu'à Skongen ; la garnison est faible et nous l'écraserons. Franchissons, puisqu'il le faut, les défilés du Pilier-Noir, mais dans un profond silence. Il faut les traverser, quand même ils seraient surveillés par l'ennemi.

— Je crois que les arquebusiers ne sont pas encore au pont de l'Ordals, avant Skongen. Mais, n'importe. Silence!

— Silence! soit, répéta Kennybol.

— Maintenant, Jonas, reprit Norbith, retournons tous deux à notre poste. Demain peut-être nous serons à Drontheim, malgré les arquebusiers, les hulans, les dragons et tous les justaucorps verts du midi.

Les trois chefs se quittèrent. Bientôt le mot d'ordre *silence!* passa de rang en rang, et cette bande de rebelles, un moment auparavant si tumultueuse, ne fut plus, dans ces déserts rembrunis par les approches de la nuit, que comme une troupe de fantômes muets, qui se promène sans bruit dans les sentiers tortueux d'un cimetière.

Cependant la route qu'ils suivaient se rétrécissait de moment en moment, et semblait s'enfoncer par degrés entre deux remparts de rochers qui devenaient de plus en plus escarpés. A l'instant où la lune rougeâtre se leva au milieu d'un amas froid de nuages qui déroulaient autour d'elle leurs formes bizarres avec une mobilité fantastique, Kennybol s'inclina vers Guldon Stayper :

— Nous allons entrer dans le défilé du Pilier-Noir. Silence !

En effet, on entendait déjà le bruit du torrent qui suit entre les deux montagnes tous les détours du chemin, et l'on voyait au midi l'énorme pyramide oblongue de granit, qu'on a nommée le Pilier-Noir, se dessiner sur le gris du ciel et sur la neige des montagnes environnantes ; tandis que l'horizon de l'ouest, chargé de brouillards, était borné par l'extrémité de la forêt du Sparbo et par un long amphithéâtre de rochers, étagés comme un escalier de géants.

Les révoltés, contraints d'allonger leurs colonnes dans ces routes tortueuses étranglées entre deux montagnes, continuèrent leur marche. Ils pénétrèrent dans ces gorges profondes sans allumer de torches, sans pousser de clameurs. Le bruit même de leurs pas ne s'entendait point au milieu du fracas assourdissant des cascades et des rugissements d'un vent violent qui ployait les forêts druidiques et faisait tournoyer les nuées autour des pitons revêtus de glace et de neige. Perdue dans les sombres profondeurs du défilé, la lumière souvent voilée de la lune ne descendait pas jusqu'aux fers de leurs piques, et les aigles blancs qui passaient par intervalles au-dessus de leurs têtes ne se doutaient pas qu'une aussi grande multitude d'hommes troublât en ce moment leurs solitudes.

Une fois le vieux Guldon Stayper toucha l'épaule de Kennybol de la crosse de sa carabine.

— Capitaine ! notre capitaine ! je vois quelque chose reluire derrière cette touffe de houx et de genêts.

— Je le vois également, répondit le chef montagnard ; c'est l'eau du torrent qui réfléchit les nuages.

Et l'on passa outre.

Une autre fois Guldon arrêta brusquement son chef par le bras.

— Regarde, lui dit-il, ne sont-ce pas des mousquetons qui brillent là-haut dans l'ombre de ce rocher?

Kennybol secoua la tête, puis après un moment d'attention :

— Rassure-toi, frère Guldon. C'est un rayon de la lune qui tombe sur un pic de glace.

Aucun sujet d'alarme ne se présenta plus autour d'eux, et les diverses bandes, paisiblement déroulées dans les sinuosités du défilé, oublièrent insensiblement tout ce que la position du lieu présentait de danger.

Après deux heures de marche souvent pénible, au milieu des troncs d'arbres et des quartiers de granit dont le chemin était obstrué, l'avant-garde entra dans le montueux bouquet de sapins qui termine la gorge du Pilier-Noir, et au-dessus duquel pendent de hauts rochers noirs et moussus.

Guldon Stayper se rapprocha de Kennybol, affirmant qu'il se félicitait d'être enfin sur le point de sortir de ce maudit coupe-gorge, et qu'il fallait rendre grâce à saint Silvestre de ce que le Pilier-Noir ne leur avait pas été fatal.

Kennybol se mit à rire, jurant qu'il n'avait jamais partagé ces terreurs de vieilles femmes; car pour la plupart des hommes, quand le péril est passé, il n'a point existé, et l'on cherche alors à prouver, par l'incrédulité que l'on montre, le courage qu'on n'aurait peut-être pas montré.

En ce moment, deux petites lueurs rondes, pareilles à deux charbons ardents, qui se mouvaient dans l'épaisseur du taillis, appelèrent son attention.

— Par le salut de mon âme! dit-il à voix basse, en secouant le bras de Guldon, voilà, certes, deux yeux de braise qui doivent appartenir au plus beau chatpard qui ait jamais miaulé dans un hallier.

— Tu as raison, répondit le vieux Stayper, et s'il ne marchait pas devant nous, je croirais plutôt que ce sont les yeux maudits du démon d'Isl...

— Chut! cria Kennybol.

Puis, saisissant sa carabine :

— En vérité, poursuivit-il, il ne sera pas dit qu'une aussi belle pièce aura passé impunément sous les yeux de Kennybol.

Le coup était parti avant que Guldon Stayper, qui s'était jeté sur le bras de l'imprudent chasseur, eût pu l'arrêter. — Ce ne fut pas la

plainte aiguë d'un chat sauvage qui répondit à la bruyante détonation de la carabine, ce fut un affreux grondement de tigre, suivi d'un éclat de rire humain, plus affreux encore.

On n'entendit pas le retentissement du coup de feu se prolonger, et mourir d'écho en écho dans les profondeurs des montagnes; car à peine la lumière de la carabine eut-elle brillé dans la nuit, à peine le bruit fatal de la poudre eut-il éclaté dans le silence, qu'un millier de voix formidables s'élevèrent inattendues sur les monts, dans les gorges, dans les forêts; qu'un cri de *vive le Roi!* immense comme un tonnerre, roula sur la tête des rebelles, à leurs côtés, devant et derrière eux, et que la lueur meurtrière d'une mousqueterie terrible, éclatant de toutes parts, les frappant et les éclairant à la fois, leur fit voir, parmi les rouges tourbillons de fumée, un bataillon derrière chaque rocher, et un soldat derrière chaque arbre.

XXXVIII

Aux armes! aux armes! capitaines!
Le captif d'Ochali.

Qu'on veuille bien recommencer avec nous la journée qui vient de s'écouler, et se transporter à Skongen, où, tandis que les insurgés sortaient de la mine de plomb d'Apsyl-Corh, est entré le régiment des arquebusiers, que nous avons vu en marche au trentième chapitre de cette très véridique narration.

Après avoir donné quelques ordres pour le logement des soldats qu'il commandait, le baron Vœthaün, colonel des arquebusiers, allait franchir le seuil de l'hôtel qui lui était destiné près de la porte de la ville, quand il sentit une main lourde se poser familièrement sur son épaule. Il se retourna.

C'était un homme de petite taille, dont un grand chapeau d'osier, qui couvrait ses traits, ne laissait apercevoir que la barbe rousse et touffue. Il était soigneusement enveloppé des plis d'une espèce de manteau de bure grise, qui, à un reste de capuchon qu'on y voyait pendre, paraissait avoir été une robe d'ermite, et ne laissait apercevoir que ses mains cachées sous de gros gants.

— Brave homme, demanda brusquement le colonel, que diable me voulez-vous?

— Colonel des arquebusiers de Munckholm, répondit l'homme avec une expression bizarre, suis-moi un instant, j'ai un avis à te donner.

A cette étrange invitation, le baron resta un moment surpris et muet.

— Un avis important, colonel, répéta l'homme aux gros gants.

Cette insistance détermina le baron Vœthaün. Dans le moment de crise où se trouvait la province, et avec la mission qu'il remplissait, aucun renseignement n'était à dédaigner. — Allons, dit-il.

Le petit homme marcha devant lui, et dès qu'ils furent hors de la ville il s'arrêta : — Colonel, as-tu bonne envie d'exterminer d'un seul coup tous les révoltés?

Le colonel se prit à rire :

— Mais ce ne serait point mal commencer la campagne.

— Eh bien ! fais placer dès aujourd'hui en embuscade tous tes soldats dans les gorges du Pilier-Noir, à deux milles de cette ville; les bandes y camperont cette nuit. Au premier feu que tu verras briller, fonds sur eux avec les tiens. La victoire sera aisée.

— Brave homme, l'avis est bon, et je vous en remercie. Mais comment savez-vous ce que vous me dites?

— Si tu me connaissais, colonel, tu me demanderais plutôt comment il se pourrait faire que je ne le susse point.

— Qui donc êtes-vous?

L'homme frappa du pied.

— Je ne suis point venu ici pour te dire cela.

— Ne craignez rien. Qui que vous soyez, le service que vous rendez sera votre sauvegarde. Peut-être étiez-vous du nombre des rebelles?

— J'ai refusé d'en être.

— Alors pourquoi taire votre nom, puisque vous êtes un fidèle sujet du roi?

— Que t'importe?

Le colonel voulut tirer encore quelques éclaircissements de ce singulier donneur d'avis.

— Dites-moi; est-il vrai que les brigands soient commandés par le fameux Han d'Islande?

— Han d'Islande ! répéta le petit homme avec une inflexion de voix extraordinaire.

Le baron recommença sa question. Un éclat de rire, qui eût pu passer pour un rugissement, fut toute la réponse qu'il put obtenir. Il essaya plusieurs autres questions sur le nombre et les chefs des mineurs; le petit homme lui ferma la bouche.

— Colonel des arquebusiers de Munckholm, je t'ai dit tout ce que j'avais à te dire. Embusque-toi dès aujourd'hui dans le défilé du Pilier-Noir avec ton régiment entier, et tu pourras écraser tout ce troupeau d'hommes.

— Vous ne voulez pas me dévoiler qui vous êtes; ainsi vous vous privez de la reconnaissance du roi; mais il n'en est pas moins juste que le baron Vœthaün vous témoigne sa gratitude du service que vous lui rendez.

Le colonel jeta sa bourse aux pieds du petit homme.

— Garde ton or, colonel, dit celui-ci. Je n'en ai pas besoin; et, ajouta-t-il, en montrant un gros sac suspendu à sa ceinture de corde, s'il te fallait un salaire pour tuer ces hommes, j'aurais encore, colonel, de l'or à te donner en paiement de leur sang.

Avant que le colonel fût revenu de l'étonnement où l'avaient jeté les inexplicables paroles de cet être mystérieux, il avait disparu.

Le baron Vœthaün retourna lentement sur ses pas, en se demandant ce qu'on devait ajouter de foi aux avis de cet homme. Au moment où il rentrait dans son hôtel, on lui remit une lettre scellée des armes du grand-chancelier. C'était en effet un message du comte d'Ahlefeld, où le colonel retrouva, avec une surprise facile à concevoir, le même avis et le même conseil que venait de lui donner aux portes de la ville l'incompréhensible personnage au chapeau d'osier et aux gros gants.

XXXIX

> Cent bannières flottaient sur les têtes des braves, des ruisseaux de sang coulaient de toutes parts, et la mort paraissait préférable à la fuite. Un barde saxon aurait appelé cette nuit la fête des épées; le cri des aigles fondant sur leur proie, ce bruit de guerre, aurait été plus flatteur à son oreille que les chants joyeux d'un festin de noces.
>
> WALTER SCOTT, *Ivanhoé.*

On n'entreprendra pas de décrire ici l'épouvantable confusion qui rompit les colonnes déjà désordonnées des rebelles, quand le fatal défilé leur montra soudain toutes ses cimes hérissées, tous ses antres peuplés d'ennemis inattendus. Il eût été difficile de distinguer si le long cri, formé de mille cris, qui s'échappa de leurs rangs ainsi inopinément foudroyés, était un cri de désespoir, d'épouvante ou de rage. Le feu terrible que vomissaient sur eux de toutes parts les pelotons démasqués des troupes royales s'accroissait de moment en moment; et, avant qu'il fût parti de leurs lignes un autre coup de mousquet que le funeste coup de Kennybol, ils ne voyaient déjà plus autour d'eux qu'un nuage étouffant de fumée embrasée à travers lequel volait aveuglément la mort, où chacun d'eux, isolé, ne reconnaissait que soi-même, et distinguait à peine de loin les arquebusiers, les dragons, les hulans, qui se montraient confusément au front des rochers et sur la lisière des taillis, comme des diables dans une fournaise.

Toutes ces bandes, ainsi éparses dans une longueur d'environ un mille, sur un chemin étroit et tortueux, bordé d'un côté d'un torrent profond, de l'autre d'une muraille de rochers, ce qui leur ôtait toute facilité de se replier sur elles-mêmes, ressemblaient à ce serpent que l'on brise en le frappant sur le dos, lorsqu'il a déroulé tous ses anneaux, et dont les tronçons vivants se roulent longtemps dans leur écume, cherchant encore à se réunir.

Quand la première surprise fut passée, le même désespoir parut animer, comme une âme commune, tous ces hommes naturellement farouches et intrépides. Furieux de se voir ainsi écraser sans défense, cette foule de brigands poussa une clameur comme un seul corps, une clameur qui couvrit un moment tout le bruit des ennemis triomphants; et quand ceux-ci les virent sans chefs, sans ordre, presque sans armes, gravir, sous un feu terrible, des rochers à pic, s'attacher des dents et des poings à des ronces au-dessus des précipices, en agitant des marteaux et des fourches de fer, ces soldats si bien armés, si bien rangés, si sûrement postés, et qui n'avaient pas encore perdu un seul des leurs, ne purent se défendre d'un mouvement d'effroi involontaire.

Il y eut plusieurs fois de ces barbares qui parvinrent, tantôt sur des ponts de morts, tantôt en s'élevant sur les épaules de leurs camarades, appliqués aux pentes des rocs comme des échelles vivantes, jusqu'aux sommets occupés par les assaillants; mais à peine avaient-ils crié : Liberté! à peine avaient-ils élevé leurs haches ou leurs massues noueuses; à peine avaient-ils montré leurs noirs visages, tout écumants d'une rage convulsive, qu'ils étaient précipités dans l'abîme, entraînant avec eux ceux de leurs hasardeux compagnons qu'ils rencontraient dans leur chute suspendus à quelque buisson ou embrassant quelque pointe de roche.

Les efforts de ces infortunés pour fuir et pour se défendre étaient vains; toutes les issues du défilé étaient fermées; tous les points accessibles étaient hérissés de soldats. La plupart de ces malheureux rebelles expiraient en mordant le sable de la route, après avoir brisé leurs bisaïeules ou leurs coutelas sur quelque éclat de granit ; quelques-uns, croisant les bras, l'œil fixé à terre, s'asseyaient sur des pierres au bord du chemin, et là ils attendaient, en silence et immobiles, qu'une balle les jetât dans le torrent. Ceux d'entre eux que la prévoyance de Hacket avait armés de mauvaises arquebuses dirigeaient au hasard quelques coups perdus vers la crête des rochers, vers l'ouverture des cavernes d'où tombaient sans cesse sur eux de nouvelles pluies de balles. Une rumeur tumultueuse, où l'on distinguait les cris furieux des chefs et les commandements tranquilles des officiers, se mêlait incessamment au fracas intermittent et fréquent des décharges, tandis qu'une sanglante vapeur montait et fuyait au-dessus du lieu de carnage, jetant au front des montagnes de grandes lueurs tremblantes ; et que le torrent, blanchi d'écume, passait comme un ennemi entre ces deux troupes d'hommes ennemis, emportant avec lui sa proie de cadavres.

Mais, dès les premiers moments de l'action, ou plutôt de la boucherie, c'étaient les montagnards de Kole, commandés par le brave et imprudent Kennybol, qui avaient le plus souffert. On se souvient qu'ils formaient l'avant-garde de l'armée rebelle, et qu'ils étaient engagés dans le bois de pins qui termine le défilé. A peine le malencontreux Kennybol eut-il armé son arquebuse, que ce bois, peuplé soudain, en quelque sorte par magie, de tirailleurs ennemis, les enferma d'un cercle de feu ; tandis que, du sommet d'une hauteur en esplanade dominée par quelques grandes roches penchées, un bataillon entier du régiment de Munckholm, formé en équerre, les foudroyait sans relâche d'une mousqueterie épouvantable. Dans cette horrible crise, Kennybol, éperdu, jeta les yeux vers le mystérieux géant, n'attendant plus de salut que d'un pouvoir surhumain, tel que celui de Han d'Islande ; mais il ne vit point le formidable démon déployer soudain deux ailes immenses, et s'élever au-dessus des combattants en vomissant des flammes et des foudres sur les arquebusiers ; il ne le vit point grandir tout à coup jusqu'aux nuages, et renverser une montagne sur les assaillants, ou frapper du pied la terre, et ouvrir un abîme sous le bataillon embusqué. Ce formidable Han d'Islande recula comme lui dès la première bordée d'arquebusades, et vint à lui d'un visage presque troublé, demandant une carabine, attendu, disait-il avec une voix assez ordinaire, qu'en un pareil moment sa hache lui était aussi inutile que la quenouille d'une vieille femme.

Kennybol, étonné, mais toujours aussi crédule, remit son propre mousqueton au géant avec un effroi qui lui faisait presque oublier la crainte des balles qui pleuvaient autour de lui. Espérant toujours un prodige, il s'attendit encore à voir son arme fatale devenir entre les mains de Han d'Islande aussi grosse qu'un canon, ou se métamorphoser en un dragon ailé lançant du feu par les yeux, la gueule et les narines. Il n'en fut rien, et l'étonnement du pauvre chasseur fut au comble quand il vit le démon charger comme lui la carabine de poudre et de plomb ordinaire, la mettre en joue à sa manière, et lâcher tout simplement son coup, sans même ajuster aussi bien que lui, Kennybol, aurait pu le faire. Il le regarda avec une morne stupeur répéter cette opération toute machinale plusieurs fois de suite; et, convaincu enfin qu'il fallait renoncer à un miracle, il songea à tirer ses compagnons et lui-même du mauvais pas où ils se trouvaient par quelque moyen humain. Déjà son pauvre vieux camarade Guldon Stayper était tombé à ses côtés, criblé de blessures; déjà tous les montagnards, épouvantés et ne pouvant fuir, cernés de toutes parts, se serraient les uns contre les autres, sans songer à se défendre, avec de lamentables clameurs. Kennybol comprit et vit combien cet amas d'hommes donnait de sûreté aux coups de l'ennemi, dont chaque décharge lui enlevait une vingtaine des siens. Il ordonna à ses malheureux compagnons de s'éparpiller, de se jeter dans les taillis qui longent le chemin, beaucoup plus large en cet endroit que dans le reste de la gorge du Pilier-Noir, de se cacher sous les broussailles, et de riposter de leur mieux au feu de plus en plus meurtrier des tirailleurs et du bataillon. Les montagnards, pour la plupart bien armés, parce qu'ils étaient tous chasseurs, exécutèrent l'ordre de leur chef avec une soumission qu'il n'eût peut-être pas obtenue dans un moment moins critique; car, en face du danger, les hommes en général perdent la tête, et alors ils obéissent assez volontiers à celui qui se charge d'avoir du sang-froid et de la présence d'esprit pour tous.

Cette mesure sage était loin cependant d'être la victoire, ou seulement le salut. Il y avait déjà plus de montagnards étendus hors de combat qu'il n'en restait debout, et, malgré l'exemple et les encouragements de leur chef et du géant, plusieurs d'entre eux, s'appuyant sur leurs mousquets inutiles, ou s'étendant auprès des blessés, avaient pris obstinément le parti de recevoir la mort sans avoir la peine de la donner. On s'étonnera peut-être que ces hommes, accoutumés tous les jours à braver la mort en courant de glaciers en glaciers à la poursuite des bêtes féroces, eussent si tôt perdu courage ; mais, qu'on ne s'y trompe pas, dans les cœurs vulgaires, le courage est local ; on peut rire devant la mitraille, et trembler dans les ténèbres ou au bord d'un précipice ; on peut affronter chaque jour les animaux farouches, franchir des abîmes d'un bond, et fuir devant une décharge d'artillerie. Il arrive souvent que l'intrépidité n'est qu'habitude, et que, pour avoir cessé de craindre la mort sous telle ou telle forme, on ne l'en redoute pas moins.

Kennybol, entouré des monceaux de ses frères expirants, commençait lui-même à désespérer, quoiqu'il n'eût encore reçu qu'une légère atteinte au bras gauche, et qu'il vît le diabolique géant continuer son office de mousquetaire avec l'impassibilité la plus rassurante. Tout à coup il aperçut, dans le fatal bataillon rangé sur la hauteur, se manifester une confusion extraordinaire, et qui ne pouvait être certainement causée par le peu de dommage que lui faisait éprouver le très faible feu de ses montagnards. Il entendit d'affreux cris de détresse, des imprécations de mourants, des paroles d'épouvante, s'élever de ce peloton victorieux.

Bientôt la mousqueterie se ralentit, la fumée s'éclaircit, et il put voir distinctement d'énormes quartiers de granit tomber sur les arquebusiers de Munckholm du haut de la roche élevée qui dominait le plateau où ils étaient en bataille. Ces éclats de rocs se suivaient dans leur chute avec une horrible rapidité ; on les entendait se briser à grand bruit les uns sur les autres, et rebondir parmi les soldats, qui, rompant leurs lignes, se hâtaient de descendre en désordre de la hauteur et fuyaient dans toutes les directions.

A ce secours inattendu, Kennybol tourna la tête ; — le géant était pourtant encore là ! Le montagnard resta interdit, car il avait pensé que Han d'Islande avait enfin pris son vol et s'était placé au haut de ce rocher d'où il écrasait l'ennemi. Il éleva les yeux vers le sommet d'où tombaient les formidables masses, et ne vit rien. Il ne pouvait donc supposer qu'une partie des rebelles étaient parvenus à ce redoutable poste, puisqu'on ne voyait point briller d'armes, puisqu'on n'entendait point de cris de triomphe.

Cependant le feu du plateau avait entièrement cessé ; l'épaisseur des arbres cachait les débris du bataillon qui se ralliait sans doute au bas de la hauteur. La mousqueterie des tirailleurs était même devenue

moins vive. Kennybol, en chef habile, profita de cet avantage bien inespéré; il ranima ses compagnons, et leur montra, à la sombre lueur qui rougissait toute cette scène de carnage, le monceau de cadavres entassés sur l'esplanade parmi les quartiers de rocs qui continuaient de tomber d'intervalle en intervalle.

Alors les montagnards répondirent à leur tour par des clameurs de victoire aux gémissements de leurs ennemis; ils se formèrent en colonne, et, bien que toujours incommodés par les tirailleurs épars dans les halliers, ils résolurent, pleins comme d'un courage nouveau, de sortir de vive force de ce funeste défilé.

La colonne ainsi formée allait s'ébranler ; déjà Kennybol donnait le signal avec sa trompe, au bruit des acclamations *Liberté! liberté ! Plus de tutelle !* quand le son du tambour et du cor, sonnant la charge, se fit entendre devant eux ; puis le reste du bataillon de l'esplanade, grossi de quelques renforts de soldats frais, déboucha à portée de carabine d'un tournant de la route, et montra aux montagnards un front hérissé de piques et de baïonnettes, soutenu de rangs nombreux dont l'œil ne pouvait sonder la profondeur. Arrivé ainsi à l'improviste en vue de la colonne de Kennybol, le bataillon fit halte, et celui qui paraissait le commander agita une petite bannière blanche en s'avançant vers les montagnards, escorté d'un trompette.

L'apparition imprévue de cette troupe n'avait point déconcerté Kennybol. Il y a un point, dans le sentiment du danger, où la surprise et la crainte sont impossibles.

Aux premiers bruits du cor et du tambour, le vieux renard de Kole avait arrêté ses compagnons. Au moment où le front du bataillon se déploya en bon ordre, il fit charger toutes les carabines et disposa ses montagnards deux par deux, afin de présenter moins de surface aux décharges de l'ennemi. Il se plaça lui-même en tête, à côté du géant, avec lequel, dans la chaleur de l'action, il commençait presque à se familiariser, ayant osé remarquer que ses yeux n'étaient pas précisément aussi flamboyants que la fournaise d'une forge, et que les prétendues griffes de ses mains ne s'éloignaient pas autant qu'on le disait de la forme des ongles humains.

Quand il vit le commandant des arquebusiers royaux s'avancer ainsi comme pour capituler, et le feu des tirailleurs s'éteindre tout à fait, bien que leurs cris d'appel, qui retentissaient de toutes parts, décelassent encore leur présence dans le bois, il suspendit un instant ses préparatifs de défense.

Cependant l'officier à la bannière blanche était parvenu au milieu de l'espace qui divisait les deux colonnes ; il s'arrêta, et le trompette qui l'accompagnait sonna trois fois la sommation. Alors l'officier cria d'une voix forte, que les montagnards entendirent distinctement, malgré le fracas toujours croissant dont le combat remplissait derrière eux les gorges de la montagne :

— Au nom du roi ! la grâce du roi est accordée à ceux des rebelles qui mettront bas les armes et livreront leurs chefs à la souveraine justice de sa majesté !

Le parlementaire avait à peine prononcé ces paroles qu'un coup de feu partit d'un taillis voisin. L'officier frappé chancela; il fit quelques pas en élevant sa bannière, et tomba en s'écriant : — Trahison !

Nul ne sut de quelle main venait le coup fatal.

— Trahison! lâcheté! répéta le bataillon des arquebusiers avec des frémissements de rage.

Et une effroyable salve de mousqueterie foudroya les montagnards.

— Trahison! reprirent à leur tour les montagnards, furieux de voir leurs frères tomber à leurs côtés.

Et une décharge générale répondit à la bordée inattendue des soldats royaux.

— Sur eux! camarades! mort à ces lâches! Mort! crièrent les officiers des arquebusiers.

— Mort! mort! répétèrent les montagnards.

Et les combattants des deux partis s'élancèrent les sabres nus, et les deux colonnes se rencontrèrent presque sur le corps du malheureux officier, avec un horrible bruit d'armes et de clameurs.

Les rangs enfoncés se mêlèrent. Chefs rebelles, officiers royaux, soldats, montagnards, tous, pêle-mêle, se heurtèrent, se saisirent, s'étreignirent, comme deux troupeaux de tigres affamés qui se joignent dans un désert. Les longues piques, les bayonnettes, les pertuisanes étaient devenues inutiles; les sabres et les haches brillaient seuls au-dessus des têtes; et beaucoup de combattants, luttant corps à corps, ne pouvaient même plus employer d'autres armes que le poignard ou les dents.

Une égale fureur, une pareille indignation animait les montagnards et les arquebusiers; le même cri *trahison! vengeance!* était vomi par toutes les bouches. La mêlée en était arrivée à ce point où la férocité entre dans tous les cœurs, où l'on préfère à sa vie la mort d'un ennemi que l'on ne connaît pas, où l'on marche avec indifférence sur des amas de blessés et de cadavres parmi lesquels le mourant se réveille, pour combattre encore de sa morsure celui qui le foule aux pieds.

C'est dans ce moment qu'un petit homme, que plusieurs combattants, à travers les fumées et les vapeurs du sang, prirent d'abord, à son vêtement de peaux de bêtes, pour un animal sauvage, se jeta au milieu du carnage, avec d'horribles rires et des hurlements de joie. Nul ne savait d'où il venait, ni pour quel parti il combattait, car sa hache de pierre ne choisissait pas ses victimes, et fendait également le crâne d'un rebelle et le ventre d'un soldat. Il paraissait néanmoins massacrer plus volontiers les arquebusiers de Munckholm. Tout s'écartait devant lui; il courait dans la mêlée comme un esprit; et sa hache sanglante tournoyait sans cesse autour de lui, faisant jaillir de tous côtés des lambeaux de chair, des membres rompus, des ossements fracassés.

Il criait *vengeance!* comme tous les autres, et prononçait des paroles bizarres, parmi lesquelles le nom de Gill revenait souvent. Ce formidable inconnu était dans le carnage comme dans une fête.

Un montagnard sur lequel son regard meurtrier s'était arrêté vint tomber aux pieds du géant dans lequel Kennybol avait placé tant d'espérances déçues, en criant :

— Han d'Islande, sauve-moi!

— Han d'Islande! répéta le petit homme.

Il s'avança vers le géant.

— Est-ce que tu es Han d'Islande? dit-il.

Le géant pour réponse leva sa hache de fer. Le petit homme recula, et le tranchant, dans sa chute, s'enfonça dans le crâne même du malheureux qui implorait le secours du géant.

L'inconnu se mit à rire.

— Ho! ho! par Ingolfe! je croyais Han d'Islande plus adroit.

— C'est ainsi que Han d'Islande sauve qui l'implore! dit le géant.

— Tu as raison.

Les deux formidables champions s'attaquèrent avec rage. La hache de fer et la hache de pierre se rencontrèrent; elles se heurtèrent si violemment que les deux tranchants volèrent en éclats avec mille étincelles.

Plus prompt que la pensée, le petit homme désarmé saisit une lourde massue de bois, laissée à terre par un mourant, et, évitant le géant qui se courbait pour le saisir entre ses bras, il assena, à mains jointes, un coup furieux de massue sur le large front de son colossal adversaire.

Le géant poussa un cri étouffé et tomba. Le petit homme triomphant le foula aux pieds, en écumant de joie.

— Tu portais un nom trop lourd pour toi, dit-il.

Et, agitant sa massue victorieuse, il alla chercher d'autres victimes.

Le géant n'était pas mort. La violence du coup l'avait étourdi, il était tombé presque sans vie.

Il commençait à rouvrir les yeux et à faire quelques faibles mouvements, lorsqu'un arquebusier l'aperçut dans le tumulte, et se jeta sur lui en criant :

— Han d'Islande est pris! victoire!

— Han d'Islande est pris! répétèrent toutes les voix avec des accents de triomphe ou de détresse.

Le petit homme avait disparu.

Il y avait déjà quelque temps que les montagnards se sentaient succomber sous le nombre ; car aux arquebusiers de Munckholm s'étaient joints les tirailleurs de la forêt et des détachements de hulans et de dragons démontés, qui arrivaient de moment en moment de l'intérieur des gorges, où la reddition des principaux chefs rebelles avait arrêté le carnage. Le brave Kennybol, blessé au commencement de l'action, avait été fait prisonnier. La capture de Han d'Islande acheva d'abattre tout le reste du courage des montagnards. Ils mirent bas les armes.

Quand les premières blancheurs de l'aube éclairèrent la cime aiguë des hauts glaciers encore à demi submergés dans l'ombre, il n'y avait plus dans les défilés du Pilier-Noir qu'un morne repos, qu'un affreux silence parfois entremêlé de faibles plaintes dont se jouait le vent léger du matin.

De noires nuées de corbeaux accouraient vers ces fatales gorges de tous les points du ciel ; et quelques pauvres chevriers, ayant passé pendant le crépuscule sur la lisière des rochers, revinrent effrayés dans leurs cabanes, affirmant qu'ils avaient vu, dans le défilé du Pilier-Noir, une bête à face humaine, qui buvait du sang, assise sur des monceaux de morts.

XL

Brûle donc qui voudra sous ces feux couverts!
BRANTOME.

— Ma fille, ouvrez cette fenêtre; ces vitraux sont bien sombres, je voudrais voir un peu le jour.

— Voyez le jour, mon père! la nuit approche à grands pas.

— Il y a encore des rayons de soleil sur les collines qui bordent le golfe. J'ai besoin de respirer cet air libre à travers les barreaux de mon cachot. — Le ciel est si pur!

— Mon père, un orage vient derrière l'horizon.

— Un orage, Éthel! où le voyez-vous?

— C'est parce que le ciel est pur, mon père, que j'attends un orage.

Le vieillard jeta un regard surpris sur la jeune fille.

— Si j'avais pensé cela dès ma jeunesse, je ne serais point ici.

Puis il ajouta d'un ton moins ému :

— Ce que vous dites est juste, mais n'est pas de votre âge. Je ne comprends point comment il se fait que votre jeune raison ressemble à ma vieille expérience.

Éthel baissa les yeux, comme troublée par cette réflexion grave et simple. Ses deux mains se joignirent douloureusement, et un soupir profond souleva sa poitrine.

— Ma fille, dit le vieux captif, depuis quelques jours vous êtes pâle, comme si jamais la vie n'avait échauffé le sang de vos veines. Voilà plusieurs matins que vous m'abordez avec des paupières rouges et gonflées, avec des yeux qui ont pleuré et veillé. Voilà plusieurs journées, Éthel, que je passe dans le silence, sans que votre voix essaie de m'arracher à la sombre méditation de mon passé. Vous êtes auprès de moi plus triste que moi; et cependant vous n'avez pas, comme votre père, le fardeau de toute une vie de néant et de vide qui pèse sur votre âme. L'affliction entoure votre jeunesse, mais ne peut pénétrer jusqu'à votre cœur. Les nuages du matin se dissipent promptement. Vous êtes à cette époque de l'existence où l'on se choisit dans ses rêves un avenir indépendant du présent, quel qu'il soit. Qu'avez-vous donc, ma fille? Grâce à cette monotone captivité, vous êtes à l'abri des malheurs imprévus. Quelle faute avez-vous commise? — Je ne puis croire que ce soit sur moi que vous vous affligiez; vous devez être accoutumée à mon irrémédiable infortune. L'espérance, à la vérité, n'est plus dans mes discours; mais ce n'est pas un motif pour que je lise le désespoir dans vos yeux.

En parlant ainsi, la voix sévère du prisonnier s'était attendrie presque jusqu'à l'accent paternel. Éthel, muette, se tenait debout devant lui. Tout à coup, elle se détourna d'un mouvement presque convulsif, tomba à genoux sur la pierre, et cacha son visage dans ses mains, comme pour étouffer les larmes et les sanglots qui s'échappaient tumultueusement de son sein.

Trop de douleur gonflait le cœur de l'infortunée jeune fille. Qu'avait-elle donc fait à cette fatale étrangère, pour lui révéler le secret qui détruisait toute sa vie? Hélas! depuis que le nom de son Ordener lui était connu tout entier, la pauvre enfant n'avait pas encore pu livrer ses yeux au sommeil, ni son âme au repos. La nuit elle n'éprouvait d'autre soulagement que celui de pouvoir pleurer en liberté. C'en était donc fait! il n'était point à elle, celui qui lui appartenait par tous ses souvenirs, par toutes ses douleurs, par toutes ses prières, celui dont elle s'était crue l'épouse sur la foi de ses rêves. Car la soirée où Ordener l'avait si tendrement serrée dans ses bras n'était plus dans sa pensée que comme un songe. Et en effet, ce doux songe, chacune de ses nuits le lui avait rendu depuis. C'était donc une tendresse coupable que celle qu'elle conservait encore malgré elle à cet ami absent! Son Ordener était le fiancé d'une autre! Et qui peut dire ce qu'éprouva ce cœur virginal quand le sentiment étrange et inconnu de la jalousie vint s'y glisser comme une vipère? quand elle s'agita pendant les longues heures de l'insomnie sur son lit brûlant, se figurant son Ordener, peut-être en ce moment même, dans les bras d'une autre femme plus belle, plus riche et plus noble qu'elle? — Car, se disait-elle, j'étais bien folle de croire qu'il avait été chercher la mort pour moi. Ordener est le fils d'un vice-roi, d'un puissant seigneur, et moi, je ne suis rien qu'une pauvre prisonnière; rien, que l'enfant méprisée d'un proscrit. Il est parti, lui qui est libre! et parti, sans doute, pour aller épouser sa belle fiancée, la fille d'un chancelier, d'un ministre, d'un orgueilleux comte! — Mais il m'a donc trompée, mon Ordener? ô Dieu! qui m'eût dit que cette voix pût tromper?

Et la malheureuse Éthel pleurait et pleurait encore, et elle voyait devant ses yeux son Ordener, celui dont elle avait fait le dieu ignoré de tout son être, cet Ordener paré de l'éclat de son rang, marchant à l'autel au milieu d'une fête, et se tournant vers l'autre avec ce sourire qui était jadis sa joie.

Cependant, au sein de son inexprimable désolation, elle n'avait pas un moment oublié sa tendresse filiale. Cette faible fille avait fait les plus héroïques efforts pour dérober son malheur à son infortuné père; car c'est ce qu'il y a de plus douloureux dans la douleur que d'en comprimer l'explosion extérieure, et les larmes qu'on dévore sont bien plus amères que celles qu'on répand. Il avait fallu plusieurs jours pour que le silencieux vieillard s'aperçût du changement de son Éthel, et les questions presque affectueuses qu'il venait de lui adresser avaient enfin fait jaillir tout à coup ses larmes trop longtemps renfermées dans son cœur.

Le père regarda quelque temps sa fille pleurer avec un sourire amer, et en secouant la tête.

— Éthel, dit-il enfin, toi qui ne vis pas parmi les hommes, pourquoi pleures-tu?

Il achevait à peine ces paroles que la noble et douce fille se releva. Elle avait, par je ne sais quelle puissance, arrêté les larmes dans ses yeux, qu'elle essuyait avec son écharpe.

— Mon père, dit-elle avec force, mon seigneur et père, pardonnez-moi; c'était un moment de faiblesse.

Puis elle leva sur lui des regards qui s'efforçaient de sourire.

Elle alla au fond de la chambre chercher l'Edda, vint se rasseoir près de son père taciturne, et ouvrit le livre au hasard. Alors, calmant l'émotion de sa voix, elle se mit à lire; mais sa lecture inutile passait sans être écoutée, ni d'elle, ni du vieillard.

Celui-ci fit un geste de la main.

— Assez, assez, ma fille.

Elle ferma le livre.

— Éthel, ajouta Schumacker, songez-vous encore quelquefois à Ordener?

La jeune fille, interdite, tressaillit.

— Oui, continua-t-il; à cet Ordener, qui est parti...

38

— Mon seigneur et père, interrompit Éthel, pourquoi nous occuper de lui? Je pense, comme vous, qu'il est parti pour ne pas revenir.

— Pour ne pas revenir, ma fille! Je n'ai pu dire cela. Je ne sais quel pressentiment m'avertit au contraire qu'il reviendra.

— Telle n'était point votre pensée, mon noble père, quand vous me parliez avec tant de défiance de ce jeune homme.

— En ai-je donc parlé avec défiance?

— Oui, mon père, et je me range en cela de votre avis; je pense qu'il nous a trompés.

— Qu'il nous a trompés, ma fille! Si je l'ai jugé ainsi, j'ai agi comme tous les hommes qui condamnent sans preuve. Je n'ai reçu de cet Ordener que des témoignages de dévouement.

— Et savez-vous, mon vénérable père, si ces paroles cordiales ne cachaient pas des pensées perfides?

— D'ordinaire, les hommes ne s'empressent point autour du malheur et de la disgrâce. Si cet Ordener ne m'était point attaché, il ne serait pas ainsi venu dans ma prison sans but.

— Êtes-vous sûr, reprit Éthel d'une voix faible, qu'en venant ici il n'ait eu aucun but?

— Et lequel? demanda vivement le vieillard.

Éthel se tut.

L'effort était trop grand pour elle, de continuer à accuser le bien-aimé Ordener, qu'elle défendait autrefois contre son père.

— Je ne suis plus le comte de Griffenfeld, poursuivit celui-ci. Je ne suis plus le grand-chancelier de Danemark et de Norvége, le dispensateur favori des grâces royales, le tout-puissant ministre. Je suis un misérable prisonnier d'état, un proscrit, un pestiféré politique. C'est déjà du courage que de parler de moi sans exécration à tous ces hommes que j'ai comblés d'honneurs et de biens; c'est du dévouement que de franchir le seuil de ce cachot, si l'on n'est pas un geôlier ou un bourreau; c'est de l'héroïsme, ma fille, que de le franchir en se disant mon ami. — Non, je ne serai point ingrat comme toute cette race humaine. Ce jeune homme a mérité ma reconnaissance, ne fût-ce que pour m'avoir montré un visage bienveillant et fait entendre une voix consolatrice.

Éthel écoutait péniblement ce langage, qui l'eût ravi quelques jours plus tôt, lorsque cet Ordener était encore dans son cœur son

Ordener. Le vieillard, après s'être arrêté un moment, reprit d'une voix solennelle :

— Écoutez-moi, ma fille, car ce que je vais vous dire est grave. Je me sens dépérir lentement; la vie se retire peu à peu de moi; oui, ma fille, ma fin approche.

Éthel l'interrompit par un gémissement étouffé.

— O Dieu, mon père, ne parlez pas ainsi! de grâce, épargnez votre pauvre fille! Hélas! est-ce que vous voulez l'abandonner aussi? Que deviendra-t-elle, seule au monde, quand votre protection lui manquera?

— La protection d'un proscrit! dit le père en remuant la tête. — Au reste, c'est à cela que j'ai pensé. Oui, votre bonheur futur m'occupe plus encore que mes malheurs passés. — Écoutez-moi donc, et ne m'interrompez plus. Cet Ordener ne mérite pas d'être jugé aussi sévèrement par vous, ma fille, et j'avais cru jusqu'ici que vous n'aviez point tant d'aversion pour lui. Ses dehors sont francs et nobles, ce qui ne prouve rien à la vérité; mais je dois dire qu'il ne me paraît pas peut-être sans quelques vertus, bien qu'il lui suffise de porter une âme d'homme pour renfermer en lui le germe de tous les vices et de tous les crimes. Toute flamme donne sa fumée.

Le vieillard s'arrêta encore une fois, et, fixant son regard sur sa fille, il ajouta :

— Averti intérieurement de l'approche de ma mort, j'ai médité sur lui et sur vous, Éthel; et s'il revient, comme j'en ai l'espérance, — je vous le donne pour protecteur et pour mari.

Éthel pâlit, trembla; c'était au moment où son rêve de bonheur venait de s'envoler pour jamais, que son père essayait de le réaliser. Cette pensée si amère : J'aurais donc pu être heureuse! vint rendre à son désespoir toute sa violence. Elle resta un moment sans pouvoir parler, de peur de laisser échapper les larmes brûlantes qui roulaient dans ses yeux.

Le père attendait.

— Quoi! dit-elle enfin d'une voix éteinte, vous me le destiniez pour mari, mon seigneur et père, sans connaître sa naissance, sa famille, son nom?

— Je ne vous le destinais point, ma fille, je vous le destine.

Le ton du vieillard était presque impérieux; Éthel soupira.

— ... Je vous le destine, dis-je; et que m'importe sa naissance?

je n'ai pas besoin de connaître sa famille, puisque je connais sa personne. Songez-y ; c'est la seule ancre de salut qui vous reste. Je crois qu'il n'a heureusement pas pour vous la même répugnance que vous montrez pour lui.

La pauvre jeune fille leva les yeux au ciel.

— Vous m'entendez, Éthel ; je le répète, que me fait sa naissance ? Il est sans doute d'un rang obscur, car on n'enseigne pas à ceux qui naissent dans les palais à fréquenter les prisons. Oui, et ne manifestez pas d'orgueilleux regrets, ma fille ; n'oubliez pas qu'Éthel Schumacker n'est plus princesse de Wollin et comtesse de Tongsberg ; vous êtes redescendue plus bas que le point d'où votre père s'est élevé. Soyez donc heureuse si cet homme accepte votre main, quelle que soit sa famille. S'il est d'une humble naissance, tant mieux, ma fille ; vos jours du moins seront à l'abri des orages qui ont tourmenté les jours de votre père. Vous coulerez, loin de l'envie et de la haine des hommes, sous quelque nom inconnu, une existence ignorée, bien différente de la mienne, car elle s'achèvera mieux qu'elle n'aura commencé.

Éthel était tombée à genoux devant le prisonnier.

— O mon père ! grâce !

Il ouvrit ses bras avec surprise.

— Que voulez-vous dire, ma fille ?

— Au nom du ciel, ne me peignez pas ce bonheur, il n'est pas fait pour moi !

— Éthel, reprit sévèrement le vieillard, ne vous jouez pas de toute votre vie. J'ai refusé la main d'une princesse de sang royal, d'une princesse de Holstein-Augustenbourg, entendez-vous cela ? Et mon orgueil a été cruellement puni. Vous dédaignez celle d'un homme obscur, mais loyal ; tremblez que le vôtre ne soit aussi tristement châtié.

— Plût au ciel, murmura Éthel, que ce fût un homme obscur et loyal !

Le vieillard se leva et fit quelques pas dans l'appartement avec agitation.

— Ma fille, dit-il, c'est votre pauvre père qui vous en prie et qui vous l'ordonne. Ne me laissez pas à ma mort une inquiétude sur votre avenir ; promettez-moi d'accepter cet étranger pour époux.

— Je vous obéirai toujours, mon père, mais n'espérez pas son retour.

— J'ai pesé les probabilités, et je pense, d'après l'accent dont cet Ordener prononçait votre nom...

— Qu'il m'aime! interrompit Éthel amèrement; oh! non, ne le croyez pas.

Le père répondit froidement :

— J'ignore si, pour employer votre expression de jeune fille, il vous aime ; mais je sais qu'il reviendra.

— Abandonnez cette idée, mon noble père. D'ailleurs, vous ne voudriez peut-être pas qu'il fût votre gendre si vous le connaissiez.

— Éthel, il le sera, quels que soient son nom et son rang.

— Eh bien! reprit-elle, si ce jeune homme, en qui vous avez vu un consolateur, en qui vous voulez voir un soutien pour votre fille, monseigneur et père, si c'était le fils d'un de vos mortels ennemis, du vice-roi de Norvége, du comte de Guldenlew?

Schumacker recula de deux pas.

— Que dites-vous, grand Dieu! Ordener! cet Ordener! — Cela est impossible!...

L'indicible expression de haine qui venait de s'allumer dans les yeux ternes du vieillard glaça le cœur tremblant d'Éthel, qui se repentit vainement de la parole imprudente qu'elle venait de prononcer.

Le coup était porté. Schumacker resta quelques instants immobile et les bras croisés; tout son corps tressaillait comme s'il avait été sur un gril ardent; ses prunelles flamboyantes sortaient de leur orbite, et son regard, fixé sur les dalles de pierre, paraissait vouloir les enfoncer. Enfin quelques paroles sortirent de ses lèvres bleues, prononcées d'une voix aussi faible que celle d'un homme qui rêve.

— Ordener! — Oui, c'est cela, Ordener Guldenlew! — C'est bien. Allons! Schumacker, vieux insensé, ouvre-lui donc tes bras, ce loyal jeune homme vient pour te poignarder.

Tout à coup il frappa le sol du pied, et sa voix devint tonnante.

— Ils m'ont donc envoyé toute leur infâme race pour m'insulter dans ma chute et dans ma captivité! j'avais déjà vu un d'Ahlefeld; j'ai presque souri à un Guldenlew! Les monstres! Qui eût dit cela de cet Ordener, qu'il portait une pareille âme et un pareil nom! Malheur à moi! malheur à lui!

Puis il tomba anéanti sur son fauteuil, et tandis que sa poitrine oppressée se dégonflait par de longs soupirs, la pauvre Éthel, palpitante d'effroi, pleurait à ses pieds.

— Ne pleure pas, ma fille, dit-il d'une voix sinistre, viens, oh! viens sur mon cœur.

Et il la pressa dans ses bras.

Éthel ne savait comment s'expliquer cette caresse dans un moment de rage, lorsqu'il reprit :

— Du moins, jeune fille, tu as été plus clairvoyante que ton vieux père. Tu n'as point été trompée par le serpent aux yeux doux et venimeux. Viens, que je te remercie de la haine que tu m'as fait voir pour cet exécrable Ordener.

Elle frémit de cet éloge, hélas! si peu mérité.

— Mon seigneur et père, dit-elle, calmez-vous!

— Promets-moi, poursuivait Schumacker, de vouer toujours les mêmes sentiments au fils de Guldenlew; jure-le-moi.

— Dieu défend le serment, mon père.

— Jure-le, ma fille, répéta Schumacker avec véhémence. N'est-il pas vrai que tu conserveras toujours le même cœur pour cet Ordener Guldenlew?

Éthel n'eut pas de peine à répondre : — Toujours.

Le vieillard l'attira sur sa poitrine.

— Bien, ma fille! que je te lègue au moins ma haine pour eux, si je ne puis te léguer les biens et les honneurs qu'ils m'ont ravis. Écoute, ils ont enlevé à ton vieux père son rang et sa gloire, ils l'ont traîné d'un échafaud dans les fers, comme pour le souiller de toutes les infamies en le faisant passer par tous les supplices. Les misérables! Et c'est à moi qu'ils devaient le pouvoir qu'ils ont tourné contre moi! Oh! que le ciel et l'enfer m'entendent, et qu'ils soient tous maudits dans leur existence, et maudits dans leur postérité!

Il se tut un moment; puis, embrassant sa pauvre fille, épouvantée de ses imprécations : — Mais, mon Éthel, toi qui es ma seule gloire et mon seul bien, dis-moi, comment ton instinct a-t-il été plus habile que le mien? Comment as-tu découvert que ce traître portait l'un des noms abhorrés qui sont écrits au fond de mon cœur avec du fiel? Comment as-tu pénétré ce secret?

Elle rassemblait toutes ses forces pour répondre, quand la porte s'ouvrit.

Un homme vêtu de noir, portant à sa main une verge d'ébène et à son cou une chaîne d'acier bruni, parut sur le seuil, environné de hallebardiers également vêtus de noir.

— Que me veux-tu? demanda le captif avec aigreur et étonnement.

L'homme, sans lui répondre et sans le regarder, déroula un long parchemin, auquel pendait, à des fils de soie, un sceau de cire verte, et lut à haute voix :

— Au nom de sa majesté notre miséricordieux souverain et seigneur, Christiern, roi. — Il est enjoint à Schumacker, prisonnier d'état dans la forteresse royale de Munckholm, et à sa fille, de suivre le porteur dudit ordre.

Schumacker répéta sa question : — Que me veux-tu?

L'homme noir, toujours impassible, se mit en devoir de recommencer sa lecture.

— Il suffit, dit le vieillard.

Alors, se levant, il fit signe à Éthel, surprise et épouvantée, de suivre avec lui cette lugubre escorte.

XLI

> Un signal lugubre est donné, un ministre
> abject de la justice vient frapper à sa porte, et
> l'avertir qu'on a besoin de lui.
>
> JOSEPH DE MAISTRE.

La nuit venait de tomber; un vent froid sifflait autour de la Tour Maudite, et les portes de la ruine de Vygla tremblaient dans leurs gonds, comme si la même main les eût secouées toutes à la fois.

Les farouches habitants de la tour, le bourreau et sa famille, étaient réunis autour du foyer allumé au milieu de la salle du premier étage, qui jetait des rougeurs vacillantes sur leurs visages sombres et sur leurs vêtements d'écarlate. Il y avait dans les traits des enfants quelque chose de féroce comme le rire de leur père, et de hagard comme le regard de leur mère. Leurs yeux, ainsi que ceux de Bechlie, étaient tournés vers Orugix, qui, assis sur une escabelle de bois, paraissait reprendre haleine, et dont les pieds, couverts de poussière, annonçaient qu'il venait d'arriver de quelque lointaine expédition.

— Femme, écoute; écoutez, enfants. Ce n'est pas pour apporter de mauvaises nouvelles que j'ai été absent deux jours entiers. Si, avant un mois, je ne suis pas exécuteur royal, je veux ne savoir pas serrer un nœud coulant ou manier une hache. Réjouissez-vous, mes petits louveteaux, votre père vous laissera peut-être pour héritage l'échafaud même de Copenhague.

— Nychol, demanda Bechlie, qu'y a-t-il donc?

— Et toi, ma vieille bohémienne, reprit Nychol avec son rire pesant, réjouis-toi aussi! tu peux t'acheter des colliers de verre bleu pour orner ton cou de cigogne étranglée. Notre engagement expire bientôt; mais va, dans un mois, quand tu me verras le premier bourreau des deux royaumes, tu ne refuseras pas de casser une autre cruche avec moi.

— Qu'y a-t-il donc, qu'y a-t-il donc, mon père? demandèrent les enfants, dont l'aîné jouait avec un chevalet tout sanglant, tandis que le plus petit s'amusait à plumer vivant un petit oiseau qu'il avait pris à sa mère dans le nid même.

— Ce qu'il y a, mes enfants? — Tue donc cet oiseau, Haspar, il crie comme une mauvaise scie; et d'ailleurs il ne faut pas être cruel. Tue-le. — Ce qu'il y a? Rien, peu de chose vraiment, sinon, dame Bechlie, qu'avant huit jours d'ici l'ex-chancelier Schumacker, qui est prisonnier à Munckholm, après avoir vu mon visage de si près à Copenhague, et le fameux brigand d'Islande Han de Klipstadur, me passeront peut-être tous deux à la fois par les mains.

L'œil égaré de la femme rouge prit une expression d'étonnement et de curiosité.

— Schumacker! Han d'Islande! comment cela, Nychol?

— Voilà tout. J'ai rencontré hier matin, sur la route de Skongen, au pont de l'Ordals, tout le régiment des arquebusiers de Munckholm, qui s'en retournait à Drontheim d'un air très victorieux. J'ai questionné un des soldats, qui a daigné me répondre, parce qu'il ignorait sans doute pourquoi ma casaque et ma charrette sont rouges; j'ai appris que les arquebusiers revenaient des gorges du Pilier-Noir, où ils avaient mis en pièces des bandes de brigands, c'est-à-dire de mineurs insurgés. Or, tu sauras, Bechlie la bohémienne, que ces rebelles se révoltaient pour Schumacker, et étaient commandés par Han d'Islande. Tu sauras que cette levée de boucliers constitue pour Han d'Islande un bon crime d'insurrection contre l'autorité royale, et pour Schumacker un bon crime de haute trahison; ce qui amène tout naturellement ces deux honorables seigneurs à la potence ou au billot. Ajoute à ces deux superbes exécutions, qui ne peuvent manquer de me rapporter au moins quinze ducats d'or chacune, et de me faire le plus grand honneur dans les deux royaumes, celles, moins importantes, à la vérité, de quelques autres...

— Mais quoi! interrompit Bechlie, Han d'Islande a donc été pris?

— Pourquoi interrompez-vous votre seigneur et maître, femme de perdition? dit le bourreau. Oui, sans doute, ce fameux, cet imprenable Han d'Islande a été pris, avec quelques autres chefs de brigands, ses lieutenants, qui me rapporteront bien aussi chacun douze écus par tête, sans compter la vente des cadavres. Il a été pris, vous dis-je, et je l'ai vu, puisqu'il faut satisfaire entièrement votre curiosité, passer entre les rangs des soldats.

La femme et les enfants se rapprochèrent vivement d'Orugix.

— Quoi! tu l'as vu, père? demandèrent les enfants.

— Taisez-vous, enfants. Vous criez comme un coquin qui se dit innocent. Je l'ai vu. C'est une espèce de géant; il marchait les bras croisés, enchaînés derrière le dos, et le front bandé. C'est que, sans doute, il a été blessé à la tête. Mais, qu'il soit tranquille, avant peu je l'aurai guéri de cette blessure.

Après avoir mêlé à ces horribles paroles un horrible geste, le bourreau continua : — Il y avait derrière lui quatre de ses compagnons, également prisonniers, blessés de même, et qu'on menait comme lui à Drontheim, où ils seront jugés, avec l'ex-grand-chancelier Schumacker, par un tribunal où siégera le haut syndic, et que présidera le grand-chancelier actuel.

— Père, quel visage avaient les autres prisonniers?

— Les deux premiers étaient deux vieillards, dont l'un portait le feutre de mineur, et l'autre le bonnet de montagnard. Tous deux paraissaient désespérés. Des deux autres, l'un était un jeune mineur, qui marchait la tête haute, en sifflant; l'autre... — Te souviens-tu, ma damnée Bechlie, de ces voyageurs qui sont entrés dans cette tour, il y a une dizaine de jours, la nuit de ce violent orage?

— Comme Satan se souvient du jour de sa chute, répondit la femme.

— Avais-tu remarqué parmi ces étrangers un jeune homme qui accompagnait ce vieux docteur fou à grande perruque? un jeune homme, te dis-je, vêtu d'un grand manteau vert et coiffé d'une toque à plume noire?

— En vérité, je crois l'avoir encore devant les yeux, me disant : Femme, nous avons de l'or.

— Eh bien! la vieille, je veux n'avoir jamais étranglé que des coqs de bruyère, si le quatrième prisonnier n'est pas ce jeune homme. Sa figure m'était, à la vérité, entièrement cachée par sa plume, sa toque, ses cheveux et son manteau; d'ailleurs, il baissait la tête. Mais c'est bien le même vêtement, les mêmes bottines, le même air. Je veux avaler d'une bouchée le gibet de pierre de Skongen, si ce n'est pas le même homme! Que dis-tu de cela, Bechlie? Ne serait-il pas plaisant qu'après avoir reçu de moi de quoi soutenir sa vie, cet étranger en reçût également de quoi l'abréger, et qu'il exerçât mon habileté après avoir éprouvé mon hospitalité?

Le bourreau prolongea quelque temps son gros rire sinistre; puis il reprit : — Allons, réjouissez-vous donc tous, et buvons; oui, Bechlie, donne-moi un verre de cette bière qui râpe le gosier comme si l'on buvait des limes, que je le vide à mon avancement futur. — Allons, honneur et santé au seigneur Nychol Orugix, exécuteur royal en perspective! — Je t'avouerai, vieille pécheresse, que j'ai eu de la peine à me rendre au bourg de Nœs pour y pendre obscurément je ne sais quel ignoble voleur de choux et de chicorée. Cependant, en y réfléchissant, j'ai pensé que trente-deux ascalins n'étaient pas encore à dédaigner, et que mes mains ne se dégraderaient en exécutant de simples voleurs et autres canailles de ce genre que lorsqu'elles auraient décapité le noble comte ex-grand-chancelier et le fameux démon d'Islande. Je me suis donc résigné, en attendant mon diplôme de maître royal des hautes œuvres, à expédier le pauvre misérable du bourg de Nœs; et voici, ajouta-t-il en tirant une bourse de cuir de son havresac, voici les trente-deux ascalins que je t'apporte, la vieille.

En ce moment, le bruit du cor se fit entendre à trois reprises différentes, en dehors de la tour.

— Femme, cria Orugix en se levant, ce sont les archers du haut syndic.

A ces mots, il descendit en toute hâte.

Un instant après il reparut, portant un grand parchemin, dont il avait rompu le sceau.

— Tiens, dit-il à sa femme, voilà ce que le haut syndic m'envoie. Déchiffre-moi cela, toi qui lirais le grimoire de Satan. Ce sont peut-être déjà mes lettres de promotion; car, puisque le tribunal aura un grand-chancelier pour président et un grand-chancelier pour accusé, il conviendrait que le bourreau qui exécutera son arrêt fût un bourreau royal.

La femme reçut le parchemin, et, après y avoir quelque temps promené ses yeux, elle lut à haute voix, tandis que les enfants jetaient sur elle un regard hébété et stupide :

— « Au nom du haut syndic du Drontheimhus! — il est ordonné à Nychol Orugix, bourreau de la province, de se transporter sur-le-champ à Drontheim, et de se munir de la hache d'honneur, du billot et des tentures noires. »

— C'est là tout? demanda le bourreau d'une voix mécontente.

— C'est là tout, répondit Bechlie.

— Bourreau de la province! murmura Orugix entre ses dents.

Il resta un moment jetant sur le parchemin syndical des regards d'humeur.

— Allons, dit-il enfin, il faut obéir et partir. Voici pourtant qu'on me demande la hache d'honneur et les tentures noires. — Tu auras soin, Bechlie, d'enlever les gouttes de rouille qui ont délustré ma hache, et de voir si la draperie n'est pas tachée en plusieurs endroits. En somme, il ne faut pas se décourager, ils ne veulent peut-être m'accorder d'avancement que comme salaire de cette belle exécution. Tant pis pour les condamnés, ils n'auront pas la satisfaction d'être mis à mort par un exécuteur royal.

XLII

ELVIRE.
Qu'est devenu le pauvre Sanche ? Il n'a point paru dans la ville.
NUNO.
Sanche aura su se mettre à couvert.
LOPE DE VEGA. *Le meilleur alcade est le roi.*

Le comte d'Ahlefeld, traînant une ample simarre de satin noir doublée d'hermine, la tête et les épaules cachées par une large perruque magistrale, et la poitrine chargée de plusieurs étoiles et décorations, parmi lesquelles on distinguait les colliers des ordres royaux de l'éléphant et de Dannebrog ; revêtu, en un mot, du costume complet de grand-chancelier de Danemark et de Norvége, se promenait d'un air soucieux dans l'appartement de la comtesse d'Ahlefeld, seule avec lui en ce moment.

— Allons, il est neuf heures, le tribunal va entrer en séance ; il ne faut pas le faire attendre, car il est nécessaire que l'arrêt soit rendu dans la nuit, afin qu'on l'exécute demain matin au plus tard. Le haut syndic m'a assuré que le bourreau serait ici avant l'aube. — Elphége ! avez-vous ordonné qu'on apprêtât la barque qui doit me transporter à Munckholm ?

— Monseigneur, elle vous attend depuis une demi-heure au moins, répondit la comtesse en se soulevant sur son fauteuil.

— Et ma litière est-elle à la porte ?

— Oui, monseigneur.

— Allons !... — Vous dites donc, Elphége, ajouta le comte en se frappant le front, qu'il existe une intrigue amoureuse entre Ordener Guldenlew et la fille de Schumacker ?

— Très amoureuse, je vous jure! répliqua la comtesse en souriant de colère et de dédain.

— Qui se fût imaginé cela ? — Pourtant, je vous assure que je m'en étais déjà douté.

— Et moi aussi, dit la comtesse. — C'est un tour que ce maudit Levin nous a joué.

— Vieux scélérat de mecklembourgeois! murmura le chancelier; va, je te recommanderai à Arensdorf. — Si je pouvais le faire disgracier! — Eh! mais, écoutez donc, Elphège, voici un trait de lumière.

— Quoi donc?

— Vous savez que les individus que nous allons juger dans le château de Munckholm sont au nombre de six : — Schumacker, que je ne redouterai plus, j'espère, demain à pareille heure; ce montagnard colosse, notre faux Han d'Islande, qui a juré de soutenir le rôle jusqu'à la fin, dans l'espérance que Musdœmon, dont il a déjà reçu de fortes sommes d'argent, le fera évader. — Ce Musdœmon a des idées vraiment diaboliques! — Les quatre autres accusés sont les trois chefs des rebelles, et un quidam qui s'est trouvé, on ne sait comment, au milieu du rassemblement d'Apsyl-Corh, et que les précautions prises par Musdœmon ont fait tomber dans nos mains. Musdœmon pense que cet homme est un espion de Levin de Knud. Et, en effet, en arrivant ici prisonnier, sa première parole a été pour demander le général; et quand il a appris l'absence du mecklembourgeois, il a paru consterné. Du reste, il n'a voulu répondre à aucune des questions que lui a adressées Musdœmon.

— Mon cher seigneur, interrompit la comtesse, pourquoi ne l'avez-vous pas interrogé vous-même?

— En vérité, Elphège, comment l'aurais-je pu au milieu de tous les soins qui m'accablent depuis mon arrivée? Je me suis reposé de cette affaire sur Musdœmon, qu'elle intéresse autant que moi. D'ailleurs, ma chère, cet homme n'est d'aucune importance par lui-même; c'est quelque pauvre vagabond. Nous n'en pourrons tirer parti qu'en le présentant comme un agent de Levin de Knud, et, comme il a été pris dans les rangs des rebelles, cela pourra prouver entre le mecklembourgeois et Schumacker une connivence coupable, qui suffira pour provoquer, sinon la mise en accusation, du moins la disgrâce du maudit Levin.

La comtesse parut méditer un moment.

— Vous avez raison, monseigneur. Mais cette fatale passion du baron Thorvick pour Éthel Schumacker...

Le chancelier se frotta le front de nouveau ; puis tout à coup haussant les épaules : — Écoutez, Elphége, nous ne sommes plus ni l'un ni l'autre jeunes et novices dans la vie, et pourtant nous ne connaissons pas les hommes! Quand Schumacker aura été une seconde fois flétri par un jugement de haute trahison, quand il aura subi sur l'échafaud une condamnation infamante, quand sa fille, retombée au-dessous des derniers rangs de la société, sera souillée à jamais publiquement de tout l'opprobre de son père, pensez-vous, Elphége, qu'alors Ordener Guldenlew se souvienne un seul instant de cette amourette d'enfance, que vous nommez passion, d'après les discours exaltés d'une jeune folle prisonnière, et qu'il balance un seul jour entre la fille déshonorée d'un misérable criminel et la fille illustre d'un glorieux chancelier? Il faut juger les hommes d'après soi, ma chère ; où avez-vous vu que le cœur humain fût ainsi fait?

— Je souhaite que vous ayez encore raison. — Vous ne trouverez cependant pas inutile, n'est-il pas vrai, la demande que j'ai faite au syndic pour que la fille de Schumacker assiste au procès de son père, et soit placée dans la même tribune que moi? Je suis curieuse d'étudier cette créature.

— Tout ce qui peut nous éclairer sur cette affaire est précieux, dit le chancelier avec flegme. — Mais, dites-moi, sait-on où cet Ordener est en ce moment?

— Personne au monde ne le sait ; c'est le digne élève de ce vieux Levin, un chevalier errant comme lui. Je crois qu'il visite en ce moment Ward-Hus.

— Bien, bien, notre Ulrique le fixera. Allons, j'oublie que le tribunal m'attend.

La comtesse arrêta le grand-chancelier. — Encore un mot, monseigneur. Je vous en ai parlé hier, mais votre esprit était occupé, et je n'ai pu obtenir de réponse. Où est mon Frédéric?

— Frédéric! dit le comte avec une expression lugubre, et en portant la main sur son visage.

— Oui, répondez-moi ; mon Frédéric? Son régiment est de retour à Drontheim sans lui. Jurez-moi que Frédéric n'était pas dans cette horrible gorge du Pilier-Noir. Pourquoi votre figure a-t-elle changé au nom de Frédéric? Je suis dans une mortelle inquiétude.

Le chancelier reprit sa physionomie impassible.

— Elphége, tranquillisez-vous. Je vous jure qu'il n'était point dans le défilé du Pilier-Noir. D'ailleurs, on a publié la liste des officiers tués ou blessés dans cette rencontre.

— Oui, dit la comtesse calmée, vous me rassurez. Deux officiers seulement ont été tués, le capitaine Lory et le jeune baron Randmer, qui a fait tant de folies avec mon pauvre Frédéric dans les bals de Copenhague! Oh! j'ai lu et relu la liste, je vous assure. Mais dites-moi, monseigneur, mon fils est donc resté à Walhstrom?

— Il y est resté, répondit le comte.

— Eh bien, cher ami, dit la mère avec un sourire qu'elle s'efforçait de rendre tendre, je ne vous demande qu'une grâce, c'est de faire revenir vite mon Frédéric de cet affreux pays.

Le chancelier se dégagea péniblement de ses bras suppliants.

— Madame, dit-il, le tribunal m'attend. Adieu, ce que vous me demandez ne dépend pas de moi.

Et il sortit brusquement.

La comtesse demeura sombre et pensive.

— Cela ne dépend pas de lui! se dit-elle; et il lui suffirait d'un mot pour me rendre mon fils! — Je l'ai toujours pensé, cet homme-là est vraiment méchant.

XLIII

Est-ce ainsi qu'on traite un homme de ma charge?
Est-ce ainsi qu'on perd le respect dû à la justice?
CALDERON. *Louis Perez de Galice.*

La tremblante Éthel, que les gardes ont séparée de son père à la sortie du donjon du Lion de Slesvig, a été conduite, à travers de ténébreux corridors, jusqu'alors inconnus d'elle, dans une sorte de cellule obscure, qu'on a refermée sur son entrée. Du côté de la cellule opposée à la porte est une grande ouverture grillée, à travers laquelle pénètre une lumière de torches et de flambeaux. Devant cette ouverture est une banquette sur laquelle est placée une femme voilée et vêtue de noir, qui lui fait signe de s'asseoir auprès d'elle. Elle obéit en silence et interdite.

Ses yeux se portent au delà de l'ouverture grillée. Un tableau sombre et imposant est devant elle.

A l'extrémité d'une salle tendue de noir, et faiblement éclairée par des lampes de cuivre suspendues à la voûte, s'élève un tribunal noir arrondi en fer à cheval, occupé par sept juges vêtus de robes noires, dont l'un, placé au centre sur un siége plus élevé, porte sur sa poitrine des chaînes de diamants et des plaques d'or qui étincellent. Le juge assis à la droite de celui-ci se distingue des autres par une ceinture blanche et un manteau d'hermine, insigne du haut syndic de la province. A droite du tribunal est une estrade couverte d'un dais, où siége un vieillard, revêtu d'habits pontificaux; à gauche, une table chargée de papiers, derrière laquelle se tient debout un homme de petite taille, coiffé d'une énorme perruque, et enveloppé des plis d'une longue robe noire.

On remarque, en face des juges, un banc de bois entouré de hallebardiers qui portent des torches, dont la lueur, réfléchie par une forêt de piques, de mousquets et de pertuisanes, répand de vagues rayons sur les têtes tumultueuses d'une foule de spectateurs, pressés contre la grille de fer qui les sépare du tribunal.

Éthel observait ce spectacle comme si elle eût assisté éveillée à un rêve; cependant elle était loin de se sentir indifférente à ce qui allait se passer sous ses yeux. Elle entendait en elle comme une voix intime qui l'avertissait d'être attentive, parce qu'elle touchait à l'une des crises de sa vie. Son cœur était en proie à deux agitations différentes en même temps; elle eût voulu savoir sur-le-champ en quoi elle était intéressée à la scène qu'elle contemplait, ou ne le savoir jamais. Depuis plusieurs jours, l'idée que son Ordener était perdu pour elle lui avait inspiré le désir désespéré d'en finir d'une fois avec l'existence, et de pouvoir lire d'un coup d'œil tout le livre de sa destinée. C'est pourquoi, comprenant qu'elle entrait dans l'heure décisive de son sort, elle examina le tableau lugubre qui s'offrait à elle, moins avec répugnance qu'avec une sorte de joie impatiente et funèbre.

Elle vit le président se lever, en proclamant, au nom du roi, que l'audience de justice était ouverte.

Elle entendit le petit homme noir, placé à la gauche du tribunal, lire, d'une voix basse et rapide, un long discours où le nom de son père, mêlé aux mots de *conspiration*, de *révolte des mines*, de *haute trahison*, revenait fréquemment. Alors elle se rappela ce que la fatale inconnue lui avait dit, dans le jardin du donjon, de l'accusation dont son père était menacé; et elle frémit quand elle entendit l'homme à la robe noire terminer son discours par le mot de *mort*, fortement articulé.

Épouvantée, elle se tourna vers la femme voilée, pour laquelle un sentiment qu'elle ne s'expliquait pas lui inspirait de la crainte :

— Où sommes-nous? qu'est-ce que tout ceci? demanda-t-elle timidement.

Un geste de sa mystérieuse compagne l'invita au silence et à l'attention. Elle reporta sa vue dans la salle du tribunal.

Le vieillard vénérable, en habits épiscopaux, venait de se lever; et Éthel recueillit ces paroles, qu'il prononça distinctement:

— Au nom du Dieu tout-puissant et miséricordieux, — moi, Pamphile-Éleuthère, évêque de la royale ville de Drontheim et de la royale province du Drontheimhus, je salue le respectable tribunal qui juge au nom du roi, notre seigneur après Dieu ;

Et je dis — qu'ayant remarqué que les prisonniers amenés devant ce tribunal étaient des hommes et des chrétiens, et qu'ils n'avaient point de procureurs, je déclare aux respectables juges que mon intention est de les assister de mon faible secours, dans la cruelle position où le ciel les a voulu mettre ;

Priant Dieu de daigner donner sa force à notre infirme faiblesse, et sa lumière à notre profonde cécité.

C'est ainsi que moi, évêque de ce royal diocèse, je salue le respectable et judicieux tribunal. —

Après avoir parlé ainsi, l'évêque descendit de son trône pontifical, et alla s'asseoir sur le banc de bois destiné aux accusés, tandis qu'un murmure d'approbation éclatait parmi le peuple.

Le président se leva, et dit d'une voix sèche :

— Hallebardiers, qu'on fasse silence ! — Seigneur évêque, le tribunal remercie votre révérence, au nom des prisonniers. — Habitants du Drontheimhus, soyez attentifs à la haute justice du roi ; le tribunal va juger sans appel. Archers, — qu'on amène les accusés.

Il se fit dans l'auditoire un silence d'attente et de terreur ; seulement toutes les têtes s'agitèrent dans l'ombre, comme les sombres vagues d'une mer orageuse, sur laquelle le tonnerre s'apprête à gronder.

Bientôt Éthel entendit une rumeur sourde et un mouvement extraordinaire se prolonger au-dessous d'elle, dans les sinistres avenues de la salle ; puis l'auditoire se rangea avec un frémissement d'impatience et de curiosité ; des pas multipliés retentirent ; des hallebardes et des mousquets brillèrent ; et bientôt six hommes enchaînés et entourés de gardes pénétrèrent, la tête nue, dans l'enceinte du tribunal. Éthel ne vit que le premier de ces six prisonniers ; c'était un vieillard à barbe blanche, vêtu d'une simarre noire ; c'était son père.

Elle s'appuya défaillante sur la balustrade de pierre qui était devant sa banquette ; les objets roulaient sous ses yeux comme dans un nuage confus, et il lui semblait que son cœur palpitait à son oreille. Elle dit d'une voix faible :

— O Dieu, secourez-moi !

La femme voilée se pencha vers elle, et lui fit respirer des sels qui la réveillèrent de sa léthargie.

— Noble dame, dit-elle ranimée, de grâce, un mot de votre voix pour me convaincre que je ne suis pas ici le jouet des fantômes de l'enfer.

Mais l'inconnue, sourde à sa prière, avait retourné sa tête vers le tribunal ; et la pauvre Éthel, qui avait retrouvé quelque force, se résigna à l'imiter en silence.

Le président s'était levé, et avait dit d'une voix lente et solennelle :

— Prisonniers, on vous amène devant nous pour que nous ayons à examiner si vous êtes coupables de haute trahison, de conspiration, de révolte par les armes contre l'autorité du roi notre souverain seigneur. Méditez maintenant dans vos consciences, car une accusation de lèse-majesté au premier chef pèse sur vos têtes.

En ce moment un rayon de lumière tomba sur le visage d'un des six accusés, d'un jeune homme qui tenait sa tête penchée sur sa poitrine, comme pour dérober ses traits sous les boucles pendantes de ses longs cheveux. Éthel tressaillit, et une sueur froide sortit de tous ses membres ; elle avait cru reconnaître... — Mais non, c'était une cruelle illusion ; la salle était faiblement éclairée, et les hommes s'y mouvaient comme des ombres ; à peine distinguait-on le grand christ d'ébène poli, placé au-dessus du fauteuil du président.

Cependant ce jeune homme était enveloppé d'un manteau qui de loin paraissait vert, ses cheveux en désordre avaient des reflets châtains, et le rayon inattendu qui avait dessiné ses traits... Mais non, cela n'était pas, cela ne pouvait être ! c'était une horrible illusion.

Les prisonniers étaient assis sur le banc où était descendu l'évêque. Schumacker s'était placé à l'une des extrémités ; il était séparé du jeune homme aux cheveux châtains par ses quatre compagnons d'infortune, qui portaient des vêtements grossiers, et au nombre desquels on remarquait une espèce de géant. L'évêque siégeait à l'autre extrémité du banc.

Éthel vit le président se tourner vers son père.

— Vieillard, dit-il d'une voix sévère, dites-nous votre nom et qui vous êtes.

Le vieillard souleva sa tête vénérable.

— Autrefois, répondit-il en regardant fixement le président, on m'appelait comte de Griffenfeld et de Tongsberg, prince de Wollin, prince du Saint-Empire, chevalier de l'ordre royal de l'éléphant, chevalier de l'ordre royal de Dannebrog, chevalier de la toison d'or d'Allemagne et de la jarretière d'Angleterre, premier ministre, inspecteur général des universités, grand-chancelier de Danemark et de...

Le président l'interrompit : — Accusé, le tribunal ne vous demande ni comment on vous a nommé, ni ce que vous avez été, mais comment on vous nomme, et ce que vous êtes.

— Eh bien, reprit vivement le vieillard, maintenant je m'appelle Jean Schumacker, j'ai soixante-neuf ans, et je ne suis rien, que votre ancien bienfaiteur, chancelier d'Ahlefeld.

Le président parut interdit.

— Je vous ai reconnu, seigneur comte, ajouta l'ex-chancelier, et comme j'ai cru voir qu'il n'en était pas de même à mon égard de votre côté, j'ai pris la liberté de rappeler à votre grâce que nous sommes de vieilles connaissances.

— Schumacker, dit le président d'un ton où l'on sentait l'accent de la colère concentrée, épargnez les moments du tribunal.

Le vieux captif l'interrompit encore :

— Nous avons changé de rôle, noble chancelier; autrefois c'était moi qui vous appelais simplement *d'Ahlefeld*, et vous qui me disiez *seigneur comte*.

— Accusé, répliqua le président, vous nuisez à votre cause en rappelant le jugement infamant dont vous êtes déjà flétri.

— Si ce jugement est infamant pour quelqu'un, comte d'Ahlefeld, ce n'est pas pour moi.

Le vieillard s'était levé à demi en prononçant ces paroles avec force.

Le président étendit la main vers lui.

— Asseyez-vous. N'insultez pas, devant un tribunal, et aux juges qui vous ont condamné, et au roi qui vous a donné ces juges. Rappelez-vous que sa majesté a daigné vous accorder la vie, et bornez-vous ici à vous défendre.

Schumacker ne répondit qu'en haussant les épaules.

— Avez-vous, demanda le président, quelques aveux à faire au tribunal touchant le crime capital dont vous êtes accusé?

Voyant que Schumacker gardait le silence, le président répéta sa question.

— Est-ce que c'est à moi que vous parlez? dit l'ex-grand-chancelier. Je croyais, noble comte d'Ahlefeld, que vous vous parliez à vous-même. De quel crime m'entretenez-vous? Est-ce que j'ai jamais donné le baiser d'Iscariote à un ami? Ai-je emprisonné, condamné, déshonoré un bienfaiteur? dépouillé celui à qui je devais tout? J'ignore, en vérité, seigneur chancelier actuel, pourquoi l'on m'amène ici. C'est sans doute pour juger de votre habileté à faire tomber des têtes innocentes. Je ne serai point fâché en effet de voir si vous saurez aussi bien me perdre que vous perdez le royaume, et s'il vous suffira d'une virgule pour causer ma mort, comme il vous a suffi d'une lettre de l'alphabet pour provoquer la guerre avec la Suède*.

A peine achevait-il cette raillerie amère, que l'homme placé devant la table à gauche du tribunal se leva.

— Seigneur président, dit-il, après s'être incliné profondément, seigneurs juges, je demande que la parole soit interdite à Jean Schumacker, s'il continue d'injurier ainsi sa grâce le président de ce respectable tribunal.

La voix calme de l'évêque s'éleva :

— Seigneur secrétaire intime, on ne peut interdire la parole à un accusé.

— Vous avez raison, révérend évêque, s'écria le président avec précipitation. Notre intention est de laisser le plus de liberté possible à la défense. — J'engage seulement l'accusé à modérer son langage, s'il comprend ses véritables intérêts.

Schumacker secoua la tête et dit froidement :

— Il paraît que le comte d'Ahlefeld est plus sûr de son fait qu'en 1677.

— Taisez-vous, dit le président; et s'adressant sur-le-champ au prisonnier voisin du vieillard, il lui demanda quel était son nom.

C'était un montagnard d'une taille colossale, dont le front était entouré de bandages, qui se leva en disant :

— Je suis Han, de Klipstadur, en Islande.

---

* Il y avait eu en effet de très graves différends entre le Danemark et la Suède, parce que le comte d'Ahlefeld avait exigé, dans une négociation, qu'un traité entre les deux états donnât au roi de Danemark le titre de *rex Gothorum*, ce qui semblait attribuer au monarque danois la souveraineté de la Gothie, province suédoise; tandis que les suédois ne voulaient lui accorder que la qualité de *rex Gotorum*, dénomination vague qui équivalait à l'ancien titre des souverains danois, *roi des Gots*.

C'est à cette *h*, cause, non d'une guerre, mais de longues et menaçantes négociations, que Schumacker faisait sans doute allusion.

Un frémissement d'épouvante erra quelque temps dans la foule, et Schumacker, soulevant sa tête pensive déjà retombée sur sa poitrine, jeta un brusque regard sur son formidable voisin, dont tous les autres co-accusés se tenaient éloignés.

— Han d'Islande, demanda le président quand le trouble fut dissipé, qu'avez-vous à dire au tribunal?

De tous les spectateurs, Éthel n'avait pas été la moins frappée de la présence du brigand fameux qui, depuis si longtemps, lui apparaissait dans toutes ses terreurs. Elle attacha avec une avidité craintive son regard sur le géant monstrueux que son Ordener avait peut-être combattu, dont il avait peut-être été la victime. Cette idée se retourna dans son cœur sous toutes ses formes douloureuses. Aussi, entièrement absorbée par une foule d'émotions déchirantes, elle entendit à peine la réponse qu'adressait au président, dans un langage grossier et embarrassé, ce Han d'Islande, en qui elle voyait presque le meurtrier de son Ordener. Elle comprit seulement que le brigand se déclarait le chef des bandes rebelles.

— Est-ce de vous-même, demanda le président, ou par une instigation étrangère, que vous avez pris le commandement des insurgés?

Le brigand répondit : — Ce n'est pas de moi-même.

— Qui vous a provoqué à ce crime?

— Un homme qui s'appelait Hacket.

— Quel était ce Hacket?

— Un agent de Schumacker, qu'il nommait aussi comte de Griffenfeld.

Le président s'adressa à Schumacker :

— Schumacker, connaissez-vous ce Hacket?

— Vous m'avez prévenu, comte d'Ahlefeld, repartit le vieillard; j'allais vous adresser la même question.

— Jean Schumacker, dit le président, vous êtes mal conseillé par votre haine. Le tribunal appréciera votre système de défense.

L'évêque prit la parole.

— Seigneur secrétaire intime, dit-il en se tournant vers l'homme de petite taille, qui paraissait faire les fonctions de greffier et d'accusateur, ce Hacket est-il parmi mes clients?

— Non, votre révérence, répondit le secrétaire.

— Sait-on ce qu'il est devenu?

— On n'a pu le saisir; il a disparu.

On eût dit qu'en parlant ainsi le seigneur secrétaire intime composait sa voix.

— Je crois plutôt qu'il s'est évanoui, dit Schumacker.

L'évêque continua : — Seigneur secrétaire, fait-on poursuivre ce Hacket? A-t-on son signalement?

Avant que le secrétaire intime eût pu répondre, un des prisonniers se leva; c'était un jeune mineur d'un visage âpre et fier.

— Il serait aisé de l'avoir, dit-il d'une voix forte. Ce misérable Hacket, l'agent de Schumacker, est un homme de petite stature, d'une figure ouverte, mais ouverte comme une bouche de l'enfer. — Tenez, seigneur évêque, sa voix ressemble beaucoup à celle de ce seigneur qui écrit là sur cette table, et que votre révérence appelle, je crois, *secrétaire intime*. Et même, si cette salle était moins sombre, et que le seigneur secrétaire intime eût moins de cheveux pour lui cacher le visage, j'assurerais presque qu'il y a dans ses traits quelque ressemblance avec ceux du traître Hacket.

— Notre frère dit vrai, s'écrièrent les deux prisonniers voisins du jeune mineur.

— Vraiment! murmura Schumacker avec une expression de triomphe.

Cependant le secrétaire avait fait un mouvement involontaire, soit de crainte, soit de l'indignation qu'il ressentait d'être comparé à ce Hacket. Le président, qui lui-même avait paru troublé, se hâta d'élever la voix.

— Prisonniers, n'oubliez pas que vous ne devez parler que lorsque le tribunal vous interroge; et surtout n'outragez pas les ministres de la justice par d'indignes comparaisons.

— Cependant, seigneur président, dit l'évêque, ceci n'est qu'une question de signalement. Si le coupable Hacket offre quelques points de ressemblance avec le secrétaire, cela pourrait être utile.

Le président l'interrompit.

— Han d'Islande, vous qui avez eu tant de rapports avec Hacket, dites-nous, pour satisfaire le révérend évêque, si cet homme ressemble en effet à notre très honoré secrétaire intime.

— Nullement, seigneur, répondit le géant sans hésiter.

— Vous voyez, seigneur évêque, ajouta le président.

L'évêque déclara d'un signe de tête qu'il était satisfait; et le président, s'adressant à un autre accusé, prononça la formule usitée :

— Quel est votre nom?

— Wilfrid Kennybol, des montagnes de Kole.

— Étiez-vous parmi les insurgés?

— Oui, seigneur; la vérité vaut mieux que la vie. J'ai été pris dans les gorges maudites du Pilier-Noir. J'étais le chef des montagnards.

— Qui vous a poussé au crime de rébellion?

— Nos frères les mineurs se plaignaient de la tutelle royale, et cela était tout simple, n'est-ce pas, votre courtoisie? Vous n'auriez qu'une hutte de boue et deux mauvaises peaux de renard, que vous ne seriez pas fâché d'en être le maître. Le gouvernement n'a pas écouté leurs prières. Alors, seigneur, ils ont songé à se révolter, et nous ont priés de les aider. Un si petit service ne se refuse pas entre

frères qui récitent les mêmes oraisons et chôment les mêmes saints. Voilà tout.

— Personne, dit le président, n'a-t-il éveillé, encouragé et dirigé votre insurrection?

— C'était un seigneur Hacket, qui nous parlait sans cesse de délivrer un comte prisonnier à Munckholm, dont il se disait l'envoyé. Nous le lui avons promis, parce qu'une liberté de plus ne nous coûtait rien.

— Ce comte ne s'appelait-il pas Schumacker ou Griffenfeld?

— Justement, votre courtoisie.

— Vous ne l'avez jamais vu?

— Non, seigneur; mais si c'est ce vieillard qui vous a dit tout à l'heure tant de noms, je ne puis faire autrement que de convenir...

— De quoi? interrompit le président.

— Qu'il a une bien belle barbe blanche, seigneur, presque aussi belle que celle du père du mari de ma sœur Maase, de la bourgade de Surb, lequel a vécu jusqu'à cent vingt ans.

L'ombre répandue dans la salle empêcha de voir si le président paraissait désappointé de la naïve réponse du montagnard. Il ordonna aux archers de déployer quelques bannières couleur de feu déposées devant le tribunal.

— Wilfrid Kennybol, dit-il, reconnaissez-vous ces bannières?

— Oui, votre courtoisie; elles nous ont été données par Hacket, au nom du comte Schumacker. Le comte fit distribuer aussi des armes aux mineurs; car nous n'en avions pas besoin, nous autres montagnards, qui vivons de la carabine et de la gibecière. Et moi, seigneur, tel que vous me voyez, attaché ici comme une méchante poule qu'on va rôtir, j'ai plus d'une fois, du fond de nos vallées, atteint de vieux aigles, lorsqu'au plus haut de leur vol ils ne semblaient que des alouettes ou des grives.

— Vous entendez, seigneurs juges, observa le secrétaire intime; l'accusé Schumacker a fait distribuer par Hacket des armes et des drapeaux aux rebelles.

— Kennybol, reprit le président, n'avez-vous plus rien à déclarer?

— Rien, votre courtoisie, sinon que je ne mérite pas la mort. Je n'ai fait que prêter assistance, en bon frère, aux mineurs, et j'ose affirmer à toutes vos courtoisies que le plomb de ma carabine, tout vieux chasseur que je suis, n'a jamais touché un daim du roi.

Le président, sans répondre à ce plaidoyer, interrogea les deux compagnons de Kennybol. C'étaient des chefs de mineurs. Le plus vieux, qui déclara se nommer Jonas, répéta, en d'autres termes, ce qu'avait avoué Kennybol. L'autre, qui était le jeune homme dont les yeux avaient saisi tant de ressemblance entre le secrétaire intime et le perfide Hacket, dit s'appeler Norbith, confessa fièrement sa part dans la révolte, mais refusa de rien révéler touchant Hacket et Schumacker. Il avait, disait-il, prêté serment de se taire, et ne se souvenait plus que de ce serment. Le président eut beau l'interroger par toutes les menaces et par toutes les prières, l'obstiné jeune homme resta inflexible. D'ailleurs il assurait ne point s'être révolté pour Schumacker, mais seulement parce que sa vieille mère avait faim et froid. Il ne niait point qu'il n'eût peut-être mérité la mort; mais il affirmait que l'on commettrait une injustice en le condamnant, parce qu'en le tuant on tuerait aussi sa pauvre mère, qui ne l'avait pas mérité.

Quand Norbith eut cessé de parler, le secrétaire intime résuma en peu de mots les charges accablantes qui pesaient jusqu'à ce moment sur les accusés, surtout sur Schumacker. Il lut quelques-unes des devises séditieuses inscrites sur les bannières, et fit ressortir contre l'ex-grand-chancelier l'unanimité des réponses de ses complices, et jusqu'au silence de ce jeune Norbith, lié par un serment fanatique. — Il ne reste plus, ajouta-t-il en terminant, qu'un accusé à interroger, et nous avons de hautes raisons de le croire agent secret de l'autorité qui a si mal veillé à la tranquillité du Drontheimhus. Cette autorité a favorisé, sinon par sa connivence coupable, du moins par sa fatale négligence, l'explosion de la révolte qui va perdre tous ces malheureux, et rendre à l'échafaud ce Schumacker, que la clémence du roi en avait si généreusement sauvé.

Éthel, qui de ses craintes pour Ordener était revenue, par une cruelle transition, à ses craintes pour son père, frémit à ce langage sinistre, et un torrent de larmes s'échappa de ses yeux, quand elle vit son père se lever, en disant d'une voix tranquille : — Chancelier d'Ahlefeld, j'admire tout ceci. Avez-vous eu la prévoyance de faire mander le bourreau ?

L'infortunée crut en ce moment qu'elle épuisait sa dernière douleur; elle se trompait.

Le sixième accusé venait de se lever; noble et superbe, il avait écarté les cheveux qui couvraient son visage, et aux questions que le président lui avait adressées, il avait répondu d'une voix ferme et haute :

— Je m'appelle Ordener Guldenlew, baron de Thorvick, chevalier de Dannebrog.

Un cri de surprise échappa au secrétaire : — Le fils du vice-roi !

— Le fils du vice-roi! répétèrent toutes les voix, comme si la salle eût eu en ce moment mille échos.

Le président avait reculé sur son siége; les juges, jusqu'alors immobiles dans le tribunal, se penchaient tumultueusement les uns vers les autres, ainsi que des arbres qui seraient battus à la fois de vents opposés. L'agitation était plus grande encore dans l'auditoire; les spectateurs montaient sur les corniches de pierre et les grilles de fer; la foule entière parlait comme d'une seule bouche; et les gardes, oubliant de réclamer le silence, mêlaient leurs paroles de surprise à la rumeur universelle.

Quelle âme assez accoutumée aux soudaines émotions de la vie pourrait concevoir ce qui se passa dans l'âme d'Éthel? Qui pourrait rendre ce mélange inouï de joie déchirante et de délicieuse douleur? cette attente inquiète, qui était à la fois de la crainte et de l'espérance, et n'en était cependant pas? — Il était devant elle, sans qu'elle fût devant lui! c'était lui qu'elle voyait et qui ne la voyait pas! c'était son bien-aimé Ordener, son Ordener, qu'elle avait cru mort, qu'elle savait perdu pour elle, son ami qui l'avait trompée et qu'elle adorait comme d'une adoration nouvelle. Il était là; oui, il était là. Un vain songe ne l'abusait pas; oh! c'était bien lui, cet Ordener, hélas! qu'elle avait rêvé plus souvent encore qu'elle ne l'avait vu. — Mais apparaissait-il dans cette enceinte solennelle comme un ange sauveur ou comme un fatal génie? Devait-elle espérer en lui ou trembler pour lui? — Mille conjectures oppressaient à la fois sa pensée et l'étouffaient comme une flamme que trop d'aliment éteint; toutes les idées, toutes les sensations que nous venons d'indiquer parcoururent son esprit comme un éclair, au moment où le fils du vice-roi de Norvége prononça son nom. Elle fut la première à le reconnaître, et les autres ne l'avaient pas encore reconnu, qu'elle était évanouie.

Elle reprit bientôt ses sens, pour la seconde fois, grâce aux soins de sa mystérieuse voisine. Pâle, elle rouvrit ses yeux dans lesquels les larmes s'étaient subitement taries. Elle jeta avidement sur le jeune homme, toujours debout et calme dans le tumulte général, un de ces regards qui embrassent tout un être; et le trouble avait cessé dans le tribunal et le peuple, que le nom d'Ordener Guldenlew retentissait encore à son oreille. Elle remarqua avec une douloureuse inquiétude qu'il portait son bras en écharpe, et que ses mains étaient chargées de fers; elle remarqua que son manteau était déchiré en plusieurs endroits, que son sabre fidèle ne pendait plus à sa ceinture. Rien n'échappa à sa sollicitude, car l'œil d'une amante ressemble à l'œil d'une mère. Elle environna de toute son âme celui qu'elle ne pouvait couvrir de tout son corps; et, il faut le dire à la honte et à la gloire de l'amour, dans cette salle qui renfermait son père et les persécuteurs de son père, Éthel ne vit plus qu'un seul homme.

Le silence s'était rétabli peu à peu. Le président se mit en devoir de commencer l'interrogatoire du fils du vice-roi.

— Seigneur baron... dit-il d'une voix tremblante.

— Je ne m'appelle point ici *seigneur baron*, répondit Ordener d'une voix ferme, je m'appelle Ordener Guldenlew, comme celui qui a été comte de Griffenfeld s'appelle Jean Schumacker.

Le président resta un moment comme interdit.

— Eh bien donc, reprit-il, Ordener Guldenlew, c'est sans doute par un hasard malheureux que vous êtes amené devant nous. Les rebelles vous auront pris voyageant, vous auront forcé de les suivre, et c'est ainsi, sans doute, que vous avez été trouvé dans leurs rangs.

Le secrétaire se leva :

— Nobles juges, le nom seul du fils du vice-roi de Norvége est un plaidoyer suffisant pour lui. Le baron Ordener Guldenlew ne peut être un rebelle. Notre illustre président a parfaitement expliqué sa fâcheuse arrestation parmi les rebelles. Le seul tort du noble prisonnier est de n'avoir pas dit plus tôt son nom. Nous demandons qu'il soit mis sur-le-champ en liberté, abandonnant toute accusation à son égard, et regrettant qu'il se soit assis sur le banc souillé par le criminel Schumacker et ses complices.

— Que faites-vous donc? s'écria Ordener.

— Le secrétaire intime, dit le président, se désiste de toute poursuite à votre égard.

— Il a tort, répliqua Ordener, d'une voix haute et sonore; je dois ici être seul accusé, seul jugé, et seul condamné. — Il s'arrêta un moment, et ajouta d'un accent moins ferme : — Car je suis seul coupable.

— Seul coupable! s'écria le président.

— Seul coupable! répéta le secrétaire intime.

Une nouvelle explosion de surprise se manifesta dans l'auditoire. La malheureuse Éthel frémit; elle ne songeait pas que cette déclaration de son amant sauvait son père. Elle avait devant les yeux la mort de son Ordener.

— Hallebardiers, qu'on fasse silence! dit le président, profitant peut-être du moment de rumeur pour rallier ses idées et reprendre sa présence d'esprit. — Ordener Guldenlew, reprit-il, expliquez-vous.

Le jeune homme resta un instant rêveur, puis soupira avec effort, puis prononça ces paroles d'un ton calme et résigné :

— Oui, je sais qu'une mort infâme m'attend; je sais que la vie pourrait m'être belle et glorieuse. Mais Dieu lira au fond de mon cœur! à la vérité, Dieu seul! — Je vais accomplir le premier devoir de mon existence; je vais lui sacrifier mon sang, mon bonheur peut-être; mais je sens que je mourrai sans remords et sans repentir. Ne vous étonnez pas de mes paroles, seigneurs juges; il y a dans l'âme et dans la destinée humaine des mystères que vous ne pouvez pénétrer et qui ne sont jugés qu'au ciel. Écoutez-moi donc; et agissez envers moi selon vos consciences, quand vous aurez absous ces infortunés, et surtout ce déplorable Schumacker, qui a déjà, dans sa captivité, expié bien plus de crimes qu'un homme n'en peut commettre. — Oui, je suis coupable, nobles juges, et seul coupable. Schumacker est innocent; ces autres malheureux ne sont qu'égarés. L'auteur de la rébellion des mineurs, c'est moi.

— Vous! s'écrièrent à la fois, et avec une expression étrange, le président et le secrétaire intime.

— Moi! et ne m'interrompez plus, seigneurs. Je suis pressé de terminer, car en m'accusant je justifie ces infortunés. C'est moi qui ai soulevé les mineurs au nom de Schumacker; c'est moi qui ai fait distribuer aux rebelles des bannières; qui leur ai envoyé, au nom du prisonnier de Munckholm, de l'or et des armes. Hacket était mon agent.

A ce nom de *Hacket*, le secrétaire intime fit un geste de stupeur.

Ordener continua : — J'épargne vos moments, seigneurs. J'ai été pris dans les rangs des mineurs, que j'avais poussés à la révolte. J'ai seul tout fait. Maintenant, jugez. Si j'ai prouvé mon crime, j'ai prouvé également l'innocence de Schumacker et celle des pauvres misérables que vous croyez ses complices.

Le jeune homme parlait ainsi, les yeux levés au ciel. Éthel, presque inanimée, respirait à peine; il lui semblait seulement qu'Ordener, tout en justifiant son père, prononçait bien amèrement son nom. Les discours du jeune homme l'étonnaient et l'épouvantaient, sans qu'elle pût les comprendre. Dans tout ce qui frappait ses sens, elle ne voyait clairement que le malheur.

Un sentiment du même genre paraissait préoccuper le président. On eût dit qu'il ne pouvait croire à ce qu'il entendait de ses oreilles. Il adressa néanmoins la parole au fils du vice-roi :

— Si vous êtes en effet l'unique auteur de cette révolte, dans quel but l'avez-vous excitée?

— Je ne puis le dire.

Un frisson saisit Éthel, lorsqu'elle entendit le président répliquer d'une voix presque irritée :

— N'aviez-vous point une intrigue avec la fille de Schumacker?

Mais Ordener, enchaîné, avait fait un pas vers le tribunal, et s'était écrié, avec l'accent de l'indignation :

— Chancelier d'Ahlefeld, contentez-vous de ma vie que je vous livre; respectez une noble et innocente fille. Ne tentez pas de la déshonorer une seconde fois.

La pauvre Éthel, qui avait senti son sang remonter à son visage, ne comprit pas ce que signifiaient ces mots, *une seconde fois,* sur lesquels son défenseur appuyait avec énergie; mais, à la colère qui se peignait sur les traits du président, on eût dit qu'il les comprenait.

— Ordener Guldenlew, n'oubliez pas vous-même le respect que vous devez à la justice du roi et à ses suprêmes officiers. Je vous réprimande au nom du tribunal. — A présent, je vous somme de nouveau de me déclarer dans quel but vous avez commis le crime dont vous vous accusez.

— Je vous répète que je ne puis vous le dire.

— N'était-ce pas, reprit le secrétaire, pour délivrer Schumacker? Ordener garda le silence.

— Ne soyez pas muet, accusé Ordener, dit le président; il est prouvé que vous entreteniez des intelligences avec Schumacker, et l'aveu de votre culpabilité accuse, plus qu'il ne justifie, le prisonnier de Munckholm. Vous alliez souvent à Munckholm, et certes vous attachiez à ces visites plus qu'un intérêt de curiosité ordinaire. Témoin cette boucle de diamants.

Le président prit sur le bureau et montra à Ordener une boucle de brillants qui y était déposée.

— La reconnaissez-vous pour vous avoir appartenu?

— Oui. Par quel hasard?...

— Eh bien! un des rebelles l'a remise, avant d'expirer, à notre secrétaire intime, en déclarant qu'il l'avait reçue de vous en paiement, pour vous avoir transporté du port de Drontheim à la forteresse de Munckholm. Or, je vous le demande, seigneurs juges, un pareil salaire donné à un simple matelot n'annonce-t-il pas quelle importance l'accusé Ordener Guldenlew attachait à parvenir jusqu'à cette prison, qui est celle de Schumacker?

— Ah! s'écria l'accusé Kennybol, ce que dit sa courtoisie est vrai, je reconnais la boucle; c'est l'histoire de notre pauvre frère Guldon Stayper.

— Silence, dit le président, laissez répondre Ordener Guldenlew.

— Je ne cacherai pas, repartit Ordener, que je désirais voir Schumacker. Mais cette boucle ne signifie rien. On ne peut entrer avec des diamants dans le fort ; le matelot qui m'avait amené s'était plaint, dans la traversée, de sa misère ; je lui ai jeté cette boucle, que je ne pouvais garder sur moi.

— Pardon, votre courtoisie, interrompit le secrétaire intime, le règlement excepte de cette mesure le fils du vice-roi. Vous pouviez donc...

— Je ne voulais pas me nommer.

— Pourquoi ? demanda le président.

— C'est ce que je ne puis dire.

— Vos intelligences avec Schumacker et sa fille prouvent que le but de votre complot était de les délivrer.

Schumacker, qui, jusqu'alors, n'avait donné d'autre signe d'attention que de dédaigneux mouvements d'épaules, se leva :

— Me délivrer ! Le but de cette infernale trame était de me compromettre et de me perdre, comme il l'est encore. Croyez-vous qu'Ordener Guldenlew eût avoué sa participation au crime, s'il n'eût été pris parmi les révoltés ? Oh ! je vois qu'il a hérité de la haine de son père pour moi. Et quant aux intelligences qu'on lui suppose avec moi et ma fille, qu'il sache, cet exécré Guldenlew, que ma fille a hérité aussi de ma haine pour lui, pour la race des Guldenlew et des d'Ahlefeld !

Ordener soupira profondément, tandis qu'Éthel désavouait tout bas son père, et que celui-ci retombait sur son banc, palpitant encore de colère.

— Le tribunal jugera, dit le président.

Ordener, qui, aux paroles de Schumacker, avait baissé les yeux en silence, parut se réveiller :

— Oh ! nobles juges, écoutez. Vous allez descendre dans vos consciences ; n'oubliez pas qu'Ordener Guldenlew est coupable seul ; Schumacker est innocent. Ces autres infortunés ont été trompés par Hacket, qui était mon agent. J'ai fait tout le reste.

Kennybol l'interrompit :

— Sa courtoisie dit vrai, seigneurs juges ; car c'est elle qui s'est chargée de nous amener le fameux Han d'Islande, dont je souhaite que le nom ne me porte pas malheur. Je sais que c'est ce jeune seigneur qui a osé l'aller trouver dans la caverne de Walderhog, pour lui proposer d'être notre chef. Il m'a confié le secret de son entreprise au hameau de Surb, chez mon frère Braall. Et, pour le reste encore, le jeune seigneur dit vrai; nous avons été abusés par ce Hacket maudit; d'où il suit que nous ne méritons pas la mort.

— Seigneur secrétaire intime, dit le président, les débats sont clos. Quelles sont vos conclusions?

Le secrétaire se leva, salua plusieurs fois le tribunal, passa quelque temps la main entre les plis de son rabat de dentelle, sans quitter un moment des yeux les yeux du président. Enfin, il fit entendre ces paroles d'une voix sourde et lugubre :

— Seigneur président, respectables juges! l'accusation demeure victorieuse. Ordener Guldenlew, qui ternit à jamais la splendeur de son glorieux nom, n'a réussi qu'à prouver sa culpabilité sans démontrer l'innocence de l'ex-chancelier Schumacker, et de ses complices Han d'Islande, Wilfrid Kennybol, Jonas et Norbith. — Je demande à la justice du tribunal que les six accusés soient déclarés coupables du crime de haute trahison et de lèse-majesté, au premier chef.

Un murmure vague s'éleva de la foule. Le président allait proclamer la formule de clôture, quand l'évêque réclama un moment d'attention.

— Doctes juges, il est convenable que la défense des accusés se fasse entendre la dernière. Je souhaiterais qu'elle eût un meilleur organe; car je suis vieux et faible, et je n'ai plus en moi d'autre force que celle qui me vient de Dieu. — Je m'étonne des sévères requêtes du secrétaire intime. Rien ici ne prouve le crime de mon client Schumacker. On ne peut établir contre lui aucune participation directe à l'insurrection des mineurs; et puisque mon autre client Ordener Guldenlew déclare avoir abusé du nom de Schumacker, et, de plus, être l'unique auteur de cette condamnable sédition, toutes les présomptions qui pesaient sur Schumacker s'évanouissent; vous devez donc l'absoudre. Je recommande à votre indulgence chrétienne les autres accusés, qui n'ont été qu'égarés, comme la brebis du bon pasteur; et même le jeune Ordener Guldenlew, qui a du moins le mérite, bien grand devant le Seigneur, de confesser son crime. Songez, seigneurs juges, qu'il est encore dans l'âge où l'homme peut faillir, et même tomber, sans que Dieu refuse de le soutenir ou de le relever. Ordener Guldenlew porte à peine le quart de ce fardeau de l'existence qui pèse déjà presque entier sur ma tête. Mettez dans la balance de vos jugements sa jeunesse et son inexpérience, et ne lui retirez pas si tôt cette vie que le Seigneur vient à peine de lui donner.

Le vieillard se tut et se plaça près d'Ordener, qui souriait; tandis qu'à l'invitation du président, les juges se levaient du tribunal, et passaient en silence le seuil de la formidable salle de leurs délibérations.

Pendant que quelques hommes décidaient de six destinées dans ce terrible sanctuaire, les accusés immobiles étaient restés assis sur leur banc entre deux rangs de hallebardiers. Schumacker, la tête sur sa poitrine, paraissait endormi dans une rêverie profonde; le géant promenait à droite et à gauche des regards où se peignait une assurance stupide; Jonas et Kennybol, les mains jointes, priaient à voix basse, tandis que leur camarade Norbith frappait par intervalles la terre du pied, ou secouait ses chaînes avec des tressaillements convulsifs. Entre lui et le vénérable évêque, qui lisait les psaumes de la pénitence, se tenait Ordener, les bras croisés et les yeux levés au ciel.

Derrière eux on entendait le bruit de la foule, qui avait impétueusement éclaté à la sortie des juges. C'était le fameux captif de Munckholm, c'était le redoutable démon d'Islande, c'était surtout le fils du vice-roi, qui occupaient toutes les pensées, toutes les paroles, tous les regards. La rumeur, mêlée de plaintes, de rires et de cris confus, qui s'échappait de l'auditoire, s'abaissait et s'élevait comme une flamme qui ondoie sous le vent.

Ainsi se passèrent plusieurs heures d'attente, si longues que chacun s'étonnait qu'elles fussent contenues dans la même nuit. De temps en temps on jetait un regard vers la porte de la chambre des délibérations; mais on n'y voyait rien, que les deux soldats qui se promenaient avec leurs pertuisanes étincelantes devant le seuil fatal, comme deux fantômes muets.

Enfin, les torches et les lampes commençaient à pâlir, et quelques rayons blancs de l'aube traversaient les vitraux étroits de la salle, quand la porte redoutable s'ouvrit. Un silence profond remplaça sur-le-champ, comme par magie, tout le tumulte du peuple, et l'on n'entendit plus que le bruit des respirations pressées et le mouvement vague et sourd de la foule en suspens.

Les juges, sortant à pas lents de la chambre des délibérations, reprirent place au tribunal, le président à leur tête.

Le secrétaire intime, qui avait paru absorbé dans ses réflexions pendant leur absence, s'inclina :

— Seigneur président, quel est l'arrêt que le tribunal, jugeant sans appel, a rendu au nom du roi? Nous sommes prêts à l'entendre avec un respect religieux.

Le juge placé à droite du président se leva, tenant un parchemin dans ses mains :

— Sa grâce, notre glorieux président, fatigué par la longueur de cette audience, daigne nous charger, nous, haut syndic du Drontheimhus, président naturel de ce tribunal respectable, de lire à sa place la sentence rendue au nom du roi. Nous allons remplir ce devoir honorable et pénible, rappelant à l'auditoire de se taire devant l'infaillible justice du roi.

Alors la voix du haut syndic prit une inflexion solennelle et grave, et tous les cœurs palpitèrent.

— Au nom de notre vénéré maître et légitime seigneur Christiern, roi! — voici l'arrêt que nous, juges du haut tribunal du Drontheimhus, nous rendons dans nos consciences, touchant Jean Schumacker, prisonnier d'État; Wilfrid Kennybol, habitant des montagnes de Kole; Jonas, mineur royal; Norbith, mineur royal; Han, de Klipstadur, en Islande; et Ordener Guldenlew, baron de Thorvick, chevalier de Dannebrog; tous accusés des crimes de haute trahison et de lèse-majesté au premier chef; Han d'Islande étant de plus prévenu des crimes d'assassinat, d'incendie et de brigandage :

« 1° Jean Schumacker n'est point coupable;

« 2° Wilfrid Kennybol, Jonas et Norbith sont coupables; mais le tribunal les excuse, parce qu'ils ont été égarés;

« 3° Han d'Islande est coupable de tous les crimes qu'on lui impute;

« 4° Ordener Guldenlew est coupable de haute trahison et de lèse-majesté au premier chef. »

Le juge s'arrêta un moment comme pour prendre haleine. Ordener attachait sur lui un regard plein d'une joie céleste.

— Jean Schumacker, continua le juge, le tribunal vous absout et vous renvoie dans votre prison;

Kennybol, Jonas et Norbith, le tribunal réduit la peine que vous avez encourue à une détention perpétuelle et à l'amende de mille écus royaux chacun;

Han, de Klipstadur, assassin et incendiaire, vous serez ce soir conduit sur la place d'armes de Munckholm, et pendu par le cou jusqu'à ce que mort s'ensuive;

Ordener Guldenlew, traître, après avoir été dégradé de vos titres devant ce tribunal, vous serez conduit ce soir au même lieu, avec un flambeau à la main, pour y avoir la tête tranchée, le corps brûlé, et pour que vos cendres soient jetées au vent et votre tête exposée sur la claie.

Retirez-vous tous. Tel est l'arrêt rendu par la justice du roi. —

A peine le haut syndic avait-il achevé cette funèbre lecture, qu'on entendit dans la salle un cri. Ce cri glaça les assistants plus même que l'effrayant appareil de la sentence de mort; ce cri fit pâlir un moment le front serein et radieux d'Ordener condamné.

XLIV

C'était le malheur qui les rendait égaux.
CHARLES NODIER.

C'en est donc fait; tout va s'accomplir, ou plutôt tout est déjà accompli. Il a sauvé le père de celle qu'il aimait, il l'a sauvée elle-même, en lui conservant l'appui paternel. La noble conspiration du jeune homme pour la vie de Schumacker a réussi; maintenant le reste n'est rien; il n'a plus qu'à mourir.

Que ceux qui l'ont cru coupable ou insensé le jugent maintenant, ce généreux Ordener, comme il se juge lui-même dans son âme avec un saint ravissement. Car ce fut toujours sa pensée, en entrant dans les rangs des rebelles, que, s'il ne pouvait empêcher l'exécution du crime de Schumacker, il pourrait du moins en empêcher le châtiment, en l'appelant sur sa propre tête.

— Hélas! s'était-il dit, sans doute Schumacker est coupable; mais, aigri par sa captivité et son malheur, son crime est pardonnable. Il ne veut que sa délivrance; il la tente, même par la rébellion. — D'ailleurs, que deviendra mon Éthel si on lui enlève son père; si elle le perd par l'échafaud, si un nouvel opprobre vient flétrir sa vie, que deviendra-t-elle, sans soutien, sans secours, seule dans son cachot, ou errante dans un monde d'ennemis? Cette pensée l'avait déterminé à son sacrifice, et il s'y était préparé avec joie; car le plus

grand bonheur d'un être qui aime est d'immoler son existence, je ne dis pas à l'existence, mais à un sourire, à une larme de l'être aimé.

Il a donc été pris parmi les rebelles, il a été traîné devant les juges qui devaient condamner Schumacker, il a commis son généreux mensonge, il a été condamné, il va mourir d'une mort cruelle, d'un supplice ignominieux, il va laisser une mémoire souillée; mais que lui importe au noble jeune homme? il a sauvé le père de son Éthel.

Il est maintenant assis sur ses chaînes dans un cachot humide, où la lumière et l'air ne pénètrent qu'à peine par de sombres soupiraux; près de lui est la nourriture du reste de son existence, un pain noir, une cruche pleine d'eau. Un collier de fer pèse sur son cou, des bracelets, des carcans de fer pressent ses mains et ses pieds. Chaque heure qui s'écoule lui emporte plus de vie qu'une année n'en enlève aux autres mortels. — Il rêve délicieusement.

— Peut-être mon souvenir ne périra-t-il pas avec moi, du moins dans un des cœurs qui battent parmi les hommes ! peut-être daignera-t-elle me donner une larme pour mon sang ! peut-être consacrera-t-elle quelquefois un regret à celui qui lui a dévoué sa vie ! peut-être, dans ses rêveries virginales, aura-t-elle parfois présente la confuse image de son ami ! Qui sait d'ailleurs ce qui est derrière la mort ? Qui sait si les âmes délivrées de leur prison matérielle ne peuvent pas quelquefois revenir veiller sur les âmes qu'elles aiment, commercer mystérieusement avec ces douces compagnes encore captives, et leur apporter en secret quelque vertu des anges et quelque joie du ciel ?

Toutefois des idées amères se mêlaient à ces consolantes méditations. La haine que Schumacker lui avait témoignée au moment même de son sacrifice oppressait son cœur. Le cri déchirant qu'il avait entendu en même temps que son arrêt de mort l'avait ébranlé profondément; car, seul dans l'auditoire, il avait reconnu cette voix et compris cette douleur. Et puis, ne la reverra-t-il donc plus, son Éthel ? ses derniers moments se passeront-ils dans la prison même qui la renferme sans qu'il puisse encore une fois toucher la douce main, entendre la douce voix de celle pour qui il va mourir ?

Il abandonnait ainsi son âme à cette vague et triste rêverie, qui est à la pensée ce que le sommeil est à la vie, quand le cri rauque des vieux verrous rouillés heurta rudement son oreille, déjà en quelque sorte attentive aux concerts de l'autre sphère où il allait s'envoler. — C'était la lourde porte de fer de son cachot, qui s'ouvrait en grondant sur ses gonds. Le jeune condamné se leva tranquille et presque joyeux, car il pensa que c'était le bourreau qui venait le chercher, et il avait déjà dépouillé l'existence comme le manteau qu'il foulait à ses pieds.

Il fut trompé dans son attente; une figure blanche et svelte venait d'apparaître au seuil de son cachot, pareille à une vision lumineuse. Ordener douta de ses yeux, et se demanda s'il n'était pas déjà dans le ciel. C'était elle, c'était son Éthel.

La jeune fille était tombée dans ses bras enchaînés ; elle couvrait les mains d'Ordener de larmes, qu'essuyaient les longues tresses noires de ses cheveux épars; baisant les fers du condamné, elle meurtrissait ses lèvres pures sur les infâmes carcans; elle ne parlait pas, mais tout son cœur semblait prêt à s'échapper dans la première parole qui passerait à travers ses sanglots.

Lui, il éprouvait la joie la plus céleste qu'il eût éprouvée depuis sa naissance. Il serrait doucement son Éthel sur sa poitrine, et les forces réunies de la terre et de l'enfer n'eussent pu en ce moment dénouer les deux bras dont il l'environnait. Le sentiment de sa mort prochaine mêlait quelque chose de solennel à son ravissement, et il s'emparait de son Éthel comme s'il en eût déjà pris possession pour l'éternité.

Il ne demanda pas à cet ange comment elle avait pu pénétrer jusqu'à lui. Elle était là, pouvait-il penser à autre chose? D'ailleurs il ne s'en étonnait pas. Il ne se demandait pas comment cette jeune fille proscrite, faible, isolée, avait pu, malgré les triples portes de fer et les triples rangs de soldats, ouvrir sa propre prison et celle de son amant; cela lui semblait simple; il portait en lui la conscience intime de ce que peut l'amour.

A quoi bon se parler avec la voix quand on se peut parler avec l'âme? Pourquoi ne pas laisser les corps écouter en silence le langage mystérieux des intelligences? — Tous deux se taisaient, parce qu'il y a des émotions qu'on ne saurait exprimer qu'en se taisant.

Cependant la jeune fille souleva enfin sa tête appuyée sur le cœur tumultueux du jeune homme.

— Ordener, dit-elle, je viens te sauver; et elle prononça cette parole d'espérance avec une angoisse douloureuse.

Ordener secoua la tête en souriant.

— Me sauver, Éthel! tu t'abuses; la fuite est impossible.

— Hélas! je le sais trop. Ce château est peuplé de soldats, et toutes les portes qu'il faut traverser pour arriver ici sont gardées par des archers et des geôliers qui ne dorment pas. — Elle ajouta avec effort : Mais je t'apporte un autre moyen de salut.

— Va, ton espérance est vaine. Ne te berce pas de chimères, Éthel; dans quelques heures un coup de hache les dissiperait trop cruellement.

— Oh! n'achève pas! Ordener! tu ne mourras pas. Oh! dérobe-moi cette affreuse pensée, ou plutôt, oui, présente-la-moi dans toute son horreur, pour me donner la force d'accomplir ton salut et mon sacrifice.

Il y avait dans l'accent de la jeune fille une expression indéfinissable.

Ordener la regarda doucement :

— Ton sacrifice! que veux-tu dire?

Elle cacha son visage dans ses mains, et sanglota en disant d'une voix inarticulée : — O Dieu !

Cet abattement fut de courte durée ; elle se releva ; ses yeux brillaient, sa bouche souriait. Elle était belle comme un ange qui remonte de l'enfer au ciel.

— Écoutez, mon Ordener, votre échafaud ne s'élèvera pas. Pour que vous viviez, il suffit que vous promettiez d'épouser Ulrique d'Ahlefeld.

— Ulrique d'Ahlefeld ! ce nom dans ta bouche, mon Éthel !

— Ne m'interrompez pas, poursuivit-elle avec le calme d'une martyre qui subit sa dernière torture ; je viens ici envoyée par la comtesse d'Ahlefeld. On vous promet d'obtenir votre grâce du roi, si l'on obtient en échange votre main pour la fille du grand-chancelier. Je viens ici vous demander le serment d'épouser Ulrique et de vivre pour elle. On m'a choisie pour messagère, parce qu'on a pensé que ma voix aurait quelque puissance sur vous.

— Éthel, dit le condamné d'une voix glacée, adieu ; en sortant de ce cachot, dites qu'on fasse venir le bourreau.

Elle se leva, resta un moment devant lui debout, pâle et tremblante ; puis ses genoux fléchirent, elle tomba à genoux sur la pierre en joignant les mains.

— Que lui ai-je fait ? murmura-t-elle d'une voix éteinte.

Ordener, muet, fixait son regard sur la pierre.

— Seigneur, dit-elle, se traînant à genoux jusqu'à lui, vous ne me répondez pas ? Vous ne voulez donc plus me parler ? — Il ne me reste plus qu'à mourir.

Une larme roula dans les yeux du jeune homme.

— Éthel, vous ne m'aimez plus.

— O Dieu ! s'écria la pauvre jeune fille, serrant dans ses bras les genoux du prisonnier, je ne l'aime plus ! Tu dis que je ne t'aime plus, mon Ordener. Est-il bien vrai que tu as pu dire cela ?

— Vous ne m'aimez plus, puisque vous me méprisez.

Il se repentit à l'instant même d'avoir prononcé cette parole cruelle ; car l'accent d'Éthel fut déchirant, quand elle jeta ses bras adorés autour de son cou, en criant d'une voix étouffée par les larmes :

— Pardonne-moi, mon bien-aimé Ordener, pardonne-moi comme je te pardonne. Moi ! te mépriser, grand Dieu ! n'es-tu pas mon bien, mon orgueil, mon idolâtrie ? — Dis-moi, est-ce qu'il y avait dans mes paroles autre chose qu'un profond amour, qu'une brûlante admiration pour toi? Hélas! ton langage sévère m'a fait bien du mal, quand je venais pour te sauver, mon Ordener adoré, en immolant tout mon être au tien.

— Eh bien, répondit le jeune homme radouci en essuyant les pleurs d'Éthel avec des baisers, n'était-ce pas me montrer peu d'estime que de me proposer de racheter ma vie par l'abandon de mon Éthel, par un lâche oubli de mes serments, par le sacrifice de mon amour? — Il ajouta, l'œil fixé sur Éthel : — De mon amour, pour lequel je verse aujourd'hui tout mon sang.

Un long gémissement précéda la réponse d'Éthel.

— Écoute-moi encore, mon Ordener, ne m'accuse pas si vite. J'ai peut-être plus de force qu'il n'appartient d'ordinaire à une pauvre femme. — Du haut de notre donjon on voit construire, dans la place d'Armes, l'échafaud qui t'est destiné. Ordener! tu ne connais pas cette affreuse douleur de voir lentement se préparer la mort de celui qui porte avec lui notre vie! La comtesse d'Ahlefeld, près de laquelle j'étais quand j'ai entendu prononcer ton arrêt funèbre, est venue me trouver au donjon, où j'étais rentrée avec mon père. Elle m'a demandé si je voulais te sauver, elle m'a offert cet odieux moyen; mon Ordener, il fallait détruire ma pauvre destinée, renoncer à toi, te perdre pour jamais, donner à une autre cet Ordener, toute la félicité de la délaissée Éthel, ou te livrer au supplice; on me laissait le choix entre mon malheur et ta mort; je n'ai pas balancé.

Il baisa avec respect la main de cet ange.

— Je ne balance pas non plus, Éthel. Tu ne serais pas venue m'offrir la vie avec la main d'Ulrique d'Ahlefeld si tu avais su comment il se fait que je meurs.

— Quoi? Quel mystère?...

— Permets-moi d'avoir un secret pour toi, mon Éthel bien-aimée. Je veux mourir sans que tu saches si tu me dois de la reconnaissance ou de la haine pour ma mort.

— Tu veux mourir! Tu veux donc mourir! O Dieu! et cela est vrai, et l'échafaud se dresse en ce moment, et aucune puissance humaine ne peut délivrer mon Ordener qu'on va tuer! Dis-moi, jette un regard sur ton esclave, sur ta compagne, et promets-moi, bien-aimé Ordener, de m'entendre sans colère. Es-tu bien sûr, réponds à ton Éthel comme à Dieu, que tu ne pourrais mener une vie heureuse auprès de cette femme, de cette Ulrique d'Ahlefeld? en es-tu bien sûr, Ordener? Elle est peut-être, sans doute même, belle, douce, vertueuse; elle vaut mieux que celle pour qui tu péris. — Ne détourne pas la tête, cher ami, mon Ordener. Tu es si noble et si jeune pour monter sur un échafaud! Eh bien! tu irais vivre avec elle dans quelque brillante ville où tu ne penserais plus à ce funeste donjon; tu laisserais couler paisiblement tes jours sans t'informer de moi ; j'y consens, tu me chasserais de ton cœur, même de ton souvenir, Ordener. Mais vis, laisse-moi ici seule, c'est à moi de mourir. Et, crois-moi, quand je te saurai dans les bras d'une autre, tu n'auras pas besoin de t'inquiéter de moi ; je ne souffrirai pas longtemps.

Elle s'arrêta; sa voix se perdait dans les larmes. Cependant on lisait dans son regard désolé le désir douloureux de remporter la victoire fatale dont elle devait mourir.

Ordener lui dit :

— Éthel, ne me parle plus de cela. Qu'il ne sorte en ce moment de nos bouches d'autres noms que le tien et le mien.

— Ainsi, reprit-elle, hélas! hélas! tu veux donc mourir?

— Il le faut. J'irai avec joie à l'échafaud pour toi ; j'irais avec horreur à l'autel pour toute autre femme. Ne m'en parle plus; tu m'affliges et tu m'offenses.

Elle pleurait en murmurant toujours : — Il va mourir, ô Dieu! et d'une mort infâme!

Le condamné répondit avec un sourire :

— Crois-moi, Éthel, il y a moins de déshonneur dans ma mort que dans la vie telle que tu me la proposes.

En ce moment, son regard, se détachant de son Éthel éplorée, aperçut un vieillard vêtu d'habits ecclésiastiques, qui se tenait debout dans l'ombre, sous la voûte basse de la porte :

— Que voulez-vous? dit-il brusquement.

— Seigneur, je suis venu avec l'envoyée de la comtesse d'Ahlefeld. Vous ne m'avez point aperçu, et j'attendais en silence que vos yeux tombassent sur moi.

En effet, Ordener n'avait vu que son Éthel, et celle-ci, voyant Ordener, avait oublié son compagnon.

— Je suis, continua le vieillard, le ministre chargé...

— J'entends, dit le jeune homme. Je suis prêt.

Le ministre s'avança vers lui.

— Dieu est prêt aussi à vous recevoir, mon fils.
— Seigneur ministre, reprit Ordener, votre visage ne m'est pas inconnu. Je vous ai vu quelque part.

Le ministre s'inclina.

— Je vous reconnais aussi, mon fils. C'était dans la tour de Vygla. Nous avons tous deux montré ce jour-là combien les paroles humaines ont peu de certitude. Vous m'avez promis la grâce de douze malheureux condamnés, et moi je n'ai point cru en votre promesse, ne pouvant deviner que vous fussiez ce que vous êtes, le fils du vice-roi; et vous, seigneur, qui comptiez sur votre puissance et sur votre rang en me donnant cette assurance...

Ordener acheva la pensée qu'Athanase Munder n'osait compléter.

— Je ne puis aujourd'hui obtenir aucune grâce, pas même la mienne; vous avez raison, seigneur ministre. Je respectais trop peu l'avenir; il m'en a puni, en me montrant sa puissance supérieure à la mienne.

Le ministre baissa la tête. — Dieu est fort, dit-il.

Puis il releva ses yeux bienveillants sur Ordener en ajoutant :
— Dieu est bon.

Ordener, qui paraissait préoccupé, s'écria, après un court silence :
— Écoutez, seigneur ministre, je veux tenir la promesse que je vous ai faite dans la tour de Vygla. Quand je serai mort, allez trouver à Berghen mon père, le vice-roi de Norvége, et dites-lui que la dernière grâce que lui demande son fils, c'est celle de vos douze protégés. Il vous l'accordera, j'en suis sûr.

Une larme d'attendrissement mouilla le visage vénérable d'Athanase.

— Mon fils, il faut que de nobles pensées remplissent votre âme, pour savoir, dans la même heure, rejeter avec courage votre propre grâce et solliciter avec bonté celle des autres. Car j'ai entendu vos refus; et, tout en blâmant le dangereux excès d'une passion humaine, j'en ai été profondément touché. Maintenant je me dis : *Unde scelus?* Comment se fait-il qu'un homme qui approche tant du vrai juste se soit souillé du crime pour lequel il est condamné?

— Mon père, je ne l'ai point dit à cet ange, je ne puis vous le dire. Croyez seulement que la cause de ma condamnation n'est point un crime.

— Comment? expliquez-vous, mon fils.

— Ne me pressez pas, répondit le jeune homme avec fermeté. Laissez-moi emporter dans le tombeau le secret de ma mort.

— Ce jeune homme ne peut être coupable, murmura le ministre.

Alors il tira de son sein un crucifix noir, qu'il plaça sur une sorte d'autel grossièrement formé d'une dalle de granit adossée au mur humide de la prison. Près du crucifix il posa une petite lampe de fer allumée, qu'il avait apportée avec lui, et une bible ouverte.

— Mon fils, priez et méditez. Je reviendrai dans quelques heures.

— Allons, ajouta-t-il, se tournant vers Éthel, qui, pendant tout l'entretien d'Ordener et d'Athanase, avait gardé le silence du recueillement, il faut quitter le prisonnier. Le temps s'écoule.

Elle se leva radieuse et tranquille; quelque chose de divin enflammait son regard:

— Seigneur ministre, je ne puis vous suivre encore. Il faut auparavant que vous ayez uni Éthel Schumacker à son époux Ordener Guldenlew.

Elle regarda Ordener.

— Si tu étais encore puissant, libre et glorieux, mon Ordener, je pleurerais et j'éloignerais ma fatale destinée de la tienne. — Mais maintenant que tu ne crains plus la contagion de mon malheur, que tu es ainsi que moi captif, flétri, opprimé, maintenant que tu vas mourir, je viens à toi, espérant que tu daigneras du moins, Ordener, mon seigneur, permettre à celle qui n'aurait pu être la compagne de ta vie, d'être la compagne de ta mort; car tu m'aimes assez, n'est-il pas vrai, pour n'avoir pas douté un instant que je n'expire en même temps que toi?

Le condamné tomba à ses pieds et baisa le bas de sa robe.

— Vous, vieillard, continua-t-elle, vous allez nous tenir lieu de familles et de pères; ce cachot sera le temple; cette pierre, l'autel. Voici mon anneau, nous sommes à genoux devant Dieu et devant vous. Bénissez-nous et lisez les paroles saintes qui vont unir Éthel Schumacker à Ordener Guldenlew, son seigneur.

Et ils s'étaient agenouillés ensemble devant le prêtre, qui les contemplait avec un étonnement mêlé de pitié.

— Comment, mes enfants! que faites-vous?

— Mon père, dit la jeune fille, le temps presse. Dieu et la mort nous attendent.

On rencontre quelquefois dans la vie des puissances irrésistibles, des volontés auxquelles on cède soudain comme si elles avaient quelque chose de plus que les volontés humaines. Le prêtre leva les yeux en soupirant.

— Que le Seigneur me pardonne si ma condescendance est coupable! Vous vous aimez, vous n'avez plus que bien peu de temps à vous aimer sur la terre; je ne crois pas manquer à nos saints devoirs en légitimant votre amour.

La douce et redoutable cérémonie s'accomplit. Ils se levèrent tous deux sous la dernière bénédiction du prêtre; ils étaient époux.

Le visage du condamné brillait d'une douloureuse joie; on eût dit qu'il commençait à sentir l'amertume de la mort, à présent qu'il essayait la félicité de la vie. Les traits de sa compagne étaient sublimes de grandeur et de simplicité; elle était encore modeste comme une jeune vierge, et déjà presque fière comme une jeune épouse.

— Écoute-moi, mon Ordener, dit-elle; n'est-il pas vrai que nous sommes maintenant heureux de mourir, puisque la vie ne pouvait nous réunir? Tu ne sais pas, ami, ce que je ferai, — je me placerai aux fenêtres du donjon de manière à te voir monter sur l'échafaud, afin que nos âmes s'envolent ensemble dans le ciel. Si j'expire avant que la hache ne tombe, je t'attendrai; car nous sommes époux, mon Ordener adoré, et ce soir le cercueil sera notre lit nuptial.

Il la pressa sur son cœur gonflé et ne put prononcer que ces mots, qui étaient l'idée de toute son existence :

— Éthel, tu es donc à moi!

— Mes enfants, dit la voix attendrie de l'aumônier, dites-vous adieu. Il est temps.

— Hélas! s'écria Éthel.

Toute sa force d'ange lui revint, et elle se prosterna devant le condamné :

— Adieu! mon Ordener bien-aimé; mon seigneur, donnez-moi votre bénédiction.

Le prisonnier accomplit ce vœu touchant, puis il se retourna pour saluer le vénérable Athanase Munder. Le vieillard était également agenouillé devant lui.

— Qu'attendez-vous, mon père? demanda-t-il surpris.

Le vieillard le regarda d'un air humble et doux :

— Votre bénédiction, mon fils.

— Que le ciel vous bénisse et appelle sur vous toutes les félicités que vos prières appellent sur vos frères les autres hommes, répondit Ordener d'un accent ému et solennel.

Bientôt la voûte sépulcrale entendit les derniers adieux et les derniers baisers ; bientôt les durs verrous se refermèrent bruyamment, et la porte de fer sépara les deux jeunes époux, qui allaient mourir après s'être donné rendez-vous dans l'éternité.

XLV

> A qui me livrera Louis Perez, mort ou vif, je lui donne deux mille écus.
>
> CALDERON. *Louis Perez de Galice.*

— Baron Vœthaün, colonel des arquebusiers de Munckholm, quel est celui des soldats qui ont combattu sous vos ordres au Pilier-Noir qui a fait Han d'Islande prisonnier? Nommez-le au tribunal, afin qu'il reçoive les mille écus royaux promis pour cette capture.

Ainsi parle au colonel des arquebusiers le président du tribunal. Le tribunal est assemblé ; car, selon l'usage ancien de Norvége, les juges qui prononcent sans appel doivent rester sur leurs sièges jusqu'à ce que l'arrêt qu'ils ont rendu soit exécuté. Devant eux est le géant, qu'on vient de ramener, portant à son cou la corde qui doit le porter à son tour dans quelques heures.

Le colonel, assis près de la table du secrétaire intime, se lève. Il salue le tribunal et l'évêque, qui est remonté sur son trône.

— Seigneurs juges, le soldat qui a pris Han d'Islande est dans cette enceinte. Il se nomme Toric Belfast, second arquebusier de mon régiment.

— Qu'il vienne donc, reprend le président, recevoir la récompense promise.

Un jeune soldat, en uniforme d'arquebusier de Munckholm, se présente.

— Vous êtes Toric Belfast? demande le président.

— Oui, votre grâce.

— C'est vous qui avez fait Han d'Islande prisonnier?
— Oui, avec l'aide de saint Belzébuth, s'il plaît à votre excellence.
On apporte sur le tribunal un sac pesant.
— Vous reconnaissez bien cet homme pour le fameux Han d'Islande? ajoute le président, montrant le géant enchaîné.
— Je connaissais mieux le minois de la jolie Cattie que celui de Han d'Islande; mais j'affirme, par la gloire de saint Belphégor, que, si Han d'Islande est quelque part, c'est sous la forme de ce grand démon.
— Approchez, Toric Belfast, reprit le président. Voici les mille écus promis par le haut syndic.
Le soldat s'avançait précipitamment vers le tribunal, quand une voix s'éleva dans la foule :
— Arquebusier de Munckholm, ce n'est pas toi qui as pris Han d'Islande!
— Par tous les bienheureux diables, s'écria le soldat en se retournant, je n'ai en propriété que ma pipe et la minute où je parle, mais je promets de donner dix mille écus d'or à celui qui vient de dire cela, s'il peut prouver ce qu'il a dit.

Et, croisant les deux bras, il promenait un regard assuré sur l'auditoire.

— Eh bien! que celui qui vient de parler se montre donc!

— C'est moi! dit un petit homme qui fendait la presse pour pénétrer dans l'enceinte.

Ce nouveau personnage était enveloppé d'une natte de jonc et de poil de veau marin, vêtement des groënlandais, qui tombait autour de lui comme le toit conique d'une hutte. Sa barbe était noire, et d'épais cheveux de même couleur, couvrant ses sourcils roux, cachaient son visage, dont tout ce qu'on distinguait était hideux. On ne voyait ni ses bras ni ses mains.

— Ah! c'est toi? dit le soldat avec un éclat de rire. Et qui donc, selon toi, mon beau sire, a eu l'honneur de prendre ce diabolique géant?

Le petit homme secoua la tête et dit avec une sorte de sourire malicieux : — C'est moi!

En ce moment, le baron Vœthaün crut reconnaître en cet homme singulier l'être mystérieux qui lui avait donné à Skongen l'avis de l'arrivée des rebelles; le chancelier d'Ahlefeld, l'hôte de la ruine d'Arbar; et le secrétaire intime, un certain paysan d'Oëlmœ, qui portait une natte pareille et lui avait si bien indiqué la retraite de Han d'Islande. Mais, séparés tous trois, ils ne purent se communiquer leur impression fugitive, que les différences de costume et de traits qu'ils remarquèrent ensuite eurent bientôt effacée.

— Vraiment, c'est toi! répondit le soldat ironiquement. — Sans ton costume de phoque du Groënland, au regard que tu me lances, je serais tenté de reconnaître en toi un autre nain grotesque, qui m'a de même cherché querelle dans le Spladgest, il y a environ quinze jours; — c'était le jour où on apporta le cadavre du mineur Gill Stadt.

— Gill Stadt! interrompit le petit homme en tressaillant.

— Oui, Gill Stadt, affirma le soldat avec indifférence, l'amoureux rebuté d'une fille qui était la maîtresse d'un de nos camarades, et pour laquelle il est mort comme un sot.

Le petit homme dit sourdement : — N'y avait-il pas aussi au Spladgest le corps d'un officier de ton régiment?

— Précisément, je me rappellerai toute ma vie ce jour-là; j'ai oublié l'heure de la retraite dans le Spladgest, et j'ai failli être dégradé en rentrant au fort. Cet officier, c'était le capitaine Dispolsen.

A ce nom le secrétaire intime se leva.

— Ces deux individus abusent de la patience du tribunal. Nous prions le seigneur président d'abréger cet entretien inutile.

— Par l'honneur de ma Cattie, je ne demande pas mieux, dit Toric Belfast, pourvu que vos courtoisies m'adjugent les mille écus promis pour la tête de Han, car c'est moi qui l'ai fait prisonnier.

— Tu mens! s'écria le petit homme.

Le soldat chercha son sabre à son côté.

— Tu es bien heureux, drôle, que nous soyons devant la justice, en présence de laquelle un soldat, fût-il arquebusier de Munckholm, doit se tenir désarmé comme un vieux coq.

— C'est à moi, dit froidement le petit homme, qu'appartient le salaire, car sans moi on n'aurait pas la tête de Han d'Islande.

Le soldat furieux jura que c'était lui qui avait pris Han d'Islande lorsque, tombé sur le champ de bataille, il commençait à rouvrir les yeux.

— Eh bien, dit son adversaire, il se peut que ce soit toi qui l'aies pris, mais c'est moi qui l'ai terrassé; sans moi tu n'aurais pu l'emmener prisonnier; donc les mille écus m'appartiennent.

— Cela est faux, répliqua le soldat, ce n'est pas toi qui l'as terrassé, c'est un esprit vêtu de peaux de bêtes.

— C'est moi!

— Non, non.

Le président ordonna aux deux parties de se taire; puis, demandant de nouveau au colonel Vœthaün si c'était bien Toric Belfast qui lui avait amené Han d'Islande prisonnier, sur la réponse affirmative, il déclara que la récompense appartenait au soldat.

Le petit homme grinça des dents, et l'arquebusier étendit avidement les mains pour recevoir le sac.

— Un instant! cria le petit homme. — Sire président, cette somme, d'après l'édit du haut syndic n'appartient qu'à celui qui livrera Han d'Islande.

— Eh bien? dirent les juges.

Le petit homme se tourna vers le géant :

— Cet homme n'est pas Han d'Islande.

Un murmure d'étonnement parcourut la salle. Le président et le secrétaire intime s'agitaient sur leurs siéges.

— Non, répéta avec force le petit homme, l'argent n'appartient pas à l'arquebusier maudit de Munckholm, car cet homme n'est point Han d'Islande.

— Hallebardiers, dit le président, qu'on emmène ce furieux, il a perdu la raison.

L'évêque éleva la voix :

— Me permette le respectable président de lui faire observer qu'on peut, en refusant d'entendre cet homme, briser la planche du salut sous les pieds du condamné ici présent. Je demande au contraire que la confrontation continue.

— Révérend évêque, le tribunal va vous satisfaire, répondit le président; et s'adressant au géant : — Vous avez déclaré être Han d'Islande ; confirmez-vous devant la mort votre déclaration?

Le condamné répondit : — Je la confirme, je suis Han d'Islande.

— Vous entendez, seigneur évêque?

Le petit homme criait en même temps que le président :

— Tu mens, montagnard de Kole! tu mens! Ne t'obstine pas à porter un nom qui t'écrase; souviens-toi qu'il t'a déjà été funeste.

— Je suis Han, de Klipstadur, en Islande, répéta le géant, l'œil fixé sur le secrétaire intime.

Le petit homme s'approcha du soldat de Munckholm, qui, comme l'auditoire, observait cette scène avec curiosité.

— Montagnard de Kole, on dit que Han d'Islande boit du sang humain. Si tu l'es, bois-en. — En voici.

Et à peine ces paroles étaient-elles prononcées, qu'écartant son manteau de natte, il avait plongé un poignard dans le cœur de l'arquebusier, et jeté le cadavre aux pieds du géant.

Un cri d'effroi et d'horreur s'éleva; les soldats qui gardaient le géant reculèrent. Le petit homme, prompt comme le tonnerre, s'élança sur le montagnard découvert, et d'un nouveau coup de poignard il le fit tomber sur le corps du soldat. Alors, dépouillant sa natte de jonc, sa fausse chevelure et sa barbe noire, il dévoila ses membres nerveux, hideusement revêtus de peaux de bêtes, et un visage qui répandit plus d'horreur encore parmi les assistants que le poignard sanglant dont il élevait le fer dégouttant de deux meurtres.

— Hé! juges, où est Han d'Islande?

— Gardes, qu'on saisisse ce monstre! cria le président épouvanté.

Han jeta dans la salle son poignard.

— Il m'est inutile, s'il n'y a plus ici de soldats de Munckholm.

En parlant ainsi, il se livra sans résistance aux hallebardiers et aux archers qui l'entouraient, se préparant à l'assiéger comme une ville. On enchaîna le monstre sur le banc des accusés, et une litière emporta ses deux victimes, dont l'une, le montagnard, respirait encore.

Il est impossible de peindre les divers mouvements de terreur, d'étonnement et d'indignation qui, pendant cette scène horrible, avaient agité le peuple, les gardes et les juges. Quand le brigand eut pris place, calme et impassible, sur le banc fatal, le sentiment de la curiosité imposa silence à toute autre impression, et l'attention rétablit la tranquillité.

L'évêque vénérable se leva :
— Seigneurs juges... dit-il.
Le brigand l'interrompit :

— Évêque de Drontheim, je suis Han d'Islande; ne prends pas la peine de me défendre.

Le secrétaire intime se leva.

— Noble président...

Le monstre lui coupa la parole :

— Secrétaire intime, je suis Han d'Islande; ne prends pas le soin de m'accuser.

Alors, les pieds dans le sang, il promena son œil farouche et hardi sur le tribunal, les archers et la foule, et l'on eût dit que tous ces hommes palpitaient d'épouvante sous le regard de cet homme désarmé, seul et enchaîné.

— Écoutez, juges, n'attendez pas de moi de longues paroles. Je suis le démon de Klipstadur. Ma mère est cette vieille Islande, l'île des volcans. Elle ne formait autrefois qu'une montagne, mais elle a été écrasée par la main d'un géant qui s'appuya sur sa cime en tombant du ciel. Je n'ai pas besoin de vous parler de moi; je suis le descendant d'Ingolphe l'Exterminateur, et je porte en moi son esprit. J'ai commis plus de meurtres et allumé plus d'incendies que vous n'avez à vous tous prononcé d'arrêts iniques dans votre vie. J'ai des secrets communs avec le chancelier d'Ahlefeld. Je boirais tout le sang qui coule dans vos veines avec délices. Ma nature est de haïr les hommes, ma mission de leur nuire. Colonel des arquebusiers de Munckholm, c'est moi qui t'ai donné avis du passage des mineurs au Pilier-Noir, certain que tu tuerais un grand nombre d'hommes dans ces gorges; c'est moi qui ai écrasé un bataillon de ton régiment avec des quartiers de rochers; je vengeais mon fils. — Maintenant, juges, mon fils est mort; je viens ici chercher la mort. L'âme d'Ingolphe me pèse, parce que je la porte seul et que je ne pourrai la transmettre à aucun héritier. Je suis las de la vie, puisqu'elle ne peut plus être l'exemple et la leçon d'un successeur. J'ai assez bu de sang; je n'ai plus soif. A présent, me voici; vous pouvez boire le mien.

Il se tut, et toutes les voix répétèrent sourdement chacune de ses effroyables paroles.

L'évêque lui dit :

— Mon fils, dans quelle intention avez-vous donc commis tant de crimes?

Le brigand se mit à rire.

— Ma foi, je te jure, révérend évêque, que ce n'était pas, comme ton confrère l'évêque de Borglum, dans l'intention de m'enrichir*. Quelque chose était en moi, qui me poussait.

— Dieu ne réside pas toujours dans tous ses ministres, répondit humblement le saint vieillard. Vous voulez m'insulter, je voudrais pouvoir vous défendre.

— Ta révérence perd son temps. Va demander à ton autre confrère l'évêque de Scalholt, en Islande. Par Ingolphe, ce sera une chose étrange que deux évêques aient pris soin de ma vie, l'un près de mon berceau, l'autre près de mon sépulcre. — Évêque, tu es un vieux fou.

— Mon fils, croyez-vous en Dieu?

— Pourquoi non? Je veux qu'il soit un Dieu pour pouvoir blasphémer.

— Arrêtez, malheureux! vous allez mourir, et vous ne baisez pas les pieds du Christ!

Han d'Islande haussa les épaules.

— Si je le faisais, ce serait à la manière du gendarme de Roll, qui fit tomber le roi en lui baisant le pied.

L'évêque se rassit, profondément ému.

— Allons, juges, poursuivit Han d'Islande, qu'attendez-vous? Si j'avais été à votre place et vous à la mienne, je ne vous aurais point fait attendre si longtemps votre arrêt de mort.

Le tribunal se retira. Après une courte délibération, il rentra dans l'audience, et le président lut à haute voix une sentence qui, selon les formules, condamnait Han d'Islande *à être pendu par le cou jusqu'à ce que mort s'ensuivît*.

— Voilà qui est bien, dit le brigand. Chancelier d'Ahlefeld, j'en sais assez sur ton compte pour t'en faire obtenir autant. Mais vis, puisque tu fais du mal aux hommes. — Allons, je suis sûr maintenant de ne point aller dans le Nysthiem **.

Le secrétaire intime ordonna aux gardes qui l'emmenaient de le déposer dans le donjon du Lion de Slesvig, pendant qu'on lui prépa-

---

* Quelques chroniqueurs affirment qu'en 1525 un évêque de Borglum se rendit fameux par divers brigandages. Il soudoyait des pirates, disent-ils, qui infestaient les côtes de Norvége.

** Selon les croyances populaires, le *Nysthiem* était l'enfer de ceux qui mouraient de maladie ou de vieillesse.

rerait un cachot, pour y attendre son exécution, dans le quartier des arquebusiers de Munckholm.

— Dans le quartier des arquebusiers de Munckholm! répéta le monstre avec un grondement de joie.

XLVI

> Cependant le cadavre de Ponce de Léon qui était resté auprès de la fontaine, ayant été défiguré par le soleil, les maures des Alpuxares s'en emparèrent et le portèrent à Grenade.
>
> É. H. *Le captif d'Ochali.*

Cependant, avant l'aube du jour dans lequel nous sommes déjà assez avancés, à l'heure même où la sentence d'Ordener se prononçait à Munckholm, le nouveau gardien du Spladgest de Drontheim, l'ancien lieutenant et le successeur actuel de Benignus Spiagudry, Oglypiglap, avait été brusquement réveillé sur son grabat par le retentissement de la porte de l'édifice sous plusieurs coups violents. Il s'était levé à regret, avait pris sa lampe de cuivre dont la faible lumière blessait ses yeux endormis, et était allé, en jurant de l'humidité de la salle des morts, ouvrir à ceux qui l'arrachaient si tôt à son sommeil.

C'étaient des pêcheurs du lac de Sparbo, qui apportaient sur une litière couverte de joncs, d'algues et de limoselle des marais, un cadavre trouvé dans les eaux du lac.

Ils déposèrent leur fardeau dans l'intérieur de l'édifice funèbre, et Oglypiglap leur donna un reçu du mort afin qu'ils pussent réclamer leur salaire.

Resté seul dans le Spladgest, il commença à déshabiller le cadavre, qui était remarquable par sa longueur et sa maigreur. Le premier objet qui se présenta à ses yeux, quand il eut soulevé le voile dont il était enveloppé, fut une énorme perruque.

— En vérité, se dit-il, cette perruque de forme étrangère m'a déjà passé par les mains, c'était celle de ce jeune élégant français... Mais, continua-t-il en poursuivant ses opérations, voici les bottes fortes du pauvre postillon Cramner que ses chevaux ont écrasé, et... — que diable est-ce que cela signifie? — l'habit noir complet du professeur Syngramtax, ce vieux savant qui s'est noyé dernièrement. — Quel est donc ce nouveau venu qui m'arrive avec la dépouille de toutes mes vieilles connaissances?

Il promena sa lampe sur le visage du mort, mais inutilement; les traits, déjà décomposés, avaient perdu leur forme et leur couleur. Il fouilla dans les poches de l'habit, et en tira quelques vieux parchemins imprégnés d'eau et souillés de vase; il les essuya fortement avec son tablier de cuir, et parvint à lire sur l'un d'eux ces mots sans suite à demi effacés :

« — Rudbeck. Saxon le grammairien. Arngrim, évêque de Holum. — Il n'y a en Norvége que deux comtés, Larvig et Jarlsberg, et une baronnie... — On ne trouve de mines d'argent qu'à Kongsberg; de l'aimant, des aspestes, qu'à Sundmoër; de l'améthyste, qu'à Guldbranshal; des calcédoines, des agates, du jaspe, qu'aux îles Fa-roër. — A Noukahiva, en temps de famine, les hommes mangent leurs femmes et leurs enfants. — Thormodus Thorfœus; Isleif, évêque de Scalholt, premier historien islandais. — Mercure joua aux échecs avec la Lune, et lui gagna la soixante-douzième partie du jour. — Malstrom, gouffre. — *Hirundo, hirudo.* — Cicéron, pois chiche; gloire. — Frode le savant. — Odin consultait la tête de Mimer, sage. — (Mahomet et son pigeon, Sertorius et sa biche.) — Plus le sol... moins il renferme de gypse... »

— Je ne puis en croire encore mes yeux! s'écria-t-il, laissant tomber le parchemin; c'est l'écriture de mon ancien maître, Benignus Spiagudry!

Alors, examinant de nouveau le cadavre, il reconnut les longues mains, les cheveux rares, et toute l'habitude du corps de l'infortuné.

— Ce n'est pas à tort, pensa-t-il en secouant la tête, qu'on a lancé contre lui une accusation de sacrilége et de nécromancie. Le diable l'a enlevé pour le noyer dans le Sparbo. — Ce que c'est que de nous! qui eût jamais pensé que le docteur Spiagudry, après avoir si longtemps gardé les autres dans cette hôtellerie des morts, viendrait un jour de loin s'y faire garder lui-même!

Le petit lapon philosophe soulevait le corps pour le porter sur l'une de ses six couches de granit, lorsqu'il s'aperçut que quelque chose de lourd était attaché par un lien de cuir au cou du malheureux Spiagudry.

— C'est sans doute la pierre avec laquelle le démon l'a précipité dans le lac, murmura-t-il.

Il se trompait; c'était une petite cassette de fer, sur laquelle, en la regardant de près, après l'avoir soigneusement essuyée, il remarqua un large fermoir en écusson.

— Il y a sans doute quelque diablerie dans cette boîte, se dit-il; cet homme était sacrilége et sorcier. Allons déposer cette cassette chez l'évêque, elle renferme peut-être un démon.

Alors, la détachant du cadavre, qu'il déposa dans la salle d'exposition, il sortit en toute hâte pour se rendre au palais épiscopal, murmurant en chemin quelques prières contre la redoutable boîte qu'il portait.

XLVII

> Est-ce un homme ou un esprit infernal qui parle ainsi ? Quel est donc l'esprit malfaisant qui te tourmente ? Montre-moi l'ennemi implacable qui habite ton cœur.
>
> MATURIN.

Han d'Islande et Schumacker sont dans la même salle du donjon de Slesvig. L'ex-chancelier absous se promène à pas lents, les yeux chargés de pleurs amers; le brigand condamné rit de ses chaînes, environné de gardes.

Les deux prisonniers s'observent longtemps en silence; on dirait qu'ils se sentent tous deux et se reconnaissent mutuellement ennemis des hommes.

— Qui es-tu? demande enfin l'ex-chancelier au brigand.

— Je te dirai mon nom, reprit l'autre, pour te faire fuir. Je suis Han d'Islande.

Schumacker s'avance vers lui :

— Prends ma main ! dit-il.

— Est-ce que tu veux que je la dévore?

— Han d'Islande, reprend Schumacker, je t'aime parce que tu hais les hommes.

— Voilà pourquoi je te hais.

— Écoute, je hais les hommes, comme toi, parce que je leur ai fait du bien, et qu'ils m'ont fait du mal.

— Tu ne les hais pas comme moi; je les hais, moi, parce qu'ils m'ont fait du bien, et que je leur ai rendu du mal.

Schumacker frémit du regard du monstre. Il a beau vaincre sa nature, son âme ne peut sympathiser avec celle-là.

— Oui, s'écrie-t-il, j'exècre les hommes, parce qu'ils sont fourbes, ingrats, cruels. Je leur ai dû tout le malheur de ma vie.

— Tant mieux! — je leur ai dû, moi, tout le bonheur de la mienne.

— Quel bonheur?

— Le bonheur de sentir des chairs palpitantes frémir sous ma dent, un sang fumant réchauffer mon gosier altéré; la volupté de briser des êtres vivants contre des pointes de rochers, et d'entendre le cri de la victime se mêler au bruit des membres fracassés. Voilà les plaisirs que m'ont procurés les hommes.

Schumacker recula avec épouvante devant le monstre dont il s'était approché presque avec l'orgueil de lui ressembler. Pénétré de honte, il voila son visage vénérable de ses mains; car ses yeux étaient pleins de larmes d'indignation, non contre la race humaine, mais contre lui-même. Son cœur noble et grand commençait à s'effrayer de la haine qu'il portait aux hommes depuis si longtemps en la voyant reproduite dans le cœur de Han d'Islande comme par un miroir effrayant.

— Eh bien! dit le monstre en riant, ennemi des hommes, oses-tu te vanter d'être semblable à moi?

Le vieillard frissonna.

— O Dieu! plutôt que de les haïr comme toi, j'aimerais mieux les aimer.

Les gardes vinrent chercher le monstre, pour l'emmener dans un cachot plus sûr. Schumacker rêveur resta seul dans le donjon; mais il n'y restait plus d'ennemi des hommes.

XLVIII

> . . . . . . Quand le méchant m'épie,
> Me ferez-vous tomber, Seigneur, entre ses mains?
> C'est lui qui sous mes pas a rompu vos chemins.
> Ne me châtiez point, car mon crime est son crime.
>
> A. DE VIGNY.

L'heure fatale était arrivée ; le soleil ne montrait plus que la moitié de son disque au-dessus de l'horizon. Les postes étaient doublés dans tout le château-fort de Munckholm ; devant chaque porte se promenaient des sentinelles silencieuses et farouches. La rumeur de la ville arrivait plus tumultueuse et plus bruyante aux sombres tours de la forteresse, livrée elle-même à une agitation extraordinaire. On entendait dans toutes les cours le bruit lugubre des tambours voilés de crêpes ; le canon de la tour basse grondait par intervalles ; la lourde cloche du donjon se balançait lentement avec des sons graves et prolongés, et, de tous les points du port, des embarcations chargées de peuple se pressaient vers le redoutable rocher.

Un échafaud tendu de noir, autour duquel s'épaississait et se grossissait sans cesse une foule impatiente, s'élevait dans la place d'armes du château, au centre d'un carré de soldats. Sur l'échafaud se promenait un homme vêtu de serge rouge, tantôt s'appuyant sur une hache qu'il tenait à la main, tantôt remuant un billot et une claie que portait l'estrade funèbre. Près de là était préparé un bûcher devant lequel brûlaient quelques torches de résine. Entre l'échafaud et le bûcher, on avait planté un pieu auquel était suspendu un écriteau : *Ordener Guldenlew, traître.* — On apercevait, de la place d'Armes, flotter au haut du donjon de Slesvig un grand drapeau noir.

C'est dans ce moment que parut, devant le tribunal toujours assemblé dans la salle d'audience, Ordener condamné. L'évêque seulement était absent ; son ministère de défenseur avait cessé.

Le fils du vice-roi était vêtu de noir, et portait à son cou le collier de Dannebrog. Son visage était pâle, mais fier. Il était seul ; car on était venu le chercher pour le supplice avant que l'aumônier Athanase Munder fût revenu dans son cachot.

Ordener avait déjà consommé intérieurement son sacrifice. Cependant l'époux d'Éthel songeait encore avec quelque amertume à la vie, et eût peut-être voulu pouvoir choisir pour sa première nuit de noces une autre nuit que celle du tombeau. Il avait prié et surtout rêvé dans sa prison. Maintenant il était debout devant le terme de toute prière et de tout rêve. Il se sentait fort de la force que donnent Dieu et l'amour.

La foule, plus émue que le condamné, le considérait avec une attention avide. L'éclat de son rang, l'horreur de son sort, éveillaient toutes les envies et toutes les pitiés. Chacun assistait à son châtiment sans s'expliquer son crime. Il y a au fond des hommes un sentiment étrange qui les pousse, ainsi qu'à des plaisirs, au spectacle des supplices. Ils cherchent avec un horrible empressement à saisir la pensée de la destruction sur les traits décomposés de celui qui va mourir; comme si quelque révélation du ciel ou de l'enfer devait apparaître, en ce moment solennel, dans les yeux du misérable; comme pour voir quelle ombre jette l'aile de la mort planant sur une tête humaine; comme pour examiner ce qui reste d'un homme quand l'espérance l'a quitté. Cet être, plein de force et de santé, qui se meut, qui respire, qui vit, et qui, dans un moment, cessera de se mouvoir, de respirer, de vivre, environné d'êtres pareils à lui, auxquels il n'a rien fait, qui le plaignent tous, et dont nul ne le secourra; ce malheureux, mourant sans être moribond, courbé à la fois sous une puissance matérielle et sous un pouvoir invisible; cette vie que la société n'a pu donner, et qu'elle prend avec appareil, toute cette cérémonie imposante du meurtre judiciaire, ébranlent vivement les imaginations. Condamnés tous à mort avec des sursis indéfinis, c'est pour nous un objet de curiosité étrange et douloureuse, que l'infortuné qui sait précisément à quelle heure son sursis doit être levé.

On se souvient qu'avant d'aller à l'échafaud Ordener devait être amené devant le tribunal, pour être dégradé de ses titres et de ses honneurs. A peine le mouvement excité dans l'assemblée par son arrivée eut-il fait place au calme, que le président se fit apporter le livre héraldique des deux royaumes, et les statuts de l'ordre de Dannebrog.

Alors, ayant invité le condamné à mettre un genou en terre, il recommanda aux assistants le silence et le respect, ouvrit le livre des chevaliers de Dannebrog, et commença à lire d'une voix haute et sévère :

« — Christiern, par la grâce et miséricorde du Tout-Puissant, roi de Danemark et de Norvége, des vandales et des goths, duc de Slesvig, de Holstein, de Stormarie et de Dytmarse, comte d'Oldenbourg et de Delmenhurst; savoir faisons :

« Qu'ayant rétabli, sur la proposition de notre grand-chancelier, comte de Griffenfeld (la voix du président passa si rapidement sur ce nom qu'on l'entendit à peine), l'ordre royal de Dannebrog, fondé par notre illustre aïeul saint Waldemar,

« Sur ce que nous avons considéré que cet ordre vénérable ayant été créé en souvenir de l'étendard Dannebrog, envoyé du ciel à notre royaume béni,

« Ce serait mentir à la divine institution de l'ordre si quelqu'un des chevaliers pouvait impunément forfaire à l'honneur et aux saintes lois de l'église et de l'état,

« Nous ordonnons, à genoux devant Dieu, que quiconque, parmi les chevaliers de l'ordre, aura livré son âme au démon par quelque félonie ou trahison, après avoir été blâmé publiquement par un juge, sera à jamais dégradé du rang de chevalier de notre royal ordre de Dannebrog. »

Le président referma le livre.

— Ordener Guldenlew, baron de Thorvick, chevalier de Dannebrog, vous vous êtes rendu coupable de haute trahison, crime pour lequel votre tête va être tranchée, votre corps brûlé, et votre cendre jetée au vent. — Ordener Guldenlew, traître, vous vous êtes rendu indigne de prendre rang parmi les chevaliers de Dannebrog. Je vous invite à vous humilier, car je vais vous dégrader publiquement au nom du roi.

Le président étendit la main sur le livre de l'ordre, et s'apprêtait à prononcer la formule fatale sur Ordener, calme et immobile, lorsqu'une porte latérale s'ouvrit à droite du tribunal.

Un huissier ecclésiastique parut, annonçant sa révérence l'évêque de Drontheimhus.

C'était lui en effet. Il entra précipitamment dans la salle, accompagné d'un autre ecclésiastique qui le soutenait.

— Arrêtez! seigneur président, cria-t-il avec une force qui semblait n'être plus de son âge; arrêtez! Le ciel soit béni! j'arrive à temps.

L'assemblée redoubla d'attention, prévoyant quelque nouvel événement. Le président se tourna vers l'évêque avec humeur :

— Votre révérence me permettra de lui faire remarquer que sa présence est inutile ici. Le tribunal va dégrader le condamné, qui touche au moment de subir sa peine.

— Gardez-vous, dit l'évêque, de toucher à celui qui est pur devant le Seigneur. Ce condamné est innocent.

Rien ne peut se comparer au cri d'étonnement qui retentit dans l'auditoire, si ce n'est le cri d'épouvante que poussèrent le président et le secrétaire intime.

— Oui, tremblez, juges, poursuivit l'évêque avant que le président eût eu le temps de reprendre son sang-froid ; tremblez ! car vous alliez verser le sang innocent.

Pendant que l'émotion du président se calmait, Ordener s'était levé consterné. Le noble jeune homme craignait que sa généreuse ruse ne fût découverte, et qu'on n'eût trouvé des preuves de la culpabilité de Schumacker.

— Seigneur évêque, dit le président, dans cette affaire, le crime semble vouloir nous échapper, en passant de tête en tête. Ne vous fiez pas à quelque vaine apparence. Si Ordener Guldenlew est innocent, quel est donc alors le coupable ?

— Votre grâce va le savoir, répondit l'évêque. — Puis, montrant au tribunal une cassette de fer qu'un serviteur portait derrière lui :
— Nobles seigneurs, vous avez jugé dans les ténèbres ; dans cette cassette est la lumière miraculeuse qui doit les dissiper.

Le président, le secrétaire intime et Ordener parurent frappés en même temps à l'aspect de la mystérieuse cassette.

L'évêque poursuivit : — Nobles juges, écoutez-nous. Aujourd'hui, au moment où nous rentrions dans notre palais épiscopal, afin de nous reposer des fatigues de la nuit, et de prier pour les condamnés, on nous a remis cette boîte de fer scellée. Le gardien du Spladgest l'avait, nous a-t-on dit, apportée ce matin à notre palais pour qu'elle nous fût remise, affirmant qu'elle renfermait sans doute quelque mystère satanique, attendu qu'il l'avait trouvée sur le corps du sacrilège Benignus Spiagudry, dont on a retiré le cadavre du Sparbo.

L'attention d'Ordener redoubla. Tout l'auditoire se taisait religieusement. Le président et le secrétaire courbaient la tête comme deux condamnés. On eût dit qu'ils avaient tous deux oublié leur astuce et leur audace. Il y a un moment dans la vie du méchant où sa puissance s'en va.

— Après avoir béni cette cassette, continua l'évêque, nous en avons brisé le sceau, qui portait, comme vous pouvez le voir encore, les anciennes armoiries abolies de Griffenfeld. Nous y avons trouvé en effet un secret satanique. Vous allez en juger, vénérables seigneurs. Prêtez-nous toute votre attention ; car il s'agit ici du sang des hommes, et le Seigneur en pèse chaque goutte.

Alors, ouvrant la formidable cassette, il en tira un parchemin au dos duquel était écrite l'attestation suivante :

« Moi, Blaxtham Cumbysulsum, docteur, je déclare, au moment de mourir, remettre au capitaine Dispolsen, procureur, à Copenhague, de l'ancien comte de Griffenfeld, la pièce suivante, entièrement écrite de la main de Turiaf Musdœmon, serviteur du chancelier comte d'Ahlefeld, afin que le susnommé capitaine en fasse l'usage qu'il lui plaira. — Et je prie Dieu de me pardonner mes crimes. — A Copenhague, le onzième jour du mois de janvier mil six cent quatrevingt-dix-neuf.

« Cumbysulsum. »

Le secrétaire intime tremblait d'un tremblement convulsif. Il voulut parler et ne le put. L'évêque cependant remettait le parchemin au président pâle et agité.

— Que vois-je? s'écria celui-ci en déployant le parchemin. — *Note au noble comte d'Ahlefeld, sur le moyen de se défaire juridiquement de Schumacker!...* — Je vous jure, révérend évêque...

Le parchemin tomba des mains du président.

— Lisez, lisez, seigneur, poursuivit l'évêque. Je ne doute pas que votre indigne serviteur n'ait abusé de votre nom, comme il a abusé de celui du malheureux Schumacker. Voyez seulement ce qu'a produit votre haine peu charitable pour votre prédécesseur tombé. Un de vos courtisans a machiné en votre nom sa perte, espérant sans doute s'en faire un mérite auprès de votre grâce.

En montrant au président que les soupçons de l'évêque, qui connaissait tout le contenu de la cassette, ne tombaient pas sur lui, ces paroles le ranimèrent. Ordener respirait également. Il commençait à entrevoir que l'innocence du père de son Éthel allait éclater en même temps que la sienne propre. Il éprouvait un profond étonnement de cette destinée bizarre qui l'avait conduit à la poursuite d'un formidable brigand pour retrouver cette cassette, que son vieux guide

Benignus Spiagudry portait sur lui; en sorte qu'elle le suivait pendant qu'il la cherchait. Il méditait aussi la grave leçon des événements qui, après l'avoir perdu par cette fatale cassette, le sauvaient par elle.

Le président, rappelant son sang-froid, lut alors, avec les signes d'une indignation que partageait tout l'auditoire, une longue note, où Musdœmon expliquait en détail l'abominable plan que nous lui avons vu suivre dans le cours de cette histoire. Plusieurs fois le secrétaire intime voulut se lever pour se défendre; mais à chaque fois la rumeur publique le repoussait sur son siège. Enfin l'odieuse lecture se termina au milieu d'un murmure d'horreur.

— Hallebardiers, qu'on saisisse cet homme! dit le président, désignant le secrétaire intime.

Le misérable, sans force et sans parole, descendit de son siège, et fut jeté sur le banc d'infamie, parmi les huées de la populace.

— Seigneurs juges, dit l'évêque, frémissez et réjouissez-vous. La vérité, qui vient d'être portée à vos consciences, va encore vous être confirmée par ce que l'aumônier des prisons de cette royale ville, notre honoré frère Athanase Munder, ici présent, va vous apprendre.

C'était en effet Athanase Munder qui accompagnait l'évêque. Il s'inclina devant son pasteur et devant le tribunal, puis, sur un signe du président, il s'exprima ainsi :

— Ce que je vais dire est la vérité. Me punisse le ciel si je profère ici une parole dans une intention autre que celle de bien faire! — J'avais, d'après ce que j'avais vu ce matin dans le cachot du fils du vice-roi, pensé en moi-même que ce jeune homme n'était point coupable, quoique vos seigneuries l'aient condamné sur ses aveux. Or, j'ai été appelé, il y a quelques heures, pour donner les derniers secours spirituels au malheureux montagnard qui a été si cruellement assassiné devant vous, et que vous aviez condamné, respectables seigneurs, comme étant Han d'Islande. Voici ce que m'a dit ce moribond : « Je ne suis point Han d'Islande; j'ai été bien puni d'avoir pris ce nom. Celui qui m'a payé pour jouer ce rôle est le secrétaire intime de la grande chancellerie; il se nomme Musdœmon, et il a machiné toute la révolte sous le nom de Hacket. Je crois qu'il est le seul coupable dans tout ceci. » Alors il m'a demandé ma bénédiction et recommandé de venir en toute hâte reporter ses dernières paroles au tribunal. Dieu est témoin de ce que je dis. Puissé-je sauver le sang de l'innocent, et ne point faire verser celui du coupable!

46

Il se tut, saluant de nouveau son évêque et les juges.

— Votre grâce voit, seigneur, dit l'évêque au président, que l'un de mes clients n'avait point saisi à tort tant de ressemblance entre ce Hacket et votre secrétaire intime.

— Turiaf Musdœmon, demanda le président au nouvel accusé, qu'avez-vous à alléguer pour votre défense?

Musdœmon leva sur son maître un regard qui l'effraya. Toute son assurance lui était revenue.

Il répondit après un moment de silence : — Rien, seigneur.

Le président reprit d'une voix altérée et faible :

— Vous vous avouez donc coupable du crime qui vous est imputé? Vous vous avouez auteur d'une conspiration tramée à la fois contre l'état et contre un individu nommé Schumacker?

— Oui, seigneur, répondit Musdœmon.

L'évêque se leva.

— Seigneur président, pour qu'il ne reste aucun doute dans cette affaire, que votre grâce demande à l'accusé s'il a eu des complices.

— Des complices! répéta Musdœmon.

Il parut réfléchir un moment. Un horrible malaise se peignit sur le front du président.

— Non, seigneur évêque, dit-il enfin.

Le président jeta sur lui un regard soulagé qui rencontra le sien.

— Non, je n'ai point eu de complices, répéta Musdœmon avec plus de force. J'avais tramé tout ce complot par attachement pour mon maître, qui l'ignorait, pour perdre son ennemi Schumacker.

Les regards de l'accusé et du président se rencontrèrent encore.

— Votre grâce, reprit l'évêque, doit sentir que, puisque Musdœmon n'a point eu de complices, le baron Ordener Guldenlew ne peut être coupable.

— S'il ne l'était pas, révérend évêque, comment se serait-il avoué criminel?

— Seigneur président, comment ce montagnard s'est-il obstiné à se dire Han d'Islande au péril de sa tête? Dieu seul sait ce qui existe au fond des cœurs.

Ordener prit la parole : — Seigneurs juges, je puis vous le dire, maintenant que le vrai coupable est découvert. Oui, je me suis faussement accusé, pour sauver l'ancien chancelier Schumacker, dont la mort eût laissé sa fille sans protecteur.

Le président se mordit les lèvres.

— Nous demandons au tribunal, dit l'évêque, que l'innocence de notre client Ordener soit proclamée par lui.

Le président répondit par un signe d'adhésion ; et, sur la demande du haut syndic, on acheva l'examen de la redoutable cassette, qui ne renfermait plus que le diplôme et les titres de Schumacker mêlés à quelques lettres du prisonnier de Munckholm au capitaine Dispolsen, lettres amères sans être coupables, et qui ne pouvaient effrayer que le chancelier d'Ahlefeld.

Bientôt le tribunal se retira, et après une courte délibération, tandis que les curieux rassemblés dans la place d'Armes attendaient avec une impatience opiniâtre le fils du vice-roi condamné, et que le bourreau se promenait nonchalamment sur l'échafaud, le président prononça, d'une voix presque éteinte, l'arrêt qui condamnait à mort Turiaf Musdœmon, et réhabilitait Ordener Guldenlew, le réintégrant dans tous ses honneurs, titres et priviléges.

XLIX

> Combien me vendras-tu ta carcasse, mon drôle?
> Je n'en donnerais pas, en honneur, une obole.
> *Saint Michel à Satan.* Mystère.

Ce qui restait du régiment des arquebusiers de Munckholm était rentré dans son ancienne caserne, bâtiment isolé au milieu d'une grande cour carrée dans l'enceinte du fort. A la nuit tombante, on barricada, suivant l'usage, les portes de cet édifice, où s'étaient retirés tous les soldats, à l'exception des sentinelles dispersées sur les tours et du peloton de garde devant la prison militaire adossée à la caserne. Cette prison, la plus sûre et la mieux surveillée de toutes les prisons de Munckholm, renfermait les deux condamnés qui devaient être pendus le lendemain matin, Han d'Islande et Musdœmon.

Han d'Islande est seul dans son cachot. Il est étendu sur la terre, enchaîné, la tête appuyée sur une pierre; quelque faible lumière vient jusqu'à lui à travers une ouverture quadrangulaire grillée, pratiquée dans l'épaisse porte de chêne qui sépare son cachot de la salle voisine, où il entend ses gardiens rire et blasphémer, au bruit des bouteilles qu'ils vident et des dés qu'ils roulent sur un tambour. Le monstre s'agite en silence dans l'ombre, ses bras se resserrent et s'écartent, ses genoux se contractent et se déploient, ses dents mordent ses fers.

Tout à coup il élève la voix, il appelle; un guichetier se présente à l'ouverture grillée.

— Que veux-tu? dit-il au brigand.

Han d'Islande se soulève.

— Compagnon, j'ai froid; mon lit de pierre est dur et humide; donne-moi une botte de paille pour dormir, et un peu de feu pour me réchauffer.

— Il est juste, reprend le guichetier, de procurer au moins ses aises à un pauvre diable qui va être pendu, fût-il le diable d'Islande. Je vais t'apporter ce que tu me demandes. — As-tu de l'argent ?

— Non, répond le brigand.

— Quoi ! toi, le plus fameux voleur de la Norvége, tu n'as pas dans ta sacoche quelques méchants ducats d'or ?

— Non, répond le brigand.

— Quelques petits écus royaux ?

— Non, te dis-je !

— Pas même quelques pauvres ascalins ?

— Non, non, rien ; pas de quoi acheter la peau d'un rat ou l'âme d'un homme.

Le guichetier hocha la tête :

— C'est différent ; tu as tort de te plaindre ; ta cellule n'est pas aussi froide que celle où tu dormiras demain, sans t'apercevoir, je te jure, de la dureté du lit.

Cela dit, le guichetier se retira, emportant une malédiction du monstre, qui continua de se mouvoir dans ses chaînes, dont les anneaux rendaient par intervalles des bruits faibles, comme s'ils se fussent lentement brisés sous des tiraillements violents et réitérés.

La porte de chêne s'ouvrit ; un homme de haute taille, vêtu de serge rouge, et portant une lanterne sourde, entra dans le cachot, accompagné du guichetier qui avait repoussé la prière du prisonnier. Celui-ci cessa tout mouvement.

— Han d'Islande, dit l'homme vêtu de rouge, je suis Nychol Orugix, bourreau du Drontheimhus ; je dois avoir demain, au lever du jour, l'honneur de pendre ton excellence par le cou à une belle potence neuve, sur la place publique de Drontheim.

— Es-tu bien sûr en effet de me pendre ? répondit le brigand.

Le bourreau se mit à rire.

— Je voudrais que tu fusses aussi sûr de monter droit au ciel par l'échelle de Jacob, que tu es sûr de monter demain au gibet par l'échelle de Nychol Orugix.

— En vérité ? dit le monstre avec un malicieux regard.

— Je te répète, seigneur brigand, que je suis le bourreau de la province.

— Si je n'étais moi, je voudrais être toi, reprit le brigand.

— Je ne t'en dirai pas autant, reprit le bourreau ; puis, se frottant les mains d'un air vain et flatté : — Mon ami, tu as raison, c'est un bel état que le nôtre. Ah! ma main sait ce que pèse la tête d'un homme.

— As-tu quelquefois bu du sang? demanda le brigand.

— Non; mais j'ai souvent donné la question.

— As-tu quelquefois dévoré les entrailles d'un petit enfant vivant encore?

— Non; mais j'ai fait crier des os entre les ais d'un chevalet de fer; j'ai tordu des membres dans les rayons d'une roue; j'ai ébréché des scies d'acier sur des crânes dont j'enlevais les chevelures; j'ai tenaillé des chairs palpitantes, avec des pinces rougies devant un feu ardent; j'ai brûlé le sang dans des veines entr'ouvertes, en y versant des ruisseaux de plomb fondu et d'huile bouillante.

— Oui, dit le brigand pensif, tu as bien aussi tes plaisirs.

— En somme, continua le bourreau, quoique tu sois Han d'Islande, je crois qu'il s'est encore envolé plus d'âmes de mes mains que des tiennes, sans compter celle que tu rendras demain.

— En supposant que j'en aie une. — Crois-tu donc, bourreau du Drontheimhus, que tu pourrais faire partir l'esprit d'Ingolphe du corps de Han d'Islande, sans qu'il emportât le tien?

La réponse du bourreau commença par un éclat de rire.

— Ah, vraiment! nous verrons cela demain.

— Nous verrons, dit le brigand.

— Allons, dit le bourreau, je ne suis pas venu ici pour t'entretenir de ton esprit, mais seulement de ton corps. Écoute-moi! — Ton cadavre m'appartient de droit après ta mort; cependant la loi te laisse la faculté de me le vendre; dis-moi donc ce que tu en veux.

— Ce que je veux de mon cadavre? dit le brigand.

— Oui, et sois consciencieux.

Han d'Islande s'adressa au guichetier :

— Dis-moi, camarade, combien veux-tu me vendre une botte de paille et un peu de feu?

Le guichetier resta un moment rêveur :

— Deux ducats d'or, répondit-il.

— Eh bien, dit le brigand au bourreau, tu me donneras deux ducats d'or de mon cadavre.

— Deux ducats d'or! s'écria le bourreau. Cela est horriblement cher. Deux ducats d'or un méchant cadavre! Non, certes! je n'en donnerai pas ce prix.

— Alors, répondit tranquillement le monstre, tu ne l'auras pas!

— Tu seras jeté à la voirie, au lieu d'orner le musée royal de Copenhague ou le cabinet de curiosités de Berghen.

— Que m'importe?

— Longtemps après ta mort, on viendrait en foule examiner ton squelette, en disant : *Ce sont les restes du fameux Han d'Islande!* on polirait tes os avec soin, on les rattacherait avec des chevilles de cuivre; on te placerait sous une grande cage de verre, dont on aurait soin chaque jour d'enlever la poussière. Au lieu de ces honneurs, songe à ce qui t'attend, si tu ne veux pas me vendre ton cadavre; on t'abandonnera à la pourriture dans quelque charnier, où tu seras à la fois la pâture des vers et la proie des vautours.

— Eh bien! je ressemblerai aux vivants qui sont sans cesse rongés par les petits et dévorés par les grands.

— Deux ducats d'or! répétait le bourreau entre ses dents; quelle prétention exorbitante! Si tu ne modères ton prix, mon cher Han d'Islande, nous ne pourrons traiter ensemble.

— C'est la première et probablement la dernière vente que je ferai de ma vie; je tiens à faire un marché avantageux.

— Songe que je puis te faire repentir de ton opiniâtreté. Demain tu seras en ma puissance.

— Crois-tu?

Ces mots étaient prononcés avec une expression qui échappa au bourreau.

— Oui, et il y a une manière de serrer le nœud coulant... tandis que, si tu deviens raisonnable, je te pendrai mieux.

— Peu m'importe ce que tu feras demain de mon cou! répondit le monstre d'un air railleur.

— Allons, ne pourrais-tu te contenter de deux écus royaux? Qu'en feras-tu?

— Adresse-toi à ton camarade, dit le brigand en montrant le guichetier; il me demande deux ducats d'or pour un peu de paille et de feu.

— Aussi, dit le bourreau, apostrophant le guichetier avec humeur, par la scie de saint Joseph! il est révoltant de faire payer du feu et de la méchante paille au poids de l'or. Deux ducats!

Le guichetier répliqua aigrement :

— Je suis bien bon de n'en pas exiger quatre! — C'est vous,

maître Nychol, qui êtes aussi arabe que le chiffre 2, de refuser à ce pauvre prisonnier deux ducats d'or de son cadavre, que vous pourrez vendre au moins vingt ducats à quelque savant ou à quelque médecin.

— Je n'ai jamais payé un cadavre plus de quinze ascalins, dit le bourreau.

— Oui, repartit le guichetier, le cadavre d'un mauvais voleur ou d'un misérable juif, cela peut être; mais chacun sait que vous tirerez ce que vous voudrez du corps de Han d'Islande.

Han d'Islande hocha la tête.

— De quoi vous mêlez-vous? dit Orugix brusquement; est-ce que je m'occupe, moi, de vos rapines, des vêtements, des bijoux que vous volez aux prisonniers, de l'eau sale que vous versez dans leur maigre bouillon, des tourments que vous leur faites éprouver pour tirer d'eux de l'argent? — Non! je ne donnerai point deux ducats d'or.

— Point de paille et point de feu, à moins de deux ducats d'or, répondit l'obstiné guichetier.

— Point de cadavre à moins de deux ducats d'or, répéta le brigand immobile.

Le bourreau, après un moment de silence, frappa la terre du pied :

— Allons, le temps me presse. Je suis appelé ailleurs.

Il tira de sa veste un sac de cuir qu'il ouvrit lentement et comme à regret.

— Tiens, maudit démon d'Islande, voilà tes deux ducats. Satan ne donnerait certes pas de ton âme ce que je donne de ton corps.

Le brigand reçut les deux pièces d'or. Aussitôt le guichetier avança la main pour les reprendre.

— Un instant, compagnon, donne-moi d'abord ce que je t'ai demandé.

Le guichetier sortit, et revint un moment après, apportant une botte de paille fraîche et un réchaud plein de charbons ardents, qu'il plaça près du condamné.

— C'est cela, dit le brigand en lui remettant les deux ducats, je me chaufferai cette nuit. — Encore un mot, ajouta-t-il d'une voix sinistre : — Le cachot ne touche-t-il pas à la caserne des arquebusiers de Munckholm?

— Cela est vrai, repartit le guichetier.

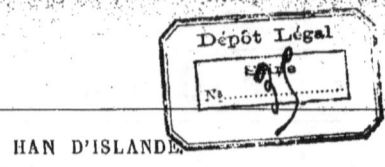

— Et d'où vient le vent?
— De l'est, je crois.
— C'est bon, reprit le brigand.
— Où veux-tu donc en venir, camarade? demanda le guichetier.
— A rien, répondit le brigand.
— Adieu, camarade, à demain de bonne heure.
— Oui, à demain, répéta le brigand.

Et le bruit de la lourde porte, qui se refermait, empêcha le bourreau et son compagnon d'entendre le ricanement sauvage et goguenard qui accompagnait ces paroles.

L

Espérais-tu finir par un autre trépas?
ALEX. SOUMET.

Jetons maintenant un regard dans l'autre cachot de la prison militaire adossée à la caserne des arquebusiers, qui renferme notre ancienne connaissance Turiaf Musdœmon.

On s'est peut-être étonné d'entendre ce Musdœmon, si profondément rusé, si profondément lâche, livrer avec tant de bonne foi le secret de son crime au tribunal qui l'a condamné, et cacher avec tant de générosité la part qu'y a prise son ingrat patron, le chancelier d'Ahlefeld. Qu'on se rassure cependant; Musdœmon n'était point converti. Cette généreuse bonne foi était peut-être la plus grande preuve d'adresse qu'il eût jamais donnée. Quand il avait vu toute son infernale intrigue si inopinément dévoilée et si invinciblement démontrée, il avait été un instant étourdi et épouvanté. Cette première impression passée, l'extrême justesse de son esprit lui fit sentir que, dans l'impuissance de perdre désormais ses victimes désignées, il ne devait plus songer qu'à se sauver. Deux partis à prendre se présentèrent à lui : se décharger de tout sur le comte d'Ahlefeld, qui l'abandonnait si lâchement, ou prendre sur lui tout le crime qu'il avait partagé avec le comte. Un esprit vulgaire se fût jeté sur le premier, Musdœmon choisit le second. Le chancelier était chancelier, d'ailleurs rien ne le compromettait directement dans ces papiers qui accablaient son secrétaire intime; puis il avait échangé quelques regards d'intelligence avec Musdœmon; il n'en fallut pas davantage pour déterminer celui-ci à se laisser condamner, certain que le comte d'Ahlefeld faciliterait son évasion, moins encore par reconnaissance pour le service passé que par besoin de ses services futurs.

Il se promenait donc dans sa prison, qu'éclairait à peine une lampe sépulcrale, ne doutant pas que la porte ne lui en fût ouverte dans la nuit. Il examinait la forme de ce vieux cachot de pierre, bâti par d'anciens rois dont l'histoire sait à peine les noms, s'étonnant seulement qu'il eût un plancher de bois, sur lequel ses pas retentissaient profondément comme s'il eût couvert quelque cavité souterraine. Il remarquait un gros anneau de fer scellé dans la clef de la voûte en ogive, et auquel pendait un lambeau de vieille corde rompue. Et le temps s'écoulait, et il écoutait avec impatience l'horloge du donjon sonner lentement les heures, en traînant ses tintements lugubres dans le silence de la nuit.

Enfin, un mouvement de pas se fit entendre en dehors du cachot; son cœur battit d'espérance. L'énorme serrure cria, les cadenas s'agitèrent, les chaînes tombèrent; et, quand la porte s'ouvrit, son front rayonna de joie.

C'était le personnage en habits d'écarlate que nous venons de voir dans le cachot de Han. Il portait sous son bras un rouleau de corde de chanvre, et était accompagné de quatre hallebardiers vêtus de noir et armés d'épées et de pertuisanes.

Musdœmon était encore en robe et en perruque de magistrat. Ce costume parut faire effet sur l'homme rouge. Il le salua comme accoutumé à le respecter.

— Seigneur, demanda-t-il au prisonnier avec quelque hésitation, est-ce à votre courtoisie que nous avons affaire?

— Oui, oui, répondit en hâte Musdœmon, confirmé dans son espoir d'évasion par ce début poli, et ne remarquant point la couleur sanglante des vêtements de celui qui lui parlait.

— Vous vous nommez, dit l'homme, les yeux fixés sur un parchemin qu'il avait déployé, Turiaf Musdœmon.

— Précisément. Vous venez, mes amis, de la part du grand-chancelier?

— Oui, votre courtoisie.

— N'oubliez pas, quand vous aurez terminé votre mission, d'exprimer à sa grâce toute ma reconnaissance.

L'homme aux habits rouges leva sur lui un regard étonné.

— Votre... reconnaissance!...

— Oui, sans doute, mes amis; car il me sera probablement impossible de la lui témoigner moi-même tout de suite.

— Probablement, répondit l'homme avec une expression ironique.

— Et vous sentez, poursuivit Musdœmon, que je ne dois pas me montrer ingrat pour un pareil service.

— Par la croix du bon larron, s'écria l'autre en riant lourdement, on dirait, à vous entendre, que le chancelier fait pour votre courtoisie tout autre chose.

— Sans doute, il ne me rend encore en ce moment qu'une justice rigoureuse!

— Rigoureuse, soit! — mais enfin vous convenez que c'est justice. C'est le premier aveu de ce genre que j'entends depuis vingt-six ans que j'exerce. Allons, seigneur, le temps se passe en paroles; êtes-vous prêt?

— Je le suis, dit Musdœmon joyeux, faisant un pas vers la porte.

— Attendez, attendez un moment, cria l'homme rouge, se baissant pour déposer à terre son rouleau de corde.

Musdœmon s'arrêta.

— Pourquoi donc toute cette corde?

— Votre courtoisie a raison de me faire cette question; j'en ai là en effet bien plus qu'il ne m'en faut; mais, au commencement de ce procès, je croyais avoir bien plus de condamnés.

En parlant ainsi l'homme dénouait son rouleau de corde.

— Allons, dépêchons, dit Musdœmon.

— Votre courtoisie est. bien pressée. — Est-ce qu'elle n'a pas encore quelque prière?...

— Point d'autre que celle que je vous ai déjà adressée, de remercier pour moi sa grâce. — Pour Dieu, hâtons-nous, ajouta Musdœmon, je suis impatient de sortir d'ici. Avons-nous beaucoup de chemin à faire?

— De chemin! reprit l'homme au vêtement d'écarlate, se redressant et mesurant plusieurs brasses de corde déroulée. La route qui nous reste à faire ne fatiguera pas beaucoup votre courtoisie; car nous allons tout terminer sans mettre le pied hors d'ici.

Musdœmon tressaillit.

— Que voulez-vous dire?

— Que voulez-vous dire vous-même? demanda l'autre.

— O Dieu! dit Musdœmon, pâlissant comme s'il entrevoyait une lueur funèbre; qui êtes-vous?

— Je suis le bourreau.

Le misérable trembla ainsi qu'une feuille sèche que le vent secoue.

— Est-ce que vous ne venez pas pour me faire évader? murmura-t-il d'une voix éteinte.

Le bourreau partit d'un éclat de rire.

— Si fait vraiment! pour vous faire évader dans le pays des esprits, où je vous proteste qu'on ne pourra plus vous reprendre.

Musdœmon s'était prosterné la face contre terre.

— Grâce! ayez pitié de moi! Grâce!

— Sur ma foi, dit froidement le bourreau, c'est la première fois qu'on me fait une pareille demande. — Est-ce que vous me prenez pour le roi?

L'infortuné se traînait à genoux, souillant sa robe dans la poussière, frappant le plancher de son front, un moment auparavant si radieux, et embrassant les pieds du bourreau avec des cris sourds et des sanglots étouffés.

— Allons, paix! reprit le bourreau. Je n'avais point encore vu la robe noire s'humilier devant ma veste rouge.

Il repoussa du pied le suppliant.

— Camarade, prie Dieu et les saints; ils t'écouteront mieux que moi.

Musdœmon resta agenouillé, le visage caché dans ses mains et pleurant amèrement.

Cependant le bourreau, se haussant sur la pointe des pieds, avait passé la corde dans l'anneau de la voûte; il la laissa pendre jusque sur le plancher, puis l'arrêta par un double tour, puis prépara un nœud coulant à l'extrémité qui touchait à terre.

— J'ai fini, dit-il au condamné quand ces menaçants apprêts furent terminés; en as-tu fini de même avec la vie?

— Non, dit Musdœmon se levant, non, cela ne se peut! Vous commettez quelque horrible méprise. Le chancelier d'Ahlefeld n'est point assez infâme... Je lui suis trop nécessaire. Il est impossible que ce soit pour moi que l'on vous ait envoyé. Laissez-moi fuir, craignez d'encourir la colère du chancelier.

— Ne nous as-tu point déclaré, répliqua le bourreau, que tu étais Turiaf Musdœmon?

Le prisonnier demeura un moment silencieux :

— Non, dit-il tout à coup, non, je ne me nomme point Musdœmon; je me nomme Turiaf Orugix.

— Orugix! s'écria le bourreau, Orugix!

Il arracha précipitamment la perruque qui cachait le visage du condamné, et poussa un cri de stupeur :

— Mon frère!

— Ton frère! répondit le condamné avec un étonnement mêlé de honte et de joie, serais-tu?...

— Nychol Orugix, bourreau du Drontheimhus, pour te servir, mon frère Turiaf.

Le condamné se jeta au cou de l'exécuteur, en l'appelant son frère, son frère chéri. Cette reconnaissance fraternelle n'eût pas dilaté le cœur de celui qui en eût été témoin; Turiaf prodiguait à Nychol mille caresses avec un sourire affecté et craintif, auquel Nychol répondait par des regards sombres et embarrassés; on eût dit un tigre flattant un éléphant au moment où le pied pesant du monstre presse son ventre haletant.

— Quel bonheur, frère Nychol! Je suis bien joyeux de te revoir.

— Et moi, j'en suis fâché pour toi, frère Turiaf.

Le condamné feignait de ne point entendre, et poursuivait d'une voix tremblante :

— Tu as une femme et des enfants, sans doute? Tu me mèneras voir mon aimable sœur et embrasser mes charmants neveux.

— Signe de croix du démon! murmura le bourreau.

— Je veux être leur second père. Écoute, frère, je suis puissant, j'ai du crédit...

Le frère répondit d'un accent sinistre :

— Je sais que tu en avais! — A présent ne songe plus qu'à celui que tu as sans doute su te ménager près des saints.

Toute espérance disparut du front du condamné.

— O Dieu! que signifie ceci, cher Nychol? Je suis sauvé, puisque je te retrouve. — Songe que le même ventre nous a portés, que le même sein nous a nourris, que les mêmes jeux ont occupé notre enfance; souviens-toi, Nychol, que tu es mon frère!

— Jusqu'à cette heure, tu ne t'en étais pas souvenu, répondit le farouche Nychol.

— Non, je ne puis mourir de la main de mon frère!

— C'est ta faute, Turiaf. — C'est toi qui as rompu ma carrière; qui m'as empêché d'être exécuteur royal de Copenhague; qui m'as fait jeter, comme bourreau de province, dans ce misérable pays. Si tu n'avais point agi ainsi en mauvais frère, tu ne te plaindrais pas de ce qui te révolte aujourd'hui. Je ne serais point dans le Drontheimhus, et ce serait un autre qui ferait ton affaire. — Nous en avons dit assez, mon frère, il faut mourir.

La mort est hideuse au méchant, par le même sentiment qui la rend belle à l'homme de bien; tous deux vont quitter ce qu'ils ont d'humain, mais le juste est délivré de son corps comme d'une prison, le méchant en est arraché comme d'une forteresse. Au dernier moment, l'enfer se révèle à l'âme perverse qui a rêvé le néant. Elle frappe avec inquiétude sur la sombre porte de la mort, et ce n'est pas le vide qui lui répond.

Le condamné se roula sur le plancher en se tordant les bras avec une plainte plus déchirante que la lamentation éternelle d'un damné.

— Miséricorde de Dieu! Saints anges du ciel, si vous existez, ayez compassion de moi! Nychol, mon Nychol, au nom de notre mère commune, oh! laisse-moi vivre!

Le bourreau montra son parchemin.

— Je ne puis; l'ordre est précis.

— Cet ordre ne me concerne pas, balbutia le désespéré prisonnier; il regarde un certain Musdœmon, ce n'est pas moi; je suis Turiaf Orugix.

— Tu veux rire, dit Nychol en haussant les épaules. Je sais bien qu'il s'agit de toi. D'ailleurs, ajouta-t-il durement, tu n'aurais point été hier, pour ton frère, Turiaf Orugix; tu n'es pour lui aujourd'hui que Turiaf Musdœmon.

— Mon frère, mon frère! reprit le misérable, eh bien! attends jusqu'à demain! Il est impossible que le grand-chancelier ait donné l'ordre de ma mort. C'est un affreux malentendu. Le comte d'Ahlefeld m'aime beaucoup. Je t'en conjure, mon cher Nychol, la vie! — Je serai bientôt rentré en faveur, et je te rendrai tous les services...

— Tu ne peux plus m'en rendre qu'un, Turiaf, interrompit le bourreau. J'ai déjà perdu les deux exécutions sur lesquelles je comptais le plus, celles de l'ex-chancelier Schumacker et du fils du vice-roi. J'ai toujours du malheur. Il ne me reste plus que Han d'Islande et toi. Ton exécution, comme nocturne et secrète, me vaudra douze ducats d'or. Laisse-moi donc faire tranquillement, voilà le seul service que j'attends de toi.

— O Dieu! dit douloureusement le condamné.

— Ce sera le premier et le dernier, à la vérité; mais, en revanche, je te promets que tu ne souffriras point. Je te pendrai en frère.

— Résigne-toi.

Musdœmon se leva; ses narines étaient gonflées de rage, ses lèvres vertes tremblaient, ses dents claquaient, sa bouche écumait de désespoir.

— Satan! — J'aurai sauvé ce d'Ahlefeld! j'aurai embrassé mon frère! et ils me tueront! et il faudra mourir la nuit, dans un cachot obscur, sans que le monde puisse entendre mes malédictions, sans que ma voix puisse tonner sur eux d'un bout du royaume à l'autre, sans que ma main puisse déchirer le voile de tous leurs crimes! Ce sera pour arriver à cette mort que j'aurai souillé toute ma vie! — Misérable! poursuivit-il, s'adressant à son frère, tu veux donc être fratricide?

— Je suis bourreau, répondit le flegmatique Nychol.

— Non! s'écria le condamné. Et il s'était jeté à corps perdu sur le bourreau, et ses yeux lançaient des flammes et répandaient des larmes, comme ceux d'un taureau aux abois. Non, je ne mourrai pas ainsi! Je n'aurai point vécu comme un serpent formidable pour mourir comme le misérable ver qu'on écrase! Je laisserai ma vie dans ma dernière morsure; mais elle sera mortelle.

En parlant ainsi, il étreignait en ennemi celui qu'il venait d'embrasser en frère. Le flatteur et caressant Musdœmon se montrait en ce moment ce qu'il était dans son essence. Le désespoir avait remué le fond de son âme ainsi qu'une lie, et après avoir rampé comme le tigre, il se redressait comme lui. Il eût été difficile de décider lequel des deux frères était le plus effroyable, dans ce moment où ils luttaient, l'un avec la stupide férocité d'une bête sauvage, l'autre avec la fureur rusée d'un démon.

Mais les quatre hallebardiers, jusqu'alors impassibles, n'étaient pas restés immobiles. Ils avaient prêté assistance au bourreau, et bientôt Musdœmon, qui n'avait d'autre force que sa rage, fut contraint de lâcher prise. Il alla se jeter à plat ventre contre la muraille, poussant des hurlements inarticulés et émoussant ses ongles sur la pierre.

— Mourir! démons de l'enfer! mourir sans que mes cris percent ces voûtes, sans que mes bras renversent ces murs!

On le saisit sans éprouver de résistance. Son effort inutile l'avait épuisé. On le dépouilla de sa robe pour le garrotter. En ce moment, un paquet cacheté tomba de ses vêtements.

— Qu'est cela? dit le bourreau.

Une espérance infernale luisait dans l'œil hagard du condamné.

— Comment avais-je oublié cela? murmura-t-il. — Écoute, frère Nychol, ajouta-t-il d'une voix presque amicale; ces papiers appartiennent au grand-chancelier. Promets-moi de les lui remettre, et fais ensuite de moi ce que tu voudras.

— Puisque tu es tranquille maintenant, je te promets de remplir ta dernière intention, quoique tu viennes d'agir envers moi comme un mauvais frère. Ces papiers seront remis au chancelier, foi d'Orugix.

— Demande à les lui remettre toi-même, reprit le condamné en souriant au bourreau, qui, par sa nature, comprenait peu les sourires. Le plaisir qu'ils causeront à sa grâce te vaudra peut-être quelque faveur.

— Vrai, frère? dit Orugix. Merci. Peut-être le diplôme d'exécuteur royal, n'est-ce pas? Eh bien! quittons-nous bons amis. Je te pardonne les coups d'ongles que tu m'as donnés; pardonne-moi le collier de corde que tu vas recevoir de moi.

— Le chancelier m'avait promis un autre collier, répondit Musdœmon.

Alors les hallebardiers l'amenèrent garrotté au milieu du cachot; le bourreau lui passa le fatal nœud coulant autour du cou.

— Turiaf, es-tu prêt?

— Un instant! un instant! dit le condamné, auquel sa terreur était revenue; de grâce, mon frère, ne tire pas la corde avant que je ne te le dise.

— Je n'aurai pas besoin de tirer la corde, répondit le bourreau.

Une minute après il répéta sa question :

— Es-tu prêt?

— Encore un instant! hélas! il faut donc mourir!

— Turiaf, je n'ai pas le temps d'attendre.

En parlant ainsi, Orugix invitait les hallebardiers à s'éloigner du condamné.

— Un mot encore, frère! n'oublie pas de remettre le paquet au comte d'Ahlefeld.

— Sois tranquille, répliqua le frère. Il ajouta pour la troisième fois : — Allons, es-tu prêt?

L'infortuné ouvrait la bouche pour implorer peut-être encore une minute de vie, quand le bourreau impatient se baissa. Il tourna un bouton de cuivre qui sortait du plancher.

Le plancher se déroba sous le patient; le misérable disparut dans une trappe carrée, au bruit sourd de la corde qui se tendait soudainement avec d'effrayantes vibrations, causées en partie par les dernières convulsions du mourant.

On ne vit plus que la corde qui s'agitait dans la sombre ouverture, d'où s'échappaient un vent frais et une rumeur pareille à celle de l'eau courante.

Les hallebardiers eux-mêmes reculèrent frappés d'horreur. Le bourreau s'approcha du gouffre, saisit de la main la corde qui vibrait toujours et se suspendit sur l'abîme, s'appuyant des deux pieds sur les épaules du patient. La fatale corde se tendit avec un son rauque et demeura immobile. Un soupir étouffé venait de sortir de la trappe.

— C'est bon, dit le bourreau remontant dans le cachot. Adieu, frère.

Il tira un coutelas de sa ceinture.

— Va nourrir les poissons du golfe. Que ton corps soit la proie de l'eau tandis que ton âme sera celle du feu.

A ces mots, il coupa la corde tendue. Ce qui en resta suspendu à l'anneau de fer revint fouetter la voûte, tandis qu'on entendait l'eau profonde et ténébreuse rejaillir de la chute du corps, puis continuer sa course souterraine vers le golfe.

Le bourreau referma la trappe comme il l'avait ouverte. Au moment où il se redressait, il vit le cachot plein de fumée.

— Qu'est-ce donc? demanda-t-il aux hallebardiers; d'où vient cette fumée?

Ils l'ignoraient comme lui. Surpris, ils ouvrirent la porte du cachot; les corridors de la prison étaient également inondés d'une fumée épaisse et nauséabonde.

Une issue secrète les conduisit, alarmés, dans la cour carrée, où un spectacle effrayant les attendait.

Un immense incendie, accru par la violence du vent d'est, dévorait la prison militaire et la caserne des arquebusiers. La flamme, poussée en tourbillons, rampait autour des murs de pierre, couronnait les toits ardents, sortait comme d'une bouche des fenêtres dévorées; et les noires tours de Munckholm tantôt se rougissaient d'une clarté sinistre, tantôt disparaissaient dans d'épais nuages de fumée.

Un guichetier qui fuyait dans la cour leur apprit en peu de mots

que le feu était parti, pendant le sommeil des gardiens, de Han d'Islande, du cachot du monstre, auquel on avait eu l'imprudence de donner de la paille et du feu.

— J'ai bien du malheur! s'écria Orugix à ce récit; voilà encore sans doute Han d'Islande qui m'échappe. Le misérable aura été brûlé! et je n'aurai même plus son corps que j'ai payé deux ducats!

Cependant les malheureux arquebusiers de Munckholm, réveillés en sursaut par cette mort imminente, se pressaient en foule à la grande porte, embarrassée de funestes barricades; on entendait du dehors leurs clameurs d'angoisse et de détresse; on les voyait se tordre les bras aux fenêtres en feu ou se précipiter sur les dalles de la cour, évitant une mort dans une autre. La flamme victorieuse embrassait tout l'édifice avant que le reste de la garnison eût eu le temps d'accourir.

Tout secours était déjà inutile. Le bâtiment était heureusement isolé; on se borna à enfoncer à coups de hache la porte principale; mais ce fut trop tard, car au moment où elle s'ouvrait, toute la charpente embrasée du toit de la caserne s'écroula avec un long fracas sur les infortunés soldats, entraînant dans sa chute les combles et les étages incendiés.

L'édifice entier disparut alors dans un tourbillon de poussière enflammée et de fumée ardente, où s'éteignaient quelques faibles clameurs.

Le lendemain matin il ne s'élevait plus dans la cour carrée que quatre hautes murailles noires et chaudes encore, entourant un horrible amas de décombres fumants qui continuaient à se dévorer les uns les autres, comme des bêtes dans un cirque.

Quand toute cette ruine fut un peu refroidie, on en fouilla les profondeurs.

Sous une couche de pierres, de poutres et de ferrures tordues par le feu, reposait un amas d'ossements blanchis et de cadavres défigurés; avec une trentaine de soldats, pour la plupart estropiés, c'était ce qui restait du beau régiment de Munckholm.

Lorsqu'en remuant les débris de la prison on arriva au cachot fatal d'où l'incendie était parti et que Han d'Islande avait habité, on y trouva les restes d'un corps humain, couché près d'un réchaud de fer, sur des chaînes rompues.

On remarqua seulement que parmi ces cendres il y avait deux crânes, quoiqu'il n'y eût qu'un cadavre.

LI

> SALADIN.
> Bravo, Ibrahim! tu es vraiment un messager de bonheur; je te remercie de ta bonne nouvelle.
> LE MAMELOUCK.
> Eh bien! il n'en est que cela?
> SALADIN.
> Qu'attends-tu?
> LE MAMELOUCK.
> Il n'y a rien de plus pour le messager du bonheur?
> LESSING. *Nathan le Sage.*

Pâle et défait, le comte d'Ahlefeld se promène à grands pas dans son appartement; il froisse dans ses mains un paquet de lettres qu'il vient de parcourir, et frappe du pied le marbre poli et les tapis à franges d'or.

A l'autre bout de l'appartement se tient debout, quoique dans l'attitude d'une prostration respectueuse, Nychol Orugix, vêtu de son infâme pourpre et son chapeau de feutre à la main.

— Tu m'as rendu service, Musdœmon, murmure le chancelier entre ses dents, resserrées par la colère.

Le bourreau lève timidement son regard stupide :

— Sa grâce est contente?

— Que veux-tu, toi? dit le chancelier se détournant brusquement.

Le bourreau, fier d'avoir attiré un regard du chancelier, sourit d'espérance.

— Ce que je veux, votre grâce? La place d'exécuteur à Copenhague, si votre grâce daigne payer par cette haute faveur les bonnes nouvelles que je lui apporte.

Le chancelier appelle les deux hallebardiers de garde à la porte de son appartement.

— Qu'on saisisse ce drôle, qui a l'insolence de me narguer.

Les deux gardes entraînent Nychol stupéfait et consterné, qui hasarde encore une parole :

— Seigneur...

— Tu n'es plus bourreau du Drontheimhus ! j'annule ton diplôme ! reprend le chancelier poussant la porte avec violence.

Le chancelier ressaisit les lettres, les lit, les relit avec rage, s'enivrant en quelque sorte de son déshonneur, car ces lettres sont l'ancienne correspondance de la comtesse avec Musdœmon. C'est l'écriture d'Elphége. Il y voit qu'Ulrique n'est pas sa fille, que ce Frédéric si regretté n'était peut-être pas son fils. Le malheureux comte est puni par le même orgueil qui a causé tous ses crimes. C'est peu d'avoir vu sa vengeance fuir de sa main ; il voit tous ses rêves ambitieux s'évanouir, son passé flétri, son avenir mort. Il a voulu perdre ses ennemis ; il n'a réussi qu'à perdre son crédit, son conseiller, et jusqu'à ses droits de mari et de père.

Il veut du moins voir une fois encore la misérable qui l'a trahi. Il traverse les grandes salles d'un pas rapide, secouant les lettres dans ses mains, comme s'il eût tenu la foudre. Il ouvre en furieux la porte de l'appartement d'Elphége. Il entre...

Cette coupable épouse venait d'apprendre subitement du colonel Vœthaün l'horrible mort de son fils Frédéric. La pauvre mère était folle.

CONCLUSION

> Ce que j'avais dit par plaisanterie, vous l'avez pris sérieusement.
>
> *Romances espagnoles.* Le roi Alphonse à Bernard.

Depuis quinze jours les événements que nous venons de raconter occupaient toutes les conversations de Drontheim et du Drontheimbus, jugés selon les diverses faces qu'ils avaient présentées au jour. La populace de la ville, qui s'était vainement attendue au spectacle de sept exécutions successives, commençait à désespérer de ce plaisir ; et les vieilles femmes, à demi aveugles, racontaient encore qu'elles avaient vu, la nuit du déplorable embrasement de la caserne, Han d'Islande s'envoler dans une flamme, riant dans l'incendie, et poussant du pied la toiture brûlante de l'édifice sur les arquebusiers de Munckholm; lorsque, après une absence qui avait semblé bien longue à son Éthel, Ordener reparut dans le donjon du Lion de Slesvig, accompagné du général Levin de Knud et de l'aumônier Athanase Munder.

Schumacker se promenait en ce moment dans le jardin, appuyé sur sa fille. Les deux jeunes époux eurent bien de la peine à ne point tomber dans les bras l'un de l'autre; il fallut encore se contenter d'un regard. Schumacker serra affectueusement la main d'Ordener et salua d'un air de bienveillance les deux étrangers.

— Jeune homme, dit le vieux captif, que le ciel bénisse votre retour!

— Seigneur, répondit Ordener, j'arrive. Je viens de voir mon père de Berghen, je reviens embrasser mon père de Drontheim.

— Que voulez-vous dire? demanda le vieillard étonné.

— Que vous me donniez votre fille, noble seigneur.

— Ma fille! s'écria le prisonnier, se tournant vers Éthel rouge et tremblante.

— Oui, seigneur, j'aime votre Éthel; je lui ai consacré ma vie; elle est à moi.

Le front de Schumacker se rembrunit :

— Vous êtes un noble et digne jeune homme, mon fils; quoique votre père m'ait fait bien du mal, je le lui pardonne en votre faveur, et je verrais volontiers cette union. Mais il y a un obstacle.

— Lequel, seigneur? demanda Ordener presque inquiet.

— Vous aimez ma fille; mais êtes-vous sûr qu'elle vous aime?

Les deux amants se regardèrent, muets de surprise.

— Oui, poursuivit le père. J'en suis fâché; car je vous aime, moi, et j'aurais voulu vous appeler mon fils. C'est ma fille qui ne voudra pas. Elle m'a déclaré dernièrement son aversion pour vous. Depuis votre départ, elle se tait quand je lui parle de vous, et semble éviter votre pensée, comme si elle la gênait. Renoncez donc à votre amour, Ordener. Allez, on se guérit d'aimer comme de haïr.

— Seigneur... dit Ordener stupéfait.

— Mon père!... dit Éthel joignant les mains.

— Ma fille, sois tranquille, interrompit le vieillard; ce mariage me plaît, mais il te déplaît. Je ne veux pas torturer ton cœur, Éthel.

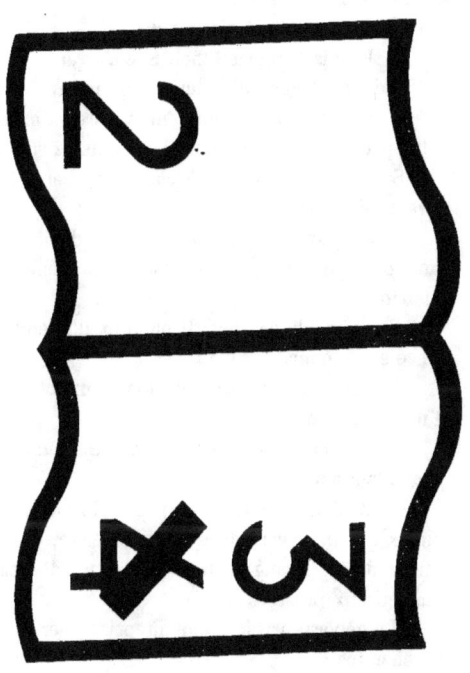

Pagination incorrecte — date incorrecte

Depuis quinze jours je suis bien changé, va. Je ne forcerai pas ta répugnance pour Ordener. Tu es libre.

Athanase Munder souriait.

— Elle ne l'est pas, dit-il.

— Vous vous trompez, mon noble père, ajouta Éthel enhardie. Je ne hais pas Ordener.

— Comment! s'écria le père.

— Je suis... reprit Éthel. Elle s'arrêta.

Ordener s'agenouilla devant le vieillard.

— Elle est ma femme, mon père! Pardonnez-moi comme mon autre père m'a déjà pardonné, et bénissez vos enfants.

Schumacker, étonné à son tour, bénit le jeune couple incliné devant lui.

— J'ai tant maudit dans ma vie, dit-il, que je saisis maintenant sans examen toutes les occasions de bénir. Mais à présent expliquez-moi...

On lui expliqua tout. Il pleurait d'attendrissement, de reconnaissance et d'amour.

— Je me croyais sage, je suis vieux, et je n'ai pas compris le cœur d'une jeune fille!

— Je m'appelle donc Ordener Guldenlew! disait Éthel avec une joie enfantine.

— Ordener Guldenlew, reprit le vieux Schumacker, vous valez mieux que moi; car, dans ma prospérité, je ne serais certes pas descendu de mon rang pour m'unir à la fille pauvre et dégradée d'un malheureux proscrit.

Le général prit la main du prisonnier et lui remit un rouleau de parchemins :

— Seigneur comte, ne parlez pas ainsi. Voici vos titres que le roi vous avait déjà renvoyés par Dispolsen. Sa majesté vient d'y joindre le don de votre grâce et de votre liberté. Telle est la dot de la comtesse de Danneskiold, votre fille.

— Grâce! liberté! répéta Éthel ravie.

— Comtesse de Danneskiold! ajouta le père.

— Oui, comte, continua le général, vous rentrez dans tous vos honneurs, tous vos biens vous sont rendus.

— A qui dois-je tout cela? demanda l'heureux Schumacker.

— Au général Levin de Knud, répondit Ordener.

— Levin de Knud! Je vous le disais bien, général gouverneur, Levin de Knud est le meilleur des hommes. Mais pourquoi n'est-il pas venu lui-même m'apporter mon bonheur? où est-il?

Ordener montra avec étonnement le général qui souriait et pleurait :

— Le voici!

Ce fut une scène touchante que la reconnaissance de ces deux vieux compagnons de puissance et de jeunesse. Le cœur de Schumacker se dilatait enfin. En connaissant Han d'Islande, il avait cessé de haïr les hommes; en connaissant Ordener et Levin, il se prenait à les aimer.

Bientôt de belles et douces fêtes solennisèrent le sombre hymen du cachot. La vie commença à sourire aux deux jeunes époux qui avaient su sourire à la mort. Le comte d'Ahlefeld les vit heureux; ce fut sa plus cruelle punition.

Athanase Munder eut aussi sa joie. Il obtint la grâce de ses douze condamnés, et Ordener y ajouta celle de ses anciens confrères d'infortune, Kennybol, Jonas et Norbith, qui retournèrent libres et joyeux annoncer aux mineurs pacifiés que le roi les délivrait de la tutelle.

Schumacker ne jouit pas longtemps de l'union d'Éthel et d'Ordener; la liberté et le bonheur avaient trop ébranlé son âme; elle alla jouir d'un autre bonheur et d'une autre liberté. Il mourut dans la même année 1699, et ce chagrin vint frapper ses enfants, comme pour leur apprendre qu'il n'est point de félicité parfaite sur la terre. On l'inhuma dans l'église de Veer, terre que son gendre possédait dans le Jutland, et le tombeau lui conserva tous les titres que la captivité lui avait enlevés. De l'alliance d'Ordener et d'Éthel naquit la famille des comtes de Danneskiold.

1833

Han d'Islande est un livre de jeune homme, et de très jeune homme.

On sent en le lisant que l'enfant de dix-huit ans qui écrivait *Han d'Islande* dans un accès de fièvre en 1821 n'avait encore aucune expérience des choses, aucune expérience des hommes, aucune expérience des idées, et qu'il cherchait à deviner tout cela.

Dans toute œuvre de la pensée, drame, poëme ou roman, il entre trois ingrédients : ce que l'auteur a senti, ce que l'auteur a observé, ce que l'auteur a deviné.

Dans le roman en particulier, pour qu'il soit bon, il faut qu'il y ait beaucoup de choses senties, beaucoup de choses observées, et que les choses devinées dérivent logiquement et simplement et sans solution de continuité des choses observées et des choses senties.

En appliquant cette loi à *Han d'Islande*, on fera saillir aisément ce qui constitue avant tout le défaut de ce livre.

Il n'y a dans *Han d'Islande* qu'une chose sentie, l'amour du jeune homme; qu'une chose observée, l'amour de la jeune fille. Tout le reste est deviné, c'est-à-dire inventé. Car l'adolescence, qui n'a ni faits, ni expérience, ni échantillons derrière elle, ne devine qu'avec l'imagination. Aussi *Han d'Islande*, en admettant qu'il vaille la peine d'être classé, n'est-il guère autre chose qu'un roman fantastique.

Quand la première saison est passée, quand le front se penche, quand on sent le besoin de faire autre chose que des histoires curieuses pour effrayer les vieilles femmes et les petits enfants, quand on a usé au frottement de la vie les aspérités de sa jeunesse, on reconnaît que toute invention, toute création, toute divination de l'art doit avoir pour base l'étude, l'observation, le recueillement, la science, la mesure, la comparaison, la méditation sérieuse, le dessin attentif et continuel de chaque chose d'après nature, la critique consciencieuse de soi-même ; et l'inspiration qui se dégage selon ces nouvelles conditions, loin d'y rien perdre, y gagne un plus large souffle et de plus fortes ailes. Le poëte alors sait complètement où il va. Toute la rêverie flottante de ses premières années se cristallise en quelque sorte et se fait pensée. Cette seconde époque de la vie est ordinairement pour l'artiste celle des grandes œuvres. Encore jeune et déjà mûr. C'est la phase précieuse, le point intermédiaire et culminant, l'heure chaude et rayonnante de midi, le moment où il y a le moins d'ombre et le plus de lumière possible.

Il y a des artistes souverains qui se maintiennent à ce sommet toute leur vie, malgré le déclin des années. Ce sont là les suprêmes génies. Shakespeare et Michel-Ange ont laissé sur quelques-uns de leurs ouvrages l'empreinte de leur jeunesse, la trace de leur vieillesse sur aucun.

Pour revenir au roman dont on publie ici une nouvelle édition, tel qu'il est, avec son action saccadée et haletante, avec ses personnages tout d'une pièce, avec ses gaucheries sauvages, avec son allure hautaine et maladroite, avec ses candides accès de rêverie, avec ses couleurs de toute sorte juxtaposées sans précaution pour l'œil, avec son style cru, choquant et âpre, sans nuances et sans habiletés, avec les mille excès de tout genre qu'il commet presque à son insu chemin faisant, ce livre représente assez bien l'époque de la vie à laquelle il a été écrit, et l'état particulier de l'âme, de l'imagination et du cœur dans l'adolescence, quand on est amoureux de son premier amour, quand on convertit en obstacles grandioses et poétiques les empêchements bourgeois de la vie, quand on a la tête pleine de fantaisies héroïques qui vous grandissent à vos propres yeux, quand on est déjà un homme par deux ou trois côtés et encore un enfant par vingt autres, quand on a lu Ducray-Duminil à onze ans, Auguste La Fontaine à treize, Shakespeare à seize, échelle étrange et rapide qui vous a fait passer brusquement, dans vos affections littéraires, du niais au sentimental, et du sentimental au sublime.

C'est parce que, selon nous, ce livre, œuvre naïve avant tout, représente avec quelque fidélité l'âge qui l'a produit que nous le redonnons au public en 1833 tel qu'il a été fait en 1821.

D'ailleurs, puisque l'auteur, si peu de place qu'il tienne en littérature, a subi la loi commune à tout écrivain grand ou petit, de voir rehausser ses premiers ouvrages aux dépens des derniers et d'entendre déclarer qu'il était fort loin d'avoir tenu le peu que ses commencements promettaient, sans opposer à une critique peut-être judicieuse et fondée des objections qui seraient suspectes dans sa bouche, il croit devoir réimprimer purement et simplement ses premiers ouvrages tels qu'il les a écrits, afin de mettre les lecteurs à même de décider, en ce qui le concerne, si ce sont des pas en avant ou des pas en arrière qui séparent *Han d'Islande* de *Notre-Dame de Paris*.

Paris, mai 1833.

PREMIÈRE ÉDITION

L'auteur de cet ouvrage, depuis le jour où il en a écrit la première page, jusqu'au jour où il a pu tracer le bienheureux mot FIN au bas de la dernière, a été le jouet de la plus ridicule illusion. S'étant imaginé qu'une composition en quatre volumes valait la peine d'être méditée, il a perdu son temps à chercher une idée fondamentale, à la développer bien ou mal dans un plan bon ou mauvais, à disposer des scènes, à combiner des effets, à étudier des mœurs de son mieux; en un mot, il a pris son ouvrage au sérieux.

Ce n'est que tout à l'heure, au moment où, selon l'usage des auteurs de terminer par où le lecteur commence, il allait élaborer une longue préface, qui fût comme le bouclier de son œuvre, et contînt, avec l'exposé des principes moraux et littéraires sur lesquels repose sa conception, un précis plus ou moins rapide des divers événements historiques qu'elle embrasse, et un tableau plus ou moins complet du pays qu'elle parcourt; ce n'est que tout à l'heure, disons-nous, qu'il s'est aperçu de sa méprise, qu'il a reconnu toute l'insignifiance et toute la frivolité du genre à propos duquel il avait si gravement noirci tant de papier, et qu'il a senti combien il s'était, pour ainsi dire, mystifié lui-même, en se persuadant que ce roman pourrait bien, jusqu'à un certain point, être une production littéraire, et que ces quatre volumes formaient un livre.

Il se résout donc sagement, après avoir fait amende honorable, à ne rien dire dans cette espèce de préface, que monsieur l'éditeur aura soin en conséquence d'imprimer en gros caractères. Il n'informera pas même le lecteur de son nom ou de ses prénoms, ni s'il est jeune ou vieux, marié ou célibataire, ni s'il a fait des élégies ou des fables, des odes ou des satires, ni s'il veut faire des tragédies, des drames ou des comédies, ni s'il jouit du patriciat littéraire dans quelque académie, ni s'il a une tribune dans un journal quelconque; toutes choses, cependant, fort intéressantes à savoir. Il se bornera seulement à faire remarquer que la partie pittoresque de son roman a été l'objet d'un soin particulier; qu'on y rencontre fréquemment des K, des Y, des H et des W, quoiqu'il n'ait jamais employé ces caractères romantiques qu'avec une extrême sobriété, témoin le nom historique de *Guldenlew*, que plusieurs chroniqueurs écrivent *Guldenloëwe*, ce qu'il n'a pas osé se permettre; qu'on y trouve également de nombreuses diphthongues variées avec beaucoup de goût et d'élégance; et qu'enfin tous les chapitres sont précédés d'épigraphes étranges et mystérieuses, qui ajoutent singulièrement à l'intérêt et donnent plus de physionomie à chaque partie de la composition.

Janvier 1823.

DEUXIÈME ÉDITION

On a affirmé à l'auteur de cet ouvrage qu'il était absolument nécessaire de consacrer spécialement quelques lignes d'avertissement, de préface ou d'introduction à cette seconde édition. Il a eu beau représenter que les quatre ou cinq malencontreuses pages vides qui escortaient la première édition, et dont le libraire s'est obstiné à déparer celle-ci, lui avaient déjà attiré les anathèmes de l'un de nos écrivains les plus honorables et les plus distingués[*], lequel l'avait accusé de prendre *le ton aigre-doux* de l'illustre Jedediah Cleishbotham, maître d'école et sacristain de la paroisse de Gandercleugh ; il a eu beau alléguer que ce brillant et judicieux critique, de sévère pour la faute, deviendrait sans doute impitoyable pour la récidive; et présenter, en un mot, une foule d'autres raisons non moins bonnes pour se dispenser d'y tomber, il paraît qu'on lui en a opposé de meilleures, puisque le voici maintenant écrivant une seconde préface, après s'être tant repenti d'avoir écrit la première. Au moment d'exécuter cette détermination hardie, il conçut d'abord la pensée de placer en tête de cette seconde édition ce dont il n'avait pas osé charger la première, savoir *quelques vues générales et particulières sur le roman*. Méditant ce petit traité littéraire et didactique, il était encore dans cette mystérieuse ivresse de la composition, instant bien court, où l'auteur, croyant saisir une idéale perfection qu'il n'atteindra pas, est intimement ravi de son ouvrage à faire; il était, disons-nous, dans cette heure d'extase intérieure, où le travail est un délice, où la possession secrète de la muse semble bien plus douce que l'éclatante poursuite de la gloire, lorsqu'un de ses amis les plus sages est venu l'arracher brusquement à cette possession, à cette extase, à cette ivresse, en lui assurant que plusieurs hommes de lettres très hauts, très populaires et très puissants, trouvaient la dissertation qu'il préparait tout à fait méchante, insipide et fastidieuse; que le douloureux apostolat de la critique dont ils se sont chargés dans diverses feuilles publiques, leur imposant le devoir pénible de poursuivre impitoyablement le monstre du *romantisme* et du mauvais goût, ils s'occupaient, dans le moment même, de

[*] M. C. Nodier. *Quotidienne* du 12 mars.

rédiger, pour certains journaux impartiaux et éclairés une critique consciencieuse, raisonnée et surtout piquante de la susdite dissertation future. A ce terrible avis, le pauvre auteur

Obstupuit; steteruntque comæ; et vox faucibus hæsit;

c'est-à-dire qu'il n'a trouvé d'autre expédient que de laisser dans les limbes, d'où il se préparait à la tirer, cette dissertation, *vierge non encor née*, comme parle Jean-Baptiste Rousseau, sur laquelle grondait une si juste et si rude critique. Son ami lui conseilla de la remplacer tout simplement par une manière d'*avant-propos des éditeurs*, dans lequel il pourrait se faire dire très décemment, par ces messieurs, toutes les douceurs qui chatouillent si voluptueusement l'oreille d'un auteur; il lui en présenta même plusieurs modèles empruntés à quelques ouvrages très en faveur, les uns commençant par ces mots : *Le succès immense et populaire de cet ouvrage,* etc.; les autres par ceux-ci : *La célébrité européenne que vient d'acquérir ce roman,* etc.; ou : *Il est maintenant superflu de louer ce livre, puisque la voix universelle déclare toutes les louanges fort au-dessous de son mérite,* etc., etc. Quoique ces diverses formules, au dire du discret conseiller, ne fussent pas sans quelque vertu tentative, l'auteur de ce livre ne se sentit pas assez d'humilité et d'indifférence paternelle pour exposer son ouvrage au désenchantement et à l'exigence du lecteur qui aurait vu ces magnifiques apologies, ni assez d'effronterie pour imiter ces baladins des foires, qui montrent, comme appât à la curiosité du public, un crocodile peint sur une toile, derrière laquelle, après avoir payé, il ne trouve qu'un lézard. Il rejeta donc l'idée d'entonner ses propres louanges par la bouche complaisante de messieurs ses éditeurs. Son ami lui suggéra alors de donner pour passe-port à son vilain brigand islandais quelque chose qui pût le mettre à la mode et le faire sympathiser avec le siècle, soit plaisanteries fines contre les marquises, soit amers sarcasmes contre les prêtres, soit ingénieuses allusions contre les nonnes, les capucins, et autres monstres de l'ordre social. L'auteur n'eût pas mieux demandé; mais il ne lui semblait pas, à vrai dire, que les marquises et les capucins eussent un rapport très direct avec l'ouvrage qu'il publie. Il eût pu, à la vérité, emprunter d'autres couleurs sur la même palette, et jeter ici quelques bonnes pages bien philanthropiques, dans lesquelles — en côtoyant toutefois avec prudence un banc dangereux, caché sous les mers de la philosophie, qu'on nomme le banc du *tribunal correctionnel* — il eût avancé quelques-unes de ces vérités découvertes par nos sages pour la gloire de l'homme et la consolation du mourant; savoir, que l'homme n'est qu'une brute, que l'âme n'est qu'un peu de gaz plus ou moins dense, et que Dieu n'est rien; mais il a pensé que ces vérités incontestables étaient déjà bien triviales et bien usées, et qu'il ajouterait à peine une goutte d'eau à ce déluge de morales raisonnables, de religions athées, de maximes, de doctrines, de principes qui nous inondent pour notre bonheur, depuis trente ans, d'une si prodigieuse façon qu'on pourrait — s'il n'y avait irrévérence — leur appliquer les vers de Regnier sur une averse :

Des nuages en eau tombait un tel degoust,
Que les chiens altérés pouvaient boire debout.

Du reste, ces hautes matières ne se rattachaient pas encore très visiblement au sujet de cet ouvrage, et il eût été fort embarrassé de trouver une liaison qui l'y conduisît, quoique l'art des transitions soit singulièrement simplifié depuis que tant de grands hommes ont trouvé le secret de passer sans secousse d'une échoppe dans un palais, et d'échanger sans disparate le bonnet de *police* contre la couronne civique.

Reconnaissant donc qu'il ne saurait trouver dans son talent ni dans sa science, *par ses ailes ou par son bec,* comme dit l'ingénieuse poésie des Arabes, une préface intéressante pour les lecteurs, l'auteur de ceci s'est déterminé à ne leur offrir qu'un récit grave et naïf des améliorations apportées à cette seconde édition.

Il les préviendra d'abord que ce mot, *seconde édition*, est ici assez impropre, et que le titre de *première édition* est réellement celui qui convient à cette réimpression, attendu que les quatre liasses inégales de papier grisâtre maculé de noir et de blanc, dans lesquelles le public indulgent a bien voulu voir jusqu'ici les quatre volumes de *Han d'Islande*, avaient été tellement déshonorées d'incongruités typographiques par un imprimeur barbare, que le déplorable auteur, en parcourant sa méconnaissable production, était incessamment livré au supplice d'un père auquel on rendrait son enfant mutilé et tatoué par la main d'un iroquois du lac Ontario.

Ici, *l'esclavage* du suicide en remplaçait *l'usage;* ailleurs, le manœuvre typographe donnait à un *lien* une voix qui appartenait à un *lion;* plus loin il ôtait à la montagne du Dofro-Field ses *pics,* pour lui attribuer des *pieds,* ou, lorsque les pêcheurs norvégiens s'attendaient à amarrer dans des *criques,* il poussait leur barque sur des *briques.* Pour ne pas fatiguer le lecteur, l'auteur passe sous silence tout ce que sa mémoire ulcérée lui rappelle d'outrages de ce genre :

Manet alto in pectore vulnus.

Il lui suffira de dire qu'il n'est pas d'image grotesque, de sens baroque, de pensée absurde, de figure incohérente, d'hiéroglyphe burlesque, que l'ignorance industrieusement stupide de ce prote logogriphique ne lui ait fait exprimer. Hélas! quiconque a fait imprimer douze lignes dans sa vie, ne fût-ce qu'une lettre de mariage ou d'enterrement, sentira l'amertume profonde d'une pareille douleur!

C'est donc avec le soin le plus scrupuleux qu'ont été revues les épreuves de cette nouvelle publication, et maintenant l'auteur ose croire, ainsi qu'un ou deux amis intimes, que ce roman restauré est digne de figurer parmi ces splendides écrits en présence desquels *les onze étoiles se prosternent, comme devant la lune et le soleil* *.

Si messieurs les journalistes l'accusent de n'avoir pas fait de corrections, il prendra la liberté de leur envoyer les épreuves, noircies par un minutieux labeur, de ce livre régénéré; car on prétend qu'il y a parmi ces messieurs plus d'un Thomas l'incrédule.

Du reste, le lecteur bénévole pourra remarquer qu'on a rectifié plusieurs dates, ajouté quelques notes historiques, surtout enrichi un ou deux chapitres d'épigraphes nouvelles; en un mot, il trouvera à chaque page des

---

* Alcoran.

changements dont l'importance extrême a été mesurée sur celle même de l'ouvrage.

Un impertinent conseiller désirait qu'il mît au bas des feuillets la traduction de toutes les phrases latines que le docte Spiagudry sème dans cet ouvrage, pour l'intelligence — ajoutait ce quidam — de ceux de messieurs les maçons, chaudronniers ou perruquiers qui rédigent certains journaux où pourrait être jugé par hasard *Han d'Islande*. On pense avec quelle indignation l'auteur a reçu cet insidieux avis. Il a instamment prié le mauvais plaisant d'apprendre que tous les journalistes, indistinctement, sont des soleils d'urbanité, de savoir et de bonne foi, et de ne pas lui faire l'injure de croire qu'il fût du nombre de ces citoyens ingrats, toujours prêts à adresser aux dictateurs du goût et du génie ce méchant vers d'un vieux poëte :

Tenez-vous dans vos peaux et ne jugez personne ;

que pour lui, enfin, il était loin de penser que la *peau du lion* ne fût pas la peau véritable de ces populaires seigneurs.

Quelqu'un l'exhortait encore — car il doit tout dire ingénument à ses lecteurs — à placer son nom sur le titre de ce roman, jusqu'ici enfant abandonné d'un père inconnu. Il faut avouer qu'outre l'agrément de voir les sept ou huit caractères romains qui forment ce qu'on appelle son nom ressortir en belles lettres noires sur de beau papier blanc, il y a bien un certain charme à le faire briller isolément sur le dos de la couverture imprimée, comme si l'ouvrage qu'il revêt, loin d'être le seul monument du génie de l'auteur, n'était que l'une des colonnes du temple imposant où doit s'élever un jour son immortalité, qu'un mince échantillon de son talent caché et de sa gloire inédite. Cela prouve qu'on a au moins l'intention d'être un jour un écrivain illustre et considérable. Il a fallu, pour triompher de cette tentation nouvelle, toute la crainte qu'a éprouvée l'auteur de ne pouvoir percer la foule de ces noircisseurs de papier, lesquels, même en rompant l'anonyme, gardent toujours l'*incognito*.

Quant à l'observation que plusieurs amateurs d'oreille délicate lui ont soumise touchant la rudesse sauvage de ses noms norvégiens, il la trouve tout à fait fondée ; aussi se propose-t-il, dès qu'il sera nommé membre de la société royale de Stockholm ou de l'académie de Berghen, d'inviter messieurs les norvégiens à changer de langue, attendu que le vilain jargon dont ils ont la bizarrerie de se servir blesse le tympan de nos parisiennes, et que leurs noms biscornus, aussi raboteux que leurs rochers, produisent sur la langue sensible qui les prononce l'effet que feraient sans doute leur huile d'ours et leur pain d'écorce sur les houppes nerveuses et sensitives de notre palais.

Il lui reste à remercier les huit ou dix personnes qui ont eu la bonté de lire son ouvrage en entier, comme le constate le succès vraiment prodigieux qu'il a obtenu ; il témoigne également toute sa gratitude à celles de ses jolies lectrices qui, lui assure-t-on, ont bien voulu se faire d'après son livre un certain idéal de l'auteur de *Han d'Islande ;* il est infiniment flatté qu'elles veuillent bien lui accorder des cheveux rouges, une barbe crépue et des yeux hagards ; il est confus qu'elles daignent lui faire l'honneur de croire qu'il ne coupe jamais ses ongles ; mais il les supplie à genoux d'être bien convaincues qu'il ne pousse pas encore la férocité jusqu'à dévorer les petits enfants vivants; du reste, tous ces faits seront fixés lorsque sa renommée sera montée jusqu'au niveau de celles des auteurs de *Lolotte et Fanfan* ou de *Monsieur Botte*, hommes transcendants, jumeaux de génie et de goût, *Arcades ambo;* et qu'on placera en tête de ses œuvres son portrait, *terribiles visu formæ*, et sa biographie, *domestica facta*.

Il allait clore cette trop longue note, lorsque son libraire, au moment d'envoyer l'ouvrage aux journaux, est venu lui demander pour eux quelques petits articles de complaisance sur son propre ouvrage, ajoutant, pour dissiper tous les scrupules de l'auteur, *que son écriture ne serait pas compromise, et qu'il les recopierait lui-même*. Ce dernier trait lui a semblé touchant. Comme il paraît qu'en ce siècle tout lumineux chacun se fait un devoir d'éclairer son prochain sur ses qualités et perfections personnelles, chose dont nul n'est mieux instruit que leur propriétaire; comme, d'ailleurs, cette dernière tentation est assez forte; l'auteur croit, dans le cas où il y succomberait, devoir prévenir le public de ne jamais croire qu'à demi tout ce que les journaux lui diront de son ouvrage.

Avril 1823.

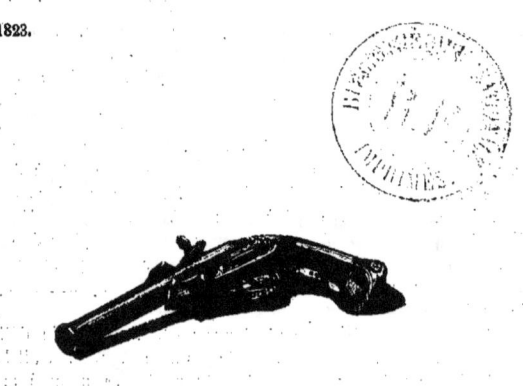

2ᵉ SERIE   50 CENTIMES.

VICTOR HUGO

HAN D'ISLANDE

NOUVELLE ÉDITION ILLUSTRÉE

Dessins de G. ROCHEGROSSE

EUGÈNE HUGUES, ÉDITEUR, RUE THÉRÈSE, 8, PARIS

VICTOR HUGO

NOUVELLES ÉDITIONS ILLUSTRÉES

EN LIVRAISONS A 10 CENT., ET EN SÉRIES A 50 CENT.

En cours de publication :

HAN D'ISLANDE
45 livraisons. — 9 séries.

LA LÉGENDE DES SIÈCLES
8 fascicules à 50 centimes.

Ouvrages complets

DESSINS DE MM.
MEISSONIER, J.-P. LAURENS, BRION, DE NEUVILLE, RAFFET, BAYARD, DAUBIGNY, CHIFFLART, GAVARNI
LIX, VIOLLET-LE-DUC, K. BODMER, TONY JOHANNOT, MORIN, D. VIERGE, JACQUE
FLAMENG, MAILLARD, A. MARIE, LANÇON, H. SCOTT, FÉRAT, RIOU, FOULQUIER, LEMUD, MÉRYON — VICTOR HUGO

LES CHATIMENTS
45 livraisons, 9 séries. — Le volume, 4 fr. 50
Toile tr. dorée, 8 fr. — Demi-reliure tr. dorée, 9 fr.

THÉATRE
HERNANI — MARION DE LORME. — LE ROI S'AMUSE
LUCRÈCE BORGIA. — MARIE TUDOR. — ANGELO
LA ESMERALDA. — RUY BLAS. — LES BURGRAVES
TORQUEMADA.
12 fascicules : 11 à 50 cent., le 12° à 70 cent.
Le volume, 7 francs. — Chaque pièce séparée, 1 franc.

QUATREVINGT-TREIZE
60 livraisons à 10 cent. — 12 séries à 50 cent
le volume, 6 fr.
Toile, 9 fr. — Demi-reliure, 10 fr.

HISTOIRE D'UN CRIME
60 livraisons à 10 cent. — 12 séries à 50 cent.
Broché, 6 fr. — Demi-reliure, tr. dorée, 10 fr.

NAPOLÉON LE PETIT
30 livraisons à 10 cent. — 6 séries à 50 cent.
Broché, 3 fr. — Demi-reliure, tr. dorée, 7 fr.

LES TRAVAILLEURS DE LA MER
DESSINS DE VICTOR HUGO
66 livraisons à 10 cent. — 13 séries à 50 cent.
Broché, 7 fr. — Toile, 11 fr. Demi-reliure, 12 fr.

L'ANNÉE TERRIBLE
40 livraisons à 10 cent. — 8 séries à 50 cent.
Broché, 4 fr. — Cart. toile, tr. dorée, 7 fr. 50.
Demi-reliure, tr. dorée, 8 fr. 50.

NOTRE-DAME DE PARIS
85 livraisons à 10 cent. — 17 séries à 50 cent.
Broché, 8 fr. 50. — Toile, 12 fr. — Demi-reliure, 13 fr.

LE DERNIER JOUR
D'UN CONDAMNÉ
CLAUDE GUEUX
20 livraisons à 10 cent. — 4 séries à 50 cent.
Le volume, broché, 2 fr.

LES MISÉRABLES

I. FANTINE. Prix, broché.................. 5 fr. »	IV. L'IDYLLE RUE PLUMET ET L'ÉPOPÉE RUE SAINT-DENIS.................................. 5 fr. »
II. COSETTE................................ 4 fr. 50	
III. MARIUS................................ 4 fr. »	V. JEAN VALJEAN.......................... 5 fr. »

Les cinq volumes, 24 fr. — Cartonné toile, tranche dorée, 39 fr. — Demi-reliure, tranche dorée, 44 fr.

LA SOUSCRIPTION RESTE PERMANENTE AUX LIVRAISONS, SÉRIES ET VOLUMES DE TOUS CES OUVRAGES
Envoi *franco* dans toute la France contre le prix en un mandat-poste à l'adresse de l'Éditeur.

Paris. — Imprimerie de A. QUANTIN, 7, rue Saint-Benoît.

www.ingramcontent.com/pod-product-compliance
Lightning Source LLC
Chambersburg PA
CBHW071900230426
43671CB00010B/1417